민족사民族史의 맥脈을 찾아서

민족사民族史의 맥脈을 찾아서

발행일	2015년 10월 9일 개정판 1쇄
지은이	박성수
발행처	상생출판
주소	대전시 중구 중앙로79번길 68-6
전화	070-8644-3156
팩스	0303-0799-1735
홈페이지	www.sangsaengbooks.co.kr
출판등록	2005년 3월 11일(175호)

ISBN   978-89-94295-81-7

민족사의 맥을 찾아서

박성수 지음

상생출판

책 머리에

필자는 오래 전부터 "우리나라 역사를 연구하려면 모름지기 단재丹齋 신채호申采浩로부터 시작하라. 일본인 하야시 타이수케林泰輔로부터 시작하면 안 된다"고 주장해 왔다. 하야시의 책은 이병도의 국사대관이 표절한 책이었다. 그런데 불행하게도 60년이 넘는 동안 단재보다 하야시의 말을 따라 역사를 연구하고 서술해 왔다. 단재는 말하기를 "우리나라에 역사의 기록만 있고 역사의 연구가 없다"고 하였다. 이 말이 무슨 뜻인가 하면 우리나라 역사를 문약에 쪼들린 조선사로 가르치지 말고 힘찬 민족사로 가르치라고 한 것이다. 그러기 위해서는 "우리 역사를 토막내지 말고 고금을 회통會通하라. 역사를 토막내면 민족사는 죽는다. 특히 상고사가 보이지 않으니 독립운동사를 보고 난 뒤 상고사를 연구하라"고 한 것이다. 그래야 반만년 우리 역사가 둘로 보이지 않고 하나로 보이는 것이다.

단재는 또 "우리 민족의 활동무대를 압록강 이남으로 보는 반도사관을 버려야 한다. 우리는 중원을 여러 차례 정복하고 중원에 군림한 민족이다. 그런데 왜 우리를 압록강 이남에 사는 민족이라 하며 마치 우리가 진한유민秦漢遺民인 것처럼 보는가. 역사란 〈아我〉와 〈비아非我〉의 투쟁이요 그 역사인데 중국인이 바로 우리 〈아〉인 것처럼 보는가. 〈한韓〉은 〈한〉이요 〈비한非韓〉은 어디까지나 비한이다."라고 하였다.

단재는 우리 민족에게 우리 고유의 사상과 문화가 있었다는 사실을 잊지 말라고 했다. 그러나 우리 한국사학자들은 우리문화의 출처가 고조선이 아니라 중국이라 착각하고 있다. 우리문화가 크고 오랜 환국桓國에서 비롯된 것을 모르고 진시황의 진 나라와 한국漢國에서 시작된 것으로 생각하고 있는 것이다. 우리는 사대주의라는 색안경을 끼고 보지 말고 우리 눈으로 역사를 보아야 한다. 우리 강단사학은 단재의 충고를 듣지 않고 우리 민족을 아주 나약한 나라, 중국의 속국의 역사-조선사로 인식하였다.

우리나라 역사가 민족사여야 한다는 진리를 안 것은 이처럼 오래지 않았다. 『삼국사기』와 『삼국유사』가 모두 사대주의로 물들어 있는 것을 볼 때 매우 오래 전부터 우리 역사는 왜곡되어 있었다. 지금 우리는 우리 역사를 한국사라 부르고 있으니 실은 하야시의 『조선사』를 표절한 것이다. 저 옛날에 동국사東國史니 진역유기震域遺記니 하면서 제나라 이름을 제대로 부르지 못했으니 모두 민족의 역사, 〈아〉의 역사가 아니었다. 〈아〉는 얼이다. 조선사와 한국사는 얼이 없는 역사요 알맹이가 없는 껍데기의 역사였다. 조선사라 해도 단군조선의 역사가 아니라 기자조선과 위만조선의 역사로 보았다. 그러니 한국이 중국과 다르다고 확실하게 말하지 못한 모화주의 역사였다.

필자는 우연히, 참으로 우연히 젊은 날에 독립운동사를 연구하다가 우리나라에 상고사가 있다는 것을 발견하였다. 백암과 단재 그리고 위당의 역사가 있다는 사실도 그때 알았다. 우리가 해야 할 일은 잃어버린 상고사를 회복하는 일인데 상고사를 버리는 것을 업으로 삼은 역사가가 많다. 민족사학과 민족주의 사학은 다르다. 우리 민족사는 국권을 빼앗긴 뒤 쓰기 시작한 분노에 찬 역사다. 그것은 허虛가 아니요 가

假가 아닌 실實의 역사, 얼의 역사였다.

백암 박은식은『한국통사韓國痛史』의 결론에서 "국혼國魂인 국사國史를 지켜 나가면 나라의 몸은 비록 망해도 나라의 혼은 망하지 않는다"고 하면서 일본제국주의자들의 역사왜곡을 맹렬히 성토하였다. 역사 속에는 민족혼이 담겨 있어야 한다. 신채호도 혼은 우리 민족의 역사 속에서 찾아야 한다고 했다. 고구려의 선비와 신라의 화랑이 단군조선의 선비인 전佺에서 유래했다는 사실을 알아야 민족사가 무엇인지를 알 수 있다. 혼이 죽은 역사, 고금이 절단된 역사는 민족사가 아니다.

지금 세계사는 또 다시 제국주의와 민족주의의 시대로 되돌아가고 있다. 지금의 신 제국주의는 100년 전의 구 제국주의와 다른 것처럼 위장하고 있지만 그것은 단지 총소리만 들리지 않는 제국주의인 것이다. 지금 아시아의 중국·인도·일본·러시아 등 4대강국이 민족주의를 내세워 아시아 지역의 민족국가를 제압하려 하고 있지만, 그것은 민족주의의 탈을 쓴 구 제국주의의 유령인 것이다. 우리로서는 100년 전 제국주의와 민족주의의 도깨비를 다시 보고 있는 것이다. 거기다 더해서 우리는 남북이 분단되어 허리를 쓰지 못하고 통일의 날을 기다리고 있다.

이런 상황에서 우리는 제국주의와 식민주의에 헌신해 온 실증주의 사학을 맹종할 수 없다. 그리하여 오늘의 스테이타스 쿠워(현상유지)를 거부하여야 한다. 새로운 세계질서를 요구하여야 하는 것이다. 그 어느 때보다도 정신적으로 강해야 한다. 우리 민족사의 유유년乳幼年(젖먹이)시대에 입은 외상에 약을 바르고 건강한 내일을 건설해야 한다. 지금 우리의 앞문과 뒷문밖에는 이리떼와 늑대들이 토끼와 사슴의 탈을 쓰고 안을 노려 보고 있다. 1차 세계 대전 때 유럽에서는『서부전선 이상 없다』는 소설이 읽혔고, 2차 대전 때는 『인간의 조건』이라는 일본소설이 크게 히트했지만 그것은 어디까지나 소설가들의 말장난이었다. 지금은 서부전선에 이상이 있다. 그리고 인간의 조건에 이상이 있다. 하늘에는 또다시 전쟁의 먹구름이 몰려오고 있고 지상에서는 포성 없는 역사전쟁이 벌어지고 있는 것이다.

우리는 사대주의와 일제식민사관으로 인해 절단된 민족사의 맥을 다시 이어야 한다. 아무리 어려워도 우리의 민족사학을 재야에서 강단으로 끌어 올려 우리의 위대한 상고사를 재건하여야 한다. 그러기 위해서는 먼저 오염된 강단사학을 깨끗이 씻어내야 한다. 우리도 이제는 정신적 문화적 열등감을 버리고 정신적 강대국이 되어야 한다. 대한민국이 100년 전의 소한제국으로 되돌아가서는 다시 망한다. 우리는 먼 옛날 통일 신라가 당나라의 명령을 듣고 총칼을 버리고 농기구로 바꿔 병신이 된 일이 있었는데 다시는 그런 어리석은 일을 해서는 안 된다.

출판계의 여러 가지 어려움에도 불구하고 이 책의 간행을 결정해 주신 상생출판사 안경전 사장님에게 거듭 감사의 말씀을 드립니다. 그리고 장차 이 책의 독자가 되실 여러분에게도 무한한 행운이 있기를 빕니다.

서기 2014년 6월 10일
저자 박성수

차례

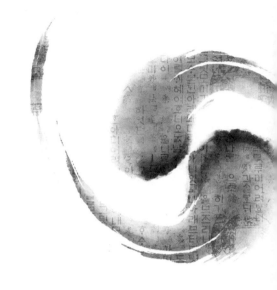

제1부 민족民族, 민족사民族史

민족民族이란 무엇인가

민족의식民族意識

'민족'이란 말은 우리에게 특별한 느낌과 뜻을 던져주는 마술적인 언어라 할 수 있다.

그것은 이 낱말이 우리의 지난날의 역사적 체험을 상징적으로 나타내주고 있기 때문이기도 하지만, 앞날의 소망이나 꿈까지도 함께 속삭여주고 있기 때문에 더욱 우리에게 강렬한 인상을 주는 것인지도 모른다. 일제日帝하에서는 민족말살의 위협 속에서 이 말을 되씹었고, 광복 후에는 민족 분단의 비극을 맞아 이 말을 되뇌었다. 일제의 지배 아래서 온갖 수모와 굴욕을 참으며 살아온 우리의 아버지와 할아버지들에게 '민족'이란 말이 그러했듯이 우리들에게도 지금 이 말이 더없이 그리운 것이다.

백범白凡 김구金九 선생은 '민족'을 "피를 같이하고 역사를 같이 하는 사람들"이라 말한 바 있고, 마치 '내 몸'과 같은 것이라 하였다.

"피와 역사를 같이하는 민족이란 완연히 있는 것이어서 내 몸이 남의 몸이 될 수 없듯이 이 민족이 저 민족이 될 수 없다. 이는 마치 형제도 한 집에서 살기 어려운 거나 다름이 없다."

백범은 또 우리 나라는 우리 민족이 세운 나라여야지 어떤 다른 민족이 세운 나라여서는 안 된다고 말하고, 우리의 국가는 꼭 민족국가여야 한다고 주장하였다.

> "나는 공자, 석가, 예수의 도道을 배웠고 그들을 성인으로 숭배하고 있
> 으나, 만일 그들이 합하여 천당 극락을 세워준다 하더라도 그것이 우리
> 민족이 세운 나라가 아닐진대 나는 절대 우리 민족을 그 나라로 이끌어
> 가지 않을 것이다."

이와 같이 백범은 민족의 실재성實在性을 확신하고 우리의 국가는 당연히 민족국가여야 한다고 주장하였다. 민족국가란 한마디로 말해서 '민족 없이 국가 없다'는 말이다. 그러면 민족이란 과연 무엇인가? 백범이 주도한 임시정부의 공식 견해에 따른다면, 민족이란 다음의 일곱 가지 구성요소를 갖추어야 할 것이다.

> "이른바 민족이라는 것은 일정한 구성요소가 있으니 공동의 언어, 문
> 자, 국토, 주권, 경제, 문화 그리고 민족정기가 바로 그것이다. 그것에서
> 하나가 빠져도 민족이 지닌 고유한 요소를 잃게 되기 때문에 불완전한
> 민족이 되고, 그 전부가 빠지면 한 민족의 근본과 자질을 잃어 다른 민
> 족으로 변해버린다."

일제하에 있어서 우리에겐 주권이 없었고 국토가 없었다. 그리고 언어와 문자, 경제와 문화마저 잃어가고 있었다. 그러니 불완전한 민족이라 하지 않을 수 없었다. 불완전한 민족이란 민족의 구성요소가 소멸의 위기에 처하여 민족정기를 발동할 수 없는 상태를 말한다는 것이다.

"가령 한 민족의 언어가 말살당하고 문자 또한 쓰지 못하게 되고, 국토와 주권 그리고 문화가 모두 유린당하여 민족정기를 발동할 수 없게 되었다면 비록 민족이라는 껍질과 생명을 갖추었다고는 하나 더러운 한 무더기의 시체나 고깃덩어리에 지나지 않을 것이다. 어찌 감히 스스로 완전한 민족이라고 자부할 수 있겠는가."

이처럼 일제치하의 우리 민족은 마땅히 갖추어야 할 구성요소를 잃어가고 있었기 때문에 사실상 온전한 민족이라 할 수 없었고, 민족 자체가 없어진 바나 다름없는 위기에 처해있었다. 그렇다면 그런 상황에서 '민족'을 운운하는 것은 당초부터 말이 되지 않는 것이어서 구성요소를 따져 민족의 유무를 논의 할 계제가 못되었다고 할 수 있다. 그래서 민족의 객관적인 구성요소가 갖추어져 있건 없건 민족이 있기 위해서는 무엇보다도 민족이라는 자각, 즉 민족의식이라는 주관적 요소가 있느냐 없느냐에 더 큰 관심을 쏟을 수밖에 없었다.

"하나의 민족에 있어서 구성요소 하나하나에 대한 감각은 마치 자기 몸에 있어서 사지와 육부에 대한 감각만큼이나 귀중하고 값진 것이다. 민족요소 가운데 하나라도 없어지면 사지의 일부를 잃은 것과 같으니, 이것은 민족의 자각성이란 게 있기 때문이다."

민족의 자각은 민족의 객관적인 구성요소 그 자체보다도 더 중요하며 민족의 자각 없이 민족이 있을 수 없는 것이다. 왜냐하면 민족의 자각이 있고 나서 민족 단합이 있을 수 있으며, 단합이 이루어져야 나라가 설 수 있기 때문이다.

"민족의 자각이 있다면 민족은 쇠퇴하여 몰락하는 화禍을 면할 수 있을 것이다. 이런 자각이 있은 연후에 능히 강고한 조직체를 집성하여 타민족의 침탈과 영합을 당하지 않을 것이다. 그러므로 민족주의를 말하는 자는 민족의 요소를 중시하지 아니하고 민족의 자각성과 단결력을 특히 주장하게 되는 것이다. 자각성과 단결력이 없다면 민족주의를 부르짖을 수도 없다."

이처럼 임시정부는 민족을 중시하였으며, 민족의식이 있고 난 뒤에 존재할 수 있다고 보았다. 민족의식은 민족 단합의 근원이며 민족자존의 원동력이었던 것이다.

민족주의民族主義

유럽의 여러 나라는 거의 다민족국가이다. 한 민족으로 구성된 나라가 거의 없는 것이다.

미국이나 소련 그리고 중국처럼 큰 나라인 경우 수십, 수백 종의 민족이 혼잡하게 같이 살고 있어 인종차별의 문제가 두통거리가 되고 있다. 유럽의 작은 나라들도 소련이나 미국 못지않게 다민족 국가이어서 소수민족 문제에 고심하고 있다.

그러나 우리는 단일민족이다. 우리처럼 한 민족으로 나라를 이룬 예는 그리 흔하지 않을 것이다.

유럽 여러 나라는 혈통에 있어 서로 다른 집단의 모둠일 뿐이며 역사적으로도 서로 다른 사회를 이루어 살아오다가, 어쩌다 한 권력 아래 들게 된 것들이다. 특히 중세 1천년 동안에는 봉건제도라는 무질서하고 분열된 통치 아래 살아왔다. 그 무렵에 서양에는 명목상 왕이라는 존재가 있었으나 백성들과는 전혀 관계없는 높은 자리에서 하늘처럼 군림하고 있었다. 차라리 봉건 영주가 무섭고 존경스러운 존재였다고 할 수 있다. 이 때문에 민족국가란 것도 없었고, 민족의식이란 것도 있을 수 없었다.

그러나 우리의 역사를 보면 아주 다르다. 일찍부터 통일국가가 성립되었고, 봉건제도 같은 것도 없었다. 그래서 임시정부는 우리의 민족 구성요소는 이미 단군조선 때부터 갖추어져 있었다고 주장하고 있다.

> "우리 한국 민족의 구성요소는 이미 단군조선에서 갖추어 졌으며 민족주의는 수천 년에 걸쳐 발전하여 신라 화랑에서 그 뿌리가 내려졌고, 고려 태조 때 그 줄기가 이루어져 조선 세종 때 그 열매가 맺어졌다. 급기야 3·1 독립선언서에서 민족주의의 불꽃은 높이 타올랐다."

그러므로 우리 민족의 성립을 유럽에서처럼 근대 이후라고 생각하는 것은 큰 잘못인 것이다. 우리 역사를 유럽 역사에 견주어 보는 것은 좋은 일이고 유익한 일이지만, 우리의 역사를 유럽의 역사에다가 뜯어 맞추려는 습관은 하루속히 고쳐야 할 사대주의라 할 것이다.

민족은 이처럼 오래 전에 형성된 역사적 산물이나, 민족주의는 유럽의 제국주의와 일본의 군국주의에 대항하는 과정에서 더욱 강화되었다.

그러기에 단재丹齋 신채호申采浩는 "오늘의 세계는 제국주의의 세계요, 민족주의의 세계이다"라고 하면서 "세계무대가 하나의 제국주의적 활극장을 이루었도다. 그러한즉, 제국주의에 저항하는 방법은 무엇인가? 민족주의로 분발하는 길이 그것이다. 이 민족주의는 실로 민족 보존을 위하여 유일한 방법이다. 오! 민족을 보존하고자 하는 자가 민족주의를 버리고 무엇을 취할 것인가?"라고 말하고 있는 것이다.

이처럼 민족주의는 제국주의에 대항하는 민족 보전의 전략이요 이데 올로기로 성립되었다. 그러나 민족주의란 어디서나 제국주의에 맞서 싸 우기 위해 성장한 것은 아니었다. 일본이나 독일처럼 남의 나라를 침략 하기 위한 제국주의의 방편으로서 성장한 곳도 있었다. 앞의 것을 반침 략적 민족주의라 한다면 뒤의 것은 제국주의적 민족주의라 할 수 있을 것이다.

우리의 민족주의가 결코 제국주의적 민족주의가 아니었던 사실은 누 구나 잘 알고 있다. 단재는 침략적 민족주의 일본을 다음과 같이 규탄하 고 있다.

> "어떤 국가는 스스로 오만하여 다른 민족을 능멸하는 완고한 심리로 민족주의를 오해하고, 또 어떤 국가는 타민족을 살육하고 이웃 나라를 통제하는 것으로 민족주의를 오해한다. 어떤 국가는 이민족異民族을 소 멸시키고 그들로 하여금 자기 민족에 동화되게 하는 것으로써 민족주의 를 오해하고, 어떤 국가는 다른 민족에 대하여 원수 갚고 치욕을 설욕하 는 것으로써 민족주의를 오해한다."

민족주의는 사회주의자들에 의해서도 부르짖어졌다. 그들은 민족 그 자체보다 민중을 더 중시하여 민족 내부의 비민중적 요소를 적대시하며 민족 내부의 불화와 분열을 무릅쓰고 있으니 이 또한 오도된 민족주의 라 할 수 있다. 단재는 사회주의자들이 말하는 민족주의에 대해서도 비 판하고 있다.

> "또 어떤 국가는 국가의 평등을 위한다는 목적으로 대내투쟁을 하고

민족의 평등을 위한다는 목적을 내어걸고 대내투쟁을 하며 이를 민족
주의로 오인한다."

이처럼 민족주의는 오도되기 쉬운 이데올로기로서 사실상 계급투쟁
이나 제국주의에 이용된 경력의 소유자이다. 그러나 참다운 민족주의란
결코 민족을 망치거나 민족을 갈가리 찢어놓는 사상이어서는 아니된다.

민족문화民族文化

민족의 분단이 결코 38선에만 책임이 있다고 말하기는 어렵다. 우리에
게도 그 책임의 일단이 없었던 것이 아니다. 만일 우리에게 민족의식이
투철하여 고도의 민족 단합력이 있었더라면 결코 통일의 기회를 놓치지
않았을 것이다.

3·1운동을 두고두고 높이 평가하는 이유는, 이때 우리 민족이 모두 한
마음 한뜻이 되어 단합하였기 때문이라 할 수 있다. 조소앙趙素昻은 해방
직후의 혼란을 보고 실망한 나머지 3·1운동 당시의 감격을 새삼 회고하
면서 다음과 같이 말한 일이 있다.

"나는 적이 우리 민족의 단결성의 결여를 개탄하고 실망하였다. 대립
상쟁하던 알력은 일소되고 모두 한마음 한뜻으로 단결되어 산천초목
까지도 모두 독립운동만으로 단합된 것같이 보였다. 나는 당시의 광경
을 잊을 수 없다. 우리는 임시정부를 조직하는데 사흘 밤을 뜬눈으로
새웠으나 조금도 피로를 느끼지 않았다."

3·1운동을 우리 민족이 단결했던 유일한 때라고는 말하지 않았으나

아마 그런 말까지 하고 싶었던 것이 아닌가 느껴지는 한마디다. 왜냐하면 조소앙의 이 말은 해방 직후의 3·1절에 즈음하여 민족 분열의 현실을 개탄하면서 한 말이기 때문이다. 군정 3년간이야말로 가장 극심했던 우리 민족의 분열기였다고 할 수 있다. 좌우익으로 갈라진 두 진영은 서로 피투성이가 되어 싸웠으니 그때 광경을 돌이켜보면 참으로 한심하기 짝이 없는 것이다.

왜 오랜 식민지 통치하에서 풀려난 우리들이 서로 단합하지 못하고 싸우게 된 것일까? 좌우익 투쟁의 뿌리를 캐어 보라면 3·1운동 직후로 거슬러 올라가게 된다. 백범은 1920년대의 사회주의 운동자들을 비판하는 가운데 그들이 민족을 잊고 '사상의 동무'와 프롤레타리아트만을 내세웠다고 규탄하고 있다.

"일부 소위 좌익의 무리들은 '혈통의 조국'을 부인하고 소위 '사상의 조국'을 운운하면서 '혈통의 동포'를 무시하고 '사상의 동무'와 프롤레타리아트의 국제적 계급을 주장하여 민족주의라면 마치 진리권에서 떨어진 것으로 생각하고 있다. 심히 어리석은 생각이다. 철학도 변하고 정치·경제의 학설도 일시적인 것이나 민족의 혈통만은 영구적인 것이다. 민족 내에서 두 파, 세 파로 갈리어 싸우는 것은 지내놓고 보면 그것은 바람과 같이 지나가는 일시적인 것이다. 민족은 필경 바람 잔 뒤의 초목 모양으로 뿌리와 가지를 서로 걸고 한 수풀을 이루어 살고 있는 것이다. 이 모양으로 모든 사상도 가고 신앙도 변한다. 그러나 혈통적인 민족만은 영원히 성쇠흥망의 공동운명의 인연에 얽힌 한 몸으로 이 땅위에 남을 것이다."

백범이 말한 대로 학설이나 사상은 일시적인 것이지만 민족은 공동운 명체요 영원한 것이다. 우리에게 사상의 조국이 있고 현실의 조국이 있다면 어느 쪽을 선택할 것인가. 어느 쪽을 진정한 조국이라 할 것인가. 두말할 것도 없이 우리의 참조국은 '사상의 조국'이 아니라 '피의 조국'인 것이다.

그러나 '피의 조국'이란 단지 핏줄을 같이하는 자들의 집단이 아니다. 문화의 공동체인 것이다. 말이 같고 글이 같을 뿐만 아니라 옷이 같고 집이 같고 생각이 같은 문화집단인 것이다. 그런데 지금 이 문화가 위기에 처해있는 것이다. 단재는 우리가 우리의 주체를 세우기 위해서는 남의 문화나 사상의 노예가 되어서는 안 된다고 강조하였다.

"세계사의 중심이 된 바 아我 조선은 그 문화와 사상의 노예가 되어 소멸하고 말 것인가? 또는 그를 씹어 소화하여 신문화를 건설할 것인가?"

민족의 바탕이 민족문화인 만큼 민족문화의 상실은 곧 민족의 소멸인 것이다. 민족이 살아남기 위해서 한사코 지켜야 할 마지막 보루, 그것은 곧 민족문화인 것이다. 그런 뜻에서 문화 식민주의는 제국주의자들의 마지막 카드라 할 수 있다. 단재는 문화 식민주의의 위험성을 강조하기 위하여 문화동등文化同等은 가능하나 문화동화文化同化는 절대 불가하다고 말한 바 있다.

"한국 사회가 외국 사회를 모방함이 가한가, 불가한가. 동등적 사상으로 모방함은 가하나 동화적 사상으로 모방함은 불가하리라."

단재의 동등주의란 세계 문화의 거부를 의미하는 것은 아닐 것이다. 오히려 그것은 세계 문화의 수용이다. 간혹 문화 민족주의를 국수주의다, 폐쇄주의다 하면서 혐오하는 이가 없지 않다. 그러나 그것은 오해다. 단재의 말을 다시 들어 보자.

"세계 인구가 한집이 되어 사는 것은 인류 최후의 희망이요, 이상이다. 그러나 이것은 현실의 일은 아니다. 현실의 진리는 민족마다 최선의 국가를 이루어, 최선의 문화를 낳아 길러서 다른 민족과 서로 바꾸고 서로 돕는 일이다. 이것이 인류의 현 단계에서는 가장 확실한 진리이다."

현대는 세계주의와 국제주의의 시대이다. 과거 그 어느 때보다도 세계는 하나요 가깝다. 그러나 하나의 세계라는 이상은 민족을 통하여 구현되어야지 민족을 무시한다거나 민족을 희생시키면서 실현되어선 안 될 것이다.

우리의 민족주의가 이와 같은 이념을 갖고 있다 할 때 지금 당장 해야 할 일은 무엇이겠는가. 지금 우리에게 절실히 요구되고 있는 것은 힘찬 민족의 역사적 결단과 행동인 것이다. 결단과 행동이 있기 위해서는 그에 앞서 민족의 힘을 믿는 자신감이 필요하다. 자신감 넘친 행동만이 우리의 밝은 미래를 약속할 것이다.

백범은 우리의 나아갈 길을 세계라고 갈파한 바 있다.

"우리 민족의 지나간 역사가 빛나지 아니함이 아니라 그것은 아직 서곡이었다. 우리가 주연 배우로 세계 역사의 무대에 나서는 것은 오늘 이후다. 삼천만 우리 민족이 그리스나 로마 민족이 한 일을 못한다고 생각할 수 있겠는가!"

그러므로 참다운 민족주의는 단지 민족으로만 머무는 데 있는 것이 아니다. 세계로 뻗어나가는 데 있는 것이다. 이 길만이 우리를 힘있게 하고 행복하게 하는 길인 것이다.

왜곡歪曲된 민족성民族性

민족개조론民族改造論

춘원春園 이광수李光洙의 「민족개조론民族改造論」이 〈개벽開闢〉지에 실린 것은 3·1운동이 일어난 지 3년만인 1922년 5월의 일이었다. 이광수라고 하면 한국 근대문학사에 길이 남을 인물이요. 도쿄 유학시절 2·8 독립선언서를 기초한 애국청년으로도 널리 알려진 이름이다. 도쿄를 빠져나간 이광수는 상해上海로 가서 임시정부의 기관지 〈독립신문〉을 편집하였다.

그런데 어찌된 영문인지 그는 1922년 서울에 돌아와서 동아일보에 입사하였다. 이 귀국을 당시의 독립운동자들은 '이광수의 투항'이라고까지 비난하고 있었다. 그러나 그가 1940년에 이르러 완전히 친일 문학자로 변신하여 '李狂洙'란 별명을 얻기까지는 오랜 세월을 필요로 하였다. 문학인은 문학을 위해 생활하여야 한다는 명분을 내어 건 이광수의 귀국은 그러기에 민족을 저버린 것이 아닌가 하는 의혹을 떨쳐버릴 수 없었다.

의문의 귀국 1년 만에 이광수는 의혹의 글 「민족개조론」을 발표하였다. 우리의 민족성을 비판하는 데 이 글만큼 큰 영향을 준 글은 없었다고 할 수 있다. 그는 서두에서 "나는 밝은 희망과 끓는 정성으로 이 글을 조선 민족의 장래에 바친다"고 선언하고 있다. 거기다가 이 글이 자기 생각이 아니라 상해에서 만나본 한 애국지사의 생각을 옮겨놨다고 했으니, 당대의 여간 예민한 비판자가 아니고서는 이광수의 진의를 간파하기 어려웠을 것이다.

상해에서 만난 애국지사란 바로 도산島山 안창호安昌浩를 두고 한 말이었다.

지금까지도 이 글만은 이광수의 애국적 논설로 보고 싶어 하는 이가 있으니, 그보다 2년 뒤인 1924년에 발표한 그의 「민족적 경륜民族的 經綸」이란 글에 이르러서는 순수한 애국충정에서 썼다기보다 친일적 동기에서 쓴 민족 배신의 글임이 분명하다는 느낌을 주고도 남는 것이다. 그는 「민족적 경륜」에서 "우리 민족은 모두 일제 식민지 통치법이 허락하는 범위 안에서 행동하여야 한다"고 선언하고 있다. 이 말은 이광수 자신의 항일 독립운동 포기 선언이자 온 민족을 향해 독립운동의 단념을 호소하는 거나 다름없는 말이었다. 「민족개조론」에서도 우리 민족이 일본에 고분고분 순종하는 것만이 살길이란 명제가 전제되어 있었다.

「개조론」을 읽어보면 이광수의 반민족적 저의가 마치 애국적 정성이라도 되는 것처럼 착각하게 되며, 그 때문에 지금까지도 이광수를 위대한 애국 지성知性으로 곡해하는 이가 있다. 그러면 무엇이 이토록 이 글의 정체를 감추어 주고 있는 것일까? 필자는 글의 내용보다 형식에 위장 요인이 있었다고 보고 싶다. 즉, 이광수는 이 민족의 현재의 쇠퇴는 일본 침략자 때문이 아니라 민족 고유의 선천적 열등성 때문이라고 전제하였던 것이며, 바로 이 점에 이 글의 문제성이 있는 것이다.

이광수는 우리의 민족성을 비난하는 데 있어서 당시의 유행어인 '개조改造'라는 단어를 이용하였다. 민족성의 개조만이 오늘의 상황을 극복하는 유일한 길이라 주장함으로써 그는 침략자요 식민 통치자인 일본의 죄악을 사면하여 주었다. 간단히 말해서 집에 도둑이 들어서 망한 것이 아니라 도둑을 불러들인 거나 다름없이 문을 허술하게 두었다가 망했다는 이야기인 것이다. 가해자를 나무라기보다 피해자를 나무라야 한다는 주장이 이 글의 근본 동기였던 것이다.

얼핏 보면 그럴싸하게 들리지만 만일 그렇다면 도둑을 처벌할 것이 아니라 도둑맞은 피해자를 처벌하여야 한다는 말이 나오게 되니 얼토당토않은 주장인 것이다. 도무지 말도 안 되는 논리가 아니고 무엇인가. 이 개조론이 이광수에 의해 정립되고 육당六堂 최남선崔南善에게 계승되었으니 참으로 놀라운 '배덕背德의 계보'라 하지 않을 수 없다. 더욱이 민족성을 개조하지 않고서는 구제될 수 없다는 이론은 아직도 은연중에 우리 민족성과 민족사를 설명하고 평가하는 데 있어 큰 척도가 되고 있으니 그 여독은 크다 하지 않을 수 없다. 한국 근대사에 있어서 춘원처럼 글을 잘 쓴 이는 없었다. 그런 인물이 교묘하게 우리 민족성을 왜곡하였으니 필자의 진의를 알아차리는 이가 드물 수밖에 없었다. 그래서 지금도 그를 진정한 애국자로 오인하고 있는 학자가 있는 것이다.

이광수는 우리가 개조되어야 할 점을 도덕적 타락이라고 고발하였다. 첫째 거짓말 잘하는 민족이요, 둘째 탁상공론만 하는 민족이요, 셋째 의리 없는 민족이요, 넷째 고식적이고 결단성이 없는 민족이요, 다섯째 철저하게 개인주의적인 민족이요, 여섯째 상식도 없거니와 전문지식도 없는 민족이요, 일곱째 절약을 모르고 낭비만 하는 민족이요, 여덟째 위생 관념이 없는 더러운 민족이라는 것이다.

이광수에게 더 말해 보라면 얼마든지 우리 민족의 약점을 폭로할 것이며, 한마디로 말하자면 한국 민족은 구제불능의 백성이라 할 것이다. 그러나 이광수는 이 말을 달리 표현함으로써 민족을 중상하는 것이 아니라 민족을 사랑한 나머지 충언하는 것으로 오인하게 만들었다. 즉, 그는

'거짓말 잘하는 민족'이라는 말 대신에 '거짓말하지 맙시다'라고 했던 것이다. '탁상공론하지 마십시오', '의리를 지킵시다' 란 말도 마찬가지였다.

이와 같이 형식의 바꿈으로 인하여 우리는 이광수가 진정한 애국 논설을 폈던 것이 아닌가 착각하게 되었다. 그러나 엎어치나 메어치나 매한가지란 말이 있듯이 애국자로 자처한 이광수의 민족 개조론에의 본질에는 변함이 없는 것이다. 일제치하에서 살던 한국 지성에게 변신의 위험이 늘 닥쳐왔던 것을 우리는 잘 알고 있다. 춘원을 변절의 대표적 인물로 꼽고 있으나 지금 여기서 문제 삼고 싶은 점은 춘원 그 사람보다 그의 글이다.

따라서 춘원이 젊은 날에 매국단체 '일진회'의 돈을 받아 일본 유학을 했다는 사실, 1920년대 초 상해에서 귀국하여 일제가 주는 더러운 돈 3백 원을 받았다는 사실을 여기서 군이 비난하고 싶은 것은 아니다. 그건 그렇다 하더라도 글이란 글 쓰는 이에게 있어 목숨이나 다름없이 소중한 것이다. 문인에게 있어 붓은 무사에게 있어 칼이나 다름없는 것이 아니겠는가. 글은 글 쓰는 이에게 있어 단순한 생활의 방편일 수 없다. 생활의 방편이기에 앞서 그것은 삶의 목적이요, 보람이요 삶 그 자체인 것이다.

또 그가 「개조론」에서 강조한 바와 같이 글이란 글 쓰는 사람의 마음의 표출이다. 그에게 만일 민족을 사랑하는 마음이 없었다면 결코 다음과 같은 말은 할 수 없었을 것이다.

"조선인은 결코 제국주의적 군벌주의적 국민은 되지 못합니다. 종교적으로는 우는 민족, 철학적으로 음침하게 사색하는 민족도 되지 못하니다. 조선인은 현실적 예술적으로 웃고 놀고 살 민족이외다."

'한국인은 웃고 놀고 살 민족이다.'—이 한마디 속에 이광수가 하고 싶었던 한마디를 발견하게 된다. 무릇 글 쓰는 이는 누구나 자기 글 속 어느 한구석에 진정으로 하고 싶은 한마디를 감추어 두는 법이다.

'웃고 놀고 살 민족'—이 한마디야말로 그가 '개조론'이란 위장된 표제 아래 숨겨둔 그의 마지막 한마디였던 것이다. 또 동시에 이 한마디로 그가 민족을 사랑하지 않는다는 그의 마음을 고백하고 있는 것이라 할 수 있다.

나라가 망하고 겨레가 죽어도 모두 웃으며 살자, 놀고 보자는 이광수의 제의를 어떻게 해서 애국 논설이라 말할 수 있겠는가. 그것은 동시에 일제 침략자들의 한민족 열등론을 복창함으로써 한없이 우리의 마음속에 어두운 그림자를 더해준 말이라 하지 않을 수 없다.

조선인론朝鮮人論

육당六堂 최남선崔南善은 3·1 독립선언서의 기초자로서 유명하다. 춘원이 그러했듯이 변절의 이력서에 있어서도 두 사람은 모두 화려하다. 특히 육당은 '일선동조론日鮮同祖論'을 부르짖어 민족사의 뿌리를 왜곡한 역사가요, 동시대인들은 물론 후대인들에 이르기까지 빈축을 산 인물이다.

1928년 최남선은 「역사를 통하여 본 조선인」이란 아주 짤막한 글을 발표하였다. 처음 이 글은 별로 읽히지 않았으니 2년 뒤 그가 발표한 『조선역사강화朝鮮歷史講話』라는 책 권말에 붙여져 널리 읽히게 되었다. 이광수의 「민족개조론」이 1920년대의 민중에게 안겨준 충격적인 왜곡의 글이었다면 육당의「역사를 통하여 본 조선인」은 실의에 빠진 1930년대 민중에게 던져진 민족배반의 글이었다고 할 수 있다.

두 글은 모두 본질에 있어서 반反민족적 논설이었다. 그러나 서로 다른 점이 있으니 그것은 전자가 철저하게 위선의 탈을 쓰고 자신의 참뜻을 감추었는데 반하여 후자는 자신을 위장할 아무 필요도 느끼지 않았던 1930년대에 솔직하게 민족을 매도하였다는 점이다. 또 춘원은 문학자로서 완곡하게 자신의 참뜻을 감추려 들었으나 육당은 역사가로서 솔직하게 마음을 드러내고 객관적인 사실에 충실한 것처럼 꾸몄다.

최남선이 만주 건국대학 교수로 부임함으로써 자신의 변절을 선언하였던 것은 1930년대 후반의 일이었다. 그때 그를 아끼던 친구 한 사람이 최남선의 집 대문 앞에서 육당의 사망을 곡哭했다는 이야기는 너무나 유명하다. 그러나 최남선의 사망은 이미 그전에 일어나고 있었으니 바로 이「조선인」이란 글로써 그의 사망이 시작되고 있었던 것이다.

최남선은 한국인의 민덕民德을 논한다고 전제하고 한마디로 '덕이 없는 민족'이라 단정하였고 그것이 우리 민족의 참모습이라는 것이었다.

"조선인의 민덕民德을 논한 이 글에 대하여 많은 사람들이 불만을 토로하고 비난할 것이다. 그러나 나는 그것을 예측하고 미리 반박해두기로 했다. 즉 '그런 생각을 가진 사람은 망령된 자존심의 소유자올시다. 용렬한 자존심과 천박한 자위심의 소유자올시다. 그러니 이제 그런 모든 쓸데없는 감정일랑 버리고 우리 민족의 진실상眞實相을 깨우치는 데 온 힘을 기울입시다'라고……."

육당이 미리 자신의 글을 변명하여 두어야 할 정도로「조선인」은 노골적이고 가혹하고 가차 없는 자책론이었다. 그러나 그런 글이었음에도 글의 목소리는 컸다. 춘원은 모기소리처럼 아주 작은 소리를 냈으나 육당은 마치 맹견이 짖는 소리와도 같았다. 1920년대와 1930년대의 변절은 그렇게도 달랐던 것이고, 부끄러움조차 모르게 되었던 것이다.

한갓 문학인에 지나지 않았던 이광수였기 때문에 그의 민족중상론은 간략하기도 하거니와 소박하기까지 하였다. 그러나 육당의 '조선인론'은 구체적이요 일제의 동화정책에 안성맞춤이었다고 할 수 있다.

최남선은 졸렬하게 처음부터 겨레를 모독하는 언사를 사용하는 우를 범하지는 않았다. 그러나 그 어투는 마치 자신이 조선인이 아니라 일본인이나 된 것 같은 것이었다. 그는 말한다.

첫째, 한국민족은 그렇게도 강대한 이민족의 침략을 받아왔는데도 용케 민족사를 유지하여 왔으니 경탄을 금할 길이 없다

최남선의 이 말에는, 우리는 본시 약했다, 처음부터 약소민족이었다는 단정이 들어있다. 그렇게도 연약한 민족이 강대민족의 침략을 무수히 받고도 살아남았다─이건 기적이라는 것이다.

둘째, 조선인에게 문화 창조력이 없지 않으나 어쩌다가 혜성처럼 우연히 나타났을 뿐 지속성이 없으니 아무 소용이 없다.

셋째, 조선인의 자질은 천재적이랄 수 없고, 다만 남의 문화를 받아 들여다가 정리해서 집대성하는 재간이 있을 뿐이다. 그러나 그마저 기대할 것이 없다.

넷째, 한국인은 예의바른 도덕적인 민족이지만 너무 예절이 발라서 겁이 많으며 연약하고 퇴영, 위축적인 민족이요 다만 굴욕을 참고 견디는 데는 능한 백성이다.

이상 네 가지 특성은 그런대로 긍정적인 평가를 담았다고 할 수도 있

으나 다섯째 항목부터는 전혀 부정적인 평가로 바뀌어 가차 없이 자기 민족을 치고 박는 중상론이 된다. 그는 계속한다.

"조선인은 낙천적이어서 매사에 허술하고 잊어먹기를 잘한다. 이 병은 너무 고질화되어 치료불능이다. 이밖에 조선인은 갖가지 질병을 앓고 있는데 우유한만병優柔閑漫病, 형식병, 사대병, 대외의뢰병, 백수건달병, 부문공담병浮文空談病, 당쟁병, 관망병 등이 그것이다."

이처럼 그의 조선인병 목록은 끝없이 계속된다. 병명을 들다가 그도 지쳤는지 마침내 다음과 같이 절망적인 진단을 내리고 있다.

"조선인은 그 좋은 언어가 있으면서도 아직 문법을 조직하지 못한 자이며 오히려 사전 하나도 편집하지 못한 자이며 환한 이상이 없는 자이며 두드러진 문학이 없는 자이며 혜택을 세계에 입힌 대발명大發明, 대창작이 없는 민족이다.
일찍이 독립자존의 표상을 만들지 못하고 근대 세계의 환기喚起에 응종應從치 못하고 사방으로 의뢰할 곳이나 찾고 만년과도萬年過渡의 핑계로써 온갖 과실을 자서自恕하여 온갖 책임을 자엄自掩하는, 한마디로 말해서 민격유결民格有缺의 자라고 할 것이다."

누가 이 글의 필자를 일찍이 3·1 독립선언서를 기초한 사람이라 할 것인가. 육당이 진정 민족을 사랑한 이가 아니란 사실은 그 뒤에 발표되는 그의 일선동조론에서 백일하에 드러나지만, 그 배덕背德의 논리는 이미 이 글에도 드러나 있는 것이다.

심산心山 김창숙金昌淑 선생이 대구 감옥에서 14년 옥고를 치르고 있을 때였다. 일본인 간수가 심산에게 육당의 「일선동조론」을 읽어보라고 주었다. 마지못해 이 책을 받아본 심산은 "도시 이런 흉서凶書가 있는가." 하면서 개탄하였다. 뿐만 아니라 그는 즉시 책을 잡아 비틀어 단자單子처럼 만들어 휙 마룻바닥에 동댕이쳐 버렸다. 그리고 나서 그는 말했다.

"기미 독립선언서가 최남선의 손에서 나오지 않았는가. 이런 자가 도리어 일본에 붙은 역적이 되다니 만 번 죽어도 그 지은 죄는 남을 것이다."

육당처럼 이렇게 일제 36년이란 짧은 세월을 기다리지 못해 적에 붙어버린 부일배附日輩가 있었지만 그렇지 않은 지식인들도 많았던 사실을 부연해둔다.

한국인韓國人의 일본관日本觀

해유록海遊錄

임진왜란은 1592년부터 1598년까지 7년 동안이나 계속된 일본 사무라이(武士)들의 침략 전쟁이었다. 이 싸움으로 우리 민족이 일본을 얼마나 미워하게 됐는지 모른다.

청천清泉 신유한申維翰이란 선비는 1719년에 일본을 방문하였다. 임진왜란이 끝난 지 121년이 지난 뒤였는데도 그때의 대일對日감정은 바로 어제 전쟁이 끝난 것만큼이나 증오로 가득차 있었다.

신유한이 일본으로 가게 된 동기는 우리나라에서 일본으로 보내는 통신사通信使 일행 중 제술관製述官이란 중요한 직책을 맡게 되었기 때문인데, 제술관에는 국내에서 제일가는 학자가 임명되는 것이 상례였다. 그런데 이상하게도 신유한은 당연히 영광으로 생각했어야 할 이 자리를 탐탁하게 여기지 않았다.

"왜인들에게 최근 문자를 좋아하는 버릇이 부쩍 늘어나 일본에 가면 일본인들이 떼를 지어 제술관을 찾아와 학사대인學士大人이라 부르면서 못살게 굴며, 시와 글을 받으려는 자들이 거리에 가득하며 우리 일행이 묵는 숙소의 대문을 메운다. 그들을 응접하고 이야기를 나누어 우리나라의 문화文華를 선양하고 빛내는 것은 모두 제술관의 책임이다. 그래서 일은 번잡하고 책임은 큰데다가 만 리 바다를 건너야 하니 고해苦海라

하지 않을 수 없다. 그래서 사람들은 이 일이 두려워 제술관 자리를 마치 벌떼 피하듯 한다."

신유한은 왕명이 떨어지자 이 핑계 저 핑계로 취임을 사양하였으나 받아들여지지 않아 할 수 없이 제술관이 되어 일본으로 가게 되었다. 조선 통신사 일행을 맞는 일본의 도쿠카와 막부德川幕府는 거의 거국적인 환영행사를 준비하였다. 지금까지 전해 내려오는 통신사 행렬도行列圖를 보면 그 모습은 너무나 거창하고 성대하다. 먼저 일행은 에도江戶(지금의 도쿄)로 가서 도쿠카와 정부를 방문하고, 돌아오는 길에는 왜황倭皇이 있는 경도京都(왜경)를 들르게 된다. 이 왜경倭京에서 통신사 일행은 대불사 大佛寺란 절로 초대를 받았다. 그러나 그들은 단호히 이 초청을 거절했다. 이 절이 과거 토요토미가 지은 절이었기 때문이다. 신유한은 이렇게 말하였다.

"이 도적(풍신수길)은 우리나라 백 년의 원수이므로 의리義理로 보아도 하늘을 같이 못하겠거늘, 하물며 그곳에서 어찌 술을 마실 수 있겠는 가."

간양록看羊錄

이처럼 임진왜란의 수모는 백 년이 지나도록 우리의 뇌리에서 떠나지 않았다. 신유한은 또 일본 사회를 직접 눈으로 보고 나서는 '이 나라 백 성은 우리와 전혀 다르다'고 단정하였다. 즉, 일본은 사무라이 사회로서 무사가 제일 높은 신분이며 그 다음이 농민, 공장工匠, 상인의 차례이다. 즉, 병·농·공·상의 사회였던 것이다. 여기에서 선비, 즉 문사文士는 사민

四民의 서열 밖으로 밀려나 있다는 것이며, 심지어 뛰어난 문사인데도 한 평생 청소부로 늙어 죽는 사람이 있었다는 것이다.

일본이라는 사무라이 사회에서의 문화는 칼의 문화라 할 수 있다. 우리나라가 사·농·공·상의 사회요 붓의 문화였던 데 비하면 엄청나게 성격이 다른 사회였던 것을 알 수 있다.

강항姜沆(1567~1618)이란 선비는 임진왜란 때 포로가 되어 일본에 끌려갔다가 요행히 돌아온 학자이다. 일인들은 우리나라 도공陶工들을 많이 연행하여 갔기 때문에 임진왜란을 도자기 전쟁이라고도 부르고 있으나 학자들도 많이 끌려갔었다. 강항은 그 중의 한 사람이었다.

강항은 그동안에 겪은 고초를 적어 『간양록看羊錄』을 남겼는데, 여기서 그는 일본인의 성격을 잘 꼬집어주고 있다.

그는 무엇보다도 먼저 일본인의 속물俗物 정신을 비판하고 있다. '왜놈들은 아무리 추악하고 하찮은 물건이라도 천하제일의 명수名手가 만든 물건이라면 천금을 아끼지 않고 사들인다'는 것이다. 유태인이 '돈과 책(성경)을 사랑했다'고 했는데, 일본인에게도 유태인과 같은 천민정신이 있었던 듯하다. 그리고 보면 최근의 한국 사회도 돈과 성경으로 사는 사회로 변해가고 있는 듯하다. 어쨌든 일본의 무사에게 병兵과 식食과 신信의 세 가지 가치 가운데 가장 소중한 것이 무어냐고 물었다면 병兵이 첫째요, 그 다음이 식食이며, 신信을 마지막 가치로 꼽았을 것이다. '병'은 두말할 것도 없이 칼이요, 전쟁이다. '식'이란 곧 돈이요 경제이다.

하지만 조선 문사 사회에서는 정반대로 '병'은 최하의 가치였다. 어찌할 수 없을 때 쓰는 것이 칼이고, '식'(물질과 돈)도 '병'처럼 마지막 수단에 불과했다. 우리 선비들에게는 하잘것없는 물질보다 신의信義가 더 소중하였기 때문에 골동품에 대한 취미 같은 것은 매우 천박한 인간의 욕심을 드러낸 것이라고 보았던 것이다.

우리나라의 주자학은 '정덕正德'을 제1로 꼽고 이용利用과 후생厚生을 제2로 친다. 실학자들은 이용후생을 제1로 꼽고 정덕을 끝으로 꼽았다. 결국 우리나라에서는 주자학이 실학을 이겼으니 그 점이 일본과 달랐던 것이다.

강항이 둘째로 지적한 것은 일본 사무라이들의 반지성주의反知性主義다.

"일본의 사무라이들은 너무 무식해서 자기 나라의 가나다라(가타카나-일본의 고유문자)도 읽지 못하며 병서兵書를 사긴 하지만, 그냥 간직할 뿐 반줄도 읽는 놈이 없다. 전쟁에는 덮어놓고 싸워 이기면 되는 것이지 병법兵法 따위는 아랑곳하지 않았다."

오수불망吾雙不忘

1982년 초여름, 일본 도쿄의 어느 시장 한복판에 있는 절을 발견하고 안내하던 일본인에게 필자는 물어보았다.

"저 여우를 모신 오미야(절)는 무엇을 비는 곳인가?"

"상인들이 조석으로 여우신에게 동전을 던져서 빌면 여우신이 보호하사 그 날의 돈벌이를 잘되게 해준다."

이처럼 일본인들은 돈을 좋아하는 천성을 가지고 있었기 때문에 근대화에 빨랐는지 모르고, 또 칼을 좋아하였기 때문에 군국주의를 발전시켰는지 모를 일이다.

19세기 후반에 우리나라의 문이 열리자 수많은 일본 잡상인들이 밀려들어 왔다. 등짐장수들이었다. 이들의 등짐 속에는 한국 여인들이 좋아하는 화장품이 들어 있었다. 화장품을 당시에는 '분粉'이라고 불렀는데, 이 분 속에는 '납鉛'이 들어있어 계속 바르면 얼굴이 검게 타고 노화老化하였다.

일본 장사꾼과 함께 일본 군대도 들어왔다. 이들은 옛날 강항이나 신유한이 목격하였던 사무라이의 후손들이었다. 칼 대신에 총을 들고 왔다는 게 좀 다를 뿐 본질에 있어 사무라이와 똑같은 일본 병정들이 한국에 다시 상륙했다. 우리 선비들은 제2의 임진왜란이 닥쳐온 것으로 믿었다. 잘 본 것이다.

1916년 북간도北間島의 독립군 사관학교에서는 『우리의 원수를 잊지 마라(吾讐不忘)』는 책을 역사 교재로 썼다. 일본의 침략사를 역사적으로 추적한 이 책의 서두에는 이런 말이 적혀 있었다.

> "일본인은 동해중東海中에 있는 변변치 못한 세 섬(三島)에서 굴을 파고
> 살아온 난쟁이 종자였다. 그 흉악하고 간교함은 가히 유전성이라 할 수밖
> 에 없고 우리 동양 역사에 누차 나타났다가 사라진 바 있다."

일본인들은 자기들의 혈통이 '아이누'라는 일본 원주민과 전혀 다른 것으로 믿고 있으나 우리는 그렇게 보아 줄 수 없다. 일본 민족의 원형原型은 원일본인原日本人(Proto-Japanese)이라 부른다. 바로 그것이 '아이누'라고 보는 게 우리의 견해다. 아이누족이란 말할 것도 없이 난쟁이인 것이다.

혈통이야 그렇다 치더라도, 그 침략성은 어디서 나온 것일까. 연세대학교의 전신인 연희전문의 교장을 역임하기도 했던 미국인 언더우드(1859~1916)는 일찍이 일본족의 침략적 성격을 다음과 같이 지적한 바

있다.

"아시아 민족은 대개 공통성이 있다. 몽고족이 일시적으로는 침략적이
었으나 일단 불교의 감화를 받게 되자 양같이 유순해졌다. 인도족과 한
족漢族도 모두 평화적인 성질을 가지고 있다. 그런데 그중에서 침략성
을 고수하여 유교나 불교로도 유순해지지 않은 것은 일본족이다. 2천
년 동안 중국과 한국의 연해안 일대를 침략하고 살육을 사행한 것은 오
로지 일본족 뿐이다. 그러므로 중국과 한국 역사상의 외환外患은 대개
왜구倭寇에 의한 것이다. 역사에 나타나는 아시아의 민족의 큰 전쟁들도
대부분 일본인이 주도한 것이다. 임진왜란·청일전쟁·노일전쟁이 그러
하다. 3·1운동을 전후하여 한국에서 자행한 대학살도 그것을 잘 드러
낸다."

이어서 언더우드는 "일본족이 무武을 숭상하기 때문에 언제나 모든 문
제를 무력에 의존하여 해결하려 하였고, 한국인은 반대로 문자文字과 언
어言語로 문제를 해결하려 하였던 것이다"라고 덧붙여 설명하였다.

혈사血史

1919년 3·1운동이 일어나자 민족사가民族史家 박은식朴殷植(1859~1925)
은 『독립운동지혈사獨立運動之血史』(1921)를 저술하여 민족의 울분과 패
기를 토로하였다. 여기서 그는 한·일 두 나라의 민족성은 서로 얼음과
숯의 관계(氷炭之間)라고 말하고 일본족에 대한 한국인의 감정은 첫째
경멸감, 둘째 원한, 셋째는 불신감이라고 말했다.

"한국인은 왜 일본인을 왜놈 왜놈하고 경멸하는가. 일본인이 본질에 있어 야만적이요, 항상 우리에게서 문화적 혜택을 입었기 때문이다. 우리가 그들을 두려워하는 것은 다만 그 무력뿐이다. 우리는 저들보다 훨씬 우수하기 때문에 그들이 30년 걸려 만든 것을 우리는 꼭 10년 안에 해치울 수 있을 것이다.

한국인은 왜 일본인을 원수로 보는가. 그것은 과거의 원한과 울분이 이미 골수에 사무쳐 있는데 오늘날에 자행하는 포악이 또한 극도로 야만스러워 한족韓族과 일족日族은 결코 한 국가 안에 같이 공존할 수 없기 때문이다.

한국인은 왜 일본족을 불신하는가. 일본은 1876년의 강화도 조약 이후 수없이 우리를 속여 급기야는 나라를 빼앗았다. 이런 이웃을 누가 믿겠는가."

한·일 관계의 역사와 일본인을 보는 한국인의 눈은 이렇게 차갑고 증오에 찬 것이었다. 한마디로 원한의 관계였다. 그러므로 지금 당장 깨끗이 과거를 잊고 서로 존중하고 사랑하고 믿자고 제안해도 도저히 실현이 불가능한 것이다. 앞으로 오랜 시간이 흐르지 않는 한, 그것도 두 민족이 서로 혼신의 노력을 아끼지 않는 한, 두 민족 사이의 얼음과 숯의 관계, 원한의 관계가 청산되기 어려울 것이다.

과거보다 미래를 보고 살아야 할 오늘의 세계에서 우리에게 지워진 역사의 무거운 짐들을 벗어던지기 위해서는 지난날의 고통보다 더 아플지 모를 인내를 필요로 할 것이다.

한국사韓國史 이대로 좋은가

거시적巨視的인 안목眼目

흔히 역사를 보는 데는 거시적인 안목이 필요하다고 한다. 우리 민족사를 보는 데에도 민족사의 어떤 일부분을 보고 그것을 가지고 민족사 전체에다 확대 추리하는 경향이 많다. 그러나 이것도 하나의 일본식 역사 연구의 잔재라 할 수 있으므로 하루속히 벗어나야 할 함정이라 생각된다.

전에 필자도 대학시절에 '한국사 개설韓國史概說'이라고 해서 청강해 보니 '개설'이 아니라 시대사이거나 사건사에 지나지 않다는 실망을 안고 끝났던 것을 지금도 생생하게 기억하고 있다. '세계문화사'라고 해서 강의 신청을 했더니 중국 은殷나라 때 갑골문자甲骨文字 이야기만 하다가 고스란히 1학기를 다 보냈다는 친구 이야기를 들은 적도 있다. 요즘 대학 다니는 딸아이 이야기를 들어보아도 마찬가지다. 한국사라고 해서 책 한 권 샀더니 고대사만 하다가 끝났다는 이야기를 들었다.

이런 역사 교육의 폐단은 오늘의 많은 역사학자들이 민족사를 거시적으로 내려다보지 못하고 미시적으로만 공부하였기 때문이라 단언할 수 있다.

지금도 생존해 계신 필자의 스승 한 분은 한국사 전반의 흐름을 가르치기 위해서는 많은 미시적 연구가 선행되어야 하며, 그런 다음 나이 60줄에 들어서서나 시도해 볼 일이라고 말씀하신 바 있으나 애석하게도 이 말씀은 잘못된 것이었다. 왜냐하면 아무리 개별적인 연구논문을 많이 모아 놓았댔자 하나의 훌륭한 통사通史가 되지 못하기 때문이다. 그것은 마치 조각조각의 헝겊을 꿰맨 누더기 같은 것으로서 결코 그것만으로 훌륭한 옷감이 되지 못하는 것이다.

이처럼 우리나라 역사가들은 모름지기 부분보다 전체를 보는 데 힘써야 하는데 그렇지를 못했다. 근대사를 연구하는 사람도 고대사에 대한 일가견을 가져야 하고 한국사를 하는 사람도 동양사나 서양사에 깊은 관심과 식견을 가져야 하는데 그렇지 못했던 것이다.

또한 정치사를 하는 사람도 경제사나 사상사에 깊은 조예가 있어야 하는 법인데 그렇지 못하였으니 한쪽 눈만 뜨고 역사를 본 셈이다.

어느 친일사학자親日史學者

단재의 말마따나 '병든 한국사가 있을 뿐'이란 한심스러운 사태가 예나 지금이나 변함없이 계속되고 있는 것인데, 그 원인의 다른 하나는 역사가들이 무심코 갖는 편견이라고 할 수 있다. 물론 역사가는 누구나 편견 없이 역사를 비판적으로 서술한다고 장담하고 있지만, 그 실제는 주장과 전혀 다르다.

우리나라 역사를 보는 데 있어 몇 가지 치유하기 어려운 질병이 있다. 그 하나가 일제 식민사관이다. 한국사를 형편없이 비참한 역사로 만든 일제 식민사관은 한말부터 침략해 들어와서 오늘에 이르고 있는 무서운 고질병이다. 일제 식민사관이라고는 하지만 그 속에는 여러 가지 요소가 들어 있다. 그러나 흔히 말하는 정체성론停滯性論이니 뭐니 하는 것보다 더 주목해야 할 독소는 사료를 읽는 방법에 있다 할 것이다.

아시다시피 우리나라 사서는 『삼국사기』를 비롯하여 『고려사』, 『조선왕조실록』 등등이 모두 나름대로의 편견에 따라 쓰여 있다. 이 편견을 한마디로 유교적 사대주의라고 해두자. 이런 유교적 편견을 그대로 승인하고 문장을 액면가 그대로 해석해 준다면 다른 구차스러운 이데올로기나 이론을 빌지 않아도 한국사는 그냥 비참하고 한심스러운 것이 되어 버린다. 일본 사람들은 이 점을 재빨리 간파하고 우리나라 사서 속에 담긴 거짓된 철학을 일체 불문에 붙이고 그것이 마치 역사적 사실이었던 것처럼 해석하기 시작하였다. 이른바 문헌 고증주의라는 것인데, 이 방법을 쓰면 우리나라 역사는 2천년사가 되며 중국의 예속국가로서의 역사가 된다. 참으로 쉽고도 간단한 원리였다. 더하기와 빼기만 할 수 있으면 풀이할 수 있는 아주 초보적인 산수문제나 다름이 없는 것이었다.

해방 후 40년이 가까운 오늘에 이르기까지 일제 식민사관의 잔재가 도처에 남아 있는 것은 이런 간단한 원리를 깨닫지 못한 탓이라고 나는 생각한다.

최근 공개된 영국 외교문서 속에 다음과 같은 기록이 있는 것을 발견하고 깜짝 놀랐다. 좀 인용이 길지만 하도 어처구니없는 이야기라 여겨져 인용하겠다.

1946년 10월경, 당시의 주한 영국 대표부 D. W. 커보우드란 사람이 한국의 국내정세를 탐지하여 자기네 나라 외무부에 보고하는 가운데 한 한국인 역사가를 만나 독립문제에 대한 그의 소감을 물었다는 것이다. 무슨 이야기를 들었느냐 하면, 한국 역사가의 말이 '우린 독립을 두려워한다'는 것이었다.

그의 보고서 내용은 '한국인이 민족의식을 갖고 있지 않으며 단결이나 자치의 능력이 없음을 알고 있었다. 지금 점령군(미군과 소련군)이 철수하면 지난날의 불화가 적대적인 이념으로 고무되어 재연될 것이며 따라서 한국인의 피가 흘러 시내를 이룰 것'이라는 것이었다. 결론은 그가 보기에 한국은 외부 강대국의 통치하에서만 두려움과 재난 없이 살아갈 수 있다는 것이다.

1946년 10월이라면 해방의 환희가 절망으로 바뀐 때였다. 그런 당시의 상황을 생각한다면 누군지는 모르지만 그렇게 생각할 수도 있는 일이었다. 그러나 아무리 그렇다고 하더라도 어디 그런 말을 그것도 외국인에게 할 수 있단 말인가. 한심한 일이지만 사실인 것이다. 이 역사가는 한국사를 '적대적인 왕조의 끊임없는 유혈투쟁의 기록'이라 말했고, 심지어는 '차라리 일제하에서 살았던 때가 좋았다'고까지 극언했다.

물론 우리의 선배 학자들이 모두가 그런 생각을 가졌던 것은 아닐 것이다. 그러나 분명히 그런 분이 있었고, 그런 분이 후배들을 가르쳐 오늘의 사학계가 형성된 것이 사실이다.

문제는 바로 여기에 있다고 생각한다. 우리의 민족사가 일제 식민사관에서 벗어나기 어려웠던 사연의 일단을 여기서 발견했다고 생각하면, 없었던 것으로 덮어버릴 수 있는 이 한 역사가의 발언이 우리에게 주는 교훈은 한정 없이 크다 할 것이다.

빼앗긴 역사歷史

민족의 역사와 문화를 생각하는 데 있어서 우리는 매양 한국사를 소극적으로 해석하고 서술하는 태도를 고수하여 왔었다. 여기에는 여러 가지 이유가 있다고 믿어지는데, 그 가장 큰 이유는 일제 식민사관이었다고 할 수 있다. 일본 제국주의자들의 한국사 왜곡은 최근에 겉으로 보기에도 너무 심했다는 사실을 알 수가 있고 놀라움을 금할 수 없다.

광복 후, 40년 동안 우리는 심각하게 우리 역사를 반성할 겨를이 없었다고만 할 수는 없다. 전쟁과 혁명, 그리고 경제 발전의 급격한 변화를 겪으면서도 지난날의 낡은 역사의식을 버리고, 새로운 형식의 역사해석을 하기 시작하였다. 역사학은 시대가 바뀜에 따라 변하기 마련이다. 그러나 독립된 새 나라에 걸맞은 새로운 역사학의 성립을 가로막는 큰 장애물이 있었으니 그것이 바로 일제 식민사학이었다. 일제는 36년간이란 길지 않은 침략 기간에 우리나라에다 그들의 식민주의 역사학을 심는 데 성공한 것이다. 식민사학은 동화주의同化主義와 직접통치를 원칙으로 삼은 그들의 지배체제에 없어서는 안 될 정책 수단이었다.

1945년 8월 15일 일제의 조선 지배는 사실상 끝났으나 그들이 남긴 문화침략의 상처는 쉽사리 지워지지 않았다. 1965년 한·일 국교정상화 때, 두 나라 관계의 청산문제를 중심으로 약간의 역사 반성이 있었으나 일제 식민주의 역사학을 물리치는 데 충분한 노력이 있었다고는 할 수 없다.

1982년 여름의 일본 교과서 왜곡문제는 광복 후 두 번째로 맞은 역사 반성의 기회였으나 첫 번째 기회보다 훨씬 심각하고 근본적인 문제를 제기하였다는 점에서 주목할 만한 기회였다.

짧은 기간이나마 우리 민족의 역사를 우리가 해석하고 우리가 쓰지 못하게 됨으로써 일어난 역사의 빈 집 상태로 인하여 잃어버린 것이 너무나도 많았던 것이다. 그중에서도 가장 큰 상실은 민족의 자존심이었다고 할 수 있다.

문화 식민주의에 있어서는 역사의 약탈掠奪이 무엇보다도 핵심적인 수단이 된다. 한 민족이 자신의 역사를 상실한다는 것은 곧 민족의 긍지와 자존심의 상실을 의미하는 것이다. 즉, 역사의 상실로 인하여 자기 멸시와 열등감을 갖게 되며, 현재와 미래에 대한 자신감 넘친 결단과 희망을 잃게 되는 것이다. 역사의 상실로 자신이 세계 속의 한 구성원인 사실을 잊게 되며, 스스로 역사적 결단을 내리고 행동을 할 수 있는 능력을 상실하고 마는 것이다.

무정신無精神의 역사歷史

이처럼 식민주의 역사관은 우리의 역사의식을 오도하고 나아가서는 우리의 현실과 실천력을 약화시켜 주기까지 하였는데, 이런 함정에서 벗어나기 위하여서는 우리의 역사를 좀 더 적극적으로 해석하는 용기와 슬기를 가져야 하는 것이다. 이 일을 '민족사학의 다물'이라 부르고 싶다. 다물이란 광복이란 뜻이다.

1910년, 나라가 망하자 동시에 민족사학이 탄생하였다. 그 대표적인 인물이 백암 박은식과 단재 신채호였다. 이 두 사람은 '나라는 망해도 겨레는 망하지 않아야 하며, 겨레가 망하지 않기 위해서는 역사를 잃지 않고 지켜나가야 한다'고 확신했다. 박은식은 "옛사람이 이르기를, 나라는 멸할 수 있어도 역사는 멸할 수 없다고 하였으니 그것은 나라가 형체이고 역사는 정신이기 때문이었다. 이제 망국으로 인하여 한국의 형체는 허물어졌으나 정신만은 홀로 살아남을 수 없단 말인가" 이렇게 말하면서 그는 유태인의 예를 들었다. 2천년 동안이나 나라를 잃고 유랑한 유태인이었는데 어느 다른 민족에도 동화되지 않은 것은 오로지 조상의 가르침을 잃지 않고 보존하였기 때문이라고 주장하였다. 조상의 가르침이란 바로 그들의 역사인 것이다. 『구약성서舊約聖書』가 바로 역사서歷史書가 아니었던가. 탈무드 없는 유태인을 생각할 수 있을까? 아마 없을 것이다.

이제 우리는 나라를 회복하여 형체를 가지게 되었다. 그러나 만일 우리에게 정신이 없다면 어떻게 될까? 민족이 아니라 정신 나간 사람, 얼빠진 사람들의 오합지중이 되지 않겠는가.

이처럼 민족사학은 멸국과 멸족의 위기에 서서 몇몇 소수의 역사가들이 비장한 각오로 민족사 연구에 헌신한 결과였다. 그러므로 그것은 독립운동사의 일환으로 전개되었고, 독립정신에서 비롯되었다. 그러나 그것은 1910년에 돌연히 역사의 표면에 등장한 것은 아니었다. 앞에서도 말했듯이 오랜 민족사의 대하大河를 따라 흘러 흘러서 내려온 것이고, 겉으로는 그 모습을 드러내지 않은 것 같았으나, 보이지 않는 저변에 흘러왔던 것이다.

단재 신채호는 이미 1908년에 지어낸 『독사신론讀史新論』에서 민족사를 다음과 같이 규정하였다.

"민족을 버리면 역사가 없을 것이고 역사를 버리면 민족의 자기 나라에 대한 관념도 없어지는 것이니, 아! 역사가의 책임이 무겁기도 하구나! 역사를 쓰는 이는 모름지기 그 나라의 주인되는 민족을 선명히 나타내어 그를 주체로 삼아야 한다. 만일 그렇지 못하면 그것은 무정신의 역사이다. 무정신의 역사는 무정신의 민족을 낳으며 무정신의 국가를 만들어 낼 것이니 어찌 두렵지 않을까."

그러므로 민족사학에서는 반드시 그 주체가 '민족이 발달한 상태와 민족의 큰 재난과 행복을 가져다 준 사실'이어야 하며 '민족의 큰 이해利害에 관계된 인물'만을 다루어야 하는 것이다. 그러나 그는 민족사는 모름지기 '민족 전체의 역사'이어야 한다고 강조함으로써 편협된 영웅사관이나, 정치사나 경제사 따위의 부분사部分史에서 탈피하려 하였다.

이같이 두 사람은 역사의 주체는 민족이어야 한다고 주장하고, 모든 역사는 민족사이어야 한다고 강조했는데, 구체적으로 어떤 주장을 가리켜 민족사라 하였을까?

축소縮小당한 우리 역사歷史

오늘날 우리의 역사를 국사 또는 한국사라 부르고 있다. 그러나 이 호칭은 우리 민족사가들이 불렀던 이름과 다르다. 그들은 대한국사大韓國史라 불렀다. 왜 그랬을까? 한마디로 말해서 대한국사란 소한국사小韓國史가 아니란 뜻이었다. 그냥 한국사라 부를 때 과연 '대大한국사韓國史'인지 '소小한국사韓國史'인지 분간하기 어렵다. 그러므로 그들은 큰 대자를 붙여 '대한국사'라 불렀던 것이다.

대한국사와 소한국사의 갈림길은 고대사를 어떻게 해석하느냐에 따라 달라진다. 대한사관에 따르면 우리 역사는 5천년사이다. 고조선 3천년의 역사가 신화나 전설이 아닌 역사적 사실로 승인되는 것이다. 그러나 소한사관에 따르면 고조선 3천년사는 증거불충분이라 하여 단순한 신화요 허구로 제외되어 버리는 것이다.

고대 3천년사를 인정하느냐, 인정하지 않느냐에 따라 한국사가 혹은 2천년사로 줄어들기도 하고, 혹은 5천년사로 늘어나기도 하는데, 그 강역도 크게 달라진다. 고조선사를 인정하는 대한사관에 따르면 우리 민족의 강역은 한반도에 국한되지 않고 중국과 만주, 그리고 일본까지 뻗는 넓고 넓은 대국사大國史가 되는데, 소한사관에서는 단지 좁고 작은 한반도만이 그 유일한 영토가 되고 만다.

소한사관에 따르면 한 번도 우리 민족은 대국을 이룬 적이 없는 처음부터 약소민족이라는 것이므로 앞으로도 별반 커질 가망이 없는 나라로 인식될 수밖에 없다. 역사는 모름지기 앞을 내다보는 역사이어야지 뒤돌아보는 역사이어서는 안 될 것이다. 지금까지의 한국사가 매양 축소지향적縮小志向的이라는 인상을 주어온 것은 앞을 내다보는 거시적인 역사가 아니라 뒤돌아보는 미시적인 역사였기 때문이라 믿어지는 것이다.

사실 고대사에만 문제가 있는 것이 아니다. 거의 모든 시기에 있어서 우리 역사를 어떻게 읽어야 하는가 하는 문제가 제기된다.

그중에서도 가장 심각하게 문제되고 있는 부분이 근대사이다. 일제 식민주의자들 그리고 그를 계승한 오늘의 일본인 사학자들은 우리 민족의 역사를 알게 모르게 자기네 중심으로 서술하거나 처음부터 약소민족, 가난한 나라로 생각하고 동정하기까지 하고 있다.

우리는 한국 예찬론도 싫거니와 동정론도 싫다. 있는 그대로의 진실을 좋아한다.

어느 민족이라고 해서 침략당해 보지 않은 민족이 있는가. 어느 나라 역사라고 해서 정치싸움 안 해 본 나라가 있겠는가. 그런데도 유독 우리만 침략당한 나라로 취급당하고 사대주의와 당쟁의 역사로 인식되어야만 하는가. 바로 이것이 식민사관이요 민족 열등감에서 우러나온 소한사관인 것이다. 하루 빨리 이 같은 편견에서 벗어나기 위해서는 우리 손으로 쓴 진정한 민족사를 탄생시켜야 하겠다.

특히 우리는 '아리라'(우리의 강 또는 우리의 고토故土)를 잃고 작은 한반도를 금수강산으로 여기며 살아가고 있다. 요동은 우리 땅이었는데도 '요동은 우리 땅이다'라고 주장하지 못하고 겨우 '독도는 우리 땅이다'라고 노래하고 있다. 뿐만 아니라 한반도마저도 두 조각으로 나뉘어 민족이산民族離散과 국토분단의 곤욕을 치르고 있다. 이런 시점에서 민족문제가 이미 지나간 옛이야기라 생각할 수 있는가.

광복되기 직전 열강은 한국을 '잊혀진 나라'라고 하여 독립운동에 진지한 노력을 기울이지 않았다.

한국은 예로부터 중국의 일부거나 일본의 일부라고 여겼기 때문이다. 그 때문에 38선이 생겼는데 그게 4백 년 전 이야기가 아닌 바로 40년 전의 일이다. 그런데도 이념문제나 계급문제가 민족문제보다 더 중요하다고 생각하는 자들이 있다. 우리 역사를 계급투쟁의 역사로 보아야 할 것인가, 아니면 고분고분 말 잘 듣는 민족의 역사로 보아야 할 것인가.

우리 모두가 이 문제를 심각하게 반성하고 오늘의 문제를 생각하고 내일을 내다보아야 할 것이다.

민족사民族史의 바른 이해理解

　입으로야 누구나 민족사관民族史觀이라 부르짖고 있으나 막상 그 내용을 말하라고 하면 대답하기 어려운 것이 사실이다. 민족사관이 우리에게 왜 긴급한 과제인가 하면, 우리 역사가 당초부터 잘못 이해되고 서술되어 온데다가 최근 몇 십 년 사이에 일본 제국주의자들이 이를 한층 더 심하게 날조하고 비틀어 놓았기 때문에 그 사정이 다급하면서도 매우 어려운 문제가 되고 있는 것이다.

　도대체가 민족사의 당연한 주인인 우리 민족이, 식민사관에 따르면 주인 아닌 손으로 묘사되고 나약하고 초라하기 짝이 없는 모습이 되고 있는 것이다. 이것은 무엇보다도 역사 서술의 주체가 역사 실천의 주체가 아니라는 식민지적 상황에서 빚어진 결과라 할 수 있고, 쉬운 말로 하면 내 겨레 역사를 내가 쓰지 못하고 남이 써준 데서 빚어진 결과였다.

　그러나 일제 식민주의에만 민족사 왜곡의 책임을 돌려야 할 일은 아니다. 그보다 더 오래고 깊은 왜곡의 뿌리가 있으니, 사대주의 사관이 바로 그것이다. 단재 신채호는 우리 민족사 왜곡의 역사가 멀리 김부식金富軾의 『삼국사기三國史記』에 소급된다고 보고, 그 뒤에 나온 거의 모든 사서史書들이 같은 잘못을 저질렀다고 비난하였다. 그는 "우리의 역사학계가 소경, 절름발이의 온갖 병을 앓고 있다"고 개탄하고, 그 원인을 기왕의 우리나라에 "역사의 기록만 있고 역사의 연구가 없었기 때문이다"라고 진단하였다.

연구가 없었다는 것은, 가령 유득공柳得恭이 한치윤韓致奫의 역사서 『해동역사海東繹史』 서문에서 말한 바와 같이 우리의 사서는 '가위와 풀의 역사'일 뿐으로 기록을 떼었다 붙였다(離而合合而離) 할 뿐, 아무런 독창적 연구도 없었기 때문이다. 다른 말로 하면, 우리나라의 역대 사가들은 공자孔子의 『춘추春秋』와 주자朱子의 『강목綱目』을 모형으로 삼아 거기에 맹목적으로 추종하는 경향이 있었기 때문에 우리 역사의 사서史書 자체에 문제가 있었던 것이다. 그러므로 우리 역사는 원천적으로 왜곡되어 있었다고 할 수 있다.

단재는 『동사강목東史綱目』의 저자 안정복安鼎福의 잘잘못을 비판하는 가운데 다음과 같은 말을 하였다.

"안정복은 종신을 역사 일문一門에 노력한 5백 년래 유일한 사학 전문가라 할지나, 그러나 다만 산골의 가난한 선비로서 서적의 열람이 부족하여, 〈삼국사기〉 같은 것도 그 말년에야 겨우 남이 손으로 베껴놓은 오자 많은 것을 얻어 보았으므로, 그 저술한 〈동사강목〉에 잘못이 많았으며, 게다가 그 시대에 유행하던 공자의 〈춘추〉나 주자의 〈강목〉의 과구科臼에 빠져, 기자본기箕子本紀 밑에 단군과 부여를 부용附庸으로 인식하였으며, 지나치게 황실 중심주의를 고수하여 정작 민족 자체의 활동을 무시함이 많았다. 그러나 연구의 정밀은 선생의 이상 될 사람이 없는 고로 지지地志, 와오訛誤의 교정과 사실 모순의 변증에 가장 공이 많다고 하여도 가할 것이다."(〈朝鮮上古史〉, 〈단재 신채호 전집〉 상 42쪽)

이 때문에 삼국시대 이전의 삼한과 고조선의 2천년사는 증거 불충분이라 하여 그 사실성을 부정하고 말았으며, 고대에 우리 민족이 넓은 대륙 땅을 차지했던 사실도 부인하고 말았다. 우리 민족의 판도와 강역이 중화 민족보다도 훨씬 컸었는데 이를 스스로 포기하면서 우리는 처음부터 한반도에서 나서 한반도에서 죽을 약소민족이라고 자기비하를 하게 되었다. 심지어는 우리 한국사는 중국사보다 훨씬 짧아야 하며, 우리 한국인을 중국인의 한 분파라고까지 보게 되었다. 『삼국사기』와 『동국통감』에 우리 민족을 '진한유민秦漢遺民'(진나라·한나라의 유민)이라 했고 『동사강목』에서도 우리를 '한인지동래자漢人之東來者'(한나라 사람이 동쪽으로 온 것)라 적고 있는 것이 그 좋은 예이다. 우리의 민족성 역시 유교적으로 윤색되어, '군자와 같이 예의바르다'고 이해되었다. 나라의 영토에 대해서 '크지도 말고 작지도 말아라'는 원칙에 따라 압록강 이북의 땅은 덮어놓고 우리 민족과 무관하다고 보고, 고조선의 수도를 평양으로 옮겨 대국에 대한 예禮에 충실하였다. 이와 같은 '한반도론'으로 말미암아 한국사의 정통을 어느 나라로 보느냐 하는 문제에 중대한 변동을 초래하고 말았다.

첫째, 부여로부터 고구려를 거쳐 발해와 금으로 이어지는 우리 민족의 북방 계열이 무시되어, 그 정통성이 한반도에 자리 잡은 나라들인 삼한과 신라, 고려 쪽으로 기울어지게 되었다.

단재는, 이 모든 잘못의 책임이 김부식에게 있다고 하면서, 다음과 같이 그를 비난하였다.

> "김부식이 우리나라 역사를 지으면서, 발해를 제거함은 무엇 때문이었는가. 이는 다름 아니라 그가 중국의 사례史例를 모방하여 아국의 정통·윤통閏統(정통이 아님)을 분별할 새, 그가 고려 중엽의 사람이라, 압록 이북의 부여 구토(옛 땅)는 모두 거란이 차지한바 되었으니, 만일 부여 구

토를 차지한 자(거란)를 정통으로 시인한다면, 고려(고구려)도 또한 윤통에 지나지 않은지라, 이 때문에 압록강 이북은 어느 민족이 차지하든 모두 이국異國으로 보고 오로지 압록 이남만 차지하면 이를 정통 군주로 존경하였으니, 애석하고 애석한 일이도다.

만일 그렇다면 고구려도 우리나라 역사에서 제외됨이 타당하거늘 왜 삼국의 하나로 부르고 있는가. 그것은 고구려가 평양에 도읍하였던 때문이다." (《讀史新論》, 전집 상 513쪽)

이처럼 우리 민족사는 역사 서술의 토대인 역사 자료, 즉 자료 자체에 큰 문제점을 안고 있는 것이다. 김부식의 『삼국사기』뿐만 아니라 일연一然이 쓴 『삼국유사』에도 같은 비판이 가해질 수 있다.

고조선 때는 불교의 '불佛' 자도 몰랐던 시대인데 인도의 범어가 나오고, 또 삼국시대의 무사들 입에서 공자와 맹자의 말씀이 나오는 것은 모두 우리 민족사의 불교적 내지 유교적 윤색 때문이었으니, 지금 어느 한 사람이 우리 민족사를 기독교적으로 해석하려는 거나 다름없는 과오였다고 할 수 있다.

"일연 같은 불자佛子가 지은 사책史冊에는, 불교의 일자一字도 유입하지 않았던 왕검 시대부터 인도의 범어로 된 지명·인명이 충만하며, 김부식 같은 유가儒家가 적은 문자에는 공맹의 인의를 보지도 못한 삼국 무사의 입에서 경전經典의 사구辭句가 관용어처럼 전송되며…… 이와 같은 역사를 지어 자기의 편벽한 신앙의 주관적 심리에 부합하려 하였다."
(《朝鮮上古史》 전집 상 36~37쪽)

단재에 따르면, 우리 민족사를 똑바로 적은 고유의 사서들이 고려시대를 거쳐 조선 초 태종 때까지 남아 내려왔었는데, 국시國是에 위배된다 하여 이것들을 모두 불태워 버렸던 것이다.

> "이조 태종에 이르러서는 더욱 이들 맹목파의 급선봉이 되어 조선 사상의 근원되는 서운관書雲觀의 문적을 공자의 도에 위배된다 하여 일거一炬에 불에 던졌다. 개인의 행장이나 묘지명이 천편일률이듯이, 문약文弱 편소偏小로 자안自安하는 이조 당대의 인신人臣들이 그 주관으로 상고 지리를 그리니, 단군조선이나 부여나 삼국이나 동북국이나 고려나 이조 ―5천 년 이래의 모든 왕조가 거의 한 도가니에 부어낸 것같이, 지면의 장축張縮을 따라 민족 활동의 승강한 점이나 시대의 고금을 좇아 국민 사상의 갈린 금을 도무지 찾을 수가 없다." (《朝鮮上古史》, 전집 상 37쪽)

　그러나 역사라는 것은 아무리 그 흔적을 없애려고, 분서焚書하고 갱유坑儒한다고 해도, 무엇인가가 남는 법이다. 그래서 우리는 그것을 찾아내어 민족사의 실상을 밝혀내야 하는 것이다.

국난극복사國亂克服史의 허실虛實

한동안 '국난극복사'란 말이 유행했었다. 지금도 일부 식자들 사이에 이 말이 사라지지 않고 있다.

그러나 나는 평소에 국난극복이란 어휘 사용에 대해 큰 불만을 품어 왔다. 그것은 누가 이 말을 만들어냈다고 해서가 아니라 이 말이 우리의 민족사를 크게 왜곡하고 있다고 느꼈기 때문이다.

한동안 이 말이 남용되는 바람에 우리 민족이 그동안 백 번이나 침략을 받았다고 그 횟수까지 말하는 이가 있었다. 무언지 우리 역사를 크게 오해한 탓이라 생각했다. 사실 외적의 침략을 받지 않은 나라가 이 지구상에 어디 있었겠는가. 우리보다 훨씬 침략을 많이 받은 나라도 얼마든지 있다. 정확하게 따져 본다면 유럽의 여러 나라들이 우리보다 훨씬 큰 전쟁의 피해를 입었었다.

동양보다 서양 쪽이 훨씬 전쟁을 좋아했고 전쟁 문화라 할 수 있는 무시무시한 국제사회를 발전시켰다. 오늘의 세계문화가 본질에 있어 전쟁 문화인 것은 누구나 다 아는 일이고 언제 또다시 무서운 핵전쟁이 벌어질지 모르는 불안의 시대에 우리는 떨고 있는 것이다.

물론 우리도 과거 4천 년 역사에 있어 침략을 많이 받은 게 사실이다. 침략자는 주로 중국을 비롯한 북쪽의 여러 민족과 남쪽의 일본이었다. 특히 중국의 역대 왕조는 북수남진北守南進정책을 기본으로 삼았다고 한다. 북쪽은 지키기만 하고 남쪽으로 진출하여야 한다는 원칙에 따라 중국은 만리장성 같은 것으로 일단 북쪽을 막았지만 뒤에 오면 그러한 정책이 바뀌어서 우리의 고토故土인 만주 땅을 빼앗기 위해 결사적인 침략 전쟁을 벌인다. 수·당의 고구려 침략이 그 절정이었다고 할 수 있다.

우리 역사를 5천 년이라고 친다면 전반인 고조선 3천 년 동안은 서쪽의 중국 세력을 제압하여 우리가 대륙 땅을 차지하고 있었던 시기라 할 수 있고, 후반 2천 년에 이르러서는 그 넓은 땅을 잃기 시작하여 마침내는 압록강 이북을 포기하고 이 작은 한반도를 유일한 강토 삼천리금수강산으로 믿게 되는 시기였다. 삼국시대로 접어든 뒤에도 우리나라가 요동을 비롯한 만주 일대를 장악하고 있었고 남쪽으로는 일본으로 진출한 사실은 익히 알고 있는 일이지만, 특히 7·8세기에 활발했다. 그 결과 일본에 최초의 고대 국가인 진국을 세웠는데 그 지배자가 백제, 신라, 고구려 삼국의 한국인이었다. 말하자면 일본은 본시 우리의 식민지였던 셈이며 일본사는 우리의 식민지로 시작되었다고 할 수 있다.

국난 극복이란 어휘는 다시 말해서 우리의 역사가 단지 침략만 당한 역사며 수난의 역사인 것처럼 생각하게 하는 약소 민족주의적 열등의식의 소산이라고 볼 수 있다. 민족 자학自虐의 이론이자 민족 역량불신力量不信의 역사관이 거기서 우러나왔다고 할 수 있다. 그러나 우리는 과연 처음부터 약한 민족이었는가? 아니다. 왕년의 우리는 매우 강했다. 그래서 아직 중국이나 일본이 우리와 맞설 정도로 성장하기 전에 동양에서는 가장 큰 대동민족大東民族으로서 중국이나 일본 위에 군림했었다. 군림했었다는 말이 과장된 표현이라면 적어도 두 나라가 넘나보지 못할 나라였다고 해도 괜찮다. 어떻든 이런 생각이 다름 아닌 일제하 항일민족운동자들의 민족사관이었던 것이다.

민족의 주체성을 확인하기 위해서도 꼭이 필요한 민족사관의 정립은 근대 이후의 외침外侵, 특히 일본 제국주의자들의 침략으로 말미암아 아주 절실한 과제로 등장했었다. 그러나 그 이전에도 중국과의 대결에 있어서 자주성의 문제가 늘 심각하게 제기되곤 했었다.

우리나라는 지리적인 위치로 보아 늘 북쪽의 대륙 문제가 있고 남으로 일본 문제가 있었다. 그런데 이 문제에 대하여 늘 안이하게 수세만 취했던 것이 아니다. 북수남수北守南守는 조선 왕조 때에 이르러 하나의 국시國是처럼 되고 말았지만 고려 때만 하여도 그렇지 않았다. 그 이전으로 더 소급해 가면 원칙이 바뀌어 북수남수와는 전혀 반대되는 북진남진北進南進 정책이 기본 방침이 아닌가 하는 느낌마저 주고 있다.

18세기에 조선통신사朝鮮通信使를 수행하여 제술관製述官으로 일본을 다녀온 신유한申維翰은 뛰어난 기행문 『해유록海遊錄』을 남겼는데, 거기서 그는 1천 년 전 신라군이 일본에 쳐들어갔던 사실을 증언해 주고 있다. 그에 따르면 일본 서해도西海道(지금의 세토나이카이)를 가는데 큰 한국식 능묘가 보여 수상하게 여겨 일본 안내자에게 물어보았더니 대답하기를 "그것은 천 년 전 신라군이 여기까지 쳐들어 왔다가 일본군과 강화조약을 맺었던 유적이다"라고 대답하더라는 것이다. 안내자 말에 따르면, 그 때 서로 조약을 어기지 않겠다는 약속으로 왜장군의 백마를 죽여 순장했다는 것이며 그래서 이 능을 일본에서는 지금도 백마총白馬塚이라고 부르고 있다는 것이었다. 이 사실은 지금 어떤 우리나라 교과서나 역사책에도 기록되어 있지 않다. 말하자면 잃어버린 역사인 셈이다.

우리 스스로 약소민족이었다는 잘못된 일제 식민사관 때문에 이 신유한의 증언을 아무도 믿으려 하지 않고 있다. 얼마 전 우연히 한말韓末에 사용했던 의병義兵들의 부채를 보았다. 이 부채에는 한·중·일 세 나라의 지도가 그려져 있었는데 세 나라의 크기는 중국·한국·일본의 순서였고,

일본은 아주 작게 그려져 있어 매우 유쾌하였다.

과거 일본 사람들이 일본 영토를 크게 그리고 한반도를 작게 그려 마치 우리나라가 두 강대국 사이에 끼어 어느 쪽이든 둘 중 하나에게 잡아먹히게 되어 있는 것처럼 보였다. 그러나 우리 의병들의 부채에 우리나라가 매우 살찐 돼지처럼 그려져 있고 만주에까지 그 영토가 뻗쳐 있는 것으로 되었는데 이것은 민족의 강한 의지를 집약시켜 놓은 것이다.

그러나 우리의 민족 문제는 근대 이후에 새삼스럽게 제기된 것은 아니었다. 그 이전에도 늘 있어 온 문제였기 때문이다.

오늘의 한국은 압록·두만강 이남의 땅마저 분단되어 통일의 날을 기다리고 있다. 나는 압록·두만강 이남의 땅을 소한국小韓國이라 부르고 싶다. 그러나 우리 민족의 본래의 땅은 백두산이 뻗고 뻗어 이룩된 골(골짜기)과 벌(벌판)로 이루어진 모든 곳이 한국이었다고 믿는 것이다. 이 넓은 영역 안에 수없는 '아리라阿利水'가 흐르고 있다. '아리라'란 우리 민족의 고유어로 '우리의 강'이란 뜻이다. 아리라는 하나가 아니고 셋이었다고 한다. 송화강이 북아리라요 요하遼河가 서아리라요, 압록강이 남아리라였던 것이다. 한강을 우리의 아리라라고 믿게 된 것은 훨씬 뒤의 일이다. 아리라의 옛 음이 그대로 남은 것이 압록강이다. 압록은 아리의 이두음이기 때문이다.

아리라가 압록강이라고만 생각하는 것은 중대한 과오다. 그것은 우리 민족의 영역을 되도록 작게 생각하려는 위축된 사고를 드러내 주는 것이다.

그런데 이와 같은 소극적인 사고思考의 밑바닥에는 오래 전부터 우리 위정자들이 가지고 있었던 사대주의 사상이 도사리고 있다. 신라의 통일이 진정한 통일이 아니었던 것도 우리 민족의 본래 강역인 만리 대국의 포기를 의미하였기 때문이다. 물론 나라가 크다고 해서 덮어 놓고 강국이요 대국이라고 할 수는 없다. 작은 나라라도 덴마크처럼 조용하고 아름답게 살 수 있는 곳도 있다. 그렇지만 아무리 그렇더라도 좋고 나쁘고를 따지기 전에 역사적 진실만은 먼저 알아두어야 하지 않겠는가.

우리가 만리 대국이었다가 삼천리 소국으로 축소된 데 대해 단재 신채호의 말을 들어보자. 그는 우리 민족사를 크게 세 시대로 나누고 있다. 제1시대는 발전기였고, 제2시대는 분열기, 제3시대는 정체기였다는 것이다. 이러한 시대 구분을 통해서 단재는 우리 민족에게 큰 교훈을 남겼다. 즉, 우리는 본시 강대국이었는데 민족의 분열로 인하여 영토가 줄어들어 약소국가가 되고 말았다는 것이다. 그 원인은 무엇인가? 민족 내부의 분열이라고 단언한다. 외침도 아니요, 민족성도 아니요. 바로 내침과 내분때문에 우리는 약소민족이 되고 말았다는 얘기다.

물론 민족 내부의 갈등 문제는 비단 우리만의 문제가 아니겠지만 이 문제가 특히 우리에게 심각하게 느껴지는 것은 우리의 역사 기록 속에 너무나 잘 나타나 있기 때문에 다른 것은 그만두더라도 이것만은 우리가 꼭 새겨두어야 할 문제라 하지 않을 수 없다. 우리는 분열의 명수名手인가 할 정도로 오랜 당쟁의 역사도 있었고, 고려시대에는 무신武臣과 문신文臣간의 갈등도 있었다. 또 그 이전에는 고구려 백제 신라의 싸움이 있었다. 그러한 역사들이 결국 대륙 영토의 상실과 민족 이산離散의 비극을 초래했다고 보는 것이다. 지배자와 피지배자간의 상하上下갈등이 없었던 것은 아니지만 이 문제를 우리 민족 분열의 본질적인 문제라고 할 수 없다.

그러나 지배 집단 내부의 갈등 문제만은 그냥 지나쳐 버릴 수 없을 것 같다. 잠시 한말의 역사를 돌이켜 보자. 박은식朴殷植의『한국통사韓國痛

史』란 책은 사실상 망국의 책임을 묻는 준열한 판결문이었다. 그런데 그는 대원군과 민비閔妃를 제일급第一級의 망국亡國 책임자로 단정했다. 『매천야록梅泉野錄』을 써서 유명한 황현黃玹도 마찬가지였다. 황현은 이론상 전혀 다른 차원에서 보았는데 두 인물을 비판하는 데는 박은식과 의견을 같이하고 있어 주목되고 있다.

그러나 망국의 책임자로 고종高宗을 제외할 수 없을 것이라 본다. 1907년 해아밀사海牙密使 사건을 구실로 양위讓位를 강요한 일제는 아들인 순종純宗을 옹립했지만 순종은 완전히 허위虛位에 앉은 거나 다름없었다. 더구나 우리에게 분노를 사고 있는 매국노賣國奴 이완용과 이용구, 송병준이란 자들이 있다. 대원군처럼 외국 사정에 눈이 어두운 지도자의 고집도 문제였다고 하겠지만 지식인으로 자처했던 자들의 교활함도 큰 문제였다. 그들은 우리 민족이 일본이나 중국이나 러시아 중 어느 한 강대국에 귀속되어야 할 운명에 있다고 단정하고 매국이라는 엄청난 민족 반역행위를 저질렀던 것이다.

이로써 볼 때 민족 내부의 분열로 말미암아 강대국이 될 소지를 우리 민족 스스로 잃어버리게 된 결과를 자초한 것은 부인할 수 없다. 이처럼 지배 계층의 폐쇄성이나 외세 의존성依存性으로 말미암아 조선 왕조는 저절로 망국의 길로 들어서고 있었으나 민중들의 외세에 대한 저항은 그 어느 때보다 강했던 사실을 잊을 수 없다.

조선 왕조 말에 친일파가 있었다고 하나 그것은 극소수에 지나지 않았다. 다수의 지식인과 민중은 1894년 동학 농민 혁명에 직접 참여하거나 간접으로 성원하였다. 이 혁명이 결국 외세인 일본군의 개입으로 좌절되었지만 다시 이듬해인 1895년 의병전쟁이 일어나 많은 사람들이 무기를 들고 싸움터로 뛰쳐나갔다. 의병 전쟁은 1905년에 다시 일어나고,

1910년 망국 이후에는 해외로 자리를 바꿔 그것이 바로 항일 독립전쟁으로 발전했던 것이다. 만일 동학 혁명과 의병 전쟁이 없었다고 가정한다면 장기 항일 전쟁의 근원이 없는 힘없는 투쟁사가 되었을 것이다.

개화사상開化思想도 마찬가지로 제 나름의 항일 운동의 맥을 이루었으나 좀 다른 점이 있었다. 개화사상은 1896년 독립 협회의 1905년의 애국 계몽운동으로 나타났다. 개화사상은 항일 독립전선에 있어서 비교적 온전한 한쪽 날개를 담당하였다. 그러나 이 날개는 다른 한쪽 날개인 급진 노선보다 그리 큰 역할을 담당했다고 평가하기 어렵다.

다시 말하면 항일 독립전쟁의 좌익을 동학·의병주의라고 한다면 그 우익을 개화주의라 할 수 있을 것이다. 조선 왕조 말의 우리 민족의 저항 정신을 다져 준 신앙을 크게 세 가지로 나누어 보았지만, 그것이 일제 하 36년간의 독립사상으로 변모되고 발전한 것은 두말할 것도 없는 당연한 귀결이었다. 1910년 일제의 강점이 시작되자 많은 지식인, 즉 애국지사들은 미주美洲 지역이나 하와이, 상해, 간도, 블라디보스톡 등지로 떠났다. 망명이란 도망이 아니라 재기再起를 위한 일시 후퇴를 의미하는 것이며, 국내에서는 일제의 혹독한 헌병 경찰 탄압체제가 강행되어 정말 어두운 암흑의 10년이 계속되었다. 그러나 그런 속에서도 국내외에서 활발한 정신운동이 전개되었다. 나는 이 시기의 사상운동을 매우 중요시하여야 한다고 믿고 있다.

1910년 발표된 한용운韓龍雲의 『조선불교유신론朝鮮佛敎維新論』과 박은식의 『유교구신론儒敎求新論』, 이승만李承晚의 『독립정신獨立精神』을 비롯하여 유인석柳麟錫의 『우주문답宇宙問答』, 신채호의 『꿈하늘』 등 무수한 명논설名論說이 나와 이 시기를 우리 근대사에 있어서의 문예부흥기로 만들어 주었다. 이 사상운동이 3·1운동의 원동력이 된 것으로 나는 확신하고 있다.

　여기서 특별히 주목해야 할 것은 대종교大倧教의 발전이다. 위정척사衛正斥邪 사상으로 극도의 쇄국과 보수주의로 치달았던 조선 유교가 민족 종교로 탈바꿈한 것이 대종교였다. 대종교는 첫째 민족 사학의 원천이 되었으며, 두 번째로는 독립전쟁 노선의 정치적 기반이 되었다. 지금까지 알려진 독립선언서 가운데 가장 먼저 발표되었던 것으로 믿어지고 있는 대한독립선언大韓獨立宣言은 대종교도들의 선언이었고, 그 주장이 혈전주의血戰主義였다. 다음에 나온 2·8독립선언에서도 혈전주의를 본받고 있다. 마지막으로 나온 3·1독립선언서가 애석하게도 혈전주의를 버리고 만세시위로 만족하는 평화주의 노선을 채택하고 있다.

　그러나 비록 3·1운동의 주도자들이 평화주의를 표방하였고, 그 때문에 3·1운동이 소극적인 만세시위 운동으로 변모하고 말았지만 이 운동으로 말미암아 고취된 민족의식의 열기를 생각하면 헤아리기 어려울 정도로 큰 영향을 끼쳤다. 물론 임시정부의 독립운동 노선에 문제가 없었던 것은 아니지만 모든 해외 독립운동자들이 참여하였고, 뿔뿔이 흩어져 있던 독립운동 단체들이 임시정부 산하에 포섭되었다는 점은 높이 평가해야 할 것이다.

　그런데 해외 독립운동에서 한 가지 해결되지 않았던 중대한 문제가 바로 각파의 통일 문제였다. 3·1운동을 전후하여 위정척사 사상은 자취를 감추는 듯 하였지만 그때에도 많은 유학자儒學者들이 국내외에서 활동하고 있었으며 그 일부는 대종교라는 민족주의 운동으로 전환하고 있었다. 그래서 개화냐 동학이냐 유교냐 하는 조선왕조 말기의 갈등은 어느 정도 해소되고 있었던 셈이다. 그러나 새로운 갈등 요인이 배태되고 있었는데 그것이 바로 공산주의였다.

사회주의나 공산주의 세력이 항일 민족운동에 끼어든 것은 3·1운동 이후의 일이었는데 4, 5년 사이에 급격히 강화되어 1920년 후반에 이르러 항일전선은 크게 민족주의 진영과 사회주의 진영으로 갈라지고 말았다. 1929년의 국제공황國際恐慌을 극복하는 데 있어 일제는 대륙 침략과 파쇼 체제의 강화라는 비상수단을 쓰게 되었다.

이때 우리의 두 진영은 신간회新幹會의 조직을 통해 합작을 시도하였으나 실패하였으며, 설상가상으로 일제의 가공할 탄압정책 앞에 손잡고 싸우기보다 서로 적대관계에서 항일전에 임하게 되었다. 안타까운 일이었다. 중국에서 국공합작國共合作이 실패했듯이 우리의 독립운동자들도 그 뒤 영원히 자리를 같이 할 수 없는 사이가 되고 말았다.

이러한 상황에서 해방이 되었다. 임시정부 지도자들은 민족주의 진영의 대동단결을 성취하는 데 성공하였지만 공산주의자들을 포섭하는 데는 실패하였다. 그런 상태에서나마 임시정부는 중국을 비롯하여 미국, 영국, 프랑스, 소련 등 연합국에 대하여 정부 승인을 받기 위한 외교운동을 벌였다. 그러나 제일 먼저 한국 임시정부를 승인하여야 할 중국 정부가 이를 완강히 거부하는 태도를 보였다. 미국도 이에 따랐고 영국도 마찬가지였다.

이유는 두 가지였다. 첫째로는 한국 임시정부는 모든 항일 운동자들의 지지를 받지 못하고 있다, 다시 말하면 내부에 분열적 요소가 너무 많다는 것이다. 해외에 나와있어 귀국하여 국민의 지지를 받게 될지가 의문스럽다는 것이었다. 이런 어처구니없는 구실을 붙여 중국은 우리 임시정부의 승인을 거부하였을 뿐만 아니라 미국에 대해서도 거부하도록 설득하였다. 지금의 시점에서 보면 장개석蔣介石 정부의 수많은 과오 가운데에는 한국 임시정부를 승인하지 않은 사실을 그 하나로 들 수 있다.

광복 직후 정치 혼란과 1948년의 대한민국 정부 수립에 이르기까지의 과정들을 살펴보면 현기증이 날 정도로 어지럽다. 뿐만 아니라 이어 6·25남침으로 치닫게 된 비극의 뿌리는 어디에 있었는가. 그것은 바로 광복 전의 항일전선의 분열에 있었던 것이다. 반세기에 걸쳐 끈질기게 지속된 독립운동의 성과는 겨우 분단分斷이라는 어처구니없는 현실을 후세들에게 남겨놓고 말았던 것이다.

이렇듯 왜 우리의 근세 1백년사가 비극적이었는가는 아무리 자주 반성하고 거론하여도 지나치다고 할 수 없다. 앞에서도 언급했지만 우리 근대사를 근대화라는 과정에서 특징짓고, 그런 관점에서 평가하는 사람은 많다. 즉, 개화사상을 중심으로 해서 이전의 실학사상을 갖다 붙이고 이후에는 일제하의 문화운동으로 이어지게 하여 실학사상-개화운동-문화운동의 계열을 중시하는 역사관이 성립되었다. 그렇지만 이러한 정석적定石的인 한국사 해석은 자칫하면 우리의 근대사뿐만 아니라, 한국사 전체를 왜곡하기 쉽다.

한마디로 말해서 한국사를 좀 더 적극적이고 긍정적으로 이해할 필요가 있다고 나는 느껴왔다. 우리 민족사의 잘못을 철저하게 비판하고 반성하는 것도 중요하지만, 한편으로는 우리 민족사의 잘된 점을 인정하고 앞으로의 민족사에 밑거름이 되도록 노력하는 것도 매우 중요한 일일 것이다. 그런 연후에 우리가 지향하는 개방사회의 참모습이 어떤 것인지를 확인하여야 할 것이다. 꼭 외국인들이 자기네 사회에 알맞은 이론이다 개념이다 하여 그것이 우리에게도 걸맞으리라 속단해서는 안 될 것이다.

말하자면 문화 민족주의가 과거 그 어느 때보다도 요구되고 있다고 믿어지는 것이다. 우리는 우리 것이 거의 없다고 생각하는 사대주의적 사고가 아직도 남아 있음을 흔히 보아왔다. 게르만 민족처럼 우리도 영零의 상태에서 외래문화를 받아들인, 문화적으로는 퍽이나 무능한 민족인 것처럼 생각하고 있는 것이다. 찾아보려고도 하지 않고 기왕의 고정관념에만 사로잡혀 우리는 지금 자포자기하고 있는 것이나 아닌지 우려된다.

입으로는 민족이란 말이 쉽게 나오지만 민족을 내세우고 있는 실상實像을 보면 식민 잔재殘滓인 경우가 많다. 민족사에 대한 인식을 다시 하기 전에 우리의 주변에 아직도 짙게 깔려 있는 패배의식이나 외세 의존적인 사대의식을 버려야 한다. 그러지 않고 겉으로만 민족주의를 부르짖고 민족의 자주성을 강조해 봤자 아무런 성과를 거둘 수 없는 것이 아니겠는가.

우리는 민족사의 정립이 요청되는 시대에 살고 있으면서도 민족사는 물론 역사에 대한 인식마저도 희박해져 가고 있다. 역사를 두려워해야 함에도 불구하고 오히려 역사는 치자治者에 의해 악용되는 경우가 많았다. 오랫동안 우리는 우리 역사를 경멸하고 중국의 역사를 우러러보아 왔다. 일제시대에 와서 다시 한번 우리 역사는 말살抹殺 직전에서 되살아났다. 그러나 해방 38년이 된 오늘날에도 아직 이렇다 할 우리 민족사의 참모습을 밝혀내지 못하고 있다. 그 원인은 어디 있는 것인가.

먼저 우리가 읽고 있는 세계사에 큰 잘못이 있는 것을 깨달아야 한다. 오늘의 세계사는 우리 민족사를 형편없는 자리에 갖다 놓고 민족문화의 독자성을 인정해주지 않고 있다. 왜곡되어 있는 것이다. 우리 민족사가 세계사 속에서 제자리를 잡게 하기 위해서는 먼저 우리 한국사가 제대로 서술되어야 한다. 적어도 일본인들이 생각하는 식으로 한국사를 생각하지 않게 되어야 한다.

사람들은 이런 주장을 국수주의國粹主義가 아닌가 짐짓 우려하고 있다. 그러나 이런 우려는 참다운 민족사가 무엇인지에 대하여 생각하지 않은 불성실한 태도 때문에 일어나는 기우인 것이다. 우리 민족사를 바로 보자는 주장은 너무나 흔해빠진 구호가 아닌가. 이제 구호의 시기는 탈피해야 할 시점에 와 있다. 어떤 이는 역사를 진단診斷이라고 주장하고 있다. 역사라고 해서 그것이 단지 과거의 진단만은 절대 아니다. 나는 현대의 진단에 덧붙여서 미래의 진단이요 모색이라고까지 말하고 싶다.

최근에 본 우리 역사책 가운데『환단고기桓檀古記』란 책이 있는데 거기에 이런 글이 실려 있다.

"나라를 만들기 위해서는 먼저 선비들의 기개를 높여 주어야 하고 그러기 위해서 사학史學이 바로 서야 한다."

우리는 오랫동안 우리 역사를 왜곡함으로써 스스로 자신감을 잃어왔다. 나아가서는 우리 스스로를 멸시까지 하여 왔다. 우리가 못났다는 것인데 과연 우리는 못난 사람들인가? 우리는 약한 것인가? 우리는 힘이 없고 부도덕不道德하기까지 한 것인가?

이 모든 평가는 우리 민족사의 왜곡에서 비롯되었다. 이제 우리는 우리가 약하지 않고 못나지 않았다는 것을 다시 한 번 우리 역사 속에서 확인하고 새로운 내일을 내다보아야 할 것이다.

최근 나는 1946년 우리나라에 주재해 있던 한 영국 외교관이 본국 정부에 보낸 보고서를 보았다. 그가 당시 한국의 한 역사가를 만나 들은 얘기를 적고 있는데 그 내용을 읽고 큰 충격을 받았다. 거기에는 이렇게 적혀 있다.

"한국의 직업적 정치가들은 독립이 일반 민중의 요구라고 조심스럽게 외치고 있다. 그러나 실제로 한국 민중의 마음속에는 한국의 독립을 공포恐怖로 여기고 있는 것이 사실이다. 일본에 병합倂合되기 이전의 한국 역사는 절대왕조 상호간의 끊임없는 유혈투쟁의 기록이었다는 것이다."

그뿐이 아니었다. 그 보고서란 것에는 이렇게 또 계속하고 있다.

"내가 만난 한국인 역사가는 한국인들이 민족의식을 갖고 있지 않으며 단결이나 자치自治 능력이 없는 것을 잘 알고 있었다. 그는 만일 미군이나 소련군이 철수하게 되면 적대적인 이념인 자유주의와 공산주의로 다시 갈라져서 지난 날의 불화가 재현될 것이며, 따라서 한국인의 피가 흘러 시내를 이룰 것이 분명하다. 한국은 외부 강대국의 통치하에서만 두려움과 재난 없이 살아갈 수 있다."

1946년이라면 해방 이듬해가 되는데 당시 역사가라고 하는 사람이 이런 엄청난 반민족적인 말을 외국인 앞에서 했다고 하니 정말 기막힌 사실이 아닐 수 없다. 한말의 일부 친일파나 매국노가 아니면 이런 말을 누가 했겠는가. 그런 얘기를 외국인들이 사실로 받아들이는 것은 당연하다고 하겠지만 광복 후의 과도적 현상을 그렇게 본 지식인들의 매국적 사고가 문제이며 그것이 오늘날까지 남아 있다는 데 보다 큰 문제가 있다.

한 마디로 역사를 바로 볼 줄 아는 지혜를 갖추어야 한다고 생각한다. 역사를 아는 민족이 돼야 한다고 감히 말하고 싶다. 역사는 과거에 대한 인식이 아니라 현재에 대한 책임으로 이해되어야 한다. 역사를 하나의 조건이나 운명으로 받아들이자는 것이 아니라 역사를 창조한다는 의식을 가지고 살아가야 한다. 우리 민족이 역사에 대한 책임을 통감하는 정신의 소유자임을 깨달을 때 참다운 역사 발전이 이루어지리라 확신한다.

민족民族의 역사신앙歷史信仰

어느 나라 민족에게도 민족의 역사신앙歷史信仰이란 것이 있다. 우리에게도 그런 역사신앙이 어느 다른 민족보다 강하게 있다. 그것은 오랜 우리 민족사의 도정에서 자연스럽게 전해져 내려온 것으로서 어느 때는 가늘게 어느 때는 또 굵게 흘러내려 온 것이다. 그 대표적인 예가 시조 단군에 대한 우리 민족의 역사신앙이라고 할 수 있다.

단군 시조에 대한 민족의 신앙은 다 아는 바와 같이 『삼국유사三國遺事』에 처음 나온다. 문헌상으로는 13세기에 이르러서야 나온 것이지만 이러한 신앙은 훨씬 이전에 민중의 입에서 입으로 전해지고 기록되어오던 끝에 그 한 가닥이 바로 『삼국유사』에 실린 것이다.

일인日人 사학자 하타다 키요시旗田巍는 "시조 단군의 전설은 13세기 말 몽고 침략을 받은 조선 민족의 항몽투쟁 과정에서 형성되었다"고 주장하였으나, 이것은 우리의 역사신앙을 가볍게 묵살하는 외인의 피상적 견해라고 할 수 있다. 이전의 문헌에 나오지 않았다 하여 단군 신앙이 13세기말에 처음 나타난 것처럼 생각하는 것은 문헌 고증주의라는 해묵은 과오를 되풀이하는 것이다. 꼭 문헌에 나타나야 역사를 말할 수 있는 시대는 벌써 오래 전에 지나갔지 않은가.

단군 신앙이 우리 민족의 자주정신을 나타낸 것임에는 틀림없으나 단지 그것만으로 만족할 수 있는 것은 아니다.

기자箕子도 마찬가지였다. 단군과 기자의 역사가 우리 민족의 자주정신과 사대주의의 상징으로 인식되어 왔으나, 단지 그것만으로 문제를 생각하면 모든 고조선 역사가 흐릿한 전설의 시대로 매장되기 쉽다. 역사란 본시 당대의 강자에 의해 땅에 묻히기도 하고 초야에 버려지기도 하는 법이기 때문에 비단 단군에 관한 역사만이 아니라 다른 많은 역사들이 억울하게 산에 묻히고 들에 버려져서 지금에는 전혀 전해지지 않는 경우가 허다한 것이다.

이처럼 단군 시조에 관한 우리의 역사 해석에 큰 문제가 있는 것인데 고조선을 비롯하여 그밖에도 우리 민족사에는 적지 않는 허점이 널려 있다.

무릇 역사는 시대가 바뀌고 생활이 바뀌면 옛날에 생각하였던 대로 역사를 바라보기 어려운 처지에 놓이게 되고 그 결과 새로운 관점이 요구되는 것이다. 그 때문에 우리네 야사野史를 보아도 저자들은 자기의 새 역사가 낡은 역사와 어떻게 다른가를 강조하고 구사舊史의 잘못된 점을 날카롭게 비판하고 있다. 가령 18세기 이긍익李肯翊의 『연려실기술燃藜室記述』 머리말(義例)에 보듯 여러모로 구사에 대한 비판을 가하고 자신의 역사가 새롭다는 점을 독자들에게 강조하고 있다.

"우리나라에 야사가 많다. 그러나 산만하고 계통이 없는 데다 자료수집을 다 하지 않고 졸속으로 책을 만들어냈으며 조리가 서지 않은 것이 많았다. 또 인물에 대한 논평만 많이 싣고 사실을 충실히 쓰지 않았다."

그래서 이 책은 공자의 '술이부작述而不作'(사실을 기술하되 논평하지 않는다)의 원칙에 따라 썼다는 것이다. 사실의 기술은 기본本이고 논평은 지엽末이므로 이 책은 본말本末을 전도한 과거의 역사 서술과 다르다는 것이다.

이긍익의『연려실기술』은 18세기에 나온 역사서이다. 18세기에는 많은 야사가 나왔다. 이긍익이 "근세에 유행하는 야사는 모두 남에게 보이기 위해 쓰였다"고 한 것을 보면 이 시기의 역사가 모두 일반에게 공개된 것을 알 수 있다. 이것은 예전에 많은 역사가 공개되지 않았던 사실을 암시하면서 이제는 그렇지 않다는 새 사실을 시사하여 주고 있는 것이다.

조선시대 역사 서술은 크게 정사正史와 야사野史로 나눌 수 있다. 그런데 정사는 조선 왕조실록과 같이 일반에 알려지지 않았고 야사만이 일반에 공개되었으니 당시의 역사인식은 오로지 야사의 내용 여하에 달려 있었다고 할 수 있다. 이긍익은 자기 책에 수록된 역사는 이미 세상 사람들에게 널리 알려져서 '사람들의 귀나 눈에 익은 이야기들'이라 하면서 '하나도 사견私見으로 논평한 것이 없다'고 잘라 말하고 있다. 그러고 보면 야사야말로 우리 민중의 역사의식을 그대로 나타내 준 것이라 할 수 있다.

또한 18세기는 야사 서술이 크게 유행된 시기로서 특히 중시되어야 할 것이며 그것이 어떤 사회적 변동이나 상황 변화에 관련되고 있었다는 것도 아울러 유의하여야 한다.

안정복安鼎福의『동사강목東史綱目』도 18세기에 나온 야사 중의 하나이다. 앞에 든 이긍익의『연려실기술』이 조선시대사라고 한다면 안정복의『동사강목』은 고조선부터 시작되는 한국 통사였다고 할 수 있다. 앞의 것이 현대사라면 뒤의 것은 고대사였던 것이다.

그러면 안정복이 고조선을 어떻게 썼을까.『동사강목』을 보게 되면 이 책에서 안정복이 우리 민족의 고대사에 깊은 관심을 보이고 있다는 것을 알 수 있다.

안정복도 구사를 비판하는 데서 시작하고 있다. 『동사강목』 서문에 보면 먼저 『삼국사기』를 '소략하면서 사실과 다르다'고 비판하고 있으며 이어, 『고려사』도 '번잡하고 요점이 없다'고 비판하였다. 특히 『삼국사기』의 저자 김부식에 대해서는 그가 "장상將相의 자리에 있으면서 임금의 명령에 따라 역사를 편찬하였으니 널리 사료를 뒤져 책을 지었어야 함에도 불구하고 그렇게 하지 못하고 간략하게 책을 만들었으니 식자들이 한심스럽게 여기고 있다"고 개탄하였다. 『고려사』도 김부식의 『삼국사기』에 비하면 꽤 사실에 충실하지만 이 역시 후인이 한심스럽게 여기는 바가 없지 않다고 비판하였다.

단재가 『삼국사기』와 『고려사』를 비난하게 되는 것도 결코 우연한 일이 아니다. 18세기 실학자들의 비판에서 강한 시사를 받은 것이다.

안정복은 또 우리나라 역사의 기본적인 틀을 잡기를 우리 역사의 정통은 단군·기자箕子·마한馬韓·신라新羅·고려高麗 그리고 조선朝鮮이라 말하고 있다. 그에 따르면 단군의 건국은 중국의 요堯나라와 동시였다는 것이며 그 땅은 요동이었다는 것이다. 즉, '요동땅은 본래 동이東夷의 땅에 속하였으며 단군과 기자 이후로는 항상 우리 땅이 되었으므로 이를 자세히 기록한다'고 말하고 있는 것이다.

15세기에 편찬된 조선 전기의 역사지리서歷史地理書 『동국여지승람東國輿地勝覽』을 읽어 보면 '우리 동방은 단군이 나라를 처음 세우시고 기자가 봉함을 받으니 모두 평양에 도읍하였다'고 되어 있다. 단군을 시조로 인정한 데는 다름이 없으니 그 강역이 다른 것을 보면 그 이후 고조선에 대한 역사인식이 크게 바뀌어 가고 있음을 알 수 있다.

우리의 근대 민족사학이 성립되는 것은 1910년대의 일이었다. 특히 단재는 구사의 잘못을 비판하면서 새로운 민족사의 서술을 제창하고 있다.

18세기의 실학자들이 구사를 비판한 것과 같이 그는 과거의 모든 민족사 서술이 사대주의요 중국중심사中國中心史라고 비판하였던 것이다. 그러면서 그는 고조선의 역사를 보다 면밀하게 고증하여 그 실재성을 강력히 주장하고 나섰다.

그러나 단재의 주장은 돌연한 것이 아니었다. 그에 앞서 강약의 차는 있었으나 18세기 실학자들이 고조선의 실재를 강조하였으며, 18세기 이전에도 또한 단군조선은 역사적 사실로 승인되고 있었다. 우리 민족의 역사가 반만년이고 중국의 역사와 같다는 생각은 너무나 오랜 우리의 역사신앙이었던 것이다. 그것이 일제 36년 동안에 한때 말살의 위기에 부딪치긴 했으나 지금도 우리의 역사의식 속에 죽지 않고 살아남아 있는 것이다.

야사정신野史精神과 민족사民族史

왕우왕창王禑王昌, 신우신창辛禑辛昌

한때 조선왕조 개국을 주제로 한 TV 드라마가 인기였다. 우리나라에는 프랑스 혁명같은 사건이 없었다. 그 대신 왕조 교체가 있어 곧잘 혁명이라고 불렀다. 왕씨王氏의 고려 왕조가 이씨李氏의 조선 왕조로 교체된 사실을 개국이라기보다 차라리 당대의 용어를 빌어 혁명이라 부르는 것도 잘못된 일이 아닐 것이다.

혁명이든 개국이든 우리나라 역사의 긴 흐름 속에서 파악해 볼 때, 이성계李成桂의 등극은 커다란 정치적 변혁이라 하지 않을 수 없다. 이 시기를 살았던 사람들에게는 이러한 변혁기를 어떻게 살아가느냐 하는 문제가 참으로 심각한 인생 문제였는데, 처세 여하에 따라 뜻하지 않은 불행을 당하기도 하고 또 반대로 행운을 잡기도 하였으니, 당시로서는 일신의 사활死活이 걸린 문제였다고 할 수 있다. 지금의 시점에서 보면 연극 구경하듯 재미있게 감상할 수 있겠으나, 당대의 사람으로서는 큰 일이 아닐 수 없다. 그 좋은 사례가 고려 말의 우왕禑王과 창왕昌王을 함부로 왕씨다 신씨다 하고 발설했다가는 큰 봉변을 당한 일이다. '우왕이나 창왕이 모두 공민왕의 자손이다'(王禑, 王昌), 또는 '모두 신돈辛旽의 자손이다'(辛禑, 辛昌), '우왕은 신돈의 자식인데 창왕은 왕씨다'(辛禑, 王昌) 등의 문제는 조선개국의 정당성에 관련되는 중대사로서 조선 왕조의 국시國是에 관한 중대문제였다.

사가史家나 사관史官은 모두 객관적이고 중립적이어야 한다고 했지만 이러한 중대 문제를 놓고서는 감히 함부로 학자적 고집만 내세울 수는 없는 노릇이었다.

역사는 단순한 과거지사가 아니라고 한다. 이미 결론이 난 사실이기는 하지만 이 과거지사를 현장감있게 숨막히는 현실처럼 묘사해야 하는 것이 바로 문학가나 역사가의 필수적인 과제다. 지금의 역사가들은 그 시기를 여말선초麗末鮮初라 부르면서 특수한 시대로 부르고 있으며, 이에 대한 문제를 아주 까다롭고 또 흥미있게 제기하는 경향이 없지 않다. 바꾸어 말하면 이 사태를 사회 경제사적으로 설명하느니 정치사적으로 이해하느니 하면서, 도시 일반 독자들로서는 이해하기도 어렵고 흥미도 없는 방법으로 분석하고 있는 것이다. 그래서 독자들은 차라리 소설로 쓰여진 역사를 원하기도 한다. 소설가들은 항상 인물 중심으로 이야기를 쉽고 흥미있게 이끌어가기 때문에 역사에 관심있는 사람들은 역사서를 통하여 당시의 상황을 이해하기보다는 소설이나 드라마를 통하여 이해하는 것이 훨씬 편하다고 여기고 있는 것이다.

이에 대한 옳고 그름을 따지기 전에 옛날 사람들은 과연 무엇을 통하여 역사현실을 이해하였을까, 또한 조선왕조 때의 많은 사람들은 이태조李太祖의 등극에 얽힌 자초지종을 알고 싶었을 텐데 이러한 호기심을 무엇으로 충족시켰을까 하는 것은 매우 궁금한 일이다.

우선 들 수 있는 것은『조선왕조실록朝鮮王朝實錄』같은 이른바 정사正史가 있었다. 그러나 왕도 함부로 읽지 못했다는 이 정사를 감히 백성이 읽을 수 있었으리라고 생각할 수 없다. 즉, 이 당시의 실록實錄은 곧 구약시대의 성서와 같은 것이었다. 이 성서는 사관史官만이 쓰고 보존할 수 있는 것이었으므로 감히 아무도 간섭하거나 참관할 수 없는 금지된 비밀문서였다. 그러므로 정사正史 외에 야사野史가 나오게 된 것은 대다수 민중에게 역사의 문호를 열었다는 의미에서 당연한 일이었다 할 수 있다.

그러나 민중이 손쉽게 읽을 수 있는 야사마저도 반드시 자유롭게 개방되어 있었던 것은 아니다. 특히 조선 전기前期에는 개인이 함부로 역사를 쓰지 못하게 되어 있었다. 그래서 야사로 인하여 처형까지 당한 사람이 있었는데, 이 때문에 좀처럼 역사적 사실에 대한 민중의 호기심이 충족되지 않았다. 그러나 감추면 감출수록 알고자 하는 욕구가 많아지는 것이 인지상정이며 그만큼 당시의 사람들은 극비에 붙여진 사실들에 대하여 궁금증을 갖게 되었다. 그래서 그들은 입에서 입으로 구전되는 풍문에 귀를 기울이게 되었고 역사 서술이 금지되었기 때문에 사람들은 더욱 야사에 관심을 기울여 그것이 쌓여서 무궁무진한 민중의 이야깃거리가 되었던 것이다. 지금의 40대 이상의 사람들만 해도 어릴 적에 곧잘 할아버지나 할머니로부터 수많은 야사 이야기를 들으며 자라왔다. 그러니 옛날에는 어떠했겠는가? 지금에는 전해 내려오지 않는 무수한 종류의 역사 이야기들이 안방에서 혹은 사랑방에서 화제의 꽃을 피웠을 것이다.

누군가는 우리나라를 '야사의 나라'라고 했다. 현재까지 전해 내려오고 있는 야사들의 종류는 약 500여 종이 되는데, 이것은 다른 어느 나라보다도 많다. 물론 500여종 가운데는 이름만 남아 있는 것도 많다. 그러니 기록되지 않은 야사까지를 전부 모아보면 적지 않은 새 이야기를 발견하게 될 것이며, 따라서 우리의 역사를 훨씬 흥미있고 풍요롭게 할 수 있을 것이다.

그런데도 현대의 역사가들이나 일반 사람들도 야사를 무시하거나 믿을 수 없는 허위라고 쉽게 여기는 경향이 있다. 그것은 야사가 단순한 이야깃거리로만 전해 내려왔기 때문이며, 정사를 숭배하는 전통적인 편견이 무의식 중에 야사에 대한 바른 이해를 저해하였기 때문이라 생각한다.

야사는 정말 반소설적半小說的이다. 그래서 읽는 사람의 흥미를 끌기 위해 사실史實의 객관성을 손상시키기도 하였다. 그러나 단지 그러한 면만을 침소봉대시켜 한갓 이야깃거리, 혹은 웃음거리로만 착각한다면 정작 야사만이 가진 역사의 진실을 간과해 버리게 된다. 물론 그렇다고 야사를 모조리 믿자는 것은 아니다. 믿을 만한 것만은 믿자는 것이다.

원천석元天錫의 역사정신歷史精神

우리나라 야사를 재평가하는 데 있어서 꼭 알아야 할 인물은 원천석元天錫이라는 선비다. 우리나라 야사총서로 이름난 『대동야승大東野乘』 제71권에 실린 이덕형李德馨의 '송도기이松都記異'에 보면 그에 관한 이런 구절이 보인다.

> "고려의 우禑·창昌 부자父子를 왕씨王氏라고 단정한 것은 관동關東의 높은 선비 원천석이 지은 야사에 자세히 기록되어 있으며, 미암眉岩 유희춘柳希春의 비사祕史에도 미덥게 전해지고 있다. 그밖에도 전기에 나온 것이 하나둘이 아니니, 우禑는 곧 공민왕의 아들이고 왕씨임에 틀림없다."

고려가 언제 망했는가, 바꾸어 말해 이성계가 조선 왕조를 건립하게 된 결정적 계기가 언제였는가 하는 의문에 대하여 위와 같은 야사의 이야기는 우리에게 큰 시사를 던져준다. 즉, 이 구절은 이성계가 공민왕의 아들을 요승妖僧 신돈辛旽의 아들로 낙인찍어 폐위시키고 대신 그 아들 창왕을 옹립하게 한 뒤부터 사실상의 최고 실권자와 다름없었다는 사실을 말해주는 것이다. 그런데 과연 정사대로 우왕은 공민왕의 자식이 아니라 신돈과 반야의 불륜관계에서 태어난 부정한 씨앗이었을까? 이 문제는 조선왕조의 건국과정에 있어서 매우 중요한 의문점이다. 물론 이성계 일파는 우왕이 신씨라 하여 폐위시키고, 그 아들 창왕을 옹립시킨 뒤에도 같은 이유로 폐위시켰지만 원천석은 이 사실을 부정하고 우왕이나 창왕이 모두 공민왕의 적자들이라 주장하였으니, 사실 당시의 상황 하에서는 이런 주장은 목숨을 건 도전이었다고 할 수 있다.

이긍익李肯翊의 유명한 야사총서인『연려실기술燃藜室記述』을 보면 원천석이란 사람의 인물됨이 어떠했는가를 알 수 있다.

"운곡耘谷 원천석은 강원도 원주 사람이고 문장이 풍요하고 학문이 해박한데, 고려 말에 정치가 어지러운 것을 보고 치악산 밑에 은거하면서 이름을 감추고 농사를 지어가며 어버이를 봉양하다가 자기 이름이 군적軍籍에 올랐다는 소식을 듣고는 할 수 없이 과거를 보러 가서 단번에 진사進士에 급제했다. 그러나 벼슬하는 것을 즐거이 여기지 않아 벼슬을 물리치고 향리에 돌아와 목은牧隱 이색李穡 등과 함께 서로 시를 주고받으며 세상을 개탄하였다. 운곡은 한때 태조의 아들 태종에게 글을 가르친 적이 있었는데, 태종이 즉위하여 여러 번 그를 등용시키려 했었다. 그러나 그는 이에 응하지 않았고 그 뒤에 태종이 강원도로 행차하게 되었을 때 원천석의 집을 찾아갔는데 피하고 나타나지 않았다. 할 수 없이 태종은 계석溪石 위에 내려와서 그 집 여종女從을 불러 음식을 하사下賜

하고 돌아와서는 원천석의 아들에게 벼슬을 내렸다. 후일 그 바위를 태종대太宗臺라 했는데 아직까지 치악산의 각림사覺林寺 곁에 놓여 있다."

원천석은 이처럼 고려조나 조선조에 등용된 적이 없는 순수 재야 선비였는데도 정몽주나 이색, 길재와 같이 고려 왕실에 지조를 지켰으며 대의大義를 위해 꿋꿋한 절개를 지켜 고려 충신의 한 사람으로 꼽히게 된 것이다. 그는 한사코 새 왕조에 봉사하기를 마다하고 야사까지 써서 후세에 진실된 역사를 전하려 하였다. 그의 야사에는 분명히 '나라에서 공민왕의 아들을 신돈의 아들이라 하여 폐위시키고 서인庶人으로 만들어 강화에 쫓아 보냈다'라고 기록하였다. 그러면서 그는 '하늘이 내려다보고 있다'고 경고하였으며, 창왕이 다시 폐위당하여 강화로 가고 우왕은 강화에서 강릉으로 옮겨져서 죽음을 당했다는 소식을 듣고서는, '마음만은 천고에 변함이 없네'라는 시詩를 읊어 자기 심정을 토로하였다 〔『대동야승』56권, 이간李墾『송교잡설』〕.

이렇게 해서 원천석은 울분 속에 일생을 보내다가 죽게 되었는데, 임종 때 작은 상자를 하나 놓고 유언하기를, "이 상자를 가묘家廟(집안의 사당)에다 꼭 숨겨두고 열어보지 않도록 조심스럽게 지켜라" 하고 단단히 일렀다고 한다. 이 상자는 자물쇠가 채워져 있었는데, 그 위에는 다음과 같이 써붙여 있었다.

"내 자손이 만일 나의 생각과 같지 않으면 절대 열어보지 말라."

아들은 아버지의 유언을 받들어 고이 간직했고 그 손자들도 조부祖父의 유지遺志를 받들어 상자를 잘 보관하였다. 그런데 증손자대에 이르러

이 수수께끼의 상자는 집안의 화제거리가 되어 이미 오래된 일이니 열어보자는 여론이 일게 되었다.

어느 명절날 많은 친척들이 모여 제사지낸 후에 문제의 상자를 옥신각신 끝에 열어보기로 하였다. 비록 선조께서 엄한 유언을 하였지만, 이미 오랜 세월이 지났으니 그 후손들은 '유언을 어긴들 어떠랴' 하는 마음으로 열게 되었다.

증손자는 자물쇠를 뜯고 뚜껑을 열었다. 그런데 상자 속에는 한권의 책이 들어 있었는데, 이가 곧 원천석의 『야사野史』였다. 모두가 보는 앞에서 읽기 시작했다. 그러나 책장을 넘길 때마다 좌중의 분위기는 얼어붙은 듯 숙연해졌고 드디어는 모두의 얼굴이 백지장처럼 질리게 되었다. 그도 그럴 것이, 원천석은 여말麗末 선초鮮初의 일을 하나도 숨김없이 직필直筆했기 때문에 책 전체가 '반역서'나 다름없었다. 따라서 모두가 상자를 열어본 것을 후회하였으나 뜯어본 이상 소용없는 일이었다. 왜냐하면 원씨 가문이 이 야사 하나 때문에 멸문지화滅門之禍를 입게 되겠기 때문이다. 이때 누군가가 소리쳤다.

'이 야사는 우리 원씨 가문을 패망시키는 것이다. 이미 우리가 그것을 읽어본 이상 소문나지 않는다고 보장할 수 없다. 그러니 당장 태워버리자.'

결국 모두가 이 주장에 동의하여 아깝게도 이 야사는 불에 타 없어지고 말았다.

이리하여 원천석의 야사는 없어졌으니 그의 야사정신은 묘비에 새겨져 있듯이 '산골짜기의 한 줄기 맑은 바람'처럼 오늘날에까지 이어져 내려오고 있는 것이다.

사초史草와 사관史官

야사가 단순한 허구가 아니고, 또 지어낸 기담奇談이 아닌 것은 원천석의 일화에서도 능히 알 수 있는 일이다. 야사에는 쓰는 이의 역사정신이 담겨져 있으니 그것은 참으로 진실을 사랑하는 마음이요, 곧 역사가의 양심이라 말할 수 있다.

조선 전기에 왜 야사 서술이 금지되었었는지는 정확히 알 수 없지만, 개국 당시의 비화祕話를 함부로 발설하지 못하게 하기 위한 때문이 아닌가 싶다. 그러나 임진왜란 후인 조선 후기 사회에는 많은 종류의 야사가 서술되어 널리 읽혔다. 뿐만 아니라 이 당시에 쏟아져 나온 많은 야사 속에는 원천석이 고발했던 왕우·왕창에 관한 이야기가 공공연한 사실로 인정받게 되어 한때 역적이었던 원천석이 참다운 충신이었다 하는 재평가가 내려지기 시작했다. 역사란 모래 위의 발자국과 같아 시간의 물결에 말끔히 씻겨버렸기 때문일까. 임진왜란 전에 나온 임보신任輔臣의 『병진정사록丙辰丁巳錄』도 이미 원천석의 사필史筆을 극구 찬양하고 높게 평가하고 있으니 일찍부터 원천석은 사면되고 있었던 것 같다.

여기에서 우리는 다시 한번 야사가 믿을 만한가, 아니면 정사가 더 믿을 만한가 하는 의문을 제기하게 된다.

광해군光海君 때인 17세기 초에 『부계기문』이란 야사를 쓴 김시양金時讓은 이 점에 대하여 다음과 같이 말하고 있다.

"우리나라의 국사는 거의 다 그때의 득세한 자가 펴낸 것이어서 숨기고 드러내지 않은 것이 많다. 따라서 그의 말은 반드시 공정하지 않으며, 야사는 금령禁令이고 토속土俗 또한 입언立言을 하지 않는다. 그러한 까닭에 선정先正의 사업이 있어도 겨우 수십 년을 지나면 찾아볼 길이 없어지는 것이다."

　김시양의 이 말은 역사 서술, 특히 정사 기술의 허구성을 날카롭게 지적한 것으로서, 야인이 쓴 야사가 왜 후세에 필요한가를 강조 설명해 주고 있는 것이다. 물론 사관들이 쓴 정사가 모두 거짓이라 믿을 수 없다는 것은 아니다.

　『태종실록』을 보면, 그때 사관들이 얼마나 역사 서술에 큰 사명감을 갖고 있었는가를 알 수 있다. 태조 때부터 종사해 온 한 늙은 사관이 있었는데, 태종은 그를 미워했다고 한다. 이 사관이 정사政事에 관한 모든 것을 빼놓지 않고 사초史草에 옮기는 것을 보고 태종은 참을 수 없어 변칙적으로 여러 조신朝臣들을 자기 침전으로 불러모아 거기서 정사를 의논하여 끈질기게 따라붙는 사관을 따돌리려 했다. 그러나 늙은 사관은 왕이 근정전에 없는 것을 보고 침전으로 붓과 종이를 들고 다가갔다.

　태종은 설마 이 늙은이가 침전까지 쫓아오랴 생각하며 내심 통쾌하게 생각했는데 창문의 인기척을 보고 "거 누구냐?"고 물었더니 "사관이올시다"고 대답하는 것이 아닌가. 태종은 화를 벌컥 내며 무엄하게 사관이 침전까지 와서 엿듣는다 하여 파면시켰다. 이후에 늙은 사관 대신 젊은 사관이 다시 사필을 잡게 되었는데, 태종은 '설마 저 애송이야 내 말을 어기고 침전에까지 접근하지 않겠지'하고 생각했다. 그런데 왠일인가. 젊은 신임사관은 아예 붓과 먹을 들고 침전 안으로 들어오는 것이 아닌가. 그러면서 젊은 사관은, "사관이란 임금이 어디서 정사를 의논하건 간에 상관없이 모조리 기록할 의무가 있습니다" 하고 아뢰었다. 태종은 다시 진노하였으나 여러 조신들이 사관을 옹호하며 극구 말리는 바람에 다시는 사관을 바꿀 생각을 안 했다고 한다.

또한 『태종실록』에는, 조신들이 임금에게 '성색聲色(노래와 여자)을 삼가고서'라는 간언이 자주 보인다. 이 한마디는 당시 사관들의 곧은 역사정신을 드러내고 있는 귀중한 한 마디라 할 수 있을 것이다.

그러나 조선시대의 모든 사관들이 역사정신에 투철하였다고 보기는 어렵다. 단적인 예로 임진왜란 때 모든 조정 대신들이 서울을 버리고 평양으로 피난을 가게 되자, 사관들은 그동안 기록했던 귀중한 사초들을 불태우고 빈 몸으로 도망했으니, 그들의 자세를 가히 짐작할 만하다. 수복 후에 그들 중 하나가 중국에 갈 사신으로 임명되었다. 이때 영의정 유성룡柳成龍은 이를 강력히 탄핵하였다. 그래서 선조는 명하기를, "이 자는 바로 사책史冊을 불태우고 군부君父를 버린 채 도망간 사람이다. 이런 자를 중국에 보냈다가는 언제 또 도망갈지 모르니 임명하지 말라"고 호통을 쳤다는 것이다.

이 일화는 사관의 특별한 책임을 말해주고 있는 것으로 경종을 울려주는 것이지만, 사관으로서는 변명의 여지가 있을 법도 하다. 왜냐하면 나라의 극비 문서라 할 수 있는 사초를 그대로 두고 갔다가 적군에게 빼앗긴다면 그것은 오히려 더 큰 죄이기 때문에 불태웠다고. 그 많은 사초를 가지고 달아날 수도 없기 때문에 차라리 불태워버리는 것이 현명했다고 할 수도 있다. 이러한 우여곡절 때문에 『선조실록』은 다시 만들 수 없는 지경에 이르렀다. 그래서 이 당시의 야사들을 모아 뒷날 『선조실록』을 편찬했다고 한다.

이처럼 야사를 민간인들이 사사로이 썼다 하여 야승野乘, 또는 비사祕史, 외사外史, 혹은 사사私史라고 별칭되고 있으나 임진왜란 후에는 사관의 실수로 불타 없어진 정사의 유루遺漏를 보완하고 또 그 오류까지도 시정해 주었으니 단순한 야사라고만 경멸할 것이 아니다. 더욱이 야사에는 정사에서는 감히 기록할 수 없었던 여러 사실들이 소상히 기록되었으니, 후세인이 보면 어느 것이 진짜 정사인지 판단할 수 없을 정도로 정사에 가까운 것이다. 바꾸어 말하면 정사라 해서 반드시 신사信史라고는 할 수 없으며, 또 야사라 해서 믿을 바가 못된다고 말할 수 없는 것이다.

허봉許篈의 유명한 야사 『해동야언海東野言』을 보면, 고려 왕족인 왕씨들이 바다에 수장水葬된 이야기가 나온다.

"고려조의 왕씨가 망하자 여러 왕씨를 섬으로 추방했다. 이때 이씨 왕조의 신하들은 모두 '후환이 두려우니 차라리 죽여버리자'라고 했다. 그러나 아무런 명목도 없이 죽일 수는 없었다. 그래서 물에 익숙한 사람들을 골라서 배를 마련하게 하고 여러 왕씨들에게 말했다. '임금의 교서가 내려 여러분을 데려다가 섬에서 살게 하고 서인으로 만들라고 하셨다.'

죽는 줄로만 알았던 왕씨들은 모두 기뻐하며 의심할 겨를도 없이 서로 앞을 다투어 배에 올라탔다. 배가 해안을 떠나자 미리 준비한 사람들은 물에 뛰어들어 배 밑바닥에 구멍을 뚫기 시작했다. 배는 서서히 물에 잠기기 시작했다. 배가 거의 절반쯤 물에 잠겼을 때, 왕씨들과 평소 친하게 지내던 스님 한 분이 언덕에서 손을 흔들며 소리쳤다. 이것을 본 한 왕씨는 즉석에서 시 한 수를 지어 크게 들려 주었다. 즉, '푸른 물결 밖에서 노 젓는 소리 들리나, 비록 중이 있은들 네가 어이 하리'라는 절규에 가까운 것이었다.

이 소리를 들은 스님은 통곡하면서 돌아섰다."

이와 같이 왕씨의 최후를 기록한 많은 이야기들 중 하나가 『홍길동

전』의 작가인 허균許筠의 형의 사필에 의해 오늘날 전해지고 있는데, 이는 야사가 아니고서는 도저히 찾아 볼 수 없는 여말 선초의 인간 드라마였다고 할 수 있다.

『연려실기술』에 보면, 동생 세종에게 왕위를 양보한 양녕대군讓寧大君에 관한 일화가 나온다.

> "양녕이 세자로 있을 때 노래와 여자에게만 빠져 학업에 힘쓰지 않았다. 나이가 15세 되던 때에도 여전히 그러하였다. 20세가 지나서는 뭇 소인들을 사통私通하여 더욱 방자하게 놀았다."

그런데 다음 구절에 보면 양녕대군의 이런 행동이 본의 아닌 다른 뜻에서 나온 것임을 알 수 있다.

> "양녕대군이 세자가 되었을 때 부왕 태종의 뜻이 동생 세종에게 가 있는 것을 알고 일부러 해괴한 척하며 왕위를 사양하여 동생으로 하여금 왕위를 잇게 한 것이었다."

이 때문에 40년 뒤에 조카인 세조가 왕위에 올랐을 때에도 왕자(단종)와 대신들이 많은 죽임을 당했는데, 양녕은 능히 지혜로 자기를 보존했다는 것이다. 뿐만 아니라 세조는 양녕을 누구보다도 높이 대우하였으니, 당시 사람들은 '임금 자리를 양보하기도 어려운 일이지만 끝까지 몸을 잘 보전하는 것은 더욱 어려운 일이다'면서 그를 높이 칭찬하였다 한다. 이름 그대로 양녕대군은 자리를 양보하여 생명을 보존한 것이다.

연려실기술燃黎室記述

우리나라 야사를 정당하게 평가하는 데 있어 빠뜨릴 수 없는 글은 이긍익의 『연려실기술』 서문(義例)이라 할 것이다. 이 짧은 사론史論을 통해 우리는 야사란 무엇인가를 쉽게 알 수 있다.

18세기의 대표적 실학자이면서 불우한 일생을 마친 이긍익은 오랜 귀향살이 끝에 야사를 남겼다. 그는 열 세살 때 아버지와 함께 잠을 자다가 이상한 꿈을 꾸었다고 한다. 즉, 여러 아이들과 길에서 놀고 있는데 임금이 행차하셨다. 그런데 갑자기 임금이 가마를 멈추게 하더니 이긍익을 불러 '너 시를 지을 줄 아느냐'고 물었다. '지을 줄 압니다'고 여쭈었더니 '지어 올려라'고 분부하였다. 이긍익은 '임금님 가마가 지나가는 길에 초야에서 야사 짓는 선비(草野簪筆)가 그를 맞네'하는 요지의 시를 지어 올렸다는 것이다.

이긍익은 이 꿈을 꾼 뒤, 아버지에게 해몽을 해달라고 졸랐다. 아버지는 '네가 어전御前에서 붓을 들 징조이니 길몽吉夢이다'라고 풀이했다. 그러나 결과는 정반대였다. 왜냐하면 이 꿈은 뜻하지 않게 그의 불우한 일생을 예고한 흉몽이었기 때문이다. 이긍익은 서문에서 이렇게 개탄하였다.

"요즘에 와서 문득 생각하니 이 꿈은, '초야잠필草野簪筆'이란 글귀가, 늙어서 궁하게 살면서 야사나 쓰게 될 것이라는 예언을 나타낸 것이니, 실로 우연이랄 수 없다. 모든 일이 운명처럼 미리 정하여진 것이나 아닌지."

이렇게 팔자타령을 하고 난 이긍익은 스스로 자기 서재에다 '연려실'

이란 세 글자를 붙였다. '연려실'이란 지팡이에 불을 붙여 글을 읽는다는 궁한 선비의 서재를 가리키는 것이니 이름 그대로 연려실이었다. 이것은 모든 야사가 가난한 선비의 글방에서 나왔다는 말이기도 하니, 뒤집어 말하면 그렇지 않은 사람의 야사는 모두 진정한 의미의 야사랄 수 없다는 뜻도 되는 것이다.

『연려실기술』 서문은, 또 이렇게 나온 모든 야사들은 구사舊史라 하여 일단 비판의 대상으로 삼고 있다.

> "우리 동방의 야사는 총서로 편찬된 것이 많다. 그러나 모두 산만하여 계통이 없고, 중복이 심하다. 또 빨리 책을 만들어 내느라고 자료수집을 다하지 않아 상세한 데는 너무 상세하고 소홀한 데는 너무 소홀하여 조리가 서지 않는 것이 많다. 그리고 역사 인물에 대한 논평이 많으며, 기본적인 사실을 빠뜨리기가 일쑤이다. 이제 내가 편찬한 이 책은 널리 여러 야사를 수집하여 기사본말체記事本末體(연대보다 사건을 중심으로 서술하는 역사)로 분류·기록한 것이다. 그러나 내가 자료를 얻어 보지 못하여 미처 기록하지 못한 것도 있을 것이니 후일 이를 보완할 것이다."

역사란 항상 새로 쓰는 것이라고 했다. 어느 시대를 막론하고, 역사를 쓰는 이는 모름지기 자기 역사가 새 역사인가 아닌가를 성찰하고, 확실히 새로운 역사라 자부할 수 있을 때에만 세상에 발표해야 할 것이다. 이긍익은 이 점을 명심하고 있었던 것 같고, 그러기에 자신의 신사新史가 구사舊史와 다르다는 점을 강조하였던 것이다.

『연려실기술』의 저자는 둘째로 자신의 역사 서술에 반드시 각주脚註를 달아 인용처를 밝혔다고 주장하였다. 이것은 어디까지나 역사서술의 불편부당성을 나타내기 위한 방법이었는데, 공자孔子의 '술하되 작하지 않는다'(述而不作)는 원칙에 따른 것이라고 강조하고 있다. 이 말은 역사가는 모름지기 사실만 제시하여야 하며, 그 평가는 독자에게 맡겨야 한다는 것이다. 이 방법은 역사의 객관성을 존중한다는 명분을 내걸고, 역사적 객관성을 존중하고 역사 서술로 말미암아 당할지 모르는 사화史禍로부터 역사가 자신을 보호하려고 했던 것이다. 그래서 이긍익은 말한다.

> "나는 모든 사실을 그대로 수록함으로써 그 옳고 그른 것은 독자들의 판단에 맡긴다."

이러한 조심성은 어느 시대를 막론하고 역사가에게 요구되는 기본 요건이라고도 할 수 있다.

셋째로 『연려실기술』 서문은 역사 인물에 대한 평가를 보류하고 있다. 인물평이란 동시대인에게 있어서도 어려운 법인데, 하물며 보지도 듣지도 못한 전시대인을 평가하기란 쉽지 않다. 그러므로 '각기 사견私見으로 누구를 올리고 누구를 깎아내리고 하는 일은 삼갔다'고 그는 말하고 있다. 이를 위해 그는 아무리 유명한 인물을 호칭할 때라도 경칭을 약하고 그 이름만을 쓴다는 원칙을 세웠다.

끝으로 그의 주장 가운데 가장 중요한 대목이라 할 점인데, 이긍익이 처음부터 원천석처럼 숨겨두기 위해 야사를 쓰지 않았다는 것이다. 그는 『연려실기술』을 써 놓고 금강산에 놀러 갔었다. 그 사이에 많은 사람들이 책을 가져다가 베껴간 사실을 알고도 후회없이 이렇게 말하고 있다.

"처음에 이 책을 만들 때 가까운 친구들이 '남에게 보이지 말라'고 충고하였다. 그러나 나는 대답하기를 '만일 이 책을 남이 알지 못하기를 바란다면 만들지 않는 것이 좋고, 만들어 놓고서 남이 알까 두려워한다면 그것은 도리어 도에 어긋나는 것이다. 근세에 유행하는 야사에 이 책과 같은 것이 적지 아니하나 사람들이 모두 잘못이라 하지 않았는데 어찌 이 책만이 남의 말썽에 오를 것인가'하고 완성되기를 기다리지 않고 사람들이 보여달라면 서슴없이 보여주었다."

이상에서 특히 눈길을 끄는 것은 '근세에 유행하는 야사는 모두 말썽이 없었는데 오직 이 책만 말썽이 되겠는가'하는 구절이다. 만약 조선 전기처럼 야사 기술이 목숨을 건 모험이었다면 아무리 이긍익이라도 '남에게 보이지 않을 책이라면 차라리 처음부터 쓰지 않았을 것이다'라고 큰소리칠 수는 없었을 것이다. 그러므로 그는 대담하게 발표를 전제로 이 책을 썼던 것이 분명하다. 발표를 전제로 하고 쓴 역사였기 때문에 아무리 야사라 할지라도 한 벌의 저서인 이상 사실의 정확성과 평가의 공정성을 확보하기 위하여 그는 온갖 정성을 기울였던 것이 아닐까?

17, 8세기를 전후하여 오랫동안 초야에 파묻혀 왔던 야사들이 쏟아져 나왔고, 이를 총서로 묶어 간행하였는데, 이 시기의 야사에서 주목할 만한 특징은 오랫동안 우리나라 국사 서술이 금지된 상태로 내려오자 많은 지식인들은 중국사에 관심을 돌렸으며, 정작 자기 나라의 역사에 대해서는 등한시하는 경향을 보였다는 것이다. 그래서 당시의 속담에 '본국통감本國通鑑(한국사) 따위야 누가 읽는가'하는 말이 있을 정도였다. 그 결과 중국사에 대해서는 해박한 선비가 자기 나라의 역사에 대해서는 어둡기만한 기현상을 보였다. 김시양은 『하담파적록荷譚破寂錄』에서 이

같은 사실을 개탄하고, 심지어 조선이란 국호가 명나라 황제가 하사한 것이라고까지 인식되고 있다고 비난하였다. 그에 따르면 명황제가 조선이란 국호를 지어 주었다는 이야기는 하등 근거없는 낭설이라는 것이다.

이렇게 해서 우리는 임진왜란과 병자호란 이후의 사상동향 가운데 지식인의 한국사에 대한 깊은 관심을 들지 않을 수 없고, 야사 서술의 유행에서 그 뚜렷한 증거를 찾아볼 수 있다 할 것이다.

동사강목東史綱目

17, 8세기에 유행한 야사 서술을 가리켜 민족사에 대한 자각이라고 한다면 지나친 말일지도 모른다. 아무튼 일단 그렇게 불러보는 것도 해롭지는 않을 것 같다. 왜냐하면 그러한 야사에 대한 우리의 편견에 큰 잘못이 있다는 사실을 알게 하는 방법이 되기 때문이다. 야사의 민족사적 의의라는 관점에서 다시 한번 조선시대 야사를 돌이켜 본다고 하면, 이 시기의 역사 서술에는 두 가지 형태가 있었던 것을 알 수 있고, 그것이 무엇을 의미하는가를 아는 데 도움을 줄 것이다.

첫째로, 그 시대의 사람으로 본국의 역사를 쓴 조선시대사, 요즘으로 말하면 근대사 또는 현대사가 있다.

둘째로는 후세의 사람으로 전대의 역사를 쓴, 고대사가 있다. 이긍익의 『연려실기술』이 현대사라 한다면 다음에 소개할 안정복安鼎福의 『동사강목東史綱目』은 고대사에 속한다 할 것이다. 안정복은 18세기의 유명한 실학자로 한국통사를 남긴 사람이다.

그런데 현대사와 고대사 가운데 어느 쪽이 서술하기 어려운가를 묻는다면 즉석에서 대답하기 난감하다. 안정복은 『동사강목』서문범례凡例에서 이런 대답을 시도하고 있다. 즉, '공자의『춘추春秋』는 그 시대 사람으로 현대사를 썼기 때문에 두려워하여 쓰지 않은 것이 많고, 반대로 주자朱子의『자치통감資治通鑑』은 후대인으로 고대사를 쓴 것이므로 숨김이 없고, 거리낌없이 썼다. 또 그 문체에 있어서도 공자는 좋다 나쁘다가 분명치 않아 후대인으로서는 그 뜻을 가늠하기 어렵다(春秋書法 美惡同辭 使後人莫測其意).

그런데 주자는 일에 따라 바른 말을 직서直書하고 있어 무엇을 권하고 무엇을 징계하고 있는지 분명하다(綱目皆據事直書 昭示勸懲).

이처럼 함부로 쓰기 어려운 것은 고대사보다 현대사 쪽이다. 그런 점에서는 고대사 쪽이 훨씬 쉽다. 그러나 안정복의『동사강목』을 읽어보면 우리나라의 역사를 처음부터 끝까지 계통 있게 서술한다는 것이 여간 어려운 일이 아님을 알 수 있다. 무엇보다도 어려운 것은 고대사의 경우 참고해야 할 문헌이 아주 희귀하다는 것이다. 더욱이 상고사 부분에는 이렇다 할 자료가 없다. 우리나라 자료로 기껏 있다는 게 김부식의『삼국사기』인데, 부끄러운 이야기지만 그것은 안정복이 비판한 것처럼 '소략疏略하여 사실과 다르다.'『고려사』는 어떤가 하면 '번잡하기만 하고 요점이 없는 것이다.'

특히『삼국사기』에 대해 안정복은, 김부식이 '장상將相의 자리에 있으면서 임금의 명령에 따라 역사를 편찬했던 것인데 널리 사료를 뒤져서 책을 지었어야 옳았을 것이다. 그런데 그렇게 하지 않고, 극히 간략하게 책을 만들어버렸으니 식자들이 한심스럽게 여기고 있다'고 개탄하고 있다. 안정복은 또『고려사』에 대해서도, 김부식의『삼국사기』에 비하면 꽤 사실에 충실한 편이지만 이 역시 후세 사람들이 한심스럽게 여기는 바 없지 않다고 평가하고 있다. 그는 또 이러한 구사舊史에 대한 비판을 하고 나서, '오류로 인하여 오류를 답습하고, 잘못으로 잘못 전한 것에 이르러서는 여러 역사서가 모두 비슷하다. 내가 그것을 읽고 바로잡을 뜻이 있어 이 책을 썼노라'라고 『동사강목』 집필의 동기를 밝혀주고 있다. 그러나 이런 이야기보다 더 중시해야 할 점은 안정복이 『동사강목』에서 우리나라 역사의 맥을 세운 사실이다. 그는 '그 나라 역사의 맥을 세우는 일은 역사가라면 누구나 제일의第一義로 삼는 것이니 '나는 단군·기자·마한·신라·고려 그리고 조선을 우리나라 역사의 정통으로 삼는다'고 주장하였다.

그에 따르면 단군의 건국은 중국의 요나라 건국과 동시同時였다는 것이며, 그 땅도 요동이었다는 것이다. 즉, 그에 따르면 '요동 땅은 본디 동이東夷의 땅에 속하였으며 단군과 기자 이후로는 항상 우리 땅이 되었으므로 이를 자세히 기록한다'고 말하고 있는 것이다.

위에서 필자는 약간 장황하게 그리고 매우 엉성하게 우리나라 야사에 대한 이야기를 늘어놓았다. 그러나 여기서 한 가지 더 부연하고 싶은 중요한 이야기는 단재 신채호나 백암 박은식의 민족사관이 한결같이 조선시대 야사의 전통을 이어받고 있었다는 사실이다. 박은식이 현대사를 써서 민족사를 바로잡으려고 했다면, 단재는 고대사를 연구하여 민족사를 정립하려 한 사람이었다. 나는 이미 단재의 저서나 백암의 『한국통사韓國痛史』는 황현의 『매천야록梅泉野錄』과도 일맥상통하며, 비록 그 형식은 다르나 두 사람이 다 같은 정신과 학문으로 야사정신을 계승하고 있다고 믿고 있다.

고대사 연구에 일생을 바친 신채호의 경우는 그가 1910년 망국을 눈앞에 두고 나라를 떠날 때 무엇보다도 안정복의 『동사강목』을 가지고 간 것만 보아서도 그의 사학이 야사정신에서 출발한 것임을 알 수 있다.

1936년 2월 26일자『동아일보』를 보면 정인보鄭寅普의『단재의 사학』이란 글이 있다.

> "1914년 상해에서 단재를 만났다. 단재가 북만北滿을 거쳐 그리로 왔다는 것, 여비는 신규식이 보냈다는 것들이 생각나고, 단재가 들고 온 책 농이 둘이든지 셋이든지, 백지에 베낀『동사강목』이 꺼내는 대로 연방 나오던 것을 본 것이 아직도 눈에 선하다."

대개 이상에서 설명한 바와 같은 조선시대 야사는 우리의 민족사를 이해하는 데 중요한 자료가 되고 있다. 만일 우리에게 야사가 남아 있지 않았다면 어떻게 될 것인가?

첫째, 지금까지 흥미진진하게 전해져 내려온 한국사의 저변과 이면이 영원히 땅에 파묻혀 버리는 결과를 빚어 빈약하기 짝이 없는 민족사가 남게 되었을 것이다. 아무리 유능한 역사가나 소설가라도 사료 없이는 벙어리와 같을 것이니 야사의 샘물은 우리 역사를 살리는 원천인 것이다.

둘째로 한없이 왜곡된 민족사를 바로잡는 데 있어 우리의 선조들이 남긴 야사들이 지금 말없이 우리를 지켜보고 있다. 그들은 민족의 생존 방법과 이론을 한꺼번에 가르쳐주고 있는 것이다. 야사정신 속에 우리 민족의 역사정신이 담겨져 있을 뿐만 아니라, 민족사의 맥이 무엇인가에 대해서도 참신하고 올바른 시각을 제시해주고 있는 것이다.

대한국사大韓國史와 소한국사小韓國史

일어日語와 일노日奴

1896년의 일이었다. 젊은 안중근安重根은 신부神父 홍석구洪錫九(프랑스인)와 같이 황해도 해주를 떠나 서울로 향했다. 상경의 목적은 서울에 있는 민 주교(뮤텔主教)를 만나 그에게 한국에 대학교를 설립하자는 제안提案을 하기 위해서였다. 주교 역시 프랑스인이었다.

민 주교는 한마디로 안중근의 제의를 거절하였다. 이유는 '만일 한국인이 학문을 알게 되면 천주교를 믿기는커녕 오히려 반대하게 될 것'이라는 것이었다.

안중근은 몇 차례나 민 주교를 설득하였으나 그의 옹고집을 꺾지 못하였다. 안중근은 맥없이 해주로 돌아왔다. 돌아오면서 그는 이렇게 다짐하였다. '하느님의 진리는 믿을 수 있어도 외국인의 심정은 믿을 수 없다'고.

이때, 그는 홍 신부에게서 프랑스어 공부를 하고 있었다. 그런데 돌아오자 이를 즉각 그만두겠다고 말했다. 그 이유를 안중근은 이렇게 말했다.

"일본 말을 배우는 자는 일본의 종놈이 되고 영어를 배우는 자는 영국의 종놈이 된다. 내가 만일 프랑스 말을 배우다가는 프랑스 종놈을 면치 못할 것이라, 그래서 그만둔 것이다. 만일 우리 한국이 세계에 나라의 위력威力을 떨치게 되면, 세계인이 한국어를 쓰게 될 것이니, 그대는

걱정하지 말게(學日語者爲日奴 學英語者爲英奴 我若學習法語則 難免
法奴故弊之 若我韓國威振於世界則 世界人通用韓語矣 君須勿慮)."

　이 일화는 우리에게 한 가지 아쉬움과 두 가지 교훈을 주고 있다. 한
가지 아쉬움이란, 만일 이때 프랑스인 주교가 안중근의 요청을 받아들
여 한국 최초의 근대식 대학교大學校를 설립하였더라면 적어도 일본의
두 번째 제국대학인 경도대학京都大學과 같은 해, 즉 1896년에 우리나라
에도 대학이 설립되었을 것인데 그렇지 못하였다는 아쉬움이다.

　이 일화가 남겨준 두 가지 교훈이란, 그 하나가 우리 일은 우리가 해야
지 남에게 의존할 것이 아니라는 것이다. 다른 한 가지 교훈은 우리의 국
위國威가 세계에 떨치어 외국인이 우리 말을 다투어 배우는 날도 언젠가
오지 않겠느냐는 것이다.

　민족의 역사와 문화를 생각하는 데 있어서 우리는 매양 한국사를 소
극적으로 해석하고 서술하는 태도를 고수하여 왔다. 여기에는 여러 가
지 이유가 있었다고 믿어지는데, 그 가장 큰 이유는 일제 식민사관이었
다고 할 수 있다.

　일본 제국주의자들의 한국사 왜곡은 누가 들어도 너무 심했다는 것이 사
실인데 역사학자들이라고 놀라지 않았으리라고는 할 수 없다.

　광복 후, 우리는 심각하게 역사를 반성하여 왔다. 6·25와 4·19, 그리
고 급격한 사회변화를 겪으면서도 지난날의 낡은 역사의식을 버리고,
새로운 형태의 역사 해석을 시도하였다. 역사학은 시대가 바뀜에 따라
변하기 마련이다. 그러나 독립된 새 나라에 걸맞는 새로운 역사학의 성
립을 가로막는 큰 장애물이 있었으니, 그것은 지난날의 일제 식민사학
이었다. 일제는 36년간이란 길지도 않은 침략기간에 우리나라에다 그들

의 식민주의 역사학을 심는 데 성공하였다. 식민사학은 동화주의同化主義와 직접통치直接統治를 원칙으로 한 그들의 지배체제支配體制에 없어서는 안 될 문교정책이었다.

1945년 8월 일제의 조선 지배는 사실상 끝났으나 그들이 남긴 문화침략의 상처는 쉽사리 아물지 않았다. 1965년 한·일 국교정상화 때, 두 나라 관계의 청산문제淸算問題를 중심으로 약간의 역사 반성이 있었으나 일제의 식민주의 역사학을 근본적으로 되치하는 데 충분한 노력이 되지 못하였다. 1982년 여름의 일본 교과서 왜곡문제는 광복 후 두 번째로 맞는 역사 반성의 기회였으나 첫 번째 기회보다 훨씬 심각하고 구체적인 문제를 제기하였다는 점에서 주목할 만한 사건이었다.

짧은 기간이나마 우리 민족의 역사를 우리가 해석하지 못하고, 우리가 쓰지 못하게 됨으로써 일어난 이같은 역사의 병든 상태로 말미암아 잃어버린 것이 너무나도 많았던 것이다. 그중에서도 가장 큰 상처는 민족과 민족사에 대한 자존심이었다고 할 수 있다.

문화 식민주의에 있어서는 그 나라 역사의 왜곡이 무엇보다도 중요한 정책이 된다. 그러나 한 민족이 자신의 역사를 상실한다는 것은 곧 민족의 긍지와 자존심의 상실을 의미하는 것이다. 즉, 역사의 왜곡과 상실로 그들은 자기 멸시와 열등감을 갖게 되며, 현재와 미래에 대한 자신감 넘친 판단과 희망을 잃게 되는 것이다. 역사의 상실로 자신이 세계 속의 한 구성원이라는 사실을 잊게 되며, 역사적 결단과 행동의 주체란 의식마저 상실하고 마는 것이다.

백마총白馬塚

이처럼 식민주의 역사학은 우리의 역사의식을 오도하고, 나아가서는 우리의 현실관과 실천력을 약화시켜 주기까지 하였는데, 이런 함정에서 벗어나기 위하여서는 우리의 역사를 좀 더 적극적으로 해석하여 용기와 슬기를 회복하여야 하는 것이다. 이것을 민족사학의 회복이라 부르고 싶다.

간혹 민족사학을 민족주의 사학이란 말과 동일시하는 사학자들이 있다. 민족주의는 제국주의에 대항하여 나온 이데올로기이므로 서로 대립적인 개념이라 할 수 있다. 일본 제국주의는 우리의 민족사와 민족문화를 말살하려 하였으므로, 우리의 민족주의 역사학은 그만큼 철저한 항일주의와 자주독립을 이념으로 삼아야 했다. 그러나 민족사학이란 어떤 한 시기의 저항적 역사학을 가리키는 것이 아니라, 유구悠久한 우리 역사 속에 소리없이 자라난 한국 특유의 역사철학과 역사의식을 바탕으로 성립된 것이다. 한 가지 간단한 예를 들어 우리 민족의 역사의식을 설명하기로 한다.

18세기 초, 조선통신사朝鮮通信使의 제술관製述官으로 일본에 건너갔다 온 신유한申維翰은 『해유록海遊錄』이란 기행문紀行文을 남겼다. 여기에 보면 다음과 같은 기록이 보인다.

"일본 서해도西海道(지금의 세토나이카이)를 따라 배를 타고 가는데 한 언덕 위에 흙을 쌓아올려 만든 백마총白馬塚이라는 무덤이 보였다. 전하는 바로는 신라왕이 장수를 보내어 왜를 칠 때, 왜인이 강화講和를 청하므로 적간관赤間關(지명)에 이르러 백마의 목을 베어 서로 평화를 맹약하였다. 그래서 죽은 말을 위해 무덤을 만들어 애도를 표시했다는 것이다. 왜의 풍속에는 봉분을 만드는 법이 없는데 이제 그 무덤의 모양을 보니 필시 신라인이 쌓은 것이 분명하다. 천 년이 지나도록 바로 어제 만든 것처럼 잘 보존되어 있으며, 왜인들은 이것을 가리켜 식양息讓(강화를 盟約한다는 뜻)이라 부르고 있다.”

　신유한의 이 기록은 오늘날 어느 역사책에도 인용되지 않고 있으므로 신라군이 일본을 침략한 사실은 일종의 사장死藏된 역사라 할 수 있다. 그러나 신유한이 일본인에게서 들은 ‘신라군의 일본 침략’은 전혀 허무 맹랑한 이야기가 아니었을 것이며, 이것이 고내 한일관계사의 해석에 있어서 드러나는 의견대립의 한 요인이 되고 있다고 믿어지는 것이다.
　이처럼 일본에 대한 우리 민족의 역사적 인식을 신유한의 한 증언 속에서 엿볼 수 있는데, 중국이나 만주에 대한 우리 민족의 역사인식도 역시 18세기 선배들의 증언을 통해 알 수 있다. 그 한 가지 사례가 박지원朴趾源의『열하일기熱河日記』라 할 수 있다. 그가 연행사燕行使 일행을 따라 중국에 갔다 온 뒤 쓴 이 기행문은 일대 명작名作일 뿐 아니라 요동땅이 본래 우리 땅이었던 사실을 증언해 주고 있다. 이것은 우리가 지금 생각하고 있던 강역이 얼마나 달랐는가를 말해 주는 것이다.
　우리는 어릴 때 곧잘 바위에 말발굽 자국이 난 것을 가지고 어른들이 ‘이곳은 아무개 장군이 말을 타고 지나간 자국이다’고 하던 말을 들었다. 그러나 옛날 장수에 대한 이런 이야기들과 그 유적에 대한 전승을 단순한 거짓말이라고 웃어넘길 수 없는 것이다. 일제 침략으로 인하여 우리의 역사는 망각의 세계로 갔으나 장군과 위인에 관한 오랜 이야기들은 입에서 입으로 전해져 내려온 것으로 믿어지기 때문이다. 문헌에 없다고 해서 덮어놓고 역사적 사실이 아니라고 생각하는 시대는 이미 간 것이다.
　1910년, 나라가 망하자 동시에 민족사학民族史學이 탄생하였다. 그 대표적인 사학자가 백암 박은식과 단재 신채호였다. 이 두 사람은 '나라는 망해도 겨레는 망하지 않아야 하며 겨레가 망하지 않기 위해서는 역사를 잃지 않아야 한다'고 확신했던 사람이다. 박은식은 "옛 사람이 이르기를 나라는 멸할 수 있어도 역사는 멸할 수 없다고 하였으니 그것은 나라가 형체이고 역사는 정신이기 때문이다. 이제 한국의 형체는 허물어졌으니 정신만은 홀로 살아남을 수 없단 말인가" 하고 반문하면서 유태인의 예를 들었다. 3천 년 동안이나 나라를 잃고 유랑한 유태인이 어떤 다른 민족에도 동화同化되지 않은 것은 오로지 조상의 가르침을 잃지 않고 보존하였기 때문이라고 그는 주장하였다. 조상의 가르침이란 바로 그들의 역사인 것이다. 기독교 성서가 바로 역사서가 아닌가. 성서 없는 기독교를 생각할 수 있을까. 그것은 예수 없는 기독교가 있을 수 없는 거나 다름없다.

이제 우리는 나라를 회복하여 형체를 가지게 되었다. 그러나 만일 우리에게 민족정신이 없고 민족의 역사가 없다면 어떻게 될까. 그것은 단지 정신 나간 사람, 얼빠진 인간들의 오합지중烏合之衆이 아니고 무엇인가.

이처럼 민족사학은 멸국과 멸종의 위기에 서서 몇몇 소수의 역사가들이 비장한 각오로 시작한 외로운 투쟁이었다. 그것은 독립운동의 일환, 아니 바로 독립운동이었다. 그러나 그것은 1910년 돌연히 역사의 표면에 나타난 것이 아니고, 앞에서도 말했듯이 오랜 민족사의 대하大河를 따라 흘러 내려온 강물이었고, 겉으로는 그 모습을 드러내지 않았으나 보이지 않는 저류에 흘러왔던 것이다.

1908년에 지은 『독사신론』에서 단재는 민족사를 다음과 같이 규정하였다.

"민족을 버리면 역사가 없을 것이고, 역사를 버리면 민족의 자기 나라에 대한 관념도 없어지는 것이니, 아! 역사가의 책임이 무겁기도 하구나! 역사를 쓰는 자는 반드시 그 나라의 주인되는 민족을 선명히 나타내어 그를 주체로 삼아야 한다. 만일 그렇지 못하면 그것은 무정신無精神의 역사이다. 무정신의 역사는 무정신의 민족을 낳으며 무정신의 국가를 만들어낼 것이니 어찌 두렵지 않을까."

그러므로 민족사학에서는 반드시 그 주체가 '민족이 발달한 상태와 민족의 큰 재난과 행복을 가져다 준 사실'이어야 하며 '민족의 큰 이해利害에 관계된 인물'만을 다루어야 할 것이다. 그러나 그는 민족사는 모름지기 '민족 전체의 역사'이어야 한다고 강조함으로써 편협偏狹된 영웅사관이나, 왕조사나 경제사 따위의 부분사部分史를 배격하였다.

이같이 두 사람은 역사의 주체는 민족이어야 한다고 주장하고, 모든 역사는 민족사이어야 한다고 강조했는데, 실제로 어떤 주장을 가리켜 민족사라 하였을까? 이 문제를 생각하기에 앞서 먼저 살펴보아야 할 배경은 이들 애국적 민족사학자들이 맞서 싸워야 했던 상대가 하나가 아닌 여럿이었다는 사실이다. 첫째는 일본제국주의자와 그 주구走狗들이었고, 둘째는 독립을 포기하고 자치론自治論을 주장하던 친일세력이었으며, 셋째는 사회주의 세력이었다. 이리하여 민족사학이 지향하는 목표와 이념은 민족단합과 통일이 아닐 수 없었으며 어떤 형태로든지 일제와 타협할 수 없는 완전 자주독립完全自主獨立만이 민족 생존의 길이라 확신하였던 것이다.

단기고사檀奇古史

오늘날 우리의 역사를 국사 또는 한국사라 부르고 있다. 그러나 이 호칭은 우리 민족사가들이 불렀던 이름과 다르다. 그들은 '대한사大韓史'라 불렀기 때문이다. 왜 그들은 한국사라 부르지 않고 대한사라 불렀을까? 한 마디로 말해서 대한사란 소한사小韓史가 아니란 뜻이었다. 그냥 한국사라 부를 때 과연 대大'한국사'인지 소小'한국사'인지, 또 중한사中韓史인지 분간하기 어렵다. 그러므로 그들은 큰 대자大字를 붙여 대한사라 불렀던 것이다.

'대한사'와 '소한사'의 갈림길은 고대사를 어떻게 해석하느냐에 따라 달라진다. '대한사관'에 따르면 우리 역사는 5천 년이다. 고조선 2천 년의 역사가 신화가 아닌 역사적 사실로 확인되는 것이다. 그러나 '소한사관'에 따르면 고조선 2천년사는 증거불충분이라 하여 단순한 샤머니즘이요 신화요 전설로 부인되는 것이다.

고대 2천년사를 인정하느냐, 인정하지 않느냐에 따라 한국사가 혹은 2천 년으로 줄어들기도 하고, 혹은 4천년사로 늘어나기도 하듯이 그 강역도 크게 달라진다. 고조선사를 인정하는 대한사관에 따르면 우리의 강토는 한반도에 국한되지 않고 중국과 만주, 그리고 일본에까지 뻗는 넓은 대강역이 되는데, 소한국사관에서는 단지 좁고 작은 한반도만이 그 유일한 강역이 된다.

소한사관에 따르면, 우리 민족은 한번도 대국을 이룬 적이 없는 약소민족이 된다. 그러므로 앞으로도 별반 가망이 없는 나라로 인식될 수밖에 없다. 역사는 모름지기 앞을 내다보는 역사이어야지 뒤돌아보는 역사이어서는 안 될 것이다. 지금까지의 한국사가 매양 축소지향적이요, 약소지향적이었다는 인상을 준 것은 앞을 내다보는 역사가 아니라 뒤돌아보고 실망하는 역사였기 때문이라 믿어지는 것이다.

1911년 박은식은 간도에 망명하여 많은 사론史論을 썼다. 그중에 『꿈에서 금태조를 만나보다(夢拜金太祖)』라는 반소설적 역사논문이 있다. 거기서 그는 다음과 같은 말을 하고 있다.

"단군 태황조太皇祖께서 세상에 내려오신 후, 4368년 여름 5월에 무치생 無恥生(박은식 자신을 가리킴)이 슬하의 자녀들을 버려두고 압록강을 건너가니 바로 만주 땅인 홍경興京 남쪽이었다. 무릇 이 땅은 우리 선조의 고토이다. 지금 그 지도를 살펴보며 고대의 유적을 찾으니, 백두산은 단군 태황조께서 발상하신 땅이요, 현토玄菟 이북 천 여리의 옛 부여국은 오늘의 개원현開原縣으로서 단군 후예의 땅이요, 요동 서쪽 2천 리에 걸친 영평부永平府는 기자조선의 경계요, 만주땅 전부가 고구려와 발해의 강역이었다. 우리 선조의 시대에 이처럼 광대한 땅을 개척하신 정황을 생각하면 감개무량할 뿐이다."

고 하면서,

"여하한 방법으로 우리 선조 시대의 영광을 회복할 수 있을까. 또 여하한 방법으로 이 민족의 좋은 성질을 이용하여 문명의 정도에 이끌어갈 수 있을까."

하고 묻고 있다. 그러나 그의 이 같은 간절한 소망과는 달리 민족의 현실은 망국의 처절한 아픔을 경험하고 있었으니 그의 마음은 분노에 가득 차 있었다.

"그러나 오늘의 우리들은 구구한 소한의 산하도 보전하지 못하고 이민족의 능멸凌蔑과 압박을 받아 뿔뿔이 흩어지고 정처 없이 떠다니며, 하늘과 땅 사이에 기탁할 바를 알지 못하니 푸른 하늘이여, 푸른 하늘이여, 우리 민족만이 이 무슨 비극입니까."

이제 박은식이 말한 대한이란 무엇이며 소한이 무엇인지 알 수 있을 것이다. 즉 대한이란, 첫째 민족사가 4천년사이어야 하며 강역으로는 대륙과 한반도를 포함한 광역국가여야 하는 것이다. 그기에 '옛날 우리 민족은 대륙을 무대로 대국을 형성하였던 것인데, 그 뒤 대륙을 잃고 한반도에 정착하더니 마침내는 반도마저 이민족異民族에게 잃고 말았구나'라고 그는 탄식하였던 것이다.

단재도 이 무렵 간도로 망명하여 고대사 연구에 전념하였는데,『단기고사』라는 단군에 대한 새 사료가 나타나자 그는 다음과 같이 기뻐하였다.

"단기 2천년사에 대한 실사가 반드시 있을 터인데, 지금까지 상고할 자료가 없었던 것은 여러 번 병화兵火를 경험하여 사료를 능히 보존하지 못한 탓이라 어찌 통탄할 일이 아니겠는가 생각하였더니, 이 단기고사의 원본이 나왔으니 누가 기뻐하여 읽지 아니하며 누가 후세에 전하지 않을 것인가. 실로 단기 2천년사가 다시 이 세상에 드러나게 되었으니 참으로 천고의 기사奇事라 할 것이다."

이『단기고사』는 발해의 태조 대조영大祚榮의 아우인 대야발大野勃이 719년에 지은 책으로 알려졌고, 내용을 보면 단군조선 47대왕의 이름과 재위 연도, 그리고 그 치적治績을 적었으며 기씨조선箕氏朝鮮에 대해서도 42대 왕명과 그 재위 연도, 그리고 치적을 적고 있다.

이와는 반대로 소한사관은 고조선 역사를 부정하였다. 삼국시대 이후의 역사에 대하여서도 고구려와 백제를 무시하고 자연 신라사 위주의 역사가 되기 마련이었다. 그러나 대한사는 고조선 2천년사를 확인하고 삼국시대 이후의 역사에 대하여도 신라뿐만 아니라 고구려와 백제를 고루 민족사의 정통으로 서술하였다. 박은식은 앞에 든『꿈에 금 태조를 만나보다』란 글에서 우리 역사에서 배울 것이 많다고 하면서 특히 고구려의 무강武强의 역사와 독립정신을 들었다. 그러나 오랫동안 대륙국가를 유지하여 오다가 한반도로 남하하게 되었으며 조선시대에 이르러서는 마침내 정체기를 맞게 되어 자존심을 잃고 열등감을 갖게 되었다고 개탄하였다. 그는 이같이 자기를 작게 보고 남의 노예로 생각하는 습성을 자소적自小的 근성根性이요 자노적自奴的 근성根性이라 매도하였으며, 이로 말미암아 우리는 대동민족이 아니라 소동민족이 되었다고 탄식하였다.

그는 무엇보다도 나를 되찾는 데에는 일대 정신교육 운동이 필요하다고 역설하였으며 정신교육에는 역사교육이 중심이 되어야 한다고 생각하였다. 이리하여 그는 2천만 민족을 모두 역사학교에 입학시켜 재교육하여야 한다고 주장하였다.

먼저 모든 국민이 의무적으로 대동학교大東學校에 입학하여야 한다. 이 학교의 교감은 안유安裕(13세기 후반 고려시대 유학자)이며 연개소문淵蓋蘇文(일명 천개소문泉蓋蘇文, 7세기 당군唐軍의 침략을 물리친 고구려의 명장)이 체육교사, 최충崔冲(11세기 고려 유학자)이 국민윤리 교사이다.

대동학교를 마치면 각각 대학으로 진학하는데, 대학에서는 첫째 육군

대학교가 있다. 이 대학의 총장은 광개토대왕廣開土大王(4세기말 5세기초 고구려왕)이고, 을지문덕乙支文德(7세기초 수군隨軍의 침략을 물리친 고구려 명장)과 강감찬姜邯贊(11세기 거란의 침략을 막아낸 고려의 명장)이 그 교수이다.

둘째로 해군대학교가 있다. 이 대학의 총장은 신라의 무열왕(7세기에 삼국을 통일한 신라왕)이며, 이순신李舜臣이 그 교수이다. 또 정치대학교가 있는데 유형원柳馨遠(17세기 철학자)과 정다산丁茶山이 그 교수이다. 문익점文益漸은 농업전문대학 교수이고, 최무선崔茂善은 공업전문대학의 교수이다.

박은식의 이 기발한 발상을 통해 과연 대한사의 꿈이 무엇인가를 찾아볼 수 있다. 특히 그는 고구려의 무강정신武强精神을 강조함으로써 역사의 무력적 해석을 제창하였다. 신채호도 마찬가지였다. 그에 따르면 소한사관은 고구려의 높은 기상과 그 역사적 의의를 꺾어 없앰으로써 고구려의 높을 고高자를 아래 하下자로 바꾸어 고구려를 '하구려'로 만들었다고 개탄하였다.

단재의 『조선상고사』에 따르면 백제의 해외식민지는 일본과 만주의 요서지방 그리고 중국 양자강 남쪽까지 뻗어 있었다.

이와 같이 대한사와 소한사는 우리나라 역사를 보는 두 가지 큰 철학인데, 과연 대한사는 '환상'이라 할 수 있을까? 그동안 소한사관에 젖어 온 역사가들은 대한사를 근거없는 환상이라 주장한다. 그러나 최근 내외 연구경향을 살펴볼 때, 고조선의 역사를 실증해 주는 증거가 적지않게 나타나 그 신비스러운 수수께끼가 하나하나 풀려 가고 있는 것이다.

선비와 사무라이

어느 나라를 막론하고 자기 민족의 특성을 연구하여 그 우수성과 단

점을 알려고 힘을 기울이고 있다. 우리는 그런 노력에 있어 결코 남에게 뒤지지 않았다고 할 수 있을까. 역사 속에서 위대한 한국인을 하나하나 찾아보는 것도 중요하다. 그러나 위대하지 않은 평범한 한국인들의 민족적 특성을 살펴보는 것이 훨씬 더 중요하다.

한국인의 머리가 세계 어느 다른 민족의 머리보다 크다는 통계가 나와 있다. 머리가 크다는 사실은 머리가 좋다는 것이므로 한국인은 세계에서 가장 머리가 좋은 것이다. 물론 머리가 좋아도 머리를 쓰지 않으면 칼이 녹슬듯 녹슬어버린다. 다리와 머리는 항상 쓰지 않으면 녹슬기 때문이다.

머리가 크다는 것은 우리 민족이 남방민족이 아니라 북방민족이라는 사실을 말해 준다. 과거 일제는 우리를 남방계통, 그것도 남인도의 흑인 원주민 드라비다족의 후예라 중상하였다. 그러나 이것은 전혀 근거없는 그들의 식민주의 학설인 것이다.

그러면 과연 우리는 누구인가? 우리 민족의 뿌리와 문화의 원류를 찾아야 진정 우리가 누구인지를 알 수 있다. 자기를 낳아준 부모의 이름을 모르거나 자신의 과거를 잊은 사람은 고아나 기억상실증 환자일 것이다. 그렇듯 민족의 출자出自를 모르고, 그 역사를 모른다면 앞으로 무엇을 어떻게 해야 할지를 모르는 것이며, 뚜렷한 미래상을 가질 수도 없을 것이다. 다행히 최근에 우리 민족문화의 뿌리를 찾자는 소리가 높아가고 있다. 그러나 아직 조선시대 유교나 일제 침략시대 식민사관으로 왜곡된 민족의 역사상으로 말미암아 정확한 자화상을 그리지 못하고 있는 실정에 있다. 우리는 도대체 어디서 온 누구란 말인가? 이러한 의문은 오늘의 우리에게 특별한 의미를 주고 있다. 우린 처음부터 한반도에서 태어나 농사나 짓고 안이하게 살아온 민족이었던가? 남의 침략이나 받아가면서 상처만 입고 한 맺힌 나날을 살아온 백성인가? 아니다. 조선 시대 집권자들은 중화사상中華思想에 물들어 모든 민족문화의 뿌리를 중국에서 찾았었고, 그 뒤 근대에 와서는 일제 식민주의자들이 우리의 역사를 왜곡하고 자기 멸시와 절망, 그리고 일본에의 의뢰심을 길렀으며 한민족은 처음부터 연약하고 우매한 민족이었다고 헐뜯었다. 이 때문에 우리의 먼 과거는 그들의 기호에 맞게 조작되었던 것이다. 우리는 이 작은 한반도를 금수강산으로 여기게 되기까지 넓은 대륙평야를 차지하여 누볐던 북방민족이요, 중국인이 가장 두려워하던 호전적 민족이었다. 첫째, 우리는 다른 어느 민족보다도 키가 큰 장신 민족이었다. 지금으로부터 불과 80년 전에 러시아 재무상이 작성한, 당시로서는 가장 권위있는 학술조사서『한국지韓國誌』가 있다. 거기에 보면 한국인은 동북아시아에서 가장 장신인 평균 1미터 80센티로 보고되고 있는 것이다. 이렇게 장대한 민족이 큰 활과 칼을 차고 말에 올라탔으니 공포의 대상이었다. 고구려 벽화뿐만 아니라 웬만한 박물관에 가보면 삼국시대 무사들이 말을 타고 가는 기마상이 전시되고 있다. 중국인이 우리를 동쪽의 오랑캐東夷라 부른 것도 그토록 호전적인 우리를 두려워한 증거라 할 수 있다. 잘 알다시피 오랑캐 이夷자는 큰 대大자와 활 궁弓자를 합쳐 만든 글자이므로 큰 활을 쓰는 민족이란 뜻이었다.

무사계급과 상무정신은 삼국시대까지 그대로 살아남아 중국의 침략을 막아내는 데 원동력이 되었다. 신라의 화랑은 그 하나에 지나지 않았고 고구려와 백제에도 화랑 못지않은 싸움아비(戰士)들이 있어 나라를 지켰다. 특히 두 나라는 만주와 중국, 그리고 일본에 영토와 속국을 가지고 있었으므로 육지와 해상에서 전사들이 활약하지 않고서는 도저히 영토를 유지하기 어려웠다.

당이 중원을 통일하게 되자 어느 다른 나라보다도 고구려와 백제의 세력을 무시할 수 없어 마침내 신라와 연합하여 협공하고 말았다. 패전한 고구려와 백제의 전사들은 일본으로 건너가서 무술과 문화를 전수하였다. 국내에 남은 전사의 일부는 통일신라와 고려의 무신이 되었으나 다른 일부는 실직자가 되어 칼잡이란 누명을 쓰고 깡패 취급을 받게 되었다. 그러나 몽고가 침입해왔을 때 항전의 기수는 그들이었고, 조선시대에 와서도 선비들이 임진·병자의 두 침략전쟁에서 다시 불굴의 투지를 보였다. 개항 후 일제 침략에 칼을 든 선비들도 왕년의 상무정신을 이어받아 과감한 무장 항전을 시도하였으니 고대로부터 이어져온 무사 기질은 조선시대에까지 살아 남은 것이다. 이처럼 대륙에서 한반도로 이주하여 농경문화에 젖고, 유교적 정치·문화를 가지게 된 뒤에도 우리는 북방민족으로서의 기질을 아주 버리지 않았다.

언어학자들이 조사한 바에 따르면 우리의 언어와 북방의 여러 다른 민족의 언어가 같다고 한다. 가령 우리의 '며느리'란 말을 헝가리인은 '메니'라 하고, '벼룩'을 몽고인이 '베르게', '서캐(이의 알)'를 터키인이 '시르카'라 하고 있는 것이 그 좋은 예이다. 이것은 광활한 대륙평야를 누비며 살아가던 북방 민족이 벼룩과 이에 몹시 시달렸던 사실을 알려 주고 있다. 빈대는 남방산이요, 이와 벼룩은 북방산이다.

우리의 사회풍속사를 보더라도 북방 문화의 흔적이 뚜렷하게 남아있다. 상투, 대님, 씨름, 그리고 농악 춤이 그것이다. 상투는 우리나라 특유의 헤어스타일이지만 일본의 촌마게, 몽고의 변발과 같이 북방 민족의 문화유산이었다. 바지 끝을 졸라매는 대님은 춥고 바람이 센 대륙 평야에서 활동하는 데 없어서는 안 될 무장의 하나였다. 얼마 전에 텔레비전에서 몽고의 고전무용을 보았다. 모자 꼭대기에다 긴 끈을 달고 돌리며 춤을 추고 있었다. 우리네 농악 춤과 조금도 다르지 않은 무용이었다. 나의 억측으로는 남자가 장가갈 때 조랑말을 타고 가는 풍습도 아마 예전에는 큰 몽고말을 타고 당당한 무사 모습으로 처갓집에 쳐들어갔을 것으로 생각한다. 약탈결혼의 유습인 것이다. 장가들어 첫날밤에 신랑이 신부의 동네 총각들에게 실컷 얻어맞는 풍습도 역시 약탈혼의 유습이다.

이처럼 유라시아 대륙에 뻗은 북방 민족의 일파인 우리 민족은 삼면이 바다인 한반도에 정착하게 되었으니 하루아침에 방랑자 기질을 버리고 조용히 농사나 짓고 살아야하는 운명을 받아들일 수 없었던 것이다. 그들은 바다로 나갔다. 황해는 우리의 내해였다. 신라시대 장보고의 이야기는 어쩌다 중국의 사서에 남은 우리 민족의 해상활동의 일화였다고 믿어진다. 혹은 해적으로, 혹은 중국과 일본의 중개무역으로 부를 축적했을 것이라는 상상을 쉽게 할 수 있다. 지금은 기록이 없어 장담할 수 없지만, 개성이나 평양 상인의 이야기는 그러한 무역활동의 일모를 보여주는 단편이라 할 수 있다. 18세기 실학자들이 비판했듯이 조선시대에 들어와 우리의 해외무역이 급격히 줄어든 것은 사실이다. 그러나 그렇다고 이전에도 그랬을 것이라고 상상하는 것은 잘못된 추론이다. 그 좋은 증거가 임진왜란 때 이순신 장군이 해상에서 왜군을 무찌른 사실이다. 물론 이순신 장군이 뛰어난 명장이었던 것만은 사실이지만 거북선을 만들 만한 조선술의 전통과 오랜 해전술의 바탕이 없었다면 아무리 이순신 장군이라도 왜적을 당해낼 수 없었을 것이다. 원이 일본을 침략할 때 누가 원에 배와 말을 대주었는가를 생각하면 고려 때 조선술이나 해전술이 매우 뛰어났던 것을 알 수 있다. 역사는 항상 새롭게 해석되어야 한다. 문헌의 자질구레한 자구 해석에만 얽매여 있다면 한국사는 새롭게 조명될 수 없으며 우리의 정체를 알 길도 없다.

문사도文士道

신채호는 삼국시대와 통일신라시대에 화랑이 있었고, 화랑의 정신으로 낭가사상郎家思想이 있었는데, 이것이 고려시대까지 계속되다가 고려 말 조선 초에 단절된 사실을 몹시 안타까워하였다. 왜냐하면 조선시대에는 화랑 대신에 선비가 젊은이의 이상적 인간상으로 떠올랐기 때문이다. 화랑은 무사였고 화랑도는 무사도武士道였다. 삼국시대부터 고려시대까지의 한국인은 용감한 무사가 되는 것을 이상으로 생각했었다. 그러나 조선시대에 이르러 청년들은 뛰어난 학자가 되는 것을 일생의 꿈으로 여기게 되었다. 이 때문에 우리나라는 문약에 빠져 마침내는 일본 제국주의자들에게 나라를 잃게 되었다. 단재는 모든 망국의 책임을 우리를 문약하게 만든 유교로 단정하고 옛날 화랑이 살아있던 시대를 그리워했던 것이다. 화랑은 삼국통일의 원동력이었고, 고려시대 항몽의 주축이었다. 그런데 조선시대에 이르러서는 젊은이들이 모두 칼을 버리고 책만 읽게 되었으니 외침에 약할 수밖에 없었고 나라를 잃어도 저항할 힘이 없었다는 것이다. 일제 침략으로 조국을 잃고 망명생활을 하던 그에게 무엇보다도 아쉽게 느껴진 사실이 잃어버린 화랑도였던 것을 우리는 충분히 이해할 수 있다.

그러나 임진왜란과 일제침략 때 선비들이 의병을 일으켜 항전한 사실을 생각하면 단재가 실망했던 만큼이나 화랑도가 아주 죽어 없어진 것이 아님을 알 것이다. 임란 때 의병을 일으킨 선비는 모두 관직에 있던 선비가 아니었다. 관직과는 거리가 먼 시골의 선비들이었다. 무반도 의병에 가담하였으나 그 수효는 많지 않았다. 즉, 문반 의병이 전체 의병의

81%였고 무반은 19%에 지나지 않았던 것이다. 한말 의병전쟁에 있어서도 마찬가지였다. 임란 때 의병의 군율軍律을 보면, 삼장육법三章六法이니 의병약속義兵約束이니 하는 규정이 있었고, 거기에는 임적퇴배자참臨賊退背者斬, 민간작폐자참民間作弊者斬, 탈인지재자 수유공불상사奪人之財者 雖有功不賞事와 같은 조항이 보인다. 이것은 화랑의 임전무퇴臨戰無退 정신과 조금도 다름이 없는 것이다. 의병전쟁 때 선비들이 보인 용감성을 여기 일일이 열거하기 어려운 일이고 보면, 조선시대의 선비들은 단재가 생각했던 만큼이나 비굴하지 않았다고 믿어지는 것이다. 선비정신 속에 남몰래 화랑도의 무사적 요소가 깃들어 있었기 때문이다. 일본의 사무라이武士나 유럽의 나이트(기사)를 부러워할 필요는 없다. 우리나라에 봉건제도封建制度가 없었다거나 너무 일찍이 사라져버린 것을 부끄럽게 여길 필요도 없다. 봉건제도란 따지고 보면 머리에 쇠붙이를 쓰고 손에 칼든 자가 시민과 농민을 억압하고, 무장한 자가 비무장인을 지배하는 사회였고, 그 문화는 본질에 있어 싸움꾼의 문화요 전쟁 문화였으니, 그런 야만적인 사회체제와 문화를 가졌던 사실을 그들은 도리어 부끄러워하고 있다. 기사는 식사 전에 손을 씻지 않았다. 식사를 하고 나서 손을 씻으면 씻었지 절대 손 씻고 음식을 먹지 않았다는 것이다. 부인들도 국물에 손가락을 넣지 않고는 음식을 먹지 못했다는 것이다. 이런 무교양과 야만적인 봉건제도가 서양의 중세사회였으며, 여기에 비긴다면 우리의 중세문화는 훨씬 문명적이요 인간적이었다고 할 수 있다. 오늘의 서양문화가 봉건제도라는 모체에서 나온 사생아이고 보면, 그 어머니의 온갖 나쁜 체질을 물려받았을 가능성이 많다. 우리는 오늘날 서양문화의 우수성, 우리 문화의 열등성을 당연한 전제로 받아들이도록 설득당하고 있었다. 그러나 이런 잘못된 가치관에서 벗어나게 된 오늘, 본질에 있어

전쟁 문화인 서양문화를 철저하게 비판하고, 거기에 물든 우리의 모습을 도리어 부끄럽게 생각하여야 할 것이다. 돌이켜보면 전통적인 가치체계가 흔들리기 시작한 지 100여 년, 특히 지난 70년 동안에 일본과 미국을 거쳐 우리의 체질과는 무척이나 낯선 신념과 가치를 받아들였으며, 최근에는 서구화의 거센 물결에 씻기어 거리의 모습과 집안의 여러 가지 생활양식이 일변하고 말았다. 이런 상황 속에서 우리의 문화적 조건을 깊이 반성하여 본다면, 지금까지 주는 대로 받아먹어야 한다는 식의 근대화 이론에는 혐오감을 느끼게 되었다. 다 아는 바와 같이, 서구적인 가치와 신념 그리고 제도는 서구역사라는 특수한 배경에서 형성된 것이고, 또 그 속에 좋은 것과 나쁜 것을 동시에 담고 있는 것이다. 그러므로 우린 그것을 가려먹지 못한 것을 후회하고 있다. 이제 우리는 한말의 동도서기론東道西器論을 재음미하게 되었다. 동도서기니 중체서용中體西用이니 하는 언어가 다 같이 지적하고 있는 것은 서구문명이 본질에 있어서 손의 문명이요 수단의 문명이라는 것이고, 동양문명은 반대로 마음의 문명이요 목적의 문명이라는 것이었다. 어느 쪽이 문명으로서 뛰어났으며 성공할 가능성이 있는가는 묻지 않아도 명백하다. 기차와 자동차 그리고 비행기는 모두 수단이지 목적이 아니다. 우리는 혹시 기차나 자동차 그 자체를 목적으로 오인하고 있는 것은 아닐까. 옛날의 기사나 무사 그리고 오늘의 지식인은 모두 수단인이다. 목적인이 아닌 것이다. 수단인은 수단의 문명 속에서 자라나고 손만 기형적으로 발달한 인간을 낳는다. 목적인은 목적의 문명 속에서 자라나서 마음이 성장한다. 수단인은 재간 좋고 사람 나쁜 인간이 될 위험이 있으나 목적인은 재간은 나쁘나 사람은 좋은 그런 인간이 될 것이다. 둘 중 어떤 유형의 인간이 우리에게 필요한가 물어볼 필요도 없이 후자일 것이다. 선비가 문무를 겸했다든지 전문가가 도학자를 겸했다면 이보다 더 바람직한 인간상은 없을 것이다. 그러나 이 두 요건을 고루 갖추기 어렵다면 우리는 어느 하나를 선택하여야 할 것이다. 기술이 중요한가 인간이 중요한가, 칼이냐 책이냐, 무인이냐 선비냐, 이렇게 양자택일을 강요한다면 나는 서슴없이 칼 잘 쓰는 악인보다 칼 못 쓰는 선인을 택할 것이다.

고수레

민족 문화의 고유한 성격을 역사적으로 추적해 보는 작업은 우리 문화의 뿌리를 찾는 작업이랄 수 있으며 동시에 그것은 일제식민사관으로 왜곡된 민족의 역사상을 바로잡는 과업의 하나가 되기도 하는 것이다.

민족문화의 특성을 알아보기 위해서는 여러 가지 방법이 있으나 우리가 늘 사용하는 언어와 문자, 의상과 의식 등 일상생활의 저변에서 문화의 뿌리를 찾아 나서야 할 것이다. 지금까지 우리의 문화는 중국 문화권에 속하기 때문에 당연히 중국 문화에 뿌리를 박고 있는 것이라 생각하여 왔다.

그러나 사실은 그렇지 않은 것이다. 우리 민족문화는 중국문화권과 전혀 다른 문화이며, 중국 문화권에도 강력한 영향을 끼친 북방문화권에 속하고 있었던 것이다. 북방문화에 뿌리를 두고 있는 우리 민족문화를 추적하는 데는 문헌 사료史料보다도 확실하고 풍부한 고고학, 의류학, 신화학神話學, 민족학, 언어학 등의 여러 증거를 광범하게 이용하여야 한다. 그 결과 북방민족과 중화中華민족 그리고 일본민족 등의 고대문화를 비교 검토할 수 있으며, 우리의 고대문화가 동북아시아에서 차지하는 위치와 특성을 폭넓게 규명할 수 있는 것이다.

첫째, 언어와 문자사용에 있어 우리 민족은 처음부터 한자를 사용한 것이 아니라 훨씬 이전부터 각목문자刻木文字를 사용하였는데, 이 문자는 북방민족 특유의 것이었고, 한자의 최고最古 형태인 갑골문자에 깊은 영향을 끼친 문자였다. 기록에 보면 각목문자는 신라 초까지 쓰였던 것이 확인된다. 또 족장族長이나 군장君長을 제가諸加라고 부른 것도 북방문화계의 영향을 받은 증거라 할 수 있다.

둘째, 생활문화에서 우리 문화의 고유성을 나타내주는 것은 의상이다. 남자는 상투를 틀고 여자는 댕기를 매는 민족 고유의 머리형은 뒷날 중국 문화에 강력한 영향을 받았는데도 결코 잃어버리지 않은 생활 풍속이었다.

근대에 와서는 일제日帝와 그 주구들인 친일 개화파가 단발령을 내려 상투를 일시에 가위질하려 들었으나, 이에 저항하여 끝까지 이를 고수함으로써 백의白衣와 함께 상투는 민족문화의 상징으로 남게 되었다. 상투는, 중국에서 발굴된 진시황의 거대한 무덤에서 무사武士의 토용이 나왔는데, 그 무사들의 머리형이 상투인 것으로 미루어 중국 문화권의 일부 지방에 북방문화의 영향이 미친 것을 확인할 수 있다.

셋째로, 우리의 생활풍속 가운데 지금까지도 남아 내려오는 북방문화의 유습이 있으니 '고수레'가 그 한 예이다. 고수레란 야외에 나가 음식을 차려 먹을 때 우선 먼저 음식의 일부를 땅에 뿌리는 풍습을 말하는 것이다.

이때 '고수레!'라고 소리 지르는데, 이것은 '음식을 먼저 천지신명에 제사 지낸다'(食飮先祭天地神明)고 하여 일월성신日月星辰과 산천을 숭배한 북방계 자연신 숭배에서 비롯된 것임을 알 수 있다.

민족문화의 뿌리와 성격을 추적하고 연구하는 일도 중요하지만 아울러 중요한 일은 눈을 밖으로 돌려 우리 민족이 과거 오랜 문화를 어떻게 받아들였는가 하는 것을 밝혀내는 일이다. 바야흐로 세계는 하나이고 인류는 여러 가지 문화 속에 살게 되었다.

그러므로 민족문화는 순수한 형태로 보존될 수 없고 세계문화와의 융합이 불가피하다.

사실 오늘과 같이 지구가 작은 마을처럼 하나가 된 것은 지난 500년간의 유럽 근대사의 결과라 할 수 있다. 콜럼부스나 바스코다가마가 지리상의 대탐험을 한 뒤부터의 일이다. 그러나 그 이전에도 여러 문명이 서로 빈번하게 접촉하고 교류하고 있었다.

태초에 아프리카 초원지대에 인류가 발생한 것은 빙하시대 이전의 일이었다. 그 뒤 인류는 서서히 유라시아, 오스트레일리아, 아메리카 등지로 이동하여 거주지를 넓혀왔다. 빙하시대 초기에 구석기를 사용한 인류가 한반도로 이주하게 된 것을 보더라도 이미 이때에 인류가 지구 도처에 퍼져 있었음을 알 수 있다. 빙하시대가 끝난 뒤인 신석기시대에는 인류가 농경과 목축을 터득하여 문명의 토대를 쌓았으며, 황하黃河, 인더스강, 티그리스·유프라테스강, 나일강 유역과 지중해 연안에 고대문명이 형성되었다. 그런데 이들 문명은 수천 년간 서로 교섭이 없다가 헬레니즘, 그리스도교, 불교와 같은 세계적인 문화와 종교가 나타나고, 또 중앙아시아 초원지대의 유목민족들이 여러 문명의 중심지를 침략함으로써 문명 상호간의 부분적인 접촉을 보게 되었다. 그리하여 여러 문명 상호간에 유지되어 왔던 세력균형이 깨어지고 과학혁명과 산업혁명을 거친 유럽 문명이 마침내 세계문화의 패권을 장악하게 된 것이다.

따라서 오늘의 세계사는 이같이 서로 다른 문명들의 유럽 패권覇權문화에 대한 저항과 동화同化 과정의 역사로 이해될 수 있다.

이와 같은 시점에서 우리 민족의 세계사적 과업은 유럽의 과학·기술·

문화를 자주적으로 받아들여 민족문화와 인류 역사의 발전에 기여하는 데 있다 할 것이다.

우리는 지난날 수많은 외래문화와 접촉하고 이를 받아들였다. 처음에는 불교문화를 받아들였으며, 다음에 유교문화를 받아들였다. 이들 문화는 우리 고유의 문화와 접촉하면서 한국화되었다. 불교문화와 유교문화가 한국화된 증거는 얼마든지 있다.

여기 부처의 미소를 예로 들겠다. 불상佛像은 중국에도 있고 일본에도 있다. 그러나 한국 불상은 다른 나라와 비교할 때 특이한 인상을 주고 있다. 특히 그 표정이 다른 것이다. 석굴암의 불상이 우리에게 주는 인상은 그 특이한 미소에서 비롯된다. 이 미소를 어느 고고考古 미술 사학자가 헬레니즘 세계에서 흘러온 미소라 했으니 놀라운 망발이다. 이 학자에게는 한국 미술의 독자성을 좀 더 깊이 이해하려는 노력이 부족한 것이다.

한국 건축에 대한 우리의 이해에 있어서도 똑같은 비판을 할 수 있다. 어느 문화인류학자가 우리 가옥의 마루와 온돌을 남방문화와 북방문화의 상징이라고 말하는 것을 듣고 다시 한번 놀라지 않을 수 없었다. 좀 더 우리 문화의 고유한 성격을 탐구하려 노력하였으면 하는 아쉬움이 남는 것은, 학자들이 매양 우리 문화를 외래문화의 도입으로만 이해하려는 인상을 주고 있기 때문이다.

이처럼 우리 문화의 특성을 밝혀내는 데 소홀한 이유는 모름지기 외래문화를 흠모하고 이에 동화하는 것이 항상 옳은 것으로 생각하는 심성이 있기 때문이라 할 수 있다. 앞에서도 말했듯이 오늘날 세계문화와 민족문화는 서로 대립되거나 따로 떨어져 존재하는 것이 아니다. 둘은 사이좋게 공존하고 융합되는 경향을 보이고 있다.

이제 이와 같은 상황에서 우리가 가장 경계해야 할 일은 문화 식민주의다. 문화는 물처럼 높은 곳에서 낮은 곳으로 흐른다는 거짓말이 있다. 왜냐하면 우리 문화는 우리가 생각하는 만큼 낮다고 할 수는 없기 때문이다. 앞에서 강조한 바와 같이 오늘의 세계문화는 본질에 있어 서구문화이다. 서구 문명은 쉬펭글러나 토인비가 지적한 바와 같이 그 제도를 크게 수정하지 않는 한 살아남기 어려운 문명으로 비판받고 있다. 서양문명이 동양문명을 압도하고, 일본문화가 한국문화 위에 군림하려 한 사실은 부정할 수 없으나, 그렇다고 해서 동양문화나 우리문화가 열등하기 때문은 아니었다. 우리 문화의 높고 낮음은 순전히 우리 스스로가 그것을 어떻게 평가하는가에 달려 있는 것이다.

그러므로 문제는 우리 문화 자체에 있는 것이 아니다. 우리가 우리 문화를 열등하다고 생각하는 데 있는 것이다. 박은식이 자소적自小的 근성이라 부른 일종의 문화 열등감이 지난 100년 동안에 자기도 모르게 우리 마음속에 자리잡게 되었는데, 이것을 일소하지 않고서는 자주적 민족문화를 창조하기 어려운 것이다. 유인석柳麟錫 선생은 일찍이 실아화피失我化彼를 경고하였다. 실아화피란 자기를 잃고 남에게 동화되는 것을 말한다. 자기문화에 자신을 잃었을 때 문화 식민주의 병이 오는 것이며, 자기 역사를 자기 눈으로 보지 못하고 자기 손으로 쓰지 못할 때 민족문화의 상실이라는 문화적 실향민이 탄생하는 것이다.

우리는 과연 문화적으로 자립할 수 있을 것인가. 이 문제는 정치적으로나 경제적으로 자립하면 저절로 이루어지는 문제라 생각하기 쉽다. 그러나 정치·경제문제와 문화의 문제는 서로 밀접한 관련을 가지면서도 전혀 별개의 문제이기도 한 것이다. 우리는 지금까지 표면상 세계문화에 종속되어 온 것처럼 보인다. 불풍佛風, 유풍儒風, 그리고 왜풍倭風과

양풍洋風이 불어왔으나 우리의 국풍은 여전히 남아 내려왔다. 그렇듯 앞으로도 민족문화는 살아나서 든든해지고 풍부해져야 할 것이다. 주인이 죽고 손이 살거나, 주체가 마르고 객체가 살찌는 비극은 있어서 안될 것이다. 민족문화의 시체 위에 민족의 행복은 없을 것이다. 민족문화의 터전 위에 문화창조의 힘이 솟아오를 것이며, 세계문화에의 적극적 참여가 가능할 것이다.

아름다운 나라

백범白凡 김구金九는 '나는 우리나라가 세계에서 가장 아름다운 나라가 되기를 바란다. 가장 부강한 나라가 되기를 원하는 것은 아니다'라고 한 바 있다.

김구의 이 말은 매우 중요한 교훈이라 생각되는데, 이 말은 결코 김구 한 사람의 소망이 아니었다. 항일 독립운동가들 모두의 소망이고 우리 민족의 염원이었다고 생각된다.

아름답다는 것은 팔천만 민족 모두가 정신적으로 아름답다는 뜻이다. 겉으로 아름다울 뿐만 아니라, 속으로도 아름다워야 한다는 것이다. 겉 다르고 속 달라서는 안 되고, 겉과 속이 똑같아야 하는 것이다. 이 말에는 현대 문명이 가져온 도덕적 타락에 대한 고발이 들어있고, 식민지 지배하에서 잠시 잃었던 민족 자존심의 회복에 대한 자신감이 들어 있는 것이다.

국어학자에 따르면 우리의 아름답다는 말 속에서는 '알차다', 즉 '성숙되다'는 뜻이 들어있다고 한다. 다른 나라보다 다소 경제적으로 잘 살지 못하고 군사적으로도 강하지 못하다 하더라도 우리는 부유하고 강해질 수 있는 능력과 자질을 갖고 있다. 그것은 우리가 이미 성숙되어 있기 때문이다. 아름다운 것이다. 머지 않아 우리가 외국어를 배워야 하는 날은 가고, 외국인들이 다투어 우리말을 배우려 들 날이 올 것이다. 이것은 안 중근 의사의 소망일뿐만 아니라 우리 모두의 간절한 소망이고 눈앞에 다가올 현실인 것이다.

삼천리三千里와 만리萬里

김부식金富軾의 『삼국사기』를 필두로 한 일련의 공인公認 사서史書들 말고 우리에게 주어진 또 다른 계열의 사서가 있다면 숙종肅宗 2년(1676)에 북애北崖란 호를 가진 이가 지은 『규원사화揆園史話』를 먼저 들어야 할 것이다. 일명 『단군실사檀君實史』라고도 하는 이 책을 위서僞書라고도 하고 진서眞書라고도 한다. 과연 어느 쪽 말이 옳은가.

저자인 북애에 따르면 '우리나라의 국사가 없다는 게 무엇보다도 큰 걱정이다'고 여겨오던 어느 날 돌연히 고려시대에 청평淸平 이명李茗이라는 사람이 쓴 『진역유기震域遺記』란 비서祕書를 발견하고 침식을 잊고 읽었다는 것이다.

그렇다면 『삼국사기』와 같은 시기에 『진역유기』란 사서가 쓰였으며 안정복의 『동사강목』이 쓰인 시기에 『규원사화』가 나온 셈으로, 이 네 책이 서로 짝을 지어 우리 겨레의 역사를 전혀 다른 차원에서 서술하고 해석해 준 것이 된다. 즉, 『삼국사기』와 『동사강목』은 사대주의와 유교적 이념에 따른 민족사 해석이요, 『진역유기』와 『규원사화』는 민족주의와 우리 겨레 고유의 종교인 신교神敎에 입각하여 서술된 민족사였던 것이다.

그러나 『규원사화』의 저자가 발견했다는 『진역유기』는 오늘에 남아 있지 않다. 그러므로 『규원사화』를 통하여 『진역유기』의 내용을 짐작할 수밖에 없는데 북애란 이는 『규원사화』를 쓰기 위해 『진역유기』말고도

『고조선비기古朝鮮祕記』니 『조대기朝代記』니 하는, 역시 오늘에 남아 내려 오고 있지 않는 사서들을 참고하였다고 한다.

그러면 북애는 어떤 주장을 하고 나선 것인가, 그는 먼저 주장하기를, 우리나라 역사와 중국의 역사를 혼동한 사대주의적 유교사관을 통렬히 비난하면서 '중국은 중국이요, 한국은 한국이다'고 강조하였다.

"내 생각건대 우리나라는 신교神教를 국교國教로 삼고 그에 따라 풍속을 삼으니 그것이 우리들의 마음속에 깊이 스며든 지 오래다. 그러므로 우리 역사가가 중국인인 반고班固나 사마천司馬遷의 글에 얽매이겠는가. 무릇 한漢은 한이고, 우리는 우리니 어찌 당당한 우리 땅을 한나라 것에 비긴 후에 만족할 것인가(夫漢自是漢 我自是我也 豈堂堂震域 必漢制以後乃足乎)."

그에 따르면, 유학에 빠져 우리나라 고유의 학문을 잃은 선비들이 오랫동안 한적漢籍에 넋을 잃어 주周나라를 높이는 사대주의만 옳은 것이라 하니 '먼저 근본을 세울 줄 몰랐으며 내 나라를 빛낼 줄 몰랐다(不知先立其本以光我國)'는 것이다.

이렇게 우리 국사의 자주성을 강조한 북애는 먼저 우리의 민족성이 본시 연약하고 여성적이 아니라 씩씩하고 남성적이라 주장하였다. 즉, 그는 '태고에 우리 조선이 무강武强으로써 세상에 용명을 떨쳤으므로 중국인들이 이를 풍문에 듣고 두려워하였다. 그 증거가 곧 우리를 그들이 이夷라 했고, '이'란 글자는 곧 큰 대大자와 활 궁弓자로 이루어져 있기 때문이다'고 말하였다. 그러니까 우리나라는 본시 선비의 나라도 아니요 은사隱士의 나라도 아니요 조용한 아침의 나라도 아니었다. 치우씨蚩尤氏

란 장군이 지금의 북 중국땅을 침략 유린하는가 하면 백제 장군이 요서遼西를 정복하고 신라 장군이 일본땅을 원정해 들어가는 살벌한 전사戰士들의 나라요 시끄러운 아침의 나라였던 것이다.

"금金나라와 청淸나라가 다 옛 조선땅에서 일어나 중원中原을 차지하고 고구려가 전성기에 강병 백만으로 남으로 오월吳越을 치고 북으로 연燕과 제齊를 쳐 한토漢土를 호령號令하고 백제百濟는 발해를 치고 요서를 공략하고 신라新羅는 경도만리鯨濤萬里에 웅병雄兵을 명석明石에 진을陣치고 백마白馬를 죽여 적관赤關에 맹세하니 이는 다 우리가 강하였기 때문이며 지리地利를 얻었기 때문이다."

더욱이 우리 민족의 강역은 지금처럼 압록강 이남의 삼천리 강산이 아니라 압록강 이북의 종횡으로 만리나 되는 평원이었다. 백두산이 사방으로 뻗고 뻗은 골짜기와 벌판이 우리의 영역이었다. 그러기에 '압록강 밖 종횡만리의 땅은 본시 우리 선조들이 고생하여 경영하던 땅이니 어찌 한나라 땅이냐'고 『규원사화』는 주장하고 있는 것이다. 이 책은 또 이렇게 탄식한다.

"한줄기 강물인 압록강을 건너기만 하면 이미 우리의 강토는 아니다. 슬프다! 우리 조상이 살던 옛 강토가 적국인의 손에 들어간 지 이미 천년이오 이제 그 해독이 날로 심하니 감고비금憾古悲今에 슬픔을 금할 길 없도다(噫 祖先我舊彊入于敵國者 己千年 而今毒日甚 乃憾古悲今 咨嗟不己)."

그러나 발해와 삼국시대를 고비로 우리 민족의 전성시대는 가고 사방의 적으로부터 공격받는 약소국이 되어 마침내는 임진왜란 같은 큰 수난을 당하기에 이르렀다.

"임진란壬辰亂에 이르러 팔역八域이 어육魚肉이 되고 병자호란丙子胡亂에 주리州里가 숙연하였는데, 지금 사람들이 허문虛文에 빠지고 쇠약에 겨를이 없으며 그 도道를 버리고 송宋나라 선비가 남긴 학문에 도취하여 스스로 업수이 여기는가."

이처럼 대륙국가에서 반도국가로 축소된 우리나라는 숙명적으로 '다시 강한 이웃 나라에 침략당할 것이니 그 이유는 지리, 즉 땅의 이점을 알지 못하였으며, 둘째 인화人和를 잃었으며, 셋째 민족의 본성本性을 잃었기 때문이다'라는 것이다. 한반도만 가지고서는 절대 강국이 될 수 없는데다가 동족끼리 싸움질만 하고 자기 문화를 업신여기니 희망이 없다는 것이다.

"조선朝鮮은 반드시 다시 강한 이웃에 패할 것이니 그 무너짐을 누가 능히 지탱하랴. 내가 일찍이 논하건대 강국의 요건은 셋이니, 첫째는 지광이물박地廣而物博이요, 둘째는 인중이합人衆而合, 셋째는 항수기성부실기장恒守其性不實其長이니, 곧 지리와 인화 및 보성保性이다. 조선은 즉 지리는 얻었으나 다하지 못하고 인화를 잃고 그 성을 잃었으니 이것이야말로 만고萬古의 한恨이로다."

그러나 『규원사화』의 저자인 북애는 절망하지 않고 한 가닥 희망을 역사의 순환법칙에 걸고 있다. 즉 '국가의 흥망과 번복이 무상하니 지금 조선이 불행한 것은 장차 행복해질 실마리가 아닌가'하고 그는 반문한다. 그러나 이런 한 가닥 희망마저 지워버리는 것이 있으니 '인심이 분열되고 민기民氣가 소심'해 있다는 사실과 내 힘을 믿지 못하고 남의 힘에 의지하려고만 하고 있다는 슬픈 사실이다.

> "대단하지 않은 일로 서로 업신여기고 취중담몽醉中談夢하며 사소한 싸움으로 거리낌없이 세월을 보낸다. 이미 내 힘이 없고 남에게만 의지하려 해서, 이는 힘이 이에 외롭고 약해져서 그 본성을 잃었기 때문이다. 후세에 만일 강한 이웃이 있어 청淸을 대신해서 일어난다면 그 주인을 위협해서 그 신하를 꾀이고 그 땅을 속방으로 삼고 그 백성을 노예로 삼을 것이니 오늘날 안일에 빠진 자 어찌 후일의 주림과 추위를 부르는 원인이 되지 아니하랴. 수백 년을 지나지 못하여 반드시 강한 이웃으로부터 패한다는 내 말이 어찌 과격한 일이랴. 슬프다."

이와같이 우리 민족이 약소민족에게서 강대민족이 되기 위하여서는 무엇보다도 동족 상호간의 끊임없는 싸움을 종식시키고 인화단결해야 한다고 그는 주장하고 있는 것이다. 이리하여 그는 다음과 같은 개탄의 말로 글을 마친다.

> "슬프다, 환인桓因이여, 이제 편구진역片區震域의 일맥유민一脈遺民이 장차 어찌 할꼬, 장차 어찌 할꼬."

『규원사화』는 숙종 때 저작된 책이 아니라 1910년대에 대종교에서 위작한 위서라고 주장하는 학자가 있다. 과연 그럴까? 혹시『삼국사기』
를 금과옥조로 믿어 온 탓으로 어느덧 그것이 정통이나 되는 것처럼 착
각하고『규원사화』류의 또 다른 민족사관을 이단으로 몰아붙이고 있는
것이나 아닐지 매우 궁금하다. 아무튼『규원사화』의 다음 말은 잊을 수
없는 구절이다.

"나는 우리 선조들의 무용武勇을 감탄하였다. 그러나 지금은 무력을 쓰
지 않고 동서로 뻗어 나아가 다시 부강한 나라를 만들어야 하지 않겠는
가."

사혼史魂과 사한史恨

매천梅泉 황현黃玹

지금은 황매천黃梅泉이라면 모르는 사람이 드물 정도로 널리 알려진 인물이지만 몇 해 전만 하더라도 아는 사람이 그리 많지 않았다. 매천은 황현黃玹의 호다. 황현이란 이름으로 널리 알려져 온 것은 역시 그의 애절한 『매천야록梅泉野錄』이나 시문학詩文學 때문이었으리라 짐작된다.

황매천의 이름이 최근 몇 해 사이에 갑작스레 유명해진 것은 텔레비전 드라마 『매천야록』 때문이었다고도 하겠지만 널리 알려진 만큼이나 매천의 인격이나 학문 세계가 깊이 소개되었다고는 할 수 없다. 기왕 말이 나왔으니까 좀 꼬집어두어야 할 것은 텔레비전 드라마 『매천야록』의 실패다.

『매천야록』만큼 재미있고 날카로운 야사는 보기 드문데, 그렇게 훌륭한 역사서를 여지없이 망가뜨린 작가의 잘못은 한두 가지가 아니었다. 그러나 꼭 지적해 두어야 할 점은 황매천이 이 야록을 적게 된 동기, 다시 말하면 이 야록의 주제가 무엇이었는지를 작가 자신이 제대로 파악하지 못했다는 것이다. 야록이라고 하니까 들은 대로 본 대로 두서없이 쓴 글이거니 생각하면 큰 오산이다. 매천은 확실히 '왜 우리나라는 망했는가?' 하는 문제를 주제로 삼았던 것이고, 구절구절에 그 해답을 발견할 수 있는데 그걸 찾지 못했기 때문에 불후의 명작名作을 졸작으로 만들어버린 것이다.

어떻든 매천은 최근 몇 해 동안에 갑자기 이름난 역사인물이 되었다. 그러나 매천 자신으로 본다면, 이런 일이 그가 죽은 후 무려 70년 만이니 참으로 오랫동안 역사의 그늘에 가려져왔던 셈이다.

매천은 무엇보다도 애국자로서 높이 평가되어야 할 것이다. 1910년 9월, 나라가 망했다는 소식을 전남 구례求禮에서 들은 그는 자결을 결심하였다. 나라가 망했다는데도 단 한 사람 나라와 더불어 죽음을 같이 한 사람이 없으니, 나만이라도 죽어야 되겠다는 것이 그 이유였다. 역사가였던 매천은 당대인의 비난보다도 후세의 포폄(褒貶·시비나 선악을 가림)을 더 두려워했다. 사실 1910년의 망국 때, 매국노들이 정말 부끄러운 짓들을 무수히 벌여 놓았고, 이런 한말의 역사를 낱낱이 적고 고발한 황현은 그런 저런 수치스런 일들을 너무도 잘 알고 있었다.

매천은 죽음에 임하면서 절명시絶命詩를 남겼는데, 그의 수많은 시작詩作 가운데 마지막 작품이었다고 할 수 있다.

> 무궁화 삼천리 강산이 궁지에 빠졌구나.
> 책을 덮고 지난 날을 돌이켜 보니
> 글 아는 사람 구실하기 어렵다.
> 인仁을 이루었을 뿐 충忠을 이루지 못한 데다
> 겨우 순절殉節할 뿐이요.
> 의병義兵을 일으키지 못했으니 부끄럽기 짝이 없다.

이 짤막한 시구 속에는 많은 교훈이 있다. 지금도 그렇지만, 앞으로도 더욱 황현 같은 지극한 지식인이 없어져 갈 것이다. 그 이유로는 황현처럼 지식인의 사명을 절실히 인식하는 사람이 없을 것이기 때문이다. 오히려 '글 아는 사람 구실' 하기 어렵지 않다고 보는 사람의 수가 자꾸만 늘어 갈 것이 우려될 뿐이다. 나라가 망했다고 해도 자결할 사람이 앞으로는 없을 것만 같은 기분이 드는 것은 비단 나 한 사람만의 기우일까.

입으로야 죽은 스페인의 독재자 프랑코 총통처럼 역사에 책임을 진다고 호언장담하지만 말과 행동은 같지 않다. 황현은 투철한 역사정신의 소유자요, 역사에 대한 책임감을 가진 지식인이었다. 그러기에 그는 그의 유언에서 '망국의 책임은 선비들이 져야 한다'고 주장했던 것이다.

> "나라가 선비를 양성한 지 5백 년이 되었는데 이제 망국의 날이 왔다. 단 한 사람도 나라를 위해 순사殉死한 사람이 없다고 하니 어찌 통탄할 일이 아니랴. 내가 하필 하늘에 대하여 '바른 정덕正德'을 책임질 필요는 없으나 평생에 책을 읽은 뜻을 남기기 위해 길이 잠들고자 한다."

이 얼마나 고귀한 선비의 죽음인가. 보기에 따라 바보스러운 죽음으로도 여겨질 것이나, '책 좀 읽었다'고 해서 죽겠다는 말 속에 담긴 뜻은 참으로 무궁무진한 것이다.

그런데 매천은 죽는 데도 순절보다 의병 쪽이 더 값지다고 믿고 자신이 하지 못한 것을 부끄럽게 여겼다. 매천은 스스로 의병을 일으키지 못했다. 그러나 『매천야록』에 의병 전쟁을 너무나 소상하게 기록하였으니 붓으로 의병을 했다고 보아야 한다.

황현은 1855년에 전남 광양光陽에서 출생, 서울에 몇 번 올라간 일이 있었으나, 그 이외에는 지리산 기슭에 은거하여 저술에 전념한 선비였다. 1910년 나라가 망했다는 소식을 듣자 유서를 남기고 자결하였는데, 그에게는 15세 아래인 동생 황원黃瑗이 있었다. 호가 석전石田인 황원도

형 못지않은 애국자요 학자였다. 결국 그도 일제 말엽인 1943년에 스스로 목숨을 버렸다. 그러고 보니 형제가 모두 우리나라의 대표적인 선비로서 나라를 위해 지조를 지킨 지식인이었던 것이다. 지금도 전남 구례에 가면 두 형제를 기린 사당祠堂과 유택遺宅이 손을 기다린다.

황현의 가문을 보면 일찍이 조선 왕조 초기의 명재상 황희黃喜가 있고, 임진왜란 때는 진주성에서 왜병과 싸워 전사한 충전병사 황진黃進이 있었다. 그러니까 조선 초에는 서울에서 살다가 임란 때에는 낙향하여 지방에서 살게 되었던 집안이고, 난이 끝나자 호남의 가난한 몰락 양반으로 눌러앉아 2백 년을 지낸 불우한 양반 집이었다. 그런데 행인지 불행인지 모르지만 황현의 할아버지 대에 와서 갑자기 치부하게 돼 구례에서는 알아주는 부잣집이 되었다.

황현 형제의 학문은 그러니까 할아버지의 10년 장사로 번 돈 덕이었다고 볼 수 있다. 할아버지의 대를 이은 아버지는 다행히 교육열에 불타는 아들에게 1천 권의 책을 사 주고 읽게 했다. 황현은 어릴 때부터 학문을 좋아해서 일곱 살에 서당에 들어갔으나 다른 아이들보다 항상 한발짝 앞서갔다.

황현에게 있어 가장 주목될 만한 사실은 그가 정통 유학인 성리학性理學을 버리고 폭넓은 양명학의 세계로 뛰어들었다는 점이다. 만일 그가 전통 유학에서 벗어나지 못하고 한갓 성리학자로서만 끝냈다면 결코 지금처럼 유명한 학자가 되지 못했을 것이다. 황현이 성리학을 버리게 된 데에는 이런 일화가 남아 있다.

황현이 아직 어릴 때 일이었다. 예물을 싸가지고 이웃 마을의 유림을 찾아갔다. 옛날에는 모두 이런 식으로 제자가 스승을 찾아가서 가르침을 간청했던 것인데, 황현도 그렇게 했던 것이다. 그런데 황현이 찾아 뵌 존경하는 스승은 화로를 끌어안고 추위에 떨고 있었다. 두 손을 벌려 화롯불을 쬐고 있었는데, 불을 돋우려고 입으로 불기까지 하는 선생의 모습을 보고 그만 뛰쳐나오고 말았다.

그리하여 그는 성리학을 진부한 학문으로 낙인을 찍고 더 큰 학문의 세계로 나아가기로 결심하였다.

그는 시골에서 두 번, 서울에서 두 번, 모두 네 번이나 과거를 본 셈이었는데 시험장에서 본 엄청난 부정 때문에 관계官界에 나가는 것을 단념했으며, 또한 유학 그 자체에 대해서도 비판적인 태도를 갖게 되었다.

황현은 『매천야록』에서 과거제도科擧制度의 부패를 통렬히 비난하고 있다. 그의 견해에 따르면 19세기 초 순조(純祖·1801~1834) 때까지만 해도 과거제도는 엄격히 시행되었는데, 19세기 말 민비閔妃 집권 때 갑자기 문란해져서 매관매과賣官賣科가 공공연하게 자행되었다는 것이다. 그 결과 초시初試는 2백 냥 가량 호가하던 것이 5백 냥까지 오르고, 초시 합격자가 다시 보는 회시會試는 1천 냥이나 불렀다는 것이다.

황현 자신은 36세 때 장원으로 뽑혔으나 조금도 영광스럽게 생각하지 않았다. 도리어 수치로 여겨 구례로 낙향, 만수산萬壽山 속에 구안실苟安室이란 서재를 지어 두문불출하였다.

황현은 36세에 은거하여 55세에 자결하기까지 20년간을 오로지 학문에 전념했는데, 그동안에 그의 학문은 무르익어 갔다. 예로부터 '젊어서는 문장, 늙어서는 학문'이란 말이 있다. 황현의 문장은 이미 젊어서는 빛났으므로, 늙어서 20년간은 오로지 학문을 닦는 데 전념할 수 있었다. 그는 이때 3천 건의 장서 속에 묻혀 살았다고 한다.

황현의 학문 세계에 있어서 특기할만한 점은 다산학茶山學에 심취하여 실학實學을 계승하였다는 점이라고 할 수 있다. 전통적인 유학을 비판적인 태도로 본 그에게 실학이 중요시된 것은 지극히 당연한 일이었다. 『매천야록』에는 다산의 어릴 적의 일화가 기록되어 있다.

19세기 초 순조 때의 명재상이요 대문장가인 강산江山 이서구李書九가 길에서 책 한 짐을 지고 북한산北漢山으로 들어가는 한 소년을 보았다. 10여 일이 지나서 그는 다시 그 소년을 만났다. 이번에는 책 한 짐을 지고 산에서 내려오는 길이었다. 이서구가 소년에게 물었다. '네가 누구길래 책은 읽지 않으면서 소란만 피우느냐' 그러자 소년은 '이미 다 읽었기에 지고 돌아가는 길입니다'라고 대답했다. '그 책이 무어냐'고 다시 묻자 소년은 '주자朱子의 『자치통감강목資治通鑑綱目』입니다'라고 대답했다. 놀란 이서구는 시험 삼아 책을 뽑아 한 구절을 물어 보았더니 영락없이 암송하는 것이 아닌가. 바로 이 어린 소년이 다산 정약용丁若鏞이었다고 한다.

황현은 또 양명학陽明學에도 관심을 표명하였다. 양명학이라면 조선시대에 이단시되어 함부로 책을 읽었다가는 살아남지 못하는 학문이었다. 주자학이 국정國定 학문이 되자, 다른 학문은 무조건 배척하니 발전할 여지가 없었다. 그래서 한말의 뜻있는 학자들이 양명학을 일으켜 새로운 시국에 대처하려 하였다. 대표적인 인물이 백암白岩 박은식朴殷植과 위당爲堂 정인보鄭寅普였다. 주자학은 단지 암기하는 학문이었다. 변통變通을 불허하여 원칙만 내세우는 학문이었으므로 이것으로는 나라를 위기에서 건지기 어렵다고 판단한 혁신 유학자들이 양명학을 연구하였던 것이다.

황현의 학문은 양명학에 한정되지 않았다. 불교를 비롯한 모든 동양학 그리고 서양학까지 뻗쳤다. 매천은 서양학을 공부한 후 혁신 유학자들의 동도서기론東道西器論을 받아들이게 되는데, 동도서기론이란 서교

西教와 서기西技를 배운다고 반드시 서교를 받아들여야 하는 것은 아니라는 설이었다.

이리하여 그는 개화開化를 덮어 놓고 배척하는 위정척사衛正斥邪론에 반대하였고, 개화를 추진하되 개화의 본本은 취하고 개화의 말末은 취하지 말아야 한다고 강조하였다. 서양의 기술 가운데도 특히 무기 제조술을 받아들여 외적을 막아야 하며 앞으로는 정치, 사회, 경제의 모든 분야에 있어서 개혁이 단행되어야 한다고 주장하였다.

1899년에 쓰여진 그의 『언사소言事疎』는 아홉 가지 개혁 방안을 제시하고 있다. 첫째, 언로言路를 개방하라. 둘째, 법의 신뢰를 회복하라. 셋째, 형장刑章을 수정하라. 넷째, 절검節儉을 숭상하라. 다섯째, 신상필벌信賞必罰하라. 여섯째, 인재를 공정히 뽑아라. 일곱째, 임기를 지켜라. 여덟째, 양병養兵을 하라. 아홉째, 전장田帳을 정리하라.

45세의 나이에 쓴 이 명名상소는 황현으로서는 처음이자 마지막이었던 현실 참여였다. 말하자면 황현답지 않은 정치적인 발언이었다. 황현은 '행동인行動人'이 아니었기 때문이다. 그는 본질에 있어서는 생각하는 사람, 즉 '사색인'이었다.

동생 황원은 황현의 임종 때 형의 이런 말을 들었다고 한다. '죽기도 쉽지 않구나. 독약을 마실 때 세 번이나 입을 떼었으니 내가 이렇게 어리석을 수가 있는가'

황현의 일생에서 우리는 전형적인 한국 선비의 모습이 어떤 것인가를 발견할 수 있다. 또 그런 선비의 존재가 우리 역사에 있어서 무엇을 의미하는가에 대해서도 시사하는 바 크다.

온갖 고뇌 속에 살았던 한 성실한 사색인의 일생을 우리는 늘 교훈으로 받아들이면서 오늘과 내일의 민족사를 만들어 나가야 할 것이다.

단재丹齋 신채호申采浩

며칠 전에 단재 선생의 묘소를 찾았다. 청주淸州에서 얼마 떨어져 있지 않은 국도변에 '단재 신채호 선생 묘소 입구'란 안내 푯말이 서 있었다. 좁고 돌멩이 투성이인 꼬부랑 길을 차로 약 15분쯤 들어가면 한 작은 마을에 닿게 되는데, 바로 단재의 성장지요 묘지이기도 한 곳이다.

한눈에 가난한 산간벽촌인 것을 알 수 있다. 그가 이런 데서 자랐구나 하는 마음에 불현듯 곧고 강직한 단재의 얼굴이 떠올랐다.

마을 왼편에 묘소와 사당이 있었는데 예상했던 대로 아담하고 검소하였다. 1980년 단재 탄생 백주년을 기념하여 군에서 지었다는 것이다. 입구에는 무궁화 담장이 찾아오는 손님을 맞아주고 있어 무엇이 뭉클해지는 것을 느꼈다.

정확히 말하면 충청북도 청원군 남성면 귀래리요, 그곳 주민들은 '고두미'라 부르고 있었다. 틀림없이 중국의 한자로 번역되기 이전에 우리들이 불렀던 동네 이름인데, 단재는 이것마저도 고대사 연구의 한 방법으로 이용하였다.

단재의 출생지는 본시 충남 대덕군 이남리(도리미)였다. 9세 때 아버지 신광식申光植씨가 별세하자 할아버지가 살던 이곳 고두미로 와 살게 되었다.

현재 단재 선생의 묘소는 바로 할아버지가 살던 집 안채 자리였다고 하며 할아버지가 한문 서당을 차려 동네아이들을 가르친 곳이기도 하였다.

단재는 할아버지 밑에서 한문공부를 시작했고, 19세에 서울로 올라가기까지 사서삼경四書三經을 모두 익혔다. 단재의 성장기에 관한 자세한 이야기는 단지 그가 귀재鬼才였다는 사실과 친척인 신기선申基善씨가 단재의 재능을 인정하여 상경시켰다는 정도밖에 알려져 있지 않다.

그런데 상경하자마자 단재는 독립협회에 가입하여 인권운동에 투신하였으며 그로 인하여 감옥에 갇히기까지 하였다. 출옥한 뒤 잠시 향리에 돌아와서 문동학원文東學院을 세워 교편을 잡았다.

단재가 다시 상경한 것은 20세 때 일이었다. 이때 장지연張志淵의 알선으로 일약『황성신문皇城新聞』논설위원으로 발탁되었으니 단재의 문장은 이미 20대 전반에 무르익었던 것 같다.

1905년 을사조약을 반대하는 장지연의『시일야방성대곡是日也放聲大哭』이 발표되었다. 이로 말미암아『황성신문』이 폐간되었으나 단재는『대한매일신보』주필로 자리를 옮겨 본격적인 항일 애국 언론을 펼치기 시작하였다.

이리하여 그의 20대 후반은 일생에 있어 가장 생산적이고 정력적인 활동 시기가 되었으며, 이때 벌써 사회적으로 이름난 명사요 언론인이요 역사가가 되고 있었던 것이다.

그러나 단재는 단순한 언론인이 아니었고, 그 자신도 그렇게 되기를 원하고 있지 않았다.

그는 언론인이 되기보다는 역사가가 되기를 열망하고 있었다. 이 점이 장지연이나 그밖의 다른 한말 언론인과 다른 점이었다. 간혹 어떤 이는 단재가 이때 영웅주의 사관에 빠져있었다고 속단하고 있으나, 그것은 천재의 한 면만을 보고 다른 한 면을 보지 못한 어리석은 견해라 할 수 있다.

단재를 천재라 평한 사람이 한둘이 아니다. '천재는 고통이다'라는 말처럼 단재는 고통 그 자체였던 것이다.

1908년에 발표한『독사신론讀史新論』은 한국 근대사학의 시작을 알린 글이요 민족사학의 출발을 알린 신호였다고 할 수 있는데, 여기서 단재는 이런 말을 하고 있다.

"나라의 역사는 민족의 흥망성쇠를 기록한 것이므로 민족을 버리면 역사가 없을 것이며 역사를 버리면 이 민족이 없어질 것이다. 아, 역사가의 책임이 무겁기도 하다."

누구나 글을 쓸 때 그 첫마디를 어떻게 쓸 것인가에 고민한다. 왜냐하면 첫 마디를 쓰는 데 성공하면 글 전부를 쓰는 데 성공한 거나 다름없기 때문이다.

단재는 유달리 글을 목숨처럼 아끼던 사람이다. 그러므로 단재의 글의 첫마디는 그의 사상이 그 핵심을 드러내고 있는 중요한 구절이라 할 수 있다. 『독사신론』의 첫마디에서 알 수 있는 중요한 의미는 그의 역사연구가 독립운동의 일환, 아니 독립운동 그 자체였다는 사실이다.

단순한 호기심이나 '학문을 위한 학문'이라는 생각에서 역사를 연구하는 흔히 보는 역사가와는 달리 그 민족 사랑의 뜨거운 열의에서 역사연구에 들어섰다가 그길로 일생을 마친 사람이 단재였다.

단재를 두고 우리나라 근대 민족사학의 시조라 지목하는 이유를 우리는 먼저 긍정하고 들어가야 할 것이다. 그러나 단재사학에 있어 중요한 것은 그의 왕성한 비판정신이었다고 해야 할 것이다.

그는 첫째, 종래의 사대주의 사학을 비판하였으며, 둘째, 새로운 일제 식민주의 사학을 비판하였다. 그러므로 그의 역사학은 비판사학批判史學이었던 것을 알 수 있다. 만일 그가 구태의연한 구사에 얽매여 있었다면, 그리고 밀려오는 신사新史, 즉 일제 식민사관을 무비판적으로 수용하고 있었다면 그를 높이 평가할 아무런 이유를 찾을 수 없을 것이다.

덮어놓고 애국하자니 독립하자니 하는 식의 함정에 천재 신채호가 빠져들 리 만무했지만 바로 그 점에 단재 역사학의 의미가 들어있는 것이다.

단재사학은 또한 실천사학實踐史學이었다. 역사 연구를 왕왕 지나가버린 옛날 이야깃거리로 오해하고, 그 현실적이고 실천적인 의미를 보지 못하는 서재사학書齋史學이 있는데, 단재는 처음부터 그런 불성실하고 안이하기 짝이 없는 태도를 배격하였다. 배격하였다기보다 처음부터 그런 것을 몰랐다고 하는 편이 옳을 것이다.

단재사학의 셋째 특징은 미완성의 역사학이었다는 점에 있다. 누구나 학문하는 사람이면 학문의 완성을 모르는 법이다. 그러나 단재의 경우는 그런 일반적인 의미에서의 미완성이 아니라 단재의 기구한 생애라는 특수한 의미에서 그의 학문세계는 진정 미완성의 역사학이었던 것이다.

단재는 57년이란 '짧지만 굵은' 일생을 통하여 애오라지 한국 고대사 연구에 심혈을 기울였다. 『독사신론』을 보아도 알 수 있듯이 그는 이미 청년기에 우리 민족의 고대사에 깊은 관심을 보였다. 이 무렵에 쓴 미발표 논문 『대동4천년사大東四千年史』도 그러하였다. 나이 20대에 우리나라 역사의 열쇠가 고대사에 있다는 사실을 그는 발견하였던 것이다. 단재가 훗날 이 글의 원고를 찢어 없앤 것을 몹시 안타까워하였지만 그의 민족사의 골격은 이미 이 무렵에 형성되었던 것이다.

단재가 나라를 떠난 것은 경술국치가 있기 전인 1910년 봄이었다. 비밀결사 신민회新民會의 일원으로 망명을 결심하였을 때 더 이상 이 나라에 머물러 있다가 아무 일도 못하고 박해만 받기보다는 차라리 국외에 나가 독립운동에 참여하고 역사 연구에 정진하는 것이 유익하다고 그는 판단하였다.

망명길에 평양 오산학교五山學校의 초청을 받았다. 춘원春園 이광수李光洙가 마침 학생 대표였다. 지상紙上에서만 보았던 유명한 청년 언론인 신채호를 직접 눈으로 볼 수 있다는 기쁨에 학생들이 들떠 있었으나 막상 나타난 실물을 보니 바싹 마른 얼굴에 옷고름도 반대로 맨 초라한 인물이었다.

강연을 요청하는 바람에 강단에 올라섰으나, 단재는 한마디 말도 없이 좌중을 노려보기만 하고 그냥 내려가 버리는 이상한 기인이기도 하였다. 그러나 알고 보니 단재는 누가 뭐라고 해도 마음에 내킬 때가 아니면 절대 입을 열지 않는 옹고집의 인물이었다. 그것은 그의 세수하는 모습으로도 알 수 있었다. 아침에 세수하는데 꼿꼿이 앉아서 고개를 숙이지 않고 손으로 물을 얼굴에 끼얹는 것이 단재의 세수법이었다. 물이 옷소매로 흘러들어가서 저고리가 온통 물에 젖어도 고개를 숙이지 않았고 무릎을 굽히지 않았다는 것인데, 이 한가지 기행奇行만으로도 그의 매서운 절개를 읽어볼 수 있는 것이다.

신채호는 이 나라를 떠날 때 머리를 깎고 호를 단재라 지었다. 단재란 일편단심의 단丹자를 따 지은 것으로 그의 굳은 애국심을 나타낸 이름이었다. 단재는 또 책을 한 짐 지고 떠났으니 그 속에는 안정복의 『동사강목』이 들어있었다. 그 많은 분량의 책은 그가 손수 붓으로 베껴 쓴 것이었다. 단재에 따르면 안정복이야말로 조선 5백년사에 있어서 유일한 역사가였으며, 그의 『동사강목』이 한국 고대사 연구의 출발점이라 믿고 있었다.

신민회의 다른 회원들은 모두 빈손으로 떠나가는데 단재만은 큰 짐을 지고 떠났으니 과연 단재에게 있어서는 망명이 아니라 새 출발이었던 셈이다. 그의 마음속에는 무슨 일이 있어도 고조선의 역사만은 밝혀내고야 말겠다는 결의가 차 있었다.

압록강을 건넌 뒤 그는 중국 만주 노령을 왕래하면서 독립운동에 분주하였으나, 무엇보다도 보고 싶었던 것은 우리 조상이 남긴 유적들이었다.

단재의 위장병은 어느덧 손으로 아랫배를 쥐고 다녀야 할 정도로 악화되고 있었으나 그의 발길은 만주의 고구려, 발해 그리고 고조선의 유적들을 향해 줄달음치고 있었으며, 이윽고 백두산 천지에 올라 이 성산聖山이 주는 신비스러운 영감을 받았다.

그러나 이곳에서도 우리 조상의 귀중한 유적들이 무지한 중국인과 간악한 일본인들의 손에 훼손되고 있었다. 광개토대왕비문은 일본인들이 탁본해서 마구 팔고 있었고, 고구려 능과 묘는 도굴꾼들에게 파헤쳐져 있었다. 이런 광경을 본 단재는 나라 빼앗긴 백성의 슬픔을 새삼 아프게 느꼈다. 어떻게 하면 남은 유적과 유물들을 잘 보존할까를 그는 생각해 보았다. 그러나 그것은 꿈이었다. 그에게는 한 푼의 돈도 없었고 힘도 없었다.

1919년 3월 1일! 독립만세의 함성이 울렸다. 단재는 이때 상해에서 임시정부 수립에 참여하였다. 그러나 얼마 안 되어 임시정부 안에 파벌이 생겨 정부로서의 구실을 다하지 못하게 되자, 실망을 안고 북경으로 가서 다시 역사 연구에 몰두하게 되었다. 북경에서의 그의 일과는 북경대학 도서관에 나가는 일이었다. 박자혜朴慈惠 여사와 만난 것도 이때였다.

박여사는 3·1운동 때 투옥되었다가 풀려나와 마침 북경대학에서 간호학을 공부하고 있었다. 두 사람의 결합은 결코 행복한 만남은 아니었다. 단재는 신부에게 미리 말했었다. '나는 가정에 등한한 사람이니 그렇게 알고 다음에 섭섭히 생각 말라'고. 꼭 2년 만에 어린 자식을 안겨 고국으로 돌려보낸 것은 반드시 생활고 때문만이 아니었다. 신념 때문이었던 것이다.『꿈 하늘夢天』에서 그는 말했다.

"누가 처자를 어여뻐하지 않는 사람이 있겠는가마는 열사烈士가 나라를 위함에는 가족까지 희생하는 법이니 나라사랑과 아내사랑은 서로 같이 할 수 없는 것이다. 그래서 사랑하는 아내와 어린 자식을 조국으로 보내게 되었다."

이 무렵에 단재의 고대사 연구는 거의 완성되어 가고 있었다. 1922년 이윤재李允宰가 단재의 북경 신혼방에 찾았는데 단재는 '아직 좀 덜 된 것도 있지만' 하면서 커다란 원고 뭉치를 보여주었다.

원고는 다섯 부분으로 되어 있었는데, 첫 권은 한국사 통론通論, 둘째 권은 문화편, 셋째 권은 사상편, 넷째 권은 강역고彊域考, 다섯째 권은 인물고人物考였다고 한다.

이윤재는 넌지시 이 원고를 서울로 가져가서 출판하기로 하자고 제의하였다. 그러나 단재는 사양하였다. 차라리 중국에서 내는 편이 좋다고 우겼다. 이윤재는 할 수 없이 돌아왔다. 아깝게도 지금 이 원고 뭉치가 남아 있지 않으니, 만일 그때 이윤재의 손에 들려 단재의 원고가 환국했더라면 비록 원고 주인은 돌아오지 않았어도 그 글만은 책으로 출판되어 오늘에 살아났을 것도 같다.

아내와 자식을 보낸 뒤에도 단재의 연구생활은 계속되었다. 연구생활이라야 북경의 고서점을 뒤져 한국사에 관한 기록만 나오면 그 자리에 서서 읽어 버리는 것이었다. 하루가 안 되면 다음날 다시 가서 읽었다.

책을 살 돈이 없었기 때문이다. 평소 단재를 잘 아는 서점 주인은 이 염치 좋은 책벌레를 욕하며 내쫓기가 일쑤였다.

아무렇게나 주는 대로 입고 돌아다니는 성품이었기 때문에 중국옷은 물론 여자 속옷까지도 상관하지 않은 단재였다.

단재가 영어 공부를 시작한 것도 이 무렵이었다. 처음 김규식金圭植에게 영어를 배우는데 발음을 매우 까다롭게 가르쳤다. 단재는 참다못해 그만 선생을 바꾸고 말았다.

'뜻만 가르쳐 달라는데 발음을 까다롭게 구는 선생은 바꿀 수밖에...'

그 뒤 단재의 영어 실력은 대단히 늘었으나 그의 영어 읽는 소리는 한문 읽는 소리였다. 간혹 사이사이에 '하여슬람'이란 소리가 끼여 있는 것도 마찬가지였으니 누가 봐도 한문을 읽는지 영어를 읽는지 분간하지 못했다.

1931년 『조선일보』 지상에 단재의 『조선상고사』가 연재되기 시작하였다. 그전에도 1926년에 『전후삼한고前后三韓考』를 국내에 보낸 일이 있었다.

『전후삼한고』는 서울의 가족들에게 생활비에 보태 쓰라고 보낸 것이었으나 『조선상고사』는 그렇지 않았던 것 같다. 왜냐하면 여순 감옥에 갇혀있던 그가 『조선상고사』의 연재중단을 요구했기 때문이다. 이유는 일본 연호가 박힌 신문에 자기 글을 실을 수 없다는 것이었다. 그는 글뿐만 아니라 자기 육신도 일제치하의 고국에 돌아갈 수 없다고 우기고 있었다. 그리기에 그의 유체를 불에 태워 그 재를 바다에 뿌려 달라고 유언하였던 것이다.

1936년 2월 2일 단재가 운명하던 날은 몹시 추운 날이었다. 3일 뒤 달려간 부인 박자혜 여사의 가슴에 안겨 유해가 서울역에 돌아왔다. '곡哭

마저 하기 어려운' 조국에 돌아온 것이다. 평소 이 위대한 한국인을 흠모하던 적지 않은 조객들이 그의 유해를 맞았으니 그 슬픔이야 오죽하였겠으랴만 소리 내어 울 수 없는 때였다. 참으로 이 날의 광경은 안재홍安在鴻이 말한 대로 민족의 비극이었다.

중일전쟁을 도발하기 직전의 일제는 단재의 장례식을 금지하였으며, 그 유해를 묻을 땅까지 허가하지 않았다. 그들의 소위 민적이 없다는 이유 때문이었다. 얼마 뒤 한국인 면장의 묵인 하에 겨우 지금의 묘지요 그의 어린 시절 뛰어놀며 공부하던 옛 집터에 묻혔다.

필자가 단재의 유택幽宅을 찾았을 때는 보슬비가 내려 만해萬海 한용운韓龍雲이 벌석伐石한 검은 비석에 눈물이 흐르고 있었다. 그러나 벌써 50년이나 지났는데도 바로 엊그제 세운 것 같이 깨끗한 고인의 비석에는 위창韋滄 오세창吳世昌이 쓴 '단재 신채호지묘丹齋 申采浩之墓'란 글자가 뚜렷하였다.

아我와 비아非我

『조선상고사朝鮮上古史』는 단재 신채호가 남긴 민족 교훈의 역사서歷史書이다. 이 글이 나오기까지 한 역사가가 겪어야 했던 숱한 고초를 생각하면 차라리 그것은 '피로 쓴 책'이라 말해야 옳을 것이다. 더욱이 이 글이 국내에 소개된 1931년에 신채호는 여순 감옥의 차가운 감방에서 순국殉國의 날을 기다리고 있었으니, 이 한 권의 책에 담긴 정신이 얼마나 소중한지 모를 일이다.

'역사란 무엇이뇨? 그것은 아我와 비아非我의 투쟁이다'

『조선상고사』의 첫 구절은 이렇게 힘찬 한마디로 시작되고 있다. '아我란 곧 우리 민족이요, 비아非我란 침략자를 가리키는 것이니, 우리 민족의 살길은 오로지 일본 침략자를 물리쳐 이기는 것'이라고 말한 것이다.

신채호가 특별히 민족사에 관심을 갖게 된 것은 역사를 애국심의 원천이라 믿었기 때문이다. 그래서 그는 '역사를 버리고서는 민족이 없고, 민족을 버리고서는 역사가 없다'고 말했다.

신채호가 31세 되던 해 스스로 호를 '단재'라 짓고 나라 위한 일념으로 압록강을 건널 때 남긴

많은 희망과 큰 슬픔을 아울러 하여

너를 이 세상에 보냈노라.

바라보니 장수하라 큰소리치라

유수와 같을지어라.

라는 글은 고국의 젊은이들에게 보낸 글로서, 그 자신 큰 슬픔을 안고 떠나지만 그렇다고 희망을 잃었다거나 역사가로서의 사명감을 버린 것은 절대 아니었음을 보여 주고 있다.

그의 봇짐 속에 들어 있던 안정복의 『동사강목』만 보아도 왜곡된 민족사를 바로잡아 나라와 겨레의 앞날에 바치려던 그의 굳은 의지를 알 수 있는 것이다.

단재는 무엇보다도 요동 땅을 단군 이래의 우리 영토라고 주장한 안정복의 역사관에 공감하고 실로 우리 민족이 쇠약해진 것을 광대한 대륙 땅을 버리고 좁은 한반도에 살게 된 때문이라 확신하였던 것이다. 그러므로 그가 요동 땅을 향해 나라를 떠난 것은 망명이 아니라 도리어 민

족의 옛 땅을 찾아가는 것이라 생각해도 좋았다.

단재의 곧은 성품은 머리를 꼿꼿이 세운 채 세수를 했다는 이야기며 '이다(矣)'라는 종결어미 한 자를 빠뜨렸다고 하여 다시는 중국 신문에 기고하기를 거절했다는 일화로도 짐작할 수가 있다.

그는 아무리 자기 원고를 남들이 칭찬하여도 스스로 만족스럽게 생각되지 않으면 당장에 찢어버렸다. 그래서 어느 때는 책 한 권이 됨직한 원고뭉치를 아낌없이 찢어 없애는 것을 본 사람이 있었다는 것이다. 단재처럼 부지런한 학자가 기대한 만큼의 업적을 남기지 못한 이유를 그의 이러한 대쪽 같은 성품에 돌리는 이도 있다.

그러나 46세 되던 1925년 단재는 다섯 권 분량이 됨직한 『한국 민족사韓國民族史』를 탈고하였다. 6년 뒤에 발표된 『조선상고사』는 그 일부였던 것 같으나 나머지 원고는 지금까지 전해 내려오지 않고 있다.

단재는 끝까지 일제치하의 조국에 돌아가지 않겠다고 맹세한 사람이었으므로 글 또한 적 치하의 조국에서 발표되기를 원하지 않았던 것이다. 그는 중국에서조차 출판되기를 바라지 않았다. 단재의 유일한 소망은 자기 책이 광복된 조국에서 어엿한 우리나라 말로 출판되는 것이었다.

그러기에 단재는 1931년 여순 감옥에서 『조선상고사』가 신문에 연재되고 있다는 소식을 듣고 크게 화를 냈다. 그 첫째 이유는 『조선상고사』는 그 필생의 대작으로 생각했던 원고가 아니기 때문이며, 둘째 이유는 일제의 연호가 박힌 신문에 '신채호'의 이름 석 자가 붙은 글을 실을 수 없다는 것이었다.

1936년 2월, 살을 에는 듯 추운 어느 날 단재는 이국 하늘아래 우뚝 솟은 여순 감옥에서 유명을 달리하였으니 향년 57세였다.

단재의 유언은 너무나 간단하였다.

'내가 죽거든 내 시체가 왜놈들의 발길에 채이지 않게 화장하여 그 재를
멀리 바다에다 뿌려주시오'

이 유언은 나라가 독립하기 전에는 죽어서도 돌아갈 수 없다는 단재의
일편단심을 나타낸 말이었다.

서울에서 가난하게 살아오던 미망인이 비보를 듣고 여순으로 달려갔
다. 그러나 그녀는 차마 한줌의 재로 변한 남편의 유골을 바다에다 버릴
수 없었다. 단재의 유골은 말없이 고국으로 돌아왔다. 서울역에는 고인
을 흠모하던 많은 조객들이 위대한 민족사가의 슬픈 환국을 지켜보며
뜨거운 눈물을 흘렸다. 울음마저 마음대로 울지 못하던 이 날의 광경을
본 민세民世 안재홍安在鴻은 이야말로 '민족의 비극이다'라고 소리쳤으
며, 고인의 동지요 친구인 심산心山 김창숙金昌淑은 '단재가 죽었으니 이
제 나라의 정기가 사라졌구나' 하면서 탄식하였다.

단재 신채호는 우리 민족이 낳은 가장 위대한 역사가로서, 그가 남긴
역사의 한恨은 지금도 우리 민족의 가슴 속에 고여 흐르고 있다. 그는 또
그 어느 누구보다도 한국인다운 한국인으로서 우리에게 한없는 교훈을
주고 있다.

장도빈張道斌

최근 발굴 소개된 장도빈張道斌의 유고는 여러 가지 점에서 우리들 사
학도에게 의미가 크다.

첫째는 그의 학맥學脈이 주는 교훈이다. 그의 유고를 접한 즉시 나는

단재 신채호를 연상하였다. 이것은 결코 우연이 아니었다. 두 사람은 똑같이 한말 애국 계몽운동에 헌신하였고 1910년 망국 후에는 간도와 노령으로 망명, 한국사 연구에 몰두하게 되었으니 장도빈의 역사학은 그대로 민족저항 사학의 학맥을 이었다 할 수 있는 것이다.

유고 가운데 『국사학사國史學史』는 그의 생전에 남긴 가장 고발적인 글이라 할 수 있다. 썼다가 지우고 다시 쓴 흔적으로 보아 매우 신중을 기하였던 것으로 짐작된다. 최근 크게 문제가 되고 있는 한국 고대사의 영역 문제라든지 단군 고조선, 기자조선 문제는 실상 장도빈이 생전에 주장했던 것으로서 당시는 애석하게도 거의 학계에서 알아주는 이가 없었다. 물론 오늘의 학계에서도 똑같이 외면(?)당하고 있다. 그가 왜 이 글을 생전에 발표하지 못하고 유고로 땅에 묻어 왔는가를 생각할 때 그가 말한 이른바 '가 나 다' 세 파는 매우 의미심장한 교훈이라 하지 않을 수 없다.

역사가란 본시 어느 파 어느 파 나누기 어려운 존재다. 그것은 그의 지식 속에 많은 사상이 혼합되어 있기 때문이다. 만일 한 가지 사상으로 일관하는 역사가가 있다면 그건 일류가 못 된다. 적어도 몇 가지 사상에 세뇌되고 걸러진 역사가이어야만 역사가란 명예로운 이름을 들을 수 있을 것이다. 그런 뜻에서 모든 한국사가를 '가 나 다'의 세파로 구분하는 것은 부당하다.

그러나 그럼에도 불구하고 민족사학(가파), 식민사학(나파) 그리고 중간파(다파)로 나누어야 하는 것은 오늘날 한국사학의 기조에 스며들어 있는 깊은 문화 식민주의 때문이라 할 수 있다. 이 시점에서 왜 우리가 한국 고대사를 그렇게도 소극적으로 해석하고 있는가를 뉘우쳐야 한다고 할 때 장도빈의 한 맺힌 고발은 우리의 가슴을 아프게 울려주는 것이라 할 수 있다.

다시 말해서 우리는 '왜 나파와 다파인가', 우리는 '왜 솔직히 가파로 돌아설 수 없단 말인가'를 가슴에 손을 얹고 반성하게 하는 것이다. 단재와 백암 사학을 시끄럽게 거론하면서 혹시 속으로 두 사람을 꺼려하고 있는 것은 아닌지.

일제에 의해 그리고 그들에게서 1만 원이란 돈을 받고 하청下請받은 친일 사학자들이 단군을 신화로 만들고, 5천 년 민족사를 2천 년 역사로 토막 내어 일선동조론日鮮同祖論으로 끌고 갔다는 엄청난 과오는 우리를 슬프게 한다기보다 분노하게 하고 있는 것이다.

물론 장도빈은 그가 누구라고 꼬집지는 않았다. 해방된 조국에서 민족진영은 단결하여야만 됐기 때문이다. 지금도 마찬가지다. 장도빈은 1963년에 타계하기까지 사학계와 역사 교육계가 나파와 다파 사학으로 기울어져 가는 것을 통탄하였을 뿐만 아니라 몸소 붓으로 투쟁했다. 그러나 이 외로운 투쟁은 차갑게 묵살되어 한이 된 것이고, 이 사한史恨이 짧은, 그러나 날카로운 사필史筆로 맺힌 것이다.

장도빈의 유고 가운데 특기해야 할 부분은 『독립운동사』다. 그는 1백여 전사戰士를 고른 뒤 나머지 헤아릴 수 없이 많은 무명전사들에게 미안하다는 서언序言을 쓰고 있다. 스스로 독립운동을 하면서 또 역사 연구를 독립운동으로 여기며 피와 눈물로 원고를 쓴 장도빈은 한국 근대사의 주제가 일제 침략사가 아닌 우리 민족의 독립운동사라 주장한 것이다.

왜 독립운동사 연구를 해방 후 오랫동안 기피하여 왔는가. 장도빈은 독립운동사 연구를 쓰지 않고 경시하는 다파적 사고의 뿌리가 일제하에 모사학자某史學者에게 지불된 1만 원에 있다고 고발하고 있는 것이다. 그가 누구인지 지금도 아는 이는 알고 있다.

　일제에 의해 왜곡된 민족사를 다시 세우기 위한 우리의 투쟁에 있어 장도빈의 유한遺恨이 주는 교훈은 더없이 소중한 것이라 하지 않을 수 없다.

민족사民族史의 왜곡歪曲

토인비와 한국사韓國史

최근 번역되어 나온 아놀드 토인비의 유고遺稿『세계사世界史-인류와 지구』를 읽어보고 놀랐다. 우리 한국사가 크게 왜곡 기술되어 있는 것이 아닌가. 몇 가지 한국사 관련기사를 들어보자.

"기원 전 4세기에 중국에서 한국으로 농경 기술이 전파되었다.(p. 240) 한국의 서북단에는 한무제漢武帝가 기원 전 108년에 식민지 전초기지를 설치하였고, 그것은 그 뒤 400년 동안이나 존속하였다.(p.388) 한국과 일본은 중국을 모방하였으며, 일본은 중국 사회의 복사판複寫版이요, 그 수도 나라(奈良)는 중국의 수도 장안長安의 중국 문명의 위성衛星이었다.(p.448) 1403년 한국에서는 대대적인 규모의 이동 활자 인쇄가 시작되었다. 1446년에는 한글을 표기하기 위한 표음문자表音文字가 공식적으로 채택되었으나, 앞날이 촉망되던 한글 발명은 한국에서 사산死産되고 말았다."(p.525)

토인비만이 아니라 거의 모든 세계사가 동양사를 서술하는 데 있어서 한국과 일본을 중국 문명의 종속으로 보고 있으며, 그 독자적 성격을 무시하고 있다. 더욱이 한국은 일본처럼 후기에 이르러 자기 나름의 민족문화를 발전시키는 데 성공하지 못하고 끝내 중국 문화에 종속되어 있다가 일본에 병합되는 나라로 취급하고 있다.

그러므로 비단 토인비만 오해하였던 것이 아니라 토인비마저도 그런 과오를 범했다고 말해야 옳을 정도로 거의 모든 문명사가文明史家들이 한국의 존재를 무시하였다. 동북아시아에 중국과 일본이 있을 뿐 한국은 없다는 것인데, 토인비 같은 석학碩學이 그 정도라면 그밖에 군소 역사가야 말할 것도 없는 것이다.

그러나 토인비가 한국의 존재를 무시한 것은 악의적이었다고 할 수 없다. 들리는 소문에 토인비가 일제 때 북경에 들렀을 때 누가 일본으로 가는 길에 서울을 둘러보라고 권고하였다. 그런데 그는 '한 왕조王朝가 5백 년이나 계속된 나라에 들러 뭘 하겠는가'고 말하면서 그냥 지나가버렸다는 것이다. 이게 사실인지 아닌지는 몰라도 토인비만큼 동양에 큰 관심을 가졌던 역사가가 드문데 어찌해서 그렇게 심한 편견을 갖고 있었던 것일까. 그것은 한마디로 말해서 그의 한국사 지식의 태반이 중국인이나 일본인을 통해서 얻어낸 것이기 때문에 그랬다고 말할 수밖에는 없다. 물론 그의 문명사관文明史觀 자체에 문제점이 없는 것은 아니다. 한 우월한 문명이 나타나면 그것이 주변의 열등한 군소문명을 모조리 병탄倂呑해 버린다는 그의 생각 때문에 동양에는 인도와 중국이란 세계 문명의 핵이 있고, 주변의 여러 민족 문명이 이에 흡수되었다고 설명이 나오게 되었다. 그러나 일본만은 독자의 문명을 발전시켰다고 보았기 때문에 한국사와 한국 문화는 그의 관심거리가 될 수 없었던 것이다.

또 설혹 토인비가 일본인이나 중국인이 아닌 한국인을 통하여 한국사 지식을 얻어냈었다고 하더라도 결코 그의 마음을 돌리지 못했을지 모른다. 왜냐하면 소수의 민족사가를 제외한 대다수의 한국인 역사가들이 스스로 민족사를 무시하거나 경시하고 있기 때문이다.

그러면 일본인은 두말 할 것도 없고 중국인 그리고 우리 자신마저도 우리 역사를 무시하거나 경멸하게 된 이유는 무엇인가.

한 민족이 자기 민족의 역사를 무시하게 되고 자기 나라 역사를 우습게 보게 되었다면 여간 심각한 문제가 아니다. 무엇이 그토록 자기를 경멸하게 만든 것일까. 크게 세 가지 이유를 들 수 있는데 바로 이것들이 우리 민족사를 올바르게 보지 못하게 한 범인들인 것이다.

첫째, 사대주의적事大主義的 유교사관儒教史觀이 우리나라를 천하의 약국弱國이요, 우리 민족을 천하의 약소민족弱小民族으로 만들어 버렸다. 김부식의『삼국사기』를 비롯하여 정인지鄭麟趾의『고려사高麗史』등 우리의 국가가 비록 우리 손으로 쓰인 것이었으나 애석하게도 우리 민족사의 독자적 성격을 무시하고 중국사의 연장인 것처럼 서술하였다. 고조선古朝鮮 2천년사가 말살되고 압록강 이북의 요동 땅은 우리 강역이 아니라 남의 강역으로 취급하였던 것이다. 이로써 우리는 대한국주의大韓國主義를 버리고 소한국주의小韓國主義를 선택하게 되었으며, 대한사관大韓史觀을 버리고 소한사관小韓史觀으로 만족하게 된 것이다.

그러나 같은 유학자들이었지만 18세기의 실학자實學者들에 이르러서는 우리 역사를 보는 눈이 약간 달라졌다. 이 시기에 나온 안정복의『동사강목』이나 이긍익李肯翊의『연려실기술燃藜室記述』은 종래의 중국 중심 사관이나 화이론적華夷論的 세계관을 극복하고 역사를 매우 비판적으로 서술하였다. 그러므로 우리의 민족사관이 언제부터 시작되었느냐 하면 18세기부터였다고 할 수 있다. 그 이전에는 사대주의 사관이 지배적이었는데, 사대주의 사관은 당나라의 힘을 빌어 고구려와 백제를 멸망시킨 통일 신라 때부터 비롯되었다고 할 수 있다.

그러나 통일 신라와 고려 그리고 조선 전기에 있어서는 민족사의 독자성을 강조하고 중국의 세력을 물리치려는 역사관이 있어왔다. 18세기 실학자들의 민족사관은 그러한 전통적 민족사관이 되살아난 데 지나지 않았던 것이다.

우리 민족사를 왜곡한 두 번째 범인은 일제의 식민사관植民史觀이었다. 19세기 후반 개항開港과 더불어 일본 군국주의자들이 우리나라를 침략해 들어왔는데, 그들은 무력과 더불어 식민주의 역사관이란 종교를 강요하기 시작하였다. 한국 민족은 처음부터 못나고 비열한 노예민족이었다는 터무니없는 중상이론中傷理論이 1930년대에 완성되었다. 그러나 같은 시기에 우리 근대 민족사관이 되살아났다. 그것은 18세기 실학자들의 민족사관을 계승하였으면서 동시에 그것까지도 극복한 강력한 반反식민주의 역사관이었다.

우리의 민족사를 왜곡하고 있는 세 번째 범인은 사회주의社會主義 역사학이었다. 1920년에 일제 식민사관에 대항하여 등장한 마르크스주의 한국사는 동시에 민족사학을 부정하고 있다. 민족을 세계 공산주의 사회의 울타리 안에 가두려는 사회주의 역사학은 민족의 화합이나 민족의 평화보다 민족 내부의 모순과 갈등을 강조함으로써 피비린내 나는 공산주의 혁명의 필연적 도래를 예언하였다.

그러므로 지금 우리 민족사를 올바르게 인식하기 위해서는 먼저 일제 식민주의 사관을 극복하여야 되겠지만 그에 못지않게 사회주의와 사회주의적 역사의식의 잔재를 말끔히 씻어내야 할 것이다.

단재丹齋의 역사정신歷史精神

박은식朴殷植과 신채호申采浩

1895년부터 1945년까지 반세기에 걸쳐 전개된 항일 독립운동과정에서 우러나온 독립정신사獨立精神史에서 가장 소중한 한국사상韓國思想을 필자는 민족사관民族史觀이라 보고 싶다. 민족사관은 오랜 독립운동 과정에서 솟구쳐오른 민족사상의 핵심核心이요 독립운동의 사상적·정신적 지주이기도 하였다. 그러므로 민족사관 없이 독립운동을 생각할 수 없고, 독립운동 없이 민족사관을 생각할 수 없는 것이다.

이렇게 볼 때 한말韓末·일제강점기에 민족사관 정립을 위해 헌신한 역사가의 유형을 극히 좁은 범위에 국한하지 않을 수 없다.

즉, 독립운동에 직접 참여하지 않았거나 참여하였다 하더라도 변절한 역사가들은 자연 제외돼야 할 것이며, 명백한 친일親日역사가들이 제외되어야 할 것은 너무나 당연하다.

대상을 이렇게 좁혀 볼 때, 백암白岩 박은식朴殷植과 단재丹齋 신채호申采浩 두 사람이 단연 밝게 조명되며, 이들이 직접 동료 독립운동자들에 끼친 영향과 광복 후 그것이 어떤 형태로 계승 내지 단절되었는가도 문제된다.

박은식이 현대사를, 신채호가 고대사를 연구 주제로 삼은 것은 이미 다 아는 사실이지만, 이러한 주제 선택에는 나름대로 뜻이 있었다고 보아진다. 먼저 박은식의『통사痛史』와『혈사血史』는 한말 일제가 역사 연구의 금족구역禁足區域이었던 것을 과감하게 헐어버리고 일제 침략 사실과 항일 독립운동사를 폭로하듯, 절규하듯이 서술하였다는 점에서 그 특성을 찾아볼 수 있다. 신채호의 고대사 연구 역시 일제의 가장 혹독한 역사 침략을 주제로 삼았다는 점에서 같은 의미를 발견할 수 있다.

주제뿐만 아니라 사료史料의 선택, 연구와 서술의 방법, 그리고 문제의 인식에 있어서도 두 역사가가 같은 선상에 있었다고 볼 수 있다. 이같은 비교를 전제로 하여 여기서는 주로 단재 신채호의 민족사학民族史學에 초점을 맞추어 사상의 흐름을 살펴보도록 하겠다.

참 한국韓國, 참 한국사韓國史

백암이나 단재나 모두 '참 한국', '참 한국사'를 찾으려 했다는 점에서 같다. 신채호는 말년의 저술 『상고문화사上古文化史』에서 정신적 조선사, 조선의 가치있는 역사, 진정한 조선사, 참조선이라는 말을 쓰고 있다. 다음 예문은 약간 장황하지만 앞으로의 논지論旨에 특별히 관련되기 때문에 들기로 하겠다.

1) …그러나 오늘 남은 것은 『삼국사기三國史記』뿐이로다. 우리의 고거考據의 큰 재료가 『삼국사기』뿐이로다…『고려사高麗史』를 보면 성시盛時의 사적事蹟은 얼마 안 되고 쇄시衰時의 일만 많이 기록하였으며 국내의 정사政事에 대한 문자보다 국외에 요遼·금金·원元과 교류交流한 문자가 많음이로다. 정인지鄭麟趾가 그 기록을 편차編次할 뿐이요, 특별한 사식史識이 있어 가감加減한 자 아니니 사史라 하기 어렵고… 태조太祖가 북벌논자北伐論者 최 영崔瑩을 죽이고 고려 왕통을 빼앗아 창업이 되므로 후세 자손이 사대주의로 국시國是를 삼으며 태종太宗이 유교로써 입국立國

의 정신을 삼으려 하여 『해동비록海東祕錄』을 불사르며, 아아 5백 년 문명의 전형典型은 전부가 지나사상支那思想의 번역이라 조선사의 쓸만한 가치가 무엇이뇨. 고로 조선조의 문헌은 비교적 넉넉하다하나 인력으로 진화進化의 순로順路를 막으며 이교異敎로 본연의 면목面目을 가리운 것이다. (그러니) 이때의 문헌이 얼마나 조선사, 곧 정신적 조선사에 도움이 되리오.

2) …이상은 조선의 고적故蹟과 기록의 소멸, 혹 변개變改한 자는 이미 변개하여 딴판의 말이 되었거니와 어디서 바로 잡으리오. 그러나 아주 바로잡아 주지 않으면 원조선元朝鮮은 길이 없을지니 어찌하면 가可할까.

이리하여 단재는 변개된 사료를 바로잡는 데 다섯 가지 방법이 있다고 예시하고 있다. 즉, 첫째 유증類證이요, 둘째 호증互證이요, 셋째 추증追證이요, 넷째 반증反證이요, 다섯째는 변증辨證이라는 것이다.

3) …이와같이 기록을 변증하여… 4천 년 동안의 궐실闕失을 채우며 와오訛誤를 바로잡고 정밀하게 인과관계를 찾으며 공정하게 시비를 가리면 조선의 가치있는 역사를 만의 일, 혹 천의 일이라도 다물多勿할까 하노라.

4) …이밖에 천하의 서적을 수집하며 땅속의 유물을 발굴하여 참고의 재료를 삼고 온 나라의 문인文人 학자學者들을 모아 10년, 혹은 100년 힘을 다하여 대규모로 진정한 조선사를 장만할지니 재才와 성誠과 학력學力을 갖추어 가진 사람에게 기다릴 바이니라.

단재가 민족사 서술의 주제를 아我라고 말한 것은 유명하다. 그에게 있어 '아'란 물론 한국 민족이지만, 무릇 주체적 위치에 선 것을 아我라 하고 그 밖에는 비아非我라고 함으로써 '아'란 좁은 의미의 한국 민족만이 아니라 본시 '아'였다가 떨어져나간 여진女眞·선비鮮卑·몽고蒙古·흉노匈奴까지도 '아' 속에 포함시키고 있으며 심지어 '아의 문화의 보금자리에서 자라온 일본'까지도 '아', 즉 한국사 서술의 대상으로 보고 있다.

이와같이 단재는 '아'를 넓게 보고 민족사 서술의 주제 영역을 확대시키고 있는데, 과연 그는 우리 민족사의 무엇을 문제삼고 있는 것인가. 이 문제의식의 문제는 '단재사학'을 이해하는 데 있어 가장 중요한 핵심이라 믿어진다. 단재의 중기中期 저술인『조선사총론朝鮮史總論』서론에 보면 그의 특별한 비역사적인 문제의식을 발견할 수 있다.

그의 문제의식 가운데 가장 특징적인 것은 우리 겨레 역사의 지난날을 있는 그대로 묘사하는 데 그치지 않고, 우리 겨레의 오늘과 내일을 진단하고, 과연 재생할 가능성이 있는가 없는가 하는 가능성까지도 밝히려 했던 데 있었다고 할 수 있다. 그러므로 단재사학의 특징은 과거 지향적이요, 미래 지향적이요, 거시적巨視的인 산 역사를 선택하였다는 데 있었던 것이다.

이런 점에서 단재사학은 단순한 실증주의를 내어 건 일제하 국내 사학자들과 달랐고, 한국사를 마르크스주의적 공식에 뜯어맞추려 했던 이른바 사회경제 사학자들과도 달랐다 할 것이다. 앞의 것과 단재와의 차이는 본질에 있어 그 정신이 달랐다고 해야 할 것이며, 뒤의 것과의 차이는 독창성이 있고 없음에 있었다고 할 수 있다.

단재의 문제의식을 가장 선언적으로 표명한 한마디는 민족사연구의 목적을 '아我의 현재의 지위와 장차 부흥할 수 있는가 없는가의 가능성'을 진단하는 데 있다고 천명한 것이라 할 수 있다. 바로 이 점을 규명하기 위하여 그는 '아의 생장 발달生長發達의 상태'를 있었던 그대로 서술하려 했던 것이며, 그 궁극의 목적은 진정한 한국사를, 참 한국을, 본래의 한국을 재현하는 데 있었던 것이다.

이리하여 단재는 민족사에 다음과 같은 물음을 던지고 있다. 즉 ① 민족의식이 어느 때에 가장 찬란하였고 어느 때에 가장 약하였는가 ② 역대 국토의 신축이 어떠하였는가 ③ 흉노·선비·몽고·일본이 아의 큰 집안으로부터 떨어져 나갔는가 ④ 어찌하여 인도나 중국의 문화를 받아들일수록 민족의 활기가 줄어져 영토의 범위까지 줄어들었는가 ⑤ 우리는 장차 서구 문화의 노예가 되어 소멸하고 말 것인가, 아니면 그것을 씹어 소화시켜 신문화를 건설할 것인가 ⑥ 예부터 문화상으로 창작이 적지 않았는데 매양 고립적이고 단편적이 되어 계속되지 못한 이상한 원인은 무엇이었는가.

한마디로 말해서 단재사학의 특징은 '왜 그것이 그리 되었는가'라는 랑케(Ranke)식의 물음을 역사에 던지지 않고 '왜 그것이 그리 되지 못하였는가'를 물어 내미어(Namier)식의 물음을 우리 역사에 던진 데 있었다고 할 수 있다. 바꾸어 말해서 단재는 오늘의 역사가들이 비판하고 있듯이 역사에 대한 역사가의 소극적인 응전태도를 버리고 역사에 대한 역사가의 적극적인 도전이 시도되어야 한다고 믿고 있었다.

서두의 예문과 같이 단재사학은 사료 비판에서 시작된다. 그러나 단재에게 있어서 사료 비판이란 베른하임(Bernheim)이나 랑그로아(Langlois) 세뇨보(Seignobos) 류類의 사료 비판이 아니었다. 그것은 구사舊史 전반에 대한 철저적 비판으로 민족사를 보는 새로운 시각의 정립이었다.

그는 먼저 우리의 전적典籍의 대다수가 비단 전란戰亂으로 없어진 것이 아니라 '한국사를 저작한 사람, 즉 역사가'의 손에 의해 없어진 것을 개탄하였다. 그에 따르면 고조선의 사서史書인 『신지神誌』를 비롯하여 수많은 기록이 바로 역사를 쓴 장본인들에 의해 없어졌으며, 단지 사대주의를 밑바탕으로 하여 지은 김부식金富軾의 『삼국사기三國史記』와 그 아류인 일연一然의 『삼국유사三國遺事』만 남게 되었다는 것이며, '이는 하늘 아래 어느 나라에도 없는 일'이요, '이는 만일 역사에 혼령이 있었다면 처참한 눈물을 흘릴 일'이라 하였다.

이 탄식은 그가 몰두하려 했던 상고사 연구에 결정적인 장애물이 되었을 뿐 아니라 우리 역사를 2천년사로 단축시키는 결정적 요인이 되었으며, 우리 민족의 강역을 한반도로 못박게 만드는 구실이 되었던 것이다. 더욱이 김부식을 비롯한 그 뒤의 역대 사가史家들은 중국을 높이고 한국을 낮추며, 임금을 높이고 백성을 낮추는 춘추필법春秋筆法에 맹종하였기 때문에 그 사필史筆이 약하여 처음부터 우리는 문약文弱하였으며 약소국이었다는 편견을 낳고 말았다. 이러한 한국사관이야말로 '올바른 한국사'가 아니요 '혹 붙은 한국사'였던 것이다.

그러므로 그가 구사舊史를 철저하게 비판하여 신사新史를 제창提唱한 뜻은 단순한 기술적인 의미에서의 전근대적인 역사학에서 근대적 역사학으로의 전환 내지 발전을 주장한 데 있는 것이 아니라 사대주의 사학으로부터 민족주의 사학으로의 발전을 주장하는 데 있었던 것이다. 다시 말해서 단재가 구사를 떨쳐버려야 한다고 믿었던 이유 가운데 가장 중요한 핵심은 그 방법론적 결함에 있었던 것이 아니라 이념적 정신적 결함에 있었다고 보아진 것이다. 따라서 그에게 있어 신사新史란 단순한 서구적 개념의 근대사학이 아니라 바로 한국적 민족사학을 의미하고 있었던 것이다.

단재사학이 그 자체 항일 독립운동이요 실천實踐사학이었던 사실을 생각하면, 역사를 실천하기보다 단지 역사를 서술하는 것만으로 만족하던 서재書齋내지는 강단講壇 사학자들에겐 기이하게 여겨질 수밖에 없었던 것이며, 그들에겐 근대사학이란 형식만 보이고 민족사학이란 실질實質이 보이지 않았던 것이다.

그러나 민족사학으로서의 단재사학의 성립은 어디까지나 일제 침략으로 인한 망국이란 현실에 바탕을 두고 있었다. 일본 제국주의를 타도하고 나라를 다시 세우는 데 있어서는 첫째 사대주의적 구사舊史로써는 안 되었고, 둘째 국가사적國家史的 신사新史로도 안되었다. 바꾸어 말하면 민족주의적 신사요, 민족사적 한국사가 아니고서는 안 되었던 것이다.

다물 정신精神

그러면 단재의 이른바 '참 한국', '진정한 한국사', '가치 있는 한국사', '정신적 한국사'란 무엇인가.

첫째, '대大 한국사'의 정립을 시도하였다. 그는 무엇보다도 우리 민족의 역사가 5천년사인 것을 확인하고 2천년사의 허위성을 폭로하였다. 편년編年에 있어 '대 한국사'일 뿐만 아니라 강역彊域에 있어서도 만리대국론萬里大國論을 계승하여 3천리 소국설小國說의 비 역사성을 비판하였다. 그는 우리의 고대 2천년사가 문헌이 없다고 해서 그 실재성을 의심하는 모든 사고의 근원에 사대주의와 일제 식민주의가 숨어 있는 것을 발견하고 그 같은 사이비 이데올로기의 장막을 걷어치우고 '있었던 그대로'의 진실을 파헤치려고 노력하였다. 그 결과 우리 민족사의 전반은 아주 없었거나 아니면 형편없는 선사시대先史時代라 볼 것이 아니라 분명 있었으며 위대하기까지 했던 시대였다는 것이며, 단지 없었던 것처럼 보이는 것은 증거인멸당했기 때문이라 해석하였다. 다시 말해서 문헌으로 증명할 수 있는 우리 민족사의 후반 2천년사, 특히 그중에서도 마지막 1천년사는 한국사에 있어서 가장 영광스럽지 못한, 수치스럽기까지 한 시대였었다는 것이다. 대부분의 역사가들이 이 시대만 보고, 이 시대에 관한 문헌만을 읽고 한국사의 전체상을 추리하기 마련이며, 그 때문에 민족의 참다운 역사상은 왜곡되어 '소小 한국사'로 전락하고 말았다는 것이다.

추락된 '소小 한국사'를 있는 그대로의 '대大 한국사'로 다물多勿(회복)하기 위해서는 적어도 삼국시대까지의 고대사를 재조명하여야 한다. 말하자면 고대사의 재인식은 민족사관 정립에 있어서 사활문제와 같은 것이었다. 따라서 단재의 고대사 연구는 나라를 잃고 역사마저 잃어가던 일제 침략기의 우리에게 가장 긴급한 문화 광복운동의 하나였던 것이다.

이러한 과제를 앞에 두고 단재는 단순한 실증주의, 단순한 과학적 역사 연구의 위험성을 인식하고 있었다. 그러기에 그는 '나는 학자들 보기가 싫습니다. 누구의 무슨 일에든지 학자들은 대소강약의 숫자적 비교의 안목으로 반드시 패한다는 단안을 내립니다. 반드시 패하고 반드시 망한다 할지라도 아니할 수 없는 일이 있는 줄을 요새 학자들이 모르는 것입니다'라고 말하고 있는 것이다.

단재에게 있어 역사연구는 독립전쟁이나 다를 바 없었다. 역사전쟁이었던 것이다. 그러므로 그의 연구는 학자적 연구가 아니라 전사적 연구였다. 학자들은 '의병 항쟁을 하다가는 한국의 인구가 감소할 것이라는 산술적 생각'을 하지만 독립운동자는 설혹 망한다 할지라도 아니할 수 없는 것은 기필코 하여야 한다고 확신한다. 학자와 독립운동자의 차이는 '칼로 목을 베고 도끼로 턱을 끊어 말을 못하게 한다' 하더라도 자기 주장을 굽히지 않는다는 데 있었다.

단재의 이른바 '참 한국사'란 둘째로 우리 민족이 처음부터 문약文弱한 민족이 아니라 본시는 무강武彊한 민족이었다는 전제에서 시작되고 있다. 우리가 문약해진 것은 사람의 힘으로 진화의 순로順路를 막은 데서 비롯된 것이었다. 삼국시대까지는 비단 고구려인뿐만 아니라 백제인에게까지 고토다물故土多勿을 위한 북진론이 당연한 상식이었으나 그 후의 한국인에게 있어서 그것은 금기였다. 또 신라 태종 무열왕太宗 武烈王(654~661)이 일본 오오사카大阪를 정복한 사실이 입증하듯이 신라인에게 남진론南進論이란 당연한 국책이요 국론이었으나 그후에 있어서는 국시國是 위반이나 다름없는 주장이 되었다.

단재처럼 '우리는 누구인가', 즉 '아我'란 무엇인가'를 예리하게, 그러나 애정을 가지고 되물은 사람은 없었다. 그리하여 지금의 우리가 참다운 한국인이 아니란 사실을 역사적으로 증명하여 민족을 깨우치려 했고, 나아가서는 나라를 잃고 절망 속에 허덕이던 겨레에게 용기와 자부심을 일깨우려 했던 것이다. 민족의 용기를 잃게 하고 굴종과 인내를 요구하는 어떤 역사 서술도 단재에게 있어서는 용납될 수 없는 일이었다. '기다려라, 그리고 매달려라'는 기독교적 행동강령이나 민족개조론의 지도 원리도 모두 단재에게 있어서는 오도誤導된 반反민족주의일 뿐이었다.

단재사학에 있어 참 한국사의 셋째 특징은 민족 문화의 원류를 찾아 그것을 본으로 삼고 모든 외래적인 것을 말末로 삼으려 한다는 주장에 있었다.

단재는 민족사 연구의 목적이 '아'의 정신을 확립함으로써 '아'의 본래

적인 것을 지키며 환경에 잘 적응함으로써 후천적인 것을 유지하되 두 가지 중 하나가 부족하면 유태인처럼 패망의 구렁텅이에 빠지게 된다는 사실을 가르치는 데 있다고 주장하였다. 다 아는 바와 같이 불교나 유교나 기독교와 같은 외래 문화가 들어오기 전에 우리가 가졌던 민족 고유 문화와 사상이 있었다. 단재는 그 실재성을 밝히고 그것이 민족사 속에 연면히 이어져 온 사실을 강조하였다. 외래 문화가 부단히 우리를 약화시켰으나 정당한 '아'의 핵인 민족문화는 우리를 지키고 우리를 강하게 만드는 데 기여하였다. 만일 이것이 없었다면 오늘의 한국은 없고 민족은 사라졌을 것이다.

'요즘의 몰지각한 인사들은 문화주의니 세계주의니 하는 헛된 생각을 갖는가 하면 외국에 아첨하는 속된 무리들은 황인종 단결이니 인류박애人類博愛니 하는 미친소리를 하고 있다. 그러나 동양평화론 제창의 배후에는 살인하는 무기가 번쩍이고 있으니 하물며 우리 나라도 보존하지 못한 몸으로 박애를 말하며 세계를 돌아봄이 어찌 어리석은 자의 수치스러운 생각이 아니겠는가'

단재의 역사정신은 이같이 항일 독립운동이라는 실천적 철학에서 우러나온 것이며 '아의 확립'없이는 결코 조국의 광복이 없다는 확신에서 민족사를 재조명했던 것이다. 그러기에 그의 역사는 단순한 한국의 역사가 아니라 '정신적 한국사'였다고 할 수 있다.

단재의 민족사관에 있어서의 넷째 특징은 민족사를 통하여 분열과 갈등이 준 교훈을 중시하여 통일 한국의 염원을 투사投射하였다는 점에 있었다. 그는 우리 민족사의 일체성一體性을 분열 속에서 찾고 설혹 나라 이름들은 다르나 모두 우리 민족사의 테두리 안임을 증명하는 데 노력하였다.

"먼저 조선이란 뜻을 말하고자 하노라. 조선 역사는 매양 왕실이 바뀌면 나라 이름도 바뀌어 부여扶餘니 진한辰韓이니 낙랑이니 대방이니 갖가지 이름이 있었으나 그 연혁을 따지면 단군 때부터 있던 칭호라 후세에 국학國學이 끊어져 그 근원을 찾지 않고 다만 그 자취를 따라 이 이름은 이때 나고 저 이름은 저때 났다고 하여 왔다."

통일의 강조는 1920년대의 독립운동사와 밀접히 관련되는 것이며 통일적 독립운동의 전개야말로 통일된 조국 광복의 유일한 길이라 확신하였기 때문에 단재는 민족사의 통일적 해석을 시도했던 것이라고 볼 수 있다.

그러나 단재에게 있어 통일의 이념은 한반도 통일로 만족하지 않은 대통일大統一을 의미하고 있었다. 그는 한반도의 통일을 반변적半邊的 통일이요, 소통일小統一이라 개탄하였고, 완전적 통일, 대통일만이 진정한 의미의 대통일임을 강조하여 민족사의 미래상을 제시하였다.

단재사학의 재평가는 최근 학계의 유행이다. 그러나 단재사학의 계승은 여전히 답보상태에 있다. 이같은 의미에서 단재가 제시한 민족사관의 방향은 앞으로 더욱더 구체화되어야 하리라 믿어지는 것이다.

단재사학丹齋史學의 재발견再發見

삼장三長

"그러고 나니 조선에 어디 조선사朝鮮史가 있게 되었느냐. 있다 하면 조
선사라 할 수 없는 조선사이다. 조선사를 읽는 이가 없는데 어찌 조선
사를 짓는 이가 있으리요. 조선의 사학계는 미개간의 황무지와 같아서
노력하는 대로 수확이 늘어갈 것이다" -丹齋 申采浩

지금은 고인이 된 ㅎ교수는 생전에 '왜 아들에게 역사 공부를 시키지 않
습니까'라는 친우의 물음에 웃으면서 이렇게 대답했다고 한다.
'머리가 좋아야지요'
물론 이 말은 농담이었다. 그러나 '농담 속에 진담'이란 말이 있듯이
이 말은 평소 역사가의 자질에 대한 선생의 소신을 드러낸 말이 아닌가
믿어진다. 아들의 머리가 나쁘다는 말이 아니라, 역사가가 되기 위해서
는 비상한 두뇌의 소유가 필요하다는, 평소에 생각하던 바가 우연한 기
회에 토로됐을 것이란 말이다.
역사가들 사이에는 뭐니뭐니해도 역사가는 먼저 머리가 좋아야 한다
는 말이 더러 오갔다. 영국의 한 역사가는 머리가 좋다는 말을 역사적 상
상력이 뛰어나야 한다는 말로 풀이하고 있다. 소설가나 시인에게 문학
적 상상력이 필요하듯이 역사가에게는 역사적 상상력이 필요하다는 것
이다.

간혹 역사가는 암기력에 뛰어나야 한다고 곡해하는 사람이 있으나, 암기력 같은 것은 전혀 문제되지 않는 게 역사가 특유의 자질인 것이다.

우리나라에서는 일찍부터 역사가가 갖추어야 할 세 가지 자질이라 하여 재지才智와 학문, 그리고 식견識見을 들었다. 즉, 역사가는 먼저 재주와 슬기를 갖추어야 하며, 다음에 배움이 있어야 하며, 끝으로 견문이 넓어야 한다는 것이었다. 이것을 사가史家의 삼장三長이라 불렀는데 쉽게 말해서 머리 좋고, 공부 좋고, 경험 좋고 해야 훌륭한 역사가가 될 수 있다는 것이다.

간혹 경험을 여행이라 오해하는 이도 있었으나 체험이란 뜻으로 이해하여야 한다. 왜냐하면 아무리 여행을 많이 다녀도 식견이 넓어지는 것은 아니기 때문이다. 체험이란 보고 듣는 것만이 아니라 느껴야 한다는 뜻이다. 만의 일이라도 이 삼장 가운데 하나가 빠진다면 역사가로서 적격자가 될 수 없으며, 결국에는 실패작으로서 아까운 일생을 탕진하게 되는 것이다.

글의 육성肉聲

단재는 조선 5백년사에 있어 단 한 사람의 역사가로 안정복(安鼎福·1712~1791)을 인정하였을 뿐 그밖에 이렇다 할 역사가는 없었다고 단정한 바 있다. 그렇게 말한 단재 자신을 한국 근대사의 유일한 역사가였다고 한다면, 안정복과 신채호가 단연 민족사학의 산맥에서 두 거봉을 이루는 것이라 할 수 있다.

이런 일화도 있다. 해방 직후였는데 한 젊은 역사학도(김철준)가 육당六堂 최남선崔南善을 찾아가, 좌우익으로 갈리어 피비린내나는 투쟁을 벌이고 있는 슬픈 현실에 대하여 그의 탁견을 들으려 했다. "해방이 되어

나라가 일제의 쇠사슬에서 벗어나 이제 웅비와 비약의 때를 맞게 되었는데, 동족끼리 서로 싸움만 일삼고 있으니 이렇게 통탄할 일이 어디 있습니까. 이 나라는 장차 어떻게 될 것이며, 젊은 학도로서 무엇을 어떻게 하여야 합니까. 가르침을 바랍니다"라는 물음이었다.

육당 최남선은 한동안 묵묵히 앉아 있더니 엉뚱하게도 학생에게 이렇게 되물었다. "자네 지금 누구에게 역사를 배우고 있는가?" 학생은 대답했다. "이병도 교수님과 손진태 교수님, 그리고 이인영 교수님에게 역사를 배우고 있습니다"라고. 육당은 다시 말했다. "이병도 교수는 공부를 좀 했고, 손진태 교수는 머리가 좋지. 이인영 교수는 이제 막 공부를 시작했으니 무얼 알겠나."

학생은 그 뒤 육당의 이 말을 되풀이 생각했으나 그 진의가 무엇인지를 가늠할 길이 없었다. 학생이 육당의 말뜻을 깨닫기까지는 무려 16년이란 세월이 필요했다고 한다.

나는 최근 어느 자리에서 이병도 교수를 만나볼 기회를 얻었다. 이 교수는 바로 육당의 가혹한 평을 들은 이다. 그는 단재 선생에 대해 묻는 나에게 이렇게 말했다.

'단재는 글을 잘 쓰지'

내가 이 말의 진의를 깨닫는 데 16년을 필요로 하지는 않았다. 그러나 단재사학을 그렇게 가볍게 넘겨버릴 수 있는 것인가를 즉각 의심했다.

이처럼 역사가란 머리 좋다는 소리만 들어도 안 되고 공부 많이 했다는 소리만 들어도 안 된다. 또 아무런 심각한 고뇌도 없이 연구실에 앉아 책벌레가 되어도 웃음거리가 된다. 실천성이 없기 때문이다. 그러니 '훌륭한 역사가는 백년에 한 번 나기가 어렵다'는 말이 나옴직하다.

그러나 '글 잘 쓰는 역사가'란 오해를 받고 있던 단재는 아직도 그의 천재성과 그의 역사학의 깊이에 대해 충분한 이해를 못 받고 있는 실정이다. 나는 이 글의 주제인 '민족사학의 현단계'란 거창한 문제를 놓고 무엇보다도 시급한 과제로서 단재사학의 재인식을 내세우고 싶다.

아我의 확인

잘 알려져 있는 바와 같이 단재는 일생을 한국 고대사 연구에 몸 바쳤던 역사가요, 동시에 독립투사였다. 1910년 망명길에 오를 때 안성복의 『동사강목』 필사본을 짊어지고 떠난 뒤 만주, 노령 연해주, 그리고 중국 땅을 전전하면서 우리나라 고대 유적과 유물, 사서史書를 섭렵했던 유랑의 역사가였다.

그러나 그의 역사연구의 주제의식은 이 시기의 어느 다른 역사가들보다도 뚜렷했으며 방법 또한 독창적이었다. 그가 고대사 연구에 전념한 것은 압록강 이북의 강역을 모두 잃은 뒤의 민족사보다 그 이전에 민족사가 더 중요하다는 것을 깨닫고, 잃어버린 2천년사와 잃어버린 대륙 강역을 되찾는 길만이 우리 민족사의 본질을 광복하는 데 지름길이라 확신하였다.

그는 민족사 연구의 주제를 '왜 우리 민족은 약소국이 되었으며 나라를 잃기까지 하였는가' 하는 문제에 초점을 맞추었다.

그러기에 그는 '신성지존한 대동제국大東帝國이 오늘 이 지경에 이르렀는가'라 묻고 그 원인을 대륙 강역의 상실이요, 역사정신의 쇠퇴라 대답하였던 것이다. 그에게 있어 한국 고대사는 대동제국 시대였으며 영광의 시대였다. 그는 1926년에 쓴 『전후삼한고前後三韓考』에서, 그리고 1931년 『조선일보』지상에 발표한 『조선상고사』와 『조선상고문화사』에서 고조선 2천년사와 대륙 강역의 실재를 증명하고, 민족사의 비극을 중화 민족과의 오랜 투쟁에서 패배한 데 기인한다고 갈파하였다.

대륙의 강역을 잃고 한반도로 이주한 뒤 대동민족의 옛 모습은 사실상으로나 또 사상적으로나 흔적도 없이 사라지고 소동민족小東民族이 되고 말았으니, 이것이 망국의 참극을 가져온 역사적 원인이었던 것이다.

그러나 그에게 있어 역사는 결코 숙명이 아니었다. 역사적 숙명관은 그에게 있어 노예근성이었다. 역사는 아我와 비아非我의 투쟁이었던 것이다. 이 투쟁에 있어 '아'가 '비아'에 패배한 것은 무엇보다도 우리 스스로가 우리를 알지 못하고, 믿지 못하고, 존경하지 못하였기 때문이다. 그러므로 먼저 '아'라는 관념을 확인하고 '아'가 '아'를 믿으며 '아'가 '아'를 존尊하여야 하였다. 여기서 '아'란 다름 아닌 민족이요, 한국인인 것은 두말할 것이 없다. 민족이 민족이기 위해서는 민족이 민족을 불신하고 타민족인 남을 믿고 따라서는 안 되는 것이다.

'아'를 믿는다는 것은 곧 '아'의 역사, 즉 민족사를 믿는다는 것이고, '아'를 확인하기 위해서는 '아'의 역사를 연구해야만 했다. '아'의 역사를 확인하고 '아'를 믿게 하기 위해서는 먼저 역사가의 붓이 강해야 할 것이다. 단재는 역사가의 사명을 이렇게 보았기 때문에 '역사는 애국심의 원천이다. 고로 사필史筆이 강해야 민족이 강하고, 사필이 용감[武]해야 민족이 용감하다'고 갈파하였던 것이다.

구사舊史의 극복克服

그러나 단재는 역사를 왜곡하면서까지 사필을 휘둘러야 한다고 생각하지 않았다. 도리어 그 반대다. 객관적 역사를 존중하고 역사를 과학적으로 연구해야 한다고 확신하였기 때문이다. 그러므로 민족사를 왜곡하는 것이 아니라 왜곡된 민족사를 바로잡아 참 한국사를 만드는 것이 그의 목적이었다.

그러면 왜곡의 장본인은 누구인가. 그는 첫째, 사대주의에 물든 구사舊史를 철저히 비판해야 한다고 생각했으며, 또한 일제 식민사관에 병든 신사新史도 비판해야 한다고 믿었다. 구사의 비판은 우리나라 역사 서술의 기본정신이었고, 신사에 대한 비판은 일제하 민족사학의 특수한 사명이었다.

이와 같이 양정면兩正面 공격을 겨냥한 단재의 비판사학은 단순한 역사연구였다기보다 실천사학이요, 그 자체가 하나의 역사전쟁이었다고 하는 편이 한결 실상에 가까운 표현일 것이다.

단재는 우리 민족의 전성시대를 고대사에서 찾았으며, 중세사는 그 쇠퇴기라 생각했다. 특히 조선 5백 년은 쇠퇴기의 최종단계였으며, 그 원인으로 중화사관을 들었다. 진취적이고 호전적이기도 했던 우리 민족은 어느덧 연약한 민족이 되고 있었으며 대륙 강역을 잃고 한반도를 보존하는 데 급급한 약소민족이 되어 있었다.

그러나 우리의 역사적 현실은 절망적인가. 우리는 영구히 약소민족으로 살아가야 할 것인가. 아니다. 단재는 그 해답을 민족사 안에서 찾았다. 그에 따르면 민족사는 그 어느 한 시대사를 통하여 이해되는 것이 아니라 민족사 전체를 회통會通함으로써 이해되는 것이다. 그리고 우리 민족의 힘의 원천은 민족의 자주적 역량에 있는 것이지 결코 이민족異民族의 도움이나 세계 대세에 달려 있는 것이 아니었다. 그는 이렇게 말한다.

> "아국회복我國恢復의 기회는 세계 대세가 변동하는 그날에 있다 하니, 이
> 는 시세時勢가 주主가 되고 아我가 객客이 되며, 시세가 군君이 되고 아我
> 가 신臣이 되는 것이다."

즉, 그는 세계 대세의 변동만 기다리는 소극적 역사관을 비판하고 민족 역량에 의한 적극적인 역사관을 제창하려 했던 것이다. 그의 역사사상은 곧 독립운동 사상이었던 것을 알 수 있다.

아직도 식민사관植民史觀

이노우에井上秀雄씨의 『고대조선』이란 책은 1972년에 나와서 1981년까지 20판을 거듭한 책이다. 최근에는 우리나라 말로도 번역되어 나왔다.

이 책에서 우리나라 고대사가 어떻게 다루어져 있는가를 살펴보는 것은 일본 사학계의 최근 경향을 아는 데 도움이 되리라 믿으며, 우리나라 학계에도 상당한 영향을 끼치고 있기 때문에 잠시 그의 주장을 들어보기로 한다.

"단군신화와 기자전설은 고려시대의 계급을 대표하는 고대사조이다. 단군신화는 1231년부터 시작된 몽고의 침입에 대항하는 전국적인 농민의 의병투쟁을 기반으로 한 피지배계급의 민족주의적인 사조였다. 이에 대하여 기자조선 전설은 신라 유학의 전통을 계승한 고려시대의 유학자들이 중국의 현인賢人이라 존숭하는 기자를 예찬한 지배계급의 유교사상이었다."

이렇게 우리나라 고조선의 실재를 간단히 부인하면서 다음과 같은 설명을 덧붙이고 있다.

"이와 같이 단군조선이나 기자조선은 조선 문화를 생각하는 데 귀중한 자료라 할 수 있으나 사실史實을 나타낸 사료는 아니었다. 일본 고대사를 연구하는 사람들 가운데에도 기기記紀(〈일본서기〉와 〈고사기〉)의 신화를 들어 일본의 원시사회를 해명할 수 있다고 보는 사람이 있으나, 신화는 어디까지나 기기 편찬 당시의 사상이나 신앙을 나타내는 것이라 보아야 할 것이…… 조선의 경우도 마찬가지로 단군이나 기자의 조선을 사료에 즉해서 사실을 추구할 수 있다고 생각하는 것은 매우 위험하다. 과학적으로 말하면 이 시기의 조선은 고고학적 연구의 성과를 중심으로 민족학·민속학·언어학 등의 성과를 기다려 추측할 수밖에 없다."

좀 장황한 인용이었으나 전후 일본의 한국사 연구에 주도적 역할을 한, 그리고 광복 후 우리나라 학계에도 적지않은 영향을 끼친 하타다旗田巍의 주장 역시 이노우에와 같고 보면, 이노우에의 한마디가 우리에게 중요한 시사를 주는 것임을 알 수 있다.

그러나 결코 이노우에의 주장에 우리나라 역사가들이 동조하고 있다거나 공감하고 있다고 생각하지는 않는다. 단지 여기서 강조하고 싶은 것은 고조선 2천년사의 부정은 일제 식민사학의 핵심적 부분이었으며, 전후 일본학계의 역사인식이기도 하다는 사실이다.

이노우에는 단군조선과 기자조선을 동시에 부정함으로써 일제 식민사관을 극복한 것처럼 생각했는지는 모르나, 고조선 2천년사를 사실로서 인정하려 들지 않는다는 점에서 결국 원점으로 되돌아갔다고 할 수 있는 것이다.

다시 말해서 그의 한국 고대사관은 본질에 있어서 일본주의인 것이다. 우리는 그의 '과학적으로 말해서'라는 어구에 힘이 주어져 있는 데 특히 유의해야 할 것이다.

왜냐하면 과거 일제 식민주의자들은 과학의 이름 아래 식민지 한국의 역사를 자기네 일본 역사와 똑같거나 그보다 짧고 왜소한 역사로 만들어, 우리 민족의 강한 자존심을 꺾어 버리고 민족문화의 뿌리를 뽑아 없애려 했기 때문이다.

단재사학丹齋史學의 핵심

그러나 단재는 이 같은 일제의 역사왜곡을 폭로하고 규탄하는 새로운 투쟁을 통하여 민족사의 재조명에 성공하였다. 혹자는 1900년대와 1910년대 그리고 1920년대의 단재사학을 토막 내어 그의 일관된 역사사상을 파악하는 데 혼란을 주고 있으며, 또 단재의 역사정신을 이해하는 데 그의 고대사 연구 업적보다도 단편적으로 발표한 잡문들을 더 중요시하여야 한다고 주장하는 이도 있다. 심지어는 단재의 고대사 연구가 대종교의 영향임을 강조하고, 그것은 역사학이 아니라 신앙에 가깝다고까지 평가하는 이도 있는 실정이며, 단재가 말년에 무정부주의자들에게 협력했다고 해서 그의 민족사상을 의심하는 이도 있는 것이다.

그러나 단재 자신이 우리나라 사학사를 정당하게 맥락 짓고 있는 바와 같이, 그의 역사사상 계보는 안정복을 포함한 18세기 실학자들의 역사인식을 거쳐 멀리 우리나라 고유의 민족사학에 뿌리를 뻗고 있는 것이다.

그것을 민족사학이라 부르지 않고 민족의 역사신앙이라 불러도 상관없다. 왜냐하면 어느 민족 어느 국가의 역사 서술에도 그 민족 그 나라의 역사신앙이 근간을 이루고 있는 것이며, 심지어는 세계사 서술에도 지배적인 어느 한 민족 어느 한 문화의 역사신앙이 영향을 주고 있기 때문이다.

오늘의 한국 사학계는 그동안의 연구성과를 발판으로 고조선의 역사적 실재와 민족문화의 뿌리를 해명하는 데 노력해 왔으며 민족사 전체 흐름과 성격 규명이나 근대사의 새 조명에도 주력해왔다. 그럼에도 불구하고 기대된 만큼의 성과를 거두었다고 보기 어려운 것은 무엇 때문인가. 바로 이 점에 민족사학의 현 단계를 진단하는 열쇠가 있다고 믿어지는 것이다.

　단재시학의 재발견을 민족사학의 현 단계에 결부시켜 생각하는, 필사의 어쩌면 역설적인 제의에 대하여 많은 문제점을 지적할 수 있다고 생각한다. 그러나 사소한 소문제들을 논외로 한다면, 민족사 발굴과 재조명에 누구보다도 적극적인 자세를 보여준 단재사학의 이념을 수용하는 일이 어떤 새로운 역사 연구방법을 도입하는 일보다 더 시급한 과제라 믿어 의심하지 않는 것이다.

단재丹齋의 고대사관古代史觀

위서僞書와 진서眞書

역사를 보는 데 꼭 하나의 시각이 있으란 법은 없다. 우리 민족사의 경우도 그러하다. 우리 민족사를 보는 데는 두 시각이 있다고 생각된다.

하나는 김부식金富軾의『삼국사기三國史記』로부터 정인지鄭麟趾의『고려사高麗史』, 안정복安鼎福의『동사강목東史綱目』에 이르는 일련의 시각이고, 다른 하나는 대야발大野勃의『단기고사檀奇古史』, 이명李茗의『진역유기震域遺記』그리고 북애北崖의『규원사화揆園史話』를 비롯한 일련의 시각이 그것이다. 앞의 것을 정통적인 민족사 해석이었다고 한다면 뒤의 것은 이단적 민족사 해석이라 할 수 있다. 정통사학과 이단사학을 이렇게 대조시켜 볼 때, 두 사학은 판이하게 다른 민족사 이해와 서술 그리고 이념을 제시하고 있는 것을 알 수 있다.

그런데 여기서 문제 삼고자 하는 것은 왜 단재가 정통사학을 거부하고 이단사학을 선택하느냐 하는 점이다. 다시 말하자면 단재가 반反사대주의, 반식민주의란 기치를 내어걸고 민족사학의 정립을 시도함에 있어 확실히 정통사학의 맥락을 계승하기를 거부하고 이단사학의 맥을 계승하기로 결심했던 것인데, 이것을 대종교大倧敎의 영향이라고만 해석하여 마치 단재가 대종교 이상의 아무것도 아닌 것같이 생각하는 경향이 있다. 이러한 해석을 따르면 대야발의『단기고사』, 북애의『규원사화』가 모두 위서僞書로 취급되기 쉽고, 단재사학이 한갓 1910년대의 과격 민족주의의 소산에 지나지 않다고 판정하기 쉽다. 과연 그래서 되겠는가. 그런 단정만으로 단재사학을 충분히 이해할 수 있다고 할 수 있는가.

이런 의문을 해명하기 위해서는 무엇보다도 단재사학의 사학사적史學史的 접근이 필요하다고 느껴왔고, 그러는 것만이 단재사학에 대한 보이지 않는 편견을 덜어내는 것이라 믿는 것이다. 그러나 여기서 말하는 정통이냐 이단이냐 하는 말은 단지 편의적인 표현일 뿐이므로 상차 이단이 정통이 될 수도 있고 정통이 이단이 될 수도 있을 것이다. 필자는 이런 역전逆轉의 가능성을 생각하면서 몇가지 문제점을 제시하려고 한다.

조선세가보朝鮮世家譜

"역사는 족보族譜에서 시작된다"는 말이 있다. "인간은 역사 서술적 동물이다"라고 한다면, 역사 서술의 시작은 아들이 아버지와 할아버지를 기억하는 데서 비롯된 것이다. 인간이 조상의 이름과 업적을 알려고 하는 데서 족보란 것이 생겨났으니 "역사는 족보에서 시작된다."는 말이 결코 그른 것이 아니고 족보는 "역사의 가장 시원적 형태"라고도 할 수 있는 것이다.

우리나라는 족보의 나라요 족보를 존중하는 민족이다. 너무 존중해서 폐단이 있다고 할 정도로 족보를 따져 매사를 결정하여 왔다. 그러니 우리의 역사의식이 남달리 강할 수밖에 없었다고 할 수 있으니, 그만큼 우리 민족사에 우여곡절이 많았던 사실을 반영하기도 한다. 최근 필자는 서계수徐繼洙란 전남全南 나주 사람이 1939년에 지어낸『조선세가보朝鮮世家譜』란 책을 읽고 약간 당황하였다. 순 한문으로 된 역대왕조 족보였는데 여기에는 우리 겨레의 시조인 단군으로부터 조선조 최후의 왕인 고종에 이르기까지 5천 년의 역사가 차곡차곡 연대순으로 기록되어 있었다. 고종이 최후의 왕이었다는 점에 주의하기 바란다. 그것은 의병들이 끝까지 광무연호光武年號를 씀으로써 1907년 고종 강제 퇴위를 인정하지 않으려던 것과 같은 뜻을 내포하고 있었기 때문이다.

첫째는 어떻게 해서 이 같은 불온문서(당시 총독부의 눈으로 볼 때)가 일제 말기에 출판될 수 있었는지가 궁금했고, 둘째는 단군조선의 편년과 강역이 너무나 뚜렷하게 명시되어 있다는 데 경악을 금치 못했다.

단군의 편년을 보면 환씨세계桓氏世系 47왕王 1212년이라 하여 '단군 93년', '부루왕夫婁王 34년'하는 식으로 시작하여 최후의 왕 고열가왕高列加王 37년까지 꼬박꼬박 기록하고 있는데다가, 놀라운 것은 고조선의 강역을 서쪽은 북중국의 난하灤河로부터 동쪽은 동해에 이르고, 북쪽은 흑룡강黑龍江으로부터 남으로 한강에 이른다고 기술하고 있는 사실이었다. 더욱 놀라운 것은 그 정통론正統論이었다. 정통론이란 우리나라 속에 크게 두 계열의 나라들이 있었는데, 하나는 한반도 계열의 나라들이요, 다른 하나는 만주를 강역으로 한 대륙 계열의 나라들이다. 흔히 전자를 남방 계열 국가라고 하며 후자는 북방 계열 국가라고 한다. 다음의 계도표는 『조선세가보』에 수록된 우리나라 계보다.

단군조선이 멸망한 뒤 한반도에는 이른바 삼한三韓이라 불리는 한韓나라 계통 나라들이 섰고, 만주 일대에는 기자조선箕子朝鮮을 비롯한 부여夫餘·옥저沃沮 등 대륙 계열의 나라들이 섰는데 이렇게 분열된 여러 나라들 가운데 전자는 신라, 후자는 고구려와 발해로 통일되어 마침내는 고려, 조선, 그리고 대한이 되었다는 것이다. 그런데 그동안에 우리는 대륙의 땅을 송두리째 잃어버리고 오로지 한반도만 갖는 약소국이 되어버렸

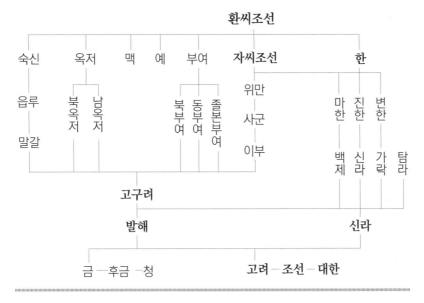

〈조선세가보의 동국 역대제왕전수통도 도표〉

다는 사실이다. 또 위의 도표에 있어서 명조체로 표시된 나라들만 정통이고 여타의 나라들은 모두 무통無統, 또는 윤통閏統으로 되어 있다. 특히 대한제국이 정통시되지 않고 무통으로 되어 있는 데에는 저자의 숨은 애국심이랄까 항일정신이 발견된다.

『조선세가보』의 계통표가 특이한 것은 18세기 실학자였던 안정복의 『동사강목』에 보이는 위의 동국역대전수도東國歷代傳授圖를 대조하여 보면 뚜렷해진다. 『동사강목』은 전형적인 한반도 강역론이랄 수 있고, 『조선세가보』는 반대로 대륙 강역론의 입장에서 계통표를 만들고 있는 것이다. 전자는 통일신라의 역사적 의의를 인정한 데 반하여 후자는 그것을 인정하지 않고 있다. 이것은 정통론이 강역론과 밀접하게 관련된 사실을 말해 주는 것이다. 즉, 신라는 한반도를 차지하였을 뿐 고조선 때

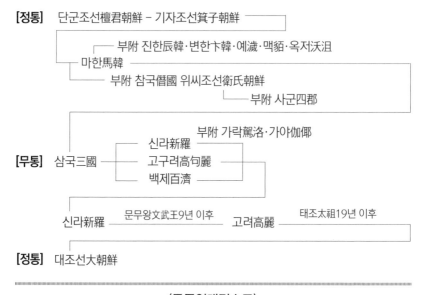

[정통] 단군조선檀君朝鮮 – 기자조선箕子朝鮮

부附 진한辰韓·변한卞韓·예濊·맥貊·옥저沃沮
마한馬韓
부附 참국僣國 위씨조선衛氏朝鮮
부附 사군四郡

부附 가락駕洛·가야伽倻

[무통] 삼국三國 　　신라新羅
　　고구려高句麗
　　백제百濟

신라新羅　문무왕文武王9년 이후　　고려高麗　태조太祖19년 이후

[정통] 대조선大朝鮮

〈동국역대전수도〉

부터 고구려까지 줄곧 우리 민족이 차지하여 온 대륙 땅을 잃고 발해가
이를 차지하였으므로 민족통일의 의의를 인정할 수 없다는 입장을『조
선세가보』의 저자는 완강하게 고집하고 있는 것이다. 신라 통일의 의의
가 부정될 때 그 시대는 남북시대로 불려질 것은 당연하다. 이같은『조
선세가보』의 특수한 민족사관은 과연 어디에서 연유한 것인가.

필자가 문제 삼고 싶은 점이 바로 이 점이다.

규원사화揆園史話

『조선세가보』에 나타난 민족사관의 뿌리를 모색하는 데 있어 먼저 눈
에 띄는 책은『규원사화』라는 사서다. 이 책은 1676년(숙종 2년)에 북애
라는 호를 가진 익명의 선비가 지은 역사서로 알려지고 있다. 일명『단
군실사檀君實史』라고도 하는 이 책은 한말에 만든 일련의 위서僞書 가운

데 하나이며, 진서眞書이다. 저자인 북애에 따르면 '우리나라에 국사가 없다는 게 무엇보다도 큰 병이다'고 여겨오던 어느날 돌연히 고려시대에 청평淸平 이명李茗이라는 사람이 쓴『진역유기震域遺記』를 발견하고 침식을 잊고 책을 읽었다는 것이다. 만일 이것이 사실이라면 김부식의『삼국사기』와 때를 같이 하여『진역유기』란 사서가 씌어졌고, 안정복의『동사강목』이 쓰여진 비슷한 시기에『규원사화』가 나온 것이며, 이 네 책이 서로 짝을 지어 우리 겨레의 역사를 전혀 다른 각도에서 서술하고 해석해 주고 있는 것이다. 즉『삼국사기』와『동사강목』은 사대주의와 유교적 이념에 따라 한국사를 해석하고 있고,『진역유기』와『규원사화』는 민족주의와 우리 겨레 고유의 종교인 신교神教에 입각하여 서술되고 있는 것이다.

그러나『규원사화』의 저자가 발견했다는『진역유기』는 오늘에 남아 있지 않다. 그러므로『규원사화』를 통하여『진역유기』의 내용을 짐작할 수밖에 없는데, 북애란 이는『규원사화』를 쓰기 위해『진역유기』말고도『고조선비기古朝鮮祕記』니『조대기朝代記』등 고기를 참고하였다. 그렇다면 북애는 어떤 주장을 하고 있는 것일까? 그는 먼저 우리나라 역사와 중국의 역사를 혼동한 사대주의적 유교사관을 통렬히 비난하면서 '중국은 중국이요 한국은 한국이다'고 주장하였다.

"내 생각컨대 우리나라는 신교를 국교로 삼고 그에 따라 풍속을 삼으니 그것이 우리들의 마음속에 깊이 스며든지 오래되었다. 그러므로 우리 역사가 중국인인 반고班固나 사마천司馬遷의 글에 얽매어야 하겠는가. 무릇 한漢은 한이요, 우리는 우리니 어찌 당당한 우리땅(震域)을 한나라 것에 비긴 후에 만족할 것인가(夫漢自是漢 我自是我也 豈堂堂震域 必

漢制以後 乃足乎)."

　그에 따르면 유학에 빠져 우리나라 고유의 신앙과 학문을 잃은 선비들이 오랫동안 한적漢籍에 넋을 잃어 주周나라를 높이는 사대주의만 옳은 것이라 하니 '먼저 근본을 세울 줄 몰랐으며 내 나라를 빛낼 줄 몰랐다(不知立其本以光我國)'는 것이다. 이렇게 우리 민족사의 자주성을 강조한 북애는 먼저 우리의 민족성이 처음부터 연약하고 여성적이었던 게 아니라 씩씩하고 남성적이었다고 강조하였다. 즉, 그는 '태고에 우리 조선이 무강武强으로써 세상에 용맹을 떨쳤으므로 중국인들이 이를 풍문에 듣고 두려워하였다. 그 증거가 곧 우리를 그들이 이夷라 했고, 이란 글자는 곧 큰 대大자와 활 궁弓자로 이루어져 있기 때문이다'고 말하였다. 그러니까 우리나라는 본서 선비의 나라도 아니요 은사隱士의 나라도 아니요 조용한 아침의 나라도 아니었다. 치우씨蚩尤氏란 장군이 지금의 북중국 땅을 침략 유린하는가 하면 백제 장군이 요서遼西를 정복하고 신라 장군이 일본 땅을 원정해 들어가 적관赤關의 맹약을 맺는 용맹한 전사들의 나라요 시끄러운 아침의 나라였던 것이다.

　　"금金나라와 청淸나라가 다 옛 조선 땅에서 일어나 중원中原을 차지하고 고구려가 전성기에 강병 백만으로 남으로 오월吳越을 치고 북으로 연燕과 제齊를 쳐 한토漢土를 호위虎威하고, 백제는 발해를 타고 요서를 공략하고, 신라는 경도만리鯨濤萬里에 웅병雄兵을 명석明石에 진치고 백마白馬를 죽여 적관에 맹세하니 이는 다 우리가 강하였기 때문이며 지리地利를 얻었기 때문이다."

더욱이 우리 민족의 강역은 지금처럼 3천리 강산이 아니라 압록강 이 북으로 뻗은 만리나 되는 대국이었다. 백두산이 사방으로 뻗고 뻗은 골 짜기와 벌판이 우리의 영역이었던 것이다. 그러기에 '압록강 밖 종횡만 리의 땅은 본시 우리 선조들이 고생하여 경영하던 땅이니 어찌 한나라 땅이냐'고 『규원사화』의 저자는 주장하고 있는 것이다. 이 책의 저자는 또 이렇게 탄식한다.

"한 줄기 강물인 압록강을 건너기만 하면 이미 우리의 강토는 아니다. 슬프다! 우리 조상이 살던 옛 강토가 적국민의 손에 들어간 지 이미 천 년이요, 이제 그 해독이 날로 문제니 감고비금憾古悲今에 슬픔을 금할 길 없도다(噫 祖先我舊彊入于敵國者已千年 而今害毒日甚 乃憾古悲今 咨 嗟不已)."

즉, 발해와 삼국시대를 고비로 우리 민족의 전성시대는 가고 발해가 망 하여 대륙 땅을 잃게 되자 사방의 적으로부터 공격받는 약소국이 되어 버 려 마침내는 임진왜란 같은 큰 수난을 당하기에 이르렀다는 것이다.

"임진란에 이르러 팔역八域이 어육魚肉이 되고 병자호란에 주리州里가 숙 연하였는데 지금 사람들이 허문虛文에 빠지고 쇠약에 겨를이 없으며 그 도道를 버리고 송나라 선비가 남긴 학문에 도취하여 스스로 업수이 여 기는가!"

이처럼 대륙국가에서 반도국가로 축소된 우리나라는 숙명적으로 '다시 강한 이웃 나라에 침략당할 것이니 그 이유는 지리, 즉 땅의 이점을 얻지 못하였으며, 둘째 인화人和를 잃었으며, 셋째 민족의 본성을 잃었기 때문'이다. 한반도만 가지고서는 절대 강국이 될 수 없는데다가 동족끼리 싸움질만 하고 자기문화를 업수이 여기니 희망이 없다는 것이다.

> "조선은 반드시 다시 강한 이웃에 패할 것이니, 그 무너짐을 누가 능히 지탱하랴. 내가 일찍이 논하건대 강국의 요건은 셋이니, 첫째는 지광이물박 地廣而物博이요, 둘째는 인중이합人衆而合, 셋째는 항수기성 불실기장恒守其性 不失其長이니, 곧 지리地利, 인화人和 및 보성保性이다. 조선은, 그 지리는 얻었으나 다하지 못하고 인화를 잃고 그 성까지 잃었으니 이것이야말로 만세의 환이로다."

그러나 『규원사화』의 저자인 북애는 절망하지 않고 한 가닥 희망을 역사의 순환법칙에 걸고 있다. 즉, '국가의 흥망과 번복이 무상하니 지금 조선이 불행한 것은 장차 행복해질 실마리가 아닌가' 하고 반문하고 있는 것이다. 그러나 이런 한가닥 희망마저 지워버리는 것이 있으니 '인심이 분열되고 민기民氣가 소침'해 있다는 사실과, 내 힘을 믿지 못하고 남의 힘에 의지하려고만 하고 있다는 슬픈 사실이었다.

> "대단하지 않은 일로 서로 업신여기고 취중담몽醉中談夢하여 사소한 싸움으로 거리낌없이 세월을 보낸다. 이미 내 힘이 없고 남에게만 의지하려 하니 이는 힘이 이미 외롭고 약해져서 그 본성을 잃었기 때문이다. 후세, 만일 강한 이웃이 있어 청을 대신해서 일어난다면 그 주인을 위협하고 그 신하를 꾀이고 그 땅을 속방으로 삼고 그 백성을 노예로 삼을

것이니 오늘날 안일에 빠진 자 어찌 후일의 주림과 추위를 부르는 원인이 되지 아니하랴.

수백 년을 지나지 못하여 반드시 강한 이웃으로부터 패한다는 내 말이 어찌 과격한 말이랴. 슬프도다."

이와 같이 우리 민족이 약소민족에서 강대민족이 되기 위하여서는 무엇보다도 동족 상호간의 끊임없는 싸움을 종식시키고 인화 단결해야 한다고 주장하고 있는 것이다. 이리하여 북애는 다음과 같은 개탄의 말로 글을 마친다.

"슬프다. 환인桓因이여. 이제 편구진역片區震域의 일맥유민一脈遺民이 되었으니 장차 어찌 할꼬 어찌 할꼬."

『규원사화』는 숙종 때 제작된 책이 아니라 1910년대에 대종교에서 위작한 위서라고 주장하는 학자가 있다. 과연 그럴까? 혹시『삼국사기』를 금과옥조로 믿어온 탓으로 어느덧 그것이 정통이나 되는 것처럼 착각하고『규원사화』류의 또 다른 민족사서들을 이단으로 몰아붙이고 있는 것이나 아닐지 매우 궁금하다. 아무튼『규원사화』의 다음 말은 잊을 수 없는 구절이다.

"나는 우리 선조들의 무용武勇을 감탄하였다. 그러나 지금은 무력을 쓰지 않고 동서로 뻗어 나아가 다시 부강한 나라를 만들어야 하지 않겠는가?"

단재는 한번도『규원사화』를 언급한 일이 없는 것으로 미루어 이 책을 읽지 않은 것이 확실하다. 그는 단지 안정복의『동사강목』을 읽었을 뿐, 지금 그와 사상을 같이하는 사서를 읽지 못하였던 것으로 믿어지는 데, 그럼에도 불구하고 민족사를 보는 시각은 너무나 흡사하다.『규원 사화』를 위서로 보는 입장에 따르면 그 저자 북애와 단재는 동시대인이 된다. 그러나 이런 주장에 충분한 근거가 없다고 볼 때, 북애와 단재 사이에는 하나의 뚜렷한 가교가 놓이는 것이라 할 수 있다. 단재가 설사『규원사화』를 읽지 않았다고 하더라도『규원사화』와 유사한 내용의 사서를 읽었을 것이 확실하다.

단재는 겉보기에 전통사학, 즉 구사舊史와 단절된 것같이 보이나 실상은 우리나라 사학사의 다른 한 흐름속에 어엿하게 자리잡고 있는 역사가였다. 그러므로 일본을 거쳐 들어온 랑케사학의 재탕이 아닌 우리 민족 고유의 역사학이었던 것인데, 좀 더 구체적으로 말하면 민족사의 주류와 비주류 가운데 이단쪽을 그는 선택하였던 것이다.

그는『조선상고사』서두 '구사의 종류와 그 득실의 약평'에서 정통사학을 신랄하게 비판함으로써 자신의 새로운 입장을 밝히고 있다.

단재는 우리나라 사학사의 원죄적인 과오를 김부식의『삼국사기』에서 찾아내고 있다. 현존하는 우리나라 사서로서 가장 오래된 것이 고려 중기에 편찬된『삼국사기』와『삼국유사』뿐인 것은 누구나 다 아는 사실인데, 그렇게 뒤늦은 기록만 남아있다는 사실 자체에 큰 의문을 품었던 것이다. 왜 그렇게 오랜 역사를 자랑한다는 민족인데 자신의 역사서를 늦도록 갖지 못했었는가. 단재는 안정복이 그 원인을 빈번한 외침과 내란 때문이라 한 것을 반박하면서 바로 김부식을 포함한 우리나라 역사가들이 그 범인들이었다고 비난하였다.

독사신론讀史新論

우리 민족사 서술의 근본적 모순을 누구보다도 날카롭게 인식하고 그 문제점이 무엇인가를 제시한 이가 단재였다. 오랫동안 우리나라 학계에서 망각의 사학으로 방치되어온 단재의 역사학이 근래에 와서야 관심을 끌고 이모저모로 재평가되고 있으나 아직도 단재사학의 핵심이 무엇인지 알지 못하고 있다.

단재사학이 고대사 연구에 초점을 맞춘 것은 주지의 사실이나『독사신론讀史新論』(1908년)과『조선상고사朝鮮上古史』(1931년)에 나타난 그의 민족사 인식이 각기 그의 20대 사학과 40대 사학을 대표하고 있음에도 불구하고 강역론과 정통론에 관한 한, 이미 20대 저술인『독사신론』에서 그 골격을 드러내고 있다. 1931년에『조선상고사』를『조선일보』에 연재하면서 그는 20대 청년기에 썼던『독사신론』과『대동4천년사大東四千年史』에 대해 스스로 '너무 독단적이고 대담했다'고 자평하고 있다. 그러나 대담했기 때문에 단재사학이 나올 수 있었던 것이고 40대에 썼다고 해서 그런 젊은 날의 대담성을 잃었던 것은 아니다. 어떻게 보면『조선상고사』보다『독사신론』을 읽는 것이 훨씬 그의 고대사관을 아는데 편리하다.

1910년 망국하던 해 압록강을 건넌 단재는 민족의 구강舊疆을 답사하였고 그가 구상했던 고대사관을 재확인했다.

특히 광개토왕비에서 아리라(阿利水)의 비밀을 알아낸 것은 그의 고대사 연구에 있어 획기적 발견이요, 수확이었다고 할 수 있다.

"광개토왕비의 압록강을 아리라라 함을 보고 송화강松花江이 북압록강이요 요하 또한 서압록강임을 알고 압록강이 셋임을 알았다."

이처럼 그의 고대사관의 골자가 고국을 떠나기 전인 20대의 단재 머릿속에 이루어져 있었던 것을 『독사신론』을 읽어 보면 쉽게 알 수 있다. 물론 문체로 보면 당시의 국문학 수준 때문에 명호사嗚呼史의 역을 벗어나지 못한 감이 있으나 방법론이나 단재 특유의 역사이론은 이미 그때에 이루어져 있는 것이다.

젊은 단재는 한말 국사 교과서의 한심스러운 역사서술에 큰 충격을 받아 민족사 연구에 평생을 바칠 각오를 하게 되었다.

그런데 단재사학에 있어 특이한 점은 역사를 단편적이고 부분적으로 관찰하는 것보다 전체적인 역사의 흐름을 파악하려 노력한 데 있다 할 것이다. 그의 말을 빌면, 역사는 회통會通하여야 한다는 것이다. 이리하여 단재는 먼저 우리 민족의 발달사를 크게 세 시기로 나누어 그 흐름을 제시하고 있다.

"아민족我民族 발달의 제1기는, 우리 민족의 요동·만주·조선·삼한 각지에 뻗어 나아가 이민족을 정복 흡수하는 시기요,
아민족 발달의 제2기는, 민족 안의 경쟁이 격화되어 삼국이 대립 전투하던 시기요,
아민족 발달의 제3기는 고구려, 발해가 망하여 대륙 땅을 잃었고 차삼천리 산하此三千里 山河로 일대 철옹鐵甕을 작하여 일보지一步地의 월출越出도 불허不許한 시기이다."

여기서 주목되는 점은 단재가 민족사 발달의 단계를 발전적으로 보지 않고 퇴보적으로 보았다는 사실이다. 즉, 민족사를 발전·분열·정체의 과정으로 보았는데, 이것은 한말 개화기의 지배적인 역사 사조인 진보사

관進步史觀과는 전혀 맞지 않는 것이었다.

더욱이 단재는 이 같은 민족사의 퇴보적 경향을 사실史實로써 제시하였을 뿐 아니라, 그 원인을 설명하려 하고 있다.

첫째, 우리의 민족문화가 한반도에서 일어나지 않고 대륙에서 일어나게 된 이유를 설명한다.

> "대저 조선의 문명이 압록강 이외에서 발원發源함이 하고何故오. 소민시대初民時代의 문명은 항상 평원平原·대하大河·해빈海濱에서 일어난 바 지금 한반도는 삼면이 바다나 산령이 중첩하여 통상과 행운에 대장애가 되고 요심遼瀋 등지와 같은 평원이 없으며 또 요하·압록에 비할 강이 적기 때문이다."

둘째로, 우리 민족이 서북에서 동남으로 이동한 이유를 '서토西土는 한열寒洌하여 초민의 거주에 부적한 까닭이다'고 설명한다.

셋째로, 단군 이후로 고려 초엽까지 왜, 서西와 남南이 항시 분립하여 수천 년을 지나게 되었는가 하는 점에 대해서는 역시 기후·지리의 차이로 인한 민족성의 상이相異 그리고 산맥이 가로 막혀 서로 교통이 불편하였기 때문이라고 설명한다. 단재가 고려 초까지 서와 남이 분립하였다 한 것은 신라와 발해의 남북조南北朝시대를 의식한 때문이며 그가 신라통일을 인정하지 않았다는 것을 말해 준 것이다.

넷째로, 대륙 땅을 상실한 뒤 다시는 민족의 실력이 압록강을 넘어 조상의 발상지를 되찾지 못하였는데, 그 이유는 '내지內地의 천산天産이 풍부하여 수용需用이 자족하기에 득롱망촉得籠望蜀의 치상侈想이 일어나지 않았기 때문이다'

다섯째로, 우리나라의 지형이 그리스나 이탈리아와 흡사한 반도인데 왜 국민이 쇄국에 만족하고 항해 원정의 사상을 일으키지 않았는가. '이 또한 천산이 풍부하여 외국과 교통하지 않고도 생산이 자족한 때문이다'는 것이다.

여섯째로, 우리에게 가족 관념이 발달하고 국가 관념이 발달하지 않은 이유, 따라서 단결력이 부족한 이유는 무엇인가. 산협山峽이 깊어 각 지방이 서로 떨어져서 중앙정부의 간섭이 미치지 못하였기 때문이다.

이처럼 단재는 초기에 역사를 환경론적으로 설명하는 우를 범했기 때문에 나중에 자신의 독단을 후회했던 것이다. 그러나 이 같은 과오는 1900년대의 학계 수준에 미루어본다면 차라리 그가 한발 앞서 생각했던 점을 높이 평가해 주어야 할 것 같다.

단재의 민족사 인식은 이와 같이 처음부터 거시적이고 설명적이었으며 또한 비판적이기도 하였다. 그는 종래의 강역론에 큰 문제점이 있는 것을 지적하고 그것은 민족의 역사와 강역의 역사를 혼동한 때문에 일어난 오류라 비판하였다. 단재는 먼저 단군조선의 사실성史實性을 강조하고 이를 허구로 생각한 구사의 잘못을 규탄하였다.

"오호라. 우리 동국東國을 개창하신 시조가 단군이 아닌가. 그러나 오늘의 우리가 단군시대를 반신반의함이 창세기 읽듯함과 같으니 과연 단군시대가 불가사의의 시대인가.

토지의 역사가 있는 것만 알고 민족 역사의 있음은 알지 못한다. 이 동국의 땅을 차지하던 민족이면 그 어느 종족임을 불문하고 모두 우리 조상으로 생각하고 또 이 동국 땅을 지배하던 민족이면 그 어느 나라 사람임을 불구하고 이를 모두 우리 역사 속에 넣는다. 오! 그 몽매함이 어찌 이에 이르렀는가."

고조선이 망한 뒤 오랜 분열기에 접어든다. 물론 분열 자체도 불행한 일이었지만 고구려가 망한 뒤 만주 땅을 잃게 된 것은 더욱 불행한 사건이라 인식되었다.

"오호라. 여余가 동국사를 읽다가 고구려가 멸망하던 때에 이르러서는 우리 역사의 일대액一大厄을 조吊하니 단군이 창업한 지 2천여년에 왕조가 동부여, 북부여로 분립하니 북부여가 고구려였다."

대륙의 강역을 상실한 뒤 민족사는 외적에 대하여 침략적 특성을 드러냈던 것이 바뀌어서 피침략적 성격의 역사가 되었다. 즉 국난극복사요 민족수난사가 되었던 것이다. 또 대륙의 강역을 되찾지 못한 이상 신라통일을 인정할 수 없고, 발해와 신라의 남북조시대 삼국시대의 연속이었다고 할 수밖에 없었고, 신라통일은 진정한 의미의 통일이 아니라 반변적半邊的 통일이었다는 것이다.

"동국의 단군 이후에 일인一人도 능히 통일한 자 일미유一未有하다 함이 가可하니 하고何故오. 왈曰, 부여 중엽에 왕강王網이 점쇠漸衰한 이후로 북한 일대에는 기씨箕氏 위씨衛氏 및 말갈, 예맥 등이 치장鴟張하며 남한 일대에는 허다한 토추土酋가 자립하였으니 이는 단군 구역이 분열되어 십수 국이 된 시대며, 다음에는 고구려가 한수漢水 이북에 건국하여 신라 백제는 한수 이남에 병립하였으니 이는 십수 국이 합하여 삼국된 시대며, 또 그 다음에는 고구려가 망하여 발해가 되고 백제가 망하여 신라에 합하였으니 이는 삼국이 합하여 양국이 된 시대요, 그 다음에는 발해가 망하여 압록 이서以西의 토지는 드디어 거란, 몽고 등 이족異族에게 주고 아我 단조檀祖 구강舊疆의 반폭半幅은 지금 9백여 년을 실하였으니 우리 고려 태조가 아동我東을 통일하였다 하며 이조李朝 개국에도 옛 아동을 통일하였다 하는 이는 반변적 통일이요 전체적 통일이 아니라."

조선상고사朝鮮上古史

단재사학의 특징으로 들 수 있는 것은 그 뚜렷한 문제의식이라 할 수 있다. 어찌하여 우리 민족사가 그토록 외적의 침략을 받으며, 약소국 행세밖에 하지 못하다가 일제 침략까지 받게 되었는가 하는 것이었다. 한마디로 말해서 단재가 추구한 한국사의 대문제는 망국의 역사적 원인이었다. 이 점에 대하여서도 이미 20대의 젊은 단재에게 있어 확연히 의식되고 있었다.

그런데 한 가지 주목되는 사실은 그가 망국의 책임을 고려시대의 역사가 김부식에게 물었다는 것이다. 그가 늘 역사가의 사명이 무겁다고 말한 것은 그 자신보다 김부식의 예를 두고 한 말이었다.

『동사강목』의 저자 안정복이 우리가 요동 땅을 버리게 된 것을 이태조의 위화도 회군 때문이라 한 일이 있는데, 단재는 한 나라의 흥망성쇠가 일조일석에 이루어지는 것이 아니라 그 유래가 오랜 것이므로, 더 멀리 원인을 추적하면 김부식이 발해국을 우리 민족사에서 제외한 데서 비롯되었다고 주장하였다.

"안정복씨의 동사東史를 읽다가 아태조我太祖가 동녕부東寧府를 공벌攻伐

할 때에 장구갱진長驅更進하여 오동과 만주를 병탄치 못하고 그 뒤에 원元 평장사平章事 유익劉益이 요양십삼주遼陽十三州로 아국에 귀부歸附하거늘 이를 받지 않고 명조에 귀부케 한 고로 압록강이 마침내 일대철계한 一大鐵界限이 되고 천하약국됨을 불면不免하였다 하니 이는 하나만 알고 둘은 몰랐도다.

대저 일국의 성쇠존망이 일조일석의 고故가 아니오, 그 유래한 바가 필원하나니 결과를 보고 원인을 추적하지 않음이 어찌 옳으리오. 아 태조 고황제高皇帝시에 유익의 귀부를 인수引受함은 뒤의 압록강 이서를 실失한 원인이거니와 이 결과를 낳은 원인이 무엇인가 하면, 즉 김부식이 편사編史함에 발해국을 아사我史에 부재不載함이 그 원인이라 하노라."

"발해사를 우리 민족사 밖으로 내쫓는다면 어느 나라 역사 속에 넣으란 말인가" 하고 반문하면서 단재는 발해의 대씨大氏가 단군의 자손임을 강조하였다.

"오호라, 아국이 압록 이서를 버리고 적국에 준 것이 어느 때부터였을까. 왈 김부식이 〈삼국사기〉를 편찬하던 때부터라 할 수 있다. 왜냐, 발해 대씨의 혈통은 단군의 자손이요, 그 인민은 우리 부여의 종족이오, 그 강토는 고구려의 옛 땅이니 대씨를 아국사에 넣지 않으면 누구를 넣을 것이며 대씨를 아국사에 안 넣으면 어느 나라 국사에 넣으리오."

이처럼 김부식의 『삼국사기』가 있은 뒤 압록강은 중국과 우리나라의 본래 적국계선敵國戒線이라 인식되어 덮어놓고 압록 이서의 땅은 우리나라가 아니요 압록 이서의 민족도 우리 민족이 아니라 생각하게 되었던 것이다.

> "당당한 고구려의 유민으로 고구려 구토에 자립한 발해국을 아我 동사東史에 불착不着하고 압록 이서의 천지는 하인何人이 점유하든지 우리가 알바아니다하는 고로, 수백년래 동국인의 마음속에는 우리강토彊土도 오로지 압록 이동 강토라 하니 압록 이외 일보를 넘어갈까 두려워 할 뿐이로다."

이러한 민족 강역에 대한 잘못된 인식으로 그 뒤에 단군의 발생지가 외족에게 빼앗기게 되어도 상관하지 않는 전통이 생겼다는 것이다.

> "시이是以로 고려 혜종 때 거란契丹이 대씨大氏를 파하여 만주 전토를 차지하며 우리 단군의 발생지가 외족에게 빼앗겼는데, 이때에도 압록강 이동만 지키면 된다하면서 민족의 분노를 느끼지 않았던 것인데 이것은 김부식이 발해를 우리 역사에 넣지 않아 만주땅이 우리 민족의 소유 됨을 알지 못한 때문이다."

가장 애석하게 생각되는 것은 강감찬, 강민첨이 거란을 쳤을 때 발해 유민이 발해 광복운동을 벌였으나, 고려가 이들에 대한 구원을 거절한 사실이며, 이어 고려 말에 최 영이 요동 땅을 되찾으려 했는데, 이성계가 이를 좌절시킨 사실이다. 이 모든 사건이 결국 김부식의 역사 서술에 기인한다고 단재는 확신하였다.

"그 뒤 강감찬, 강민첨이 거란과 싸워 그 20만 대군을 파하고 압록강에 다다랐을 때 발해 유민이 이 소식을 듣고 일제히 분기하여 왈, 우리 조국의 병력이 이러하니 우리가 이때를 타서 우리 조국의 힘을 빌어 거란을 격파하고 대씨의 사직을 재건하여야 되겠다고 외치며 고려에 구원을 요청하였으나, 이때에도 압록 이남만 지키고 진취할 사상이 없었다. 이 또한 김부식이 발해를 우리 역사에 넣지 않아 압록 이북의 민족이 바로 우리 동족임을 모른 때문이다.

또 고려 말년에 이르러 우리 수륙군 도원수 최 영이 백전백승을 내어걸고 대병大兵으로 요심遼瀋을 병거幷擧코자 할 때가 곧 우리 부여 민족의 수백 년 잃어버린 구강을 회복할 기회이거늘 이때에도 또 국내의 권리를 상쟁相爭함에 급급하여 압록 이외 일보지一步地를 찾아 갖지 못하였으니, 이 또한 김부식이 발해를 우리 역사에 넣지 않아 압록 이외 수십만 방의 토지가 본래 우리 땅인 줄 몰랐기 때문이다."

세상에 하나의 역사만 있으란 법은 없다. 19세기에 단 하나의 역사, 랑케사학만 있었을 때 람프레히트나 부르크하르트의 역사학은 이단이었다. 그러나 20세기에 들어와서 랑케사학의 정통성이 의문시되어 새로운 역사학이 나타나게 되자 이단시되었던 람프레히트나 부르크하르트의 역사학은 복권되었다.

그렇듯이 단재사학도 이단 아닌 정통, 비주류가 아닌 주류로 복권되어 가고 있다. 그것은 민족사를 보는 생각이 서서히 자리를 옮기고 있다는 증거다. 왜 우리는 약소 민족인가 하는 나약한 물음을 우리 민족사에게 던지기보다 왜 우리는 강대 민족이었는데 지금 약소 민족이 되었는가? 어떻게 하면 우리는 왕년의 강대민족 시대를 재연할 수 있을까 - 하는 적극적이고 낙관적인 물음을 던져야 한다는 생각이 날로 강화되고 있는 오늘, 매양 민족사를 축소시켜 생각하던 지난날의 과오를 뉘우치지 못하고 있다. 그러나 우리 역사를 사실 이상으로 과장하자는 것이 아니다. 단지 축소 당했던 역사, 축소당했던 지도, 위축되었던 우리의 마음을 원래 있던 원상태로 만들어보자는 것 뿐이다.

무엇이 식민사관植民史觀인가

갈라진 학맥學脈

지금 생각하면 1982년 일본 교과서의 한국사 왜곡문제는 한때의 거품처럼 사라진 느낌이 든다. 그러나 그때 이후로 국내 학계가 받은 충격의 여파가 가시지 않은 것도 사실이다. 식민사관의 문제는 단지 한국사 해석의 문제만으로 끝나는 것이 아니라 크게는 민족문화의 본질 그리고 오늘의 우리나라 문화 전반의 문제와도 관련되는 중요한 고리이다. 나는 감히 오늘과 같은 문화풍토에서는 일대 문화혁명이 일어나야 한다고 믿고 있다. 문화혁명이란 말이 부적당하다면 다른 말을 써도 좋다. 일제日帝가 남긴 모든 문화 식민주의를 씻고 청산하는 문화혁명이 전개되기를 바라는 마음만 드러난다면 무슨 말을 쓰든 상관없다고 생각한다.

역사가는 모름지기 '안락의자에 앉아서 역사를 관망하는 안이한 태도를 취해서는 안 된다'고들 말한다. 물론 이 말의 본의는 딴 데 있으나 나에게 있어서는 이 말을 '정치적으로 무색투명한 역사 서술이 결코 좋은 역사'가 아니라는 뜻으로 받아들이고 싶다. 연구실에 틀어박혀 역사자료만 들여다보는 역사가는 오늘의 문제를 등한히 하기 쉽고 투철한 역사의식을 갖지도 못하기 때문이다.

이런 관점에서 오늘의 한국 사학을 비판해 볼 때 앞에서도 지적하였듯이 학계를 크게 가·나·다의 세 파派로 나누어 각기 그 특성을 다음과 같이 지적할 수 있을 것이다.

가파- 단재 신채호의 고대사관과 백암 박은식의 근대사관을 계승하여
　　　단군의 역사적 실재성實在性을 확신하고 독립운동사를 충실히
　　　서술하는 역사가들.
다파- 일제 식민사관에 빠져 헤어나지 못하는 사람들로서 단군을 단순
　　　히 신화적 인물로 보며 독립운동사 서술을 소홀히 하는 역사가
　　　들.
나파- 가파와 다파를 절충한 집단으로 중간파라 할 수 있는 어중간파.

이 3분법은 필자의 독창적 주장이 아니라 최근에 발견된 고故 장도빈
張道斌(1888~1963)의 유고遺稿에 나와 있는 것이다. 물론 이 3분법을 액면
그대로 해석할 필요는 없다고 생각한다. 단재나 백암의 주장대로 표현
한다면 얼빠진 역사가가 되지 말라는 교훈이며 얼이 있는 역사를 서술
하라는 경고로 받아들일 수 있는 것이다.

식민사관의 극복이란 다름아닌 다파와 나파를 없애고 가파를 명실공
히 한국사학계의 주류主流가 되어야 한다는 말로 바꿀 수 있을 것이다.
광복 후의 한국 사학자들은 근대적인 역사학을 하게 된 제2세대라 할
수 있고, 바야흐로 젊은 3세대가 나타나 활동하기 시작하고 있다. 그런
데 한국 사학의 제1세대가 민족사학과 일제 식민사학으로 갈리었던 일
제강점기의 전통이 오늘에 계승되어 아직도 청산하지 못하고 있으니 통
탄할 일이 아닐 수 없다.

이런 관점에서 이 글은 첫째, 일본 교과서의 한국사 왜곡실태를 보고
그 이론과 배경을 검토할 것이며, 둘째로 어떻게 하는 것이 구체적으로
식민사관을 극복하고 민족사관을 정립하는 길인가를 알아보기로 하겠
다.

상처의 부위部位

앞에서 지적한 바와 같이 일본 교과서는 한국사를 교묘히 왜곡하고 있는데 우리로서는 마치 지난날의 일본 제국주의의 망령을 보는 듯하고 다른 한편 국내 사학계가 한층 더 분발하여 왜곡된 우리 역사를 바로잡는 데 힘써 주기를 소망하게 되는 것이다.

일본 교과서가 본질에 있어 일제시대의 군국주의적 환상에 터를 잡고 있는 것은 사실이지만, 그 근본 동기는 초라한 서들의 일본사를 미화하고 과장하려 한 데서 비롯된 것을 알아야 한다. 즉 일본사는 약간 과장한다거나 미화하는 것만으로는 부족하고 꼭이 날조하여야만 충분히 일본 민족의 자존심을 살릴 수 있다-바로 이 점에 한국사 왜곡의 근본동기가 숨어 있는 것이다. 이웃 민족의 역사를 중상함으로써 자기 나라 역사를 영광되게 하자는 속셈이다.

안중근安重根 의사의 표현을 빌면, 일본은 중국과 한국에 이은 막내 동생인데, 아버지가 죽고 유산을 나누어 갖는데 형들 몫을 다 차지하려고 욕심을 부리고 있다. 일제 침략을 일본인 재판장에게 마치 국민학교 학생 다루듯 알기 쉽게 설명해 준 안 의사의 말처럼 일제의 한국사 왜곡은 일제의 무력침략에 이은 문화침략이었던 것이다.

그들이 한국사를 왜곡한 것은 기실 자기네 일본사를 왜곡하기 위한 것이었음을 잊어서는 안 될 것이다. 역사란 흔히 왜곡되기 마련이다. 왜곡되지 않은 역사를 찾아보기 어렵다. 그러나 일본의 한국사 왜곡처럼 날조에 가까운 역사 왜곡은 달리 발견하기가 어렵다.

한사군漢四郡

그러면 먼저 고대사와 중세사의 왜곡으로부터 살펴보기로 하자.

최근 우리나라와 일본에서는 구석기시대 유적이 발견되어 빙하시대에 인간이 살고 있었던 사실이 밝혀졌다. 빙하시대에는 한국과 일본이 육지로 연속되어 있었기 때문에 한국의 구석기인이 일본으로 건너가서 살았을 것이 확실하다. 그 좋은 증거가 우리나라 충청남도 석장리와 일본 구주九州의 구석기가 서로 같은 양면 가공기술에 의해 제작되었다는 사실일 것이다.

지금으로부터 1만 년 전에 빙하시대가 끝나 바다의 수면이 서서히 높아져서 일본과 한국은 현해탄으로 가로막혀 서로 왕래할 수 없는 땅이 되었다. 그럼에도 불구하고 두 지역의 신석기나 토기의 기법이 서로 비슷한 것을 보아도 한국으로부터 일본 열도로의 이주가 끊긴 것이 아님을 알 수 있고, 원시적인 화전농법을 아는 한국의 조상들이 무리를 이루어 일본 열도로 건너가 그곳에 처음으로 농경 기술을 전파한 것으로 추정되고 있다.

물론 일본 교과서는 이와 같은 사실을 절대 인정하지 않는다. 인정하지 않을 뿐 아니라 일본 교과서에 나오는 최초의 한국관계 기사는 중국의 한무제漢武帝에 의해 정복당한 식민지 조선, 즉 낙랑 등의 한사군漢四郡이다. 즉 그들은 이전에 고조선의 오랜 역사가 있었던 사실에 대해서는 일언반구 언급하지 않고 처음부터 조선은 식민지였다고 서술하고 있는 것이다.

청동기 문화도 우리나라에서 일본으로 건너갔다. 그런데 일본 교과서에 한사군 기사가 나오는 것은 이때에 와서야 비로소 조선이 중국인에게 철기鐵器를 배웠고, 일본도 한반도를 거쳐 철기를 쓰게 되었다는 그릇된 사실을 서술하기 위한 것이다. 그러나 우리나라가 철기를 쓰게 된 것은 그보다 5세기나 이전의 일이고, 일본으로 이를 전해준 것도 3세기 전의 일이니 일본 교과서의 서술은 전혀 문제도 되지 않는 낡은 옛 학설을 근거로 한 것이다.

더욱이 중국의 한漢이 조선에 한사군을 설치했다는 사실 자체가 애매하여 오늘날 믿기 어려운 것이다. 사마천司馬遷과 같은 세계적인 중국의 역사가가 당시에 살고 있었는데도 그가 한사군의 존재를 기록하지 않은 것으로 보아 더욱 한사군이 없었다는 것을 확인할 수 있는 것이며, 설혹 있었다 하더라도 그 위치가 반드시 대동강 유역이라 단정할 근거가 없는 것이다. 그러므로 우리가 문제 삼고 싶은 것은 왜 일본인 역사가들이 굳이 한사군을 좋아하는가에 있는 것이다.

임나일본부任那日本府

한국 고대사에서 일제 식민사관을 가장 노골적으로 드러낸 부분이 4세기 후에 남한에 일본의 식민지 총독부 즉, 임나일본부가 설치되었다는 어처구니없는 날조다. 이때 일본의 야마토大和 국가가 있어 대군을 김해평야에 진주시켜 무려 200년 동안이나 김해를 식민통치하였다는 이야기인데 이것처럼 엉터리 주장은 없다.

한 현행 고등학교 일본사 교과서(東京書籍)를 보면 이렇게 나온다.

"일본인은 일찍부터 철鐵을 찾아 조선 남단의 변한弁韓과 교섭을 가지고 있었으나 야마토조정大和朝廷은 이 땅을 미마나任那라고 불러 관가(官家, 註·日本府라고 불렀다. 일본이란 호칭은 7세기 이후의 것이라고 한다)를 두었다. 그리하여 4세기 후반부터 5세기 초에 걸쳐서는 자주 고구려와 싸우고 백제를 그 세력 하에 두고 한때 신라까지 복속시켰다." (p.25)

이어 이 교과서는 5세기를 통하여 왜倭는 '중국의 남조南朝에 사신을 보내어 중국 왕조의 권위를 빌어 조선의 지배권을 강화하려 하였다'고 보충설명까지 하고 있으나 당치도 않은 말이다. 이 교과서를 읽는 일본 고등학교 학생들은 생각할 것이다. 한국은 벌써 4세기부터 우리 식민지 였구나 하고.

괄호 안에 '일본부란 호칭이 7세기 이후'라 한 각주도 오해하기 쉬운 것인데 4세기에서 7세기 이후까지 계속 그런 통치기관이 있었던 것 같은 인상을 주고 있기 때문이다.

어쨌든 앞서 일본 교과서에서는 한사군으로 조선이 처음부터 중국의 식민지였다고 소개되었는데, 또다시 일본의 식민지로 소개되니 아무리 유능한 교사가 공정하게 가르친다고 하더라도, 학생들에게 조선은 본래 부터 식민지였고 자주성이 없는 민족이었다는 강한 인상을 떨쳐버릴 수 없을 것이다.

본래 이 설이 조작된 것은 일제강점기였다. 일제는 그때 '조선은 4세기 에 오오진應神 천황이 삼한정벌三韓征伐을 했을 때부터 우리의 복속국'이 었다는 설을 조작했다. 명치明治 초년의 이른바 정한론征韓論을 역사적으 로 입증하고, 일제 침략과 식민지 통치를 정당화시켜 주었던 이 왜곡 부 분이 패전 후에도 버젓이 교과서에 살아남아 있는 것은 지금의 일본이 진지하게 역사적 반성을 하지 않았다는 것을 증명해 주는 것이다.

이미 널리 알려진 일이지만 '야마토 정권의 조선 출병과 임나일본부의 설치'를 입증해 주는 문헌 사료는 광개토대왕비와 『일본서기日本書紀』였 다. 『일본서기』라는 일본측 사료는 『고사기古事記』라는 또 하나의 일본 사료와 함께 그 사료적 가치가 적이 의문시되고 있는 것으로서, 이 두 자 료만 가지고 일본 고대사를 연구하는 역사가들의 견해를 기기사관(記紀

史觀- 고사기와 일본서기의 記와 紀를 딴 말)이라 경멸할 정도이다.

우리나라에서 『삼국사기』나 『삼국유사』만 가지고 한국 고대사를 연구하는 학자가 있다면 아마 일본의 '기기사관'과 같은 역사가라해야 할 것이다. '기기'는 모두 천황제 국가의 정통성을 주장하기 위해 원초적으로 왜곡된 역사서였기 때문에 신공황후神功皇后의 신라정토新羅征討운운의 기사는 처음부터 작자의 날조에 의해 나온 기사였다.

그러므로 일제 식민 사학자들은 임나일본부설을 입증하기 위해 한국 측 사료인 광개토왕비를 들지 않을 수 없었는데, 막상 비문을 읽어보니 그들이 생각했던 내용과 달랐다. 그래서 이 비문마저도 일본 군부가 날조한 것이다. 광개토왕 비문의 다음 부분이 날조되었다는 구절이다.

…百殘新羅舊是屬民由來朝貢而倭以辛卯年來渡海破百殘□□□羅
以爲臣民……

이것을 종래 일본인들은, '백제와 신라는 본시 속민屬民이었으므로 조공을 하였다. 그런데 왜가 신묘년(391년)에 바다를 건너와서 백제와 □□□신라를 무찌르고 그로써 신민臣民으로 삼았다'고 해석하면서 기뻐하였다.

여기에 대하여 한국 측에서는 여러 가지 의문을 제기하였다. 즉, 첫째, 왜倭란 야마토 정권이 아니라 백제 이주민이 서일본 구주九州에 세운 나라다. 둘째, 위의 구절을 해석하는데 '이왜이신묘년而倭以辛卯年'의 앞뒤에 구두점을 찍어 따로 떼어 읽으면 주어가 고구려가 되어 '고구려는 바다를 건너 백제를 치고 신라를 □□하여 신민으로 삼았다'라고 해석된다. 셋째로, 비문 중 마멸된 부분은 발견자 일본군 사카와酒勾景信 중위에 의해 개삭改削된 것이며 '倭'자는 '後'자에 횟가루 칠을 해서 위작僞作한 것으로 추정되고 있다.

이밖에도 4세기에 지금의 나라奈良 부근에서 건국했다는 야마토 국가라는 것 자체가 과연 국가라고 할 수 있느냐는 의문이 제기되고 있고, 당시의 조선술로 보더라도 나룻배를 타고 어찌 수만 명의 군대를 해마다 조선으로 실어 나를 수 있었겠는가라는 의문도 제기되고 있다. 이렇게 황당무계한 고대 조선 식민지설이 아직도 일본 교과서에 버젓이 실려 있는 까닭은 왕년의 군국주의 교육에 대한 자가비판이 전혀 없거나 게을리 했기 때문이라고 할 수밖에 없다.

대화국가大和國家

굳이 일본이 4세기에 고대국가의 성립을 보게 된 것처럼 꾸미고 있는 것은 이웃과 선진지역 한국에 신라, 백제, 고구려의 삼국이 성립되었기 때문에 같은 시기에 일본에서도 국가가 성립된 것으로 해야지, 그렇지 않으면 일본의 위신이 서지 않기 때문이었다. 그러나 최근 학자들은 실제로 일본에 고대국가가 성립된 것은 신라가 삼국을 통일하는 7세기경으로 보고 있다. 이른바 대화개신大和改新(646년)이라는 개혁으로 일본이 당唐의 율령제도律令制度를 받아들여 천황제 국가를 확립하는 시기가 곧 7세기이다. 『일본서기』라는 엉터리 사서도 이때의 작품이다.

그런데 재미있는 것은 이 대화개신의 주역으로 추측되는 타카무코노 겐지高向玄理라는 인물의 배후에는 신라의 김춘추가 활약하고 있었다는 사실이다. 『일본서기』는 김춘추가 신라의 볼모로 일본에 왔다고 기록하고 있으나 이는 믿을 수 없는 기술記述이고, 사실은 김춘추를 모셔다가 정치개혁을 단행한 것이라 해석되어야 한다. 왜냐하면 이 개혁으로 4세기부터 일본에서 실권을 잡아오던 백제 계통의 한국 이주민天皇族이 김춘추가 개입하여 단행된 대화개신으로 신라계통의 한국 이주민에게 실권을 빼앗겼던 것이다. 그러나 26년 뒤 일본에서는 임신의 난壬申亂(672년)이 일어나는데, 이것은 백제계가 대화개신 때 잃어버렸던 실권을 탈환하려고 일으킨 쿠데타였던 것이다. 이 사건으로 백제계 이주민에게 패한 신라계 이주민이 탈권 당하게 되는데, 이때 본국에서 백제가 망하고 신라가 이겨 삼국을 통일한 것과는 정반대로 일본에서는 백제계가 신라계를 눌러 나라를 세우게 되었다.

이처럼 7세기에 일본에 일어난 대화개신이니 임신의 난이니 하는 정치변동은 신라와 백제로부터 건너간 유민인 진씨秦氏와 한씨漢氏의 세력다툼에 지나지 않았는데, 이들이 일본에 끼친 문화적 영향은 방직, 양잠, 피혁 가공, 도자기 제조술 등 다방면에 걸친 것이었다.

이밖에도 이들 한국 유민들은 일본 종교에 큰 영향을 끼쳤다. 지금 중부 일본 일대에 수백을 헤아리는 신사神社 가운데 신라, 고구려의 국명을 따거나 성姓을 딴 이름이 많다. 이것은 모두 일본 고대사회에 조상숭배 신앙을 가르친 한국인의 얼이 숨어 있다는 것을 말해 주는 것이며, 오늘의 일본 사회에까지 그 영향을 끼치고 있는 것이다.

반몽항쟁反蒙抗爭

13세기에 고려가 몽고의 침략을 받았는데 40년간이나 항쟁하였다. 아시아와 유럽의 거의 모든 땅을 차지하여 세계제국을 이룬 몽고가 고려를 굴복시키는 데 40년이나 걸린 것은 참으로 놀라운 사실이다. 바로 코앞의 고려를 정복하는 데 그렇게 오랜 세월을 소모하리라고는 생각하지 못했을 것이다. 그러나 일본 교과서에 보면 고려의 항쟁으로 일본이 얼마나 덕을 입었는가를 강조하는 대신 고려는 몽고에 힘없이 굴복하였을 뿐 아니라 몽고와 연합하여 일본을 침략하였으니 주체성도 없고 힘도 없는 민족이구나 하는 인상을 주고 있다. 일본의 양심적인 한국사학자 하타다旗田巍 교수는 고려의 항몽抗蒙 투쟁이 일본에 끼친 영향을 다음과 같이 서술하고 있다.

　　"원元의 일본 침공이 지연되고 일본의 피해가 줄어든 것은 고려의 저항
　　덕이었으니 일본 교과서는 이 점을 기술하여야 한다."

　몽고가 고려에서 삼별초군三別抄軍을 무찌른 것이 1273년이었으니 몽고침략 개시 이후 42년 만의 일이었고, 이듬해 병선兵船 900척을 동원하여 일본을 쳤으니 몽고의 일본 침략은 고려의 항전으로 40년간이나 지연된 것이다. 더욱이 여몽연합 함대가 하룻밤의 태풍으로 모조리 침몰한 것은 고려의 목수들이 태업怠業을 한 덕분이었다. 고려 목수들의 조선술은 당시로서는 세계적 수준이었다. 신라시대에 장보고가 서해를 누빈 것은 우연한 사실이 아니었다. 후술하는 바와 같이 우리나라는 일찍부터 용골龍骨 배를 만드는 기술을 알고 있었기 때문에 만일 고려 목수들이 태업하지 않고 제대로 배를 만들었더라면 절대 하룻밤 폭풍에 모두 침몰하지 않았을 것이다.

　일본 교과서가 일본 군국주의적 망상에서 깨어나지 못한 또 다른 증거는 그들의 왜구倭寇라는 해적행위를 '일본민족의 진취적 기상'의 상징으로 서술하고 있는 데서 발견된다. 고려와 중국의 연안에 막대한 피해를 입혔던 왜구는 일본 민족의 역사적 치부였음에도 불구하고 이것을 자랑으로 치켜세우고 있는 것이다. 더욱이 이 자랑스러운 해적행위로 고려가

망하고 원元까지 망했다고 설명하고 있으니 어처구니 없는 설명이다.

사실 고려와 일본 정부는 왜구의 소굴 대마도對馬島를 세 번(고려 두 번, 일본 한 번)이나 정벌하여 두 나라의 친선관계를 유지하려고 노력한 바 있다. 정부 차원에서만 아니라 민간 차원에서도 무역이 활발하여 고려는 일본에다 대장경 등 불교 경전과 불상, 종, 인삼, 꿀, 호랑이가죽 그리고 옷감을 수출하였고, 일본은 고려에 구리, 주석, 유황, 염료, 후추 등 원료를 수출하였다. 특히 고려 면포綿布의 수출은 18세기에 일본이 면포를 자급자족할 수 있을 때까지 계속되었고, 또 고려의 다도茶道와 수묵화水墨畵가 일본으로 건너가기도 하였다.

임진왜란壬辰倭亂과 조선통신사朝鮮通信使

일본 교과서는 임진왜란을 미화시키고 있다. 16세기에 17만 대군으로 조선을 침략한 임진왜란은 4세기에 삼한 정벌을 자행한 일본으로서 매우 자랑스러운 일이라 여겨왔는데, 그것은 일본 군국주의자들의 사고방식을 반영한다.

그리하여 일본 교과서는 첫째, 이 침략전쟁이 전적으로 조선이 일본의 입공入貢 요구를 거절한 데서 비롯되었다고 서술함으로써 전쟁의 책임을 피침략국인 조선에 뒤집어씌우고 있다. 둘째, 이 침략전쟁은 명군明軍의 개입과 조선 의병의 활약, 그리고 이순신의 분전 등으로 일본군이 패전한 것인데 마치 일본군이 이긴 것처럼 서술하고 있다. 그것은 일본군의 비참한 패전 사실을 빼고 승전 사실만 강조함으로써 자기네가 패전한 사실을 승리한 것으로 왜곡하고 있다.

더욱 가소로운 것은 왜군이 조선에서 자행한 살육행위는 덮어두고 왜군이 군율을 조금도 어기지 않은 모범적인 군대였던 것처럼 서술하고 있는 것이다. 사무라이武士 정신 때문에 왜군이 조선에서 신사적으로 놀았다는 것인데 임진왜란 때의 귀를 베고 코를 벤 왜군의 만행은 명명백백한 사실이다. 그런데도 그걸 감추어 침략전쟁의 정당성을 강력히 시사하려 하고 있는 일본 교과서의 저의는 무엇인가.

임진왜란이 끝난 뒤 일본의 토요토미 정권이 넘어지고 새로운 도쿠카와 막부德川幕府가 서게 되었는데, 새 정권은 조선에 대한 국교 재개에 전력을 기울였다. 그 결과 8년 만에 국교가 재개되었다. 물론 일본이 조선에 충분한 사죄를 한 뒤의 일이었다. 이 조일 국교재개朝日國交再開로 일본은 조선통신사朝鮮通信使를 맞게 되고 대대적인 환영 접대를 하게 되었는데 쇄국 일본으로서는 커다란 영광이요 문화적 경사였다.

260년간의 일본은 세계사에서 철수한 거나 다름없이 '문 닫은' 시대였다. 그런 일본에 조선통신사가 찾게 된 것은 큰 은혜라 할 수밖에 없었다. 신라와 고려시대는 왜구, 조선시대는 왜란으로 일본은 말할 수 없이 우리를 괴롭혔다. 우리도 신라 때 일본을 침략한 일이 있으나 그 뒤에는 단 세 번 대마도를 공격한 일 이외에 줄곧 일본에 문화적인 은혜만을 입혔다.

특히 임진왜란 이후 도쿠카와 막부의 사죄와 애걸로 통신사를 보내어 쇄국 일본에 선진문화를 심어 주었다. 이 같은 한일관계의 역사를 빼고 일본의 역사를 공정하게 쓴다는 것은 전혀 생각할 수도 없는 일이지만, 그들은 우리에게 받은 것을 숨기고 그들이 우리를 침략한 사실만 크게 찬양하고 있는 것이다.

침략侵略이냐 시혜施惠냐

일본 교과서의 한국 근대사 왜곡은 특별히 우리의 감정을 상하게 하고 있다. 임오군란은 정권욕에 불타는 대원군의 쿠데타로 묘사하고 청일전쟁은 동학란 때문에 일어난 것으로 그 책임을 피침략자인 우리에게 뒤집어씌운다. 안중근 의사가 이토오히로부미를 저격했기 때문에 일본이 한국을 병합했다는 서술도 역시 사실의 왜곡이다.

가장 우리를 모독하는 대목은 3·1운동을 폭동으로 취급한 부분이다. 지금까지 그들은 3·1운동을 '3·1사건'이니 '만세운동'이니 하는 그릇된 이름을 붙여 은근히 우리의 독립운동을 모독하여 왔었는데, 이제는 '폭동'이라 불러 일제 침략 사실을 정당화하고 있는 것이다.

한마디로 말해서 일본 교과서는 일본사와 한국사를 왜곡 날조한 과거의 군국주의 역사관을 그대로 계승하여 일본 민족의 우월성을 강조하고 한민족의 열등성과 비자주성을 시사하고 있는 것이다. '우리는 너희에게 받은 것이 없다'는 입장에서 한국 고대사와 중세사를 왜곡하고, '우리는 침략하지 않고 은혜를 베풀었다'는 입장에서 근대사마저 왜곡하고 있는 것이다.

일본의 역사 교육이 이처럼 근본적으로 문제점을 안고 있는데도 그들이 수정을 꺼려하고 있는 것은 그 배후에 일본의 재무장 그리고 일본 주도하의 아시아 건설이라는 망상이 작용하고 있기 때문이다. 특히 한국은 일본의 대륙진출에 꼭 필요한 발판이므로 말 잘 듣는 민족, 고분고분하는 나라로 만들어야 한다고 생각하고 있는것이다. 과거 한일병합 때 나라를 파는 데 앞장섰던 이용구李容九를 애국자로 둔갑시키려 하고 있는 것도 그 저의는 3천만이 모두 이용구 같은 친일파가 되어 달라는 어처구니없는 그들의 야망 때문이다.

일본 교과서의 한국사 왜곡은 자라나는 두 나라 젊은 세대에게 지울 수 없는 민족 감정과 편견을 심어주는 중대한 결과를 가져올 것이다. 역사는 반성이다. 반성 아닌 역사는 무서운 독소를 품고 있다. '나쁜 역사가 주는 해독은 핵무기보다 더 무섭다'고 한 말을 되새기며 일본사를 다시 근본적으로 재검토하여 그 침략주의적인 부분을 완전히 제거하지 않는 한 왜곡문제는 해결될 수 없을 것이다. 다시 말해서 부분적인 단어나 구절의 수정만으로는 이 문제가 해결되지 않을 것이라는 말이다.

일제식민사학의 이론적 기초

구사학舊史學과 식민사관의 결합

말하자면 우리의 민족사는 일본인 한국 사학자들에 의해 낭자하게 유린당한 것이고, 그것이 광복 60년 동안 그대로 방치되어 왔다고 말하면 지나치다고 할지 모른다. 그러나 필자가 말하고 싶은 것은 이미 죽은 거나 다름없이 난도질당해 쓰러진 한국사를 회생시키는 데는 지금까지와 같은 미온적인 자세만 가지고는 도저히 시정될 수 없고 근본적인 수술이 필요하다는 것이다.

근본적인 수술이란 무엇인가? 그것은 일본 식민사학의 밑바닥에 깔려있는 랑케사학을 부정하는 일이라 생각한다. 랑케사학을 그대로 둔 채 아무리 일본 식민사학을 공격해 본댔자 성은 무너지지 않을 것이기 때문이다.

랑케사학을 오늘날 구사학舊史學이라 부르고 있다. 구사학이란 무엇인가를 따지면 식민사학이 무엇인가는 저절로 알게 되리라 생각한다.

아시다시피 구사학은 중세 1천년을 지배하여 온 기독교 사관을 부정하는 데서 시작되었다. 구사학이 아시아로 도입되었을 때는 유교와 불교의 전통적 역사학과 부딪쳤다. 그들은 이것을 비과학적이라는 누명을 씌워 고물화함으로써 신사학인 랑케사학은 침략의 피해자보다 침략자를 위한 식민사학으로 변신하였다. 우리나라의 경우는 유교적 역사해석과 춘추필법이 랑케사학의 침략적 역사해석에 도전하는 방파제가 되었으나 단지 그것만으로는 힘이 부족하였다. 도리어 유교적 역사해석을 비판하지 아니하고서는 제국주의 침략자들의 정당성을 부정할 수 없는 실정이었다. 여기서 우리의 민족사학은 단지 과거적 사실의 탐구가 아닌 현실 해석의 중요한 수단으로 등장하게 되었다.

랑케사학이 성서적聖書的 역사해석을 부정하고 또 유교적 역사해석을 허구화시키는 데 있어 가장 중요한 이론은 어떤 역사서술도 확실한 문헌적 근거 없이는 안된다는 이른바 문헌 고증주의文獻考證主義였다. 그래서 '랑케사학에서 문헌 고증주의를 빼고 나면 일단의 고루한 철학적 정치적 이데올로기만 남게 된다'고 할 정도로 고증과 실증은 랑케사학에 있어 중요한 의미를 갖고 있었다.

랑케학파에 따르면 모든 역사적 진실은 문헌 사료史料 속에 있다. 역사적 인물들의 동기와 의도는 사료 속에 나타나는 법이다. 그러므로 문헌의 자구 해석만 잘 하면 역사의 진실이 절로 드러난다. 문헌의 자구 해석만 잘 하면 역사의 과학적 확실성이 보장된다는 것이라고 그들은 확신했다. 사료는 꼭 1차 사료이어야 하며 그렇지 않을 때는 가치가 대폭 삭감된다. 사료의 신빙성과 확실성을 확보하기 위해서는 또 사료 비판을 해야 하고 이러한 비판을 거쳐 원전原典의 내용을 정확히 파악하는 기술, 곧 고증이 절대적으로 필요하다고 그들은 주장한다. 그러나 그 이상은 모른다는 점에 구사학의 일대 취약점이 있었다.

일제 식민주의 역사가들은 고증주의라는 칼로 한국의 역사를 난도질하기 시작하였다. 그것은 한민족의 고대사를 왜소화시키고 한국 근대사를 일제 침략사로 채워 그것을 아름답게 꾸미는 일이었다. 그것은 단지 왜곡이라고 부르기에 너무나 날조에 가까운 것이었다. 그런데도 그들의 식민주의적 역사 해석은 과학적이라 주장되고 전통적 역사 해석은 전혀 엉터리 역사 서술이라 규탄되었다.

침략자의 역사학인 랑케사학과 저항자의 역사학인 유교사학의 전쟁에 있어서 후자가 패하고 말 것은 뻔한 일이었다. 다시 말하면 역사 해석의 독점권이 조선왕조로부터 일제로 넘어가고 있었기 때문이다.

일제하의 농민과 유학자들이 일제의 역사 해석에 승복하지 않고 끝내 해석을 고수한 사실은 의미심장한 문화저항이었다. 함포(艦砲·폭력)사격과 개종(改宗·설득)의 강요는 제국주의자들에게 필수적인 침략 수단이었다. 먼저 대포소리로 위협하여 군사적인 지배권을 확보하여야 하지만 그것만으로 식민지 통치는 가능하지 않다. 저항하는 식민지 백성을 길들여 잠자게 하여야 한다. 개종시켜야 하는 것이다. 개종에는 현실을 수락하도록 설득하는 새로운 역사 해석이 꼭 필요하였으니 그것이 기독교와 실증주의였다.

역사의 과학적 해석이라는 명분을 내어걸고 들어온 실증주의사학의 실체를 의식하지 못했던 한국사학의 과오는 랑케사학의 맹신盲信 때문이었다고 말할 수 있다. 특히 그 문헌 고증주의를 맹목적으로 믿어버린 잘못 때문이었다고 할 수 있다.

만일 문헌 고증주의가 갖는 비과학적 성격을 조금만 더 진지하게 반성했더라면 일찍부터 일제에 의해 날조된 한국사의 골조骨組를 속 시원히 부숴버렸을 것이다. 문헌 고증주의에 의해 잡히는 역사적 사실은 단지 역사적 사건의 외양이요 표층일 따름이다.

또 문헌이나 기록으로 남는 역사적 사실은 전체 역사의 아주 근소한 부분에 지나지 않는다. 그토록 적은 역사의 단편을 가지고 해석이나 서술에는 반드시 선택과 강조 그리고 평가가 수반되는 것이다. 역사적 가치를 인정받지 못한 사실史實들은 가차 없이 휴지통에 버려지며 무시된다. 이렇게 해서 역사는 완성되어 나오는데, 일단 서술된 역사는 아무리 무가치한 것이라도 '이것은 정사正史요 진실이다'고 주장할 수 있는 권위를 갖게 된다.

필자가 50여 년 전 현재의 국사편찬위원회 도서실에서 일제 때 조선사편수회가 남긴 일진회一進會의 문서들을 보고 놀란 일이 있었다. 조선사편수회의 편수관들은 한말 일진회의 매국선언문만을 선택하여 그것이 당시의 민족정신이었던 것처럼 왜곡하려 했던 것이 분명하기 때문이다. 이것만 보아도 역사가의 선택과 강조가 역사의 진실을 왜곡하는 데 얼마나 무서운 힘을 갖고 있었는가를 아는 데 그리 큰 힘이 들지 않을 것이다.

일제가 민족사를 왜곡하여 날조하는 데 이용한 랑케사학은 단순한 역사연구의 방법론이 아니었다. 그것은 거대한 이데올로기와 철학을 자체 안에 감추면서 역사를 왜곡하고 있었다. 랑케는 역사적 실체를 개체個體요 개별적個別的인 것이라 파악하였기 때문에 역사적 사실들이 서로 부딪치고 아무렇게나 무질서하게 일어나는 사실들을 보다 높은 차원에서 바라보면 그들이 질서정연하게 조화를 이루고 있다고 믿고 역사의 본질은 질서와 조화라고 단정지었다. 역사에 있어서의 질서와 조화는 큰 발전으로 나타난다. 역사적 발전은 인간적인 현상이 아니라 신의적神意的인 것이어서 인간이 그에 개입하거나 참여할 수 없는 것이다. 역사가는 역사의 변화와 발전을 단지 관찰하고 공감할 뿐 감히 이를 비판하거나 사건에 개입하여 역사의 흐름을 변경시키지 못한다. 역사는 그 자체가 정당한 것이며 움직일 수 없는 기정사실이기 때문이다. 인간이 혁명적 방식으로 역사의 흐름에 갑작스러운 변화를 유발하면 신의에 거역하는 것이 되어 결국은 실패하고 만다. 신의의 구체적인 표현은 국가이며 국가의 시책은 신의를 실천하여 가는 것이므로 신성한 국가 목적을 수행하는데 민중의 요구와 항의가 개입된다는 것은 있을 수 없는 일이다. 랑케에게 있어서 국가는 프러시아였고 프러시아 체제의 은혜적 성격을 강조함으로써 모든 개혁이 기존 체제의 테두리 안에서 점진적으로 성취되기를 그는 열망하였던 것이다.

어느 나라에서도 이 같은 랑케사학의 정치·철학적 배경을 제거하고 순수하게 그 문헌 고증주의민을 수용하기란 싱싱할 수는 있어도 실제에 있어서는 불가능한 일이었다. 그러기에 일제는 문헌 고증주의와 아울러 랑케의 역사정치학을 그대로 수용하여 제국주의적 역사 해석의 무기로 이용하였던 것이다.

랑케사학은 유교의 춘추필법과 같이 본질에 있어 보수주의 사학이었다. 모든 혁신과 민중의 요구를 부당하다고 보고 국가의 정책을 신성시함으로써 민주주의와 봉건적 반동을 동시에 거부하는 프러시아 입헌군국주의국가를 세계사의 중심 역사의 정점頂點에 갖다 놓았다.

일제가 이런 성격의 역사학을 식민주의 문화정책의 일환으로 받아들인 사실은 기이한 일이 아니었다. 일제 침략의 야만성과 범죄적 성격을 은폐하는 데 있어서는 가치의 중립성과 역사적 객관성을 앞세우는 랑케사학보다 더 편리한 이론적 도구가 없다. 민족사의 자주적 성격이 부정되고 민족항쟁의 역사가 과학의 이름 아래 부정되는 폭력적 역사 이론이 다름 아닌 랑케사학이었던 사실을 여기서 아무리 몇 번씩 되풀이 고발하여도 지나치지 않을 것이다.

민족사학民族史學으로의 길목

랑케사학을 이론적 무기로 삼고 한국사를 칼질하기 시작한 일제 식민사학에 저항한 민족사학의 근간은 유교사학이었다. 유교사학은 민족사학자 박은식에 의해 구사舊史라 비판받았으나 그의 역사정신 속에 유교적 역사철학이 흐르고 있었음이 확실하다. 유교사학의 특징은 역사적 현실인 사세史勢를 역사적 이념인 사리史理의 관점에서 비판하고 단호히 사세를 사리로써 부정하는 역사정신에 있었다 할 수 있다.

박은식은 『한국통사韓國痛史』(1915년)와 『한국독립운동지혈사韓國獨立運動之血史』(1920년)를 저술하여 근대사를, 신채호는 『조선사연구초』(1925년)와 『조선상고사』(1931년) 등을 통해 고대사를 각각 규명하였다. 두 사람의 역사 서술에 있어 특히 주목되는 사실은 역사적 사실을 단지 객관적으로 서술하고 그 원인을 추적하는 것만으로 만족하지 않고 '역사란 자는 대저 민적民賊을 주주誅하여 공구公仇를 육륙戮하는 등 일정한 주의와 일관된 정신'에 따라 서술되어야 하며 그로써 '겁쟁이를 일어서게 하며 완고한 자를 깨닫게 하여야 참다운 역사라 할 수 있다'고 본 점이다. 연대나 기록하고 인명과 지명을 열거하는 것만으로, 또 아름다운 문장이나 재미나는 이야기를 나열하는 것만으로 역사가 되는 것이 아니었다. 참으로 애국심을 가지고 역사를 서술하여야 하는 것이며 애국심을 환기할 수 있는 역사만이 진정한 의미의 역사였다.

이와 같이 민족을 위한 역사, 애국적인 역사를 강조한 것은 역사 서술이 한편으로 일제 침략을 고발하고 다른 한편으로는 일제식민사학에 저항하는 무기가 되어야 한다고 확신하였기 때문이다. 침략자의 식민주의 정책으로 야기되는 가장 위험한 결과는 민족문화와 민족사의 말살 현상이라 할 수 있다.

식민주의자들은 역사를 조작하고 법을 고치며, 그리고 민족의 기억을 없애려 하였다. 식민주의자들의 식민지 민족의 과거를 파괴할 필요는 그들의 착취 행위를 정당화하기 위한 것이며 빼앗긴 자가 철저하게 짓밟힐수록 빼앗은 자의 승리도 그만큼 커지는 것이므로 문화적 파멸은 경제적 정치적 사회적 파멸 이상으로 비참한 일이었지만 침략자들에게는 보람있는 일이었다.

박은식과 신채호의 애국적 민족사학에 있어 특이한 점은 한국사의 무력적武力的 해석이다. 일제 침략은 우리 민족사에 있어서 마지막 외침이며 지난날의 침략이 민족의 서항으로 물리쳐졌듯이 이 새로운 침략도 꼭 격퇴되고 말 것이라는 확신을 역사적으로 증명하는 일이 한국사 서술의 목적이었다. 그 때문에 한국사는 민족투쟁의 역사로 인식되어야 했고, 패배보다 승리의 역사로 서술되어야만 했다.

박은식의 민족사학은『한국독립운동지혈사』제1장 '민족의 약력'에서 너무나 뚜렷하게 요약되어 있다.

"우리 대한은 아시아의 오랜 나라이다. 그 통서統緖가 유원하고 명망이 찬란하여 4천 3백년의 역사를 갖게 되었다. 그러나 한漢이 북한에 사군四郡을 설치하였으나 고구려가 이를 몰아냈고 당唐은 우리의 내란을 틈타 백제와 고구려를 멸하였으나 백제는 신라에게 병합되었고 고구려는 발해로 부흥되었다. 몽고가 아시아와 유럽을 정복한 위세로 고려에 쳐들어와 수십 번 싸웠으나 한 치의 땅도 점령하지 못하고 마침내 혼인으로 화친을 구하기에 이르렀을 뿐이다. 삼도(三島·일본)의 종족들은 수차 침입하여 노략질을 하였으나 번번이 패하여 돌아갔다. 을지문덕은 수천의 정예 기병으로 살수薩水에서 수隨의 백만 대군을 궤멸시켰고, 양만춘은 안시성安市城 하나로 당의 10만 군사를 격파하였고, 금나라 태조 누르하치(만주족을 우리 민족의 일파로 봄)는 2천 5백의 병력으로 요군

遼軍 70만을 격멸하였으며, 이순신은 거북선 9척으로 왜선 수백을 격침하였으니 이처럼 강한 무력의 기풍은 동방의 본보기라 해야 옳을 것인데, 어찌 문文을 숭상하고 예禮를 사랑했다는 것만이 우리 민족의 자랑거리이겠는가? 조선 말에 국운이 기울고 또 갑자기 간교한 도둑을 만나우리 민족은 나라를 잃은 열등 민족의 위치로 떨어졌다. 이것은 우리 민족 유사 이래 없었던 일대 치욕으로서 차마 말하기조차 부끄러운 일이다.

그러나 우리의 독립정신은 결코 꺾이거나 약화되지 않았다. 저들의 압제는 오히려 우리의 반격을 격화시켰고 우리의 정신을 더욱 굳게 단결시킬 뿐이었으니 어찌 일대 운동이 폭발할 날이 없을 수 있겠는가? 우리민족의 독립운동은 최근 30년 동안 끊임없이 전개되었고 이것이 바로 우리 민족사에 있어서의 정신적 동력이다."

단재 신채호가 박은식보다 훨씬 한국사를 민족투쟁의 역사로 서술한사실은 새삼 강조할 필요도 없을 것이다. 그는 불교와 유교문화의 수용으로 상무적尙武的인 낭가정신郞家精神이 소멸한 사실을 애석해 하였고, 특히 유교문화가 민족을 약체화하는 데 끼친 해독을 매도하였다. 그는유교적 역사관을 '수백 년 이래의 노예사상'이라고까지 비난하고 정신없는 유교의 형식주의로 말미암아 마침내 외적의 침략 아래 나라를 망쳤다고 주장하였다.

단재는 특히 역사를 아我와 비아非我의 투쟁으로 해석하여 유명한데, '아我'와 '비아非我'란 곧 아我와 피彼라는 유교적 발상에서 비롯되는 것이었다. 단재의 강렬한 유교 비판에도 불구하고 그의 사상은 구조적으로 유학에 바탕을 두고 있었다고 해석된다. 그에게서는 역사에 있어서의 혁명의 발전적 의의가 강조되지만 혁명을 유산시키는 반동적 세력을 외세外勢와 그 주구라고 해석하였다.

> "우리 조상들이 사회문제를 해결하려고 자주 반역혁명을 일으켰으나 고구려와 백제는 당의 외침外侵으로, 고려 때에는 몽고의 외침으로 소멸되고 말았다. 조선시대에는 소년병검여少年兵劍稷등 혁명단체가 있었으나 임진왜란의 8년 병화兵火로 말미암아 팔도八道가 큰 상처를 입어 드디어 그 종자까지 없어지고 말았다."

다시 한 번 생각한다

서두에서 지적한 바와 같이 일제 식민사관의 극복을 위한 지름길은 다시 한 번 박은식의 근대사와 신채호의 고대사를 살펴보고 그 기본정신을 되살리는 데에 있다고 믿는다.

오늘날 어떤 한국 사가도 단재와 박은식의 역사정신을 높이 평가하지 않는 사람은 없다. 그러나 이것은 너나 나나 모두 민족사학자라 자처하는 것과 같이 전혀 무의미한 자기변명일 수도 있다. 사실 그들은 어느 의미에서 단재와 백암의 역사학을 충분히 이해하고 평가하려는 의지를 갖고 있지 않는지도 모를 일이다. 왜냐하면 그 좋은 예로 민족주의 역사학이냐 민족사학이냐 하는 명칭문제를 가지고 논의하고 있는 것부터 그러하다고 할 수 있다. 왜 그런 어휘 문제에 구애되어 있는 것일까. 그 저의를 의심하지 않을 수 없다. 즉, 단재와 백암의 역사학은 민족주의사학이지 민족사학이 아니라는 것이다. 왜 그들은 주의主義를 넣고 싶어 하는 것일까. 그것은 이 두 사람의 역사학을 1910~20년대의 역사학으로 규정하여 그 한계성을 강조하려고 하고 있기 때문에 굳이 민족사학이라 불러줄 수가 없다는 태도를 고집하고 있다. 그러나 이 같은 입장에서 단재나 백암의 한국사 인식을 비판하게 되면 결국 필자가 앞에 든 바와 같은 가·나·다의 세 파 가운데 가파派를 매도하게 되는 것이다.

첫째로 고대사 해석에 있어서의 단군의 실재성은 부정되고 단지 그것은 민족 신화일 따름이고 독립운동의 일환인 대종교大倧敎 같은 하나의 신앙일 뿐이라는 결론에 유도되고 만다. 그것은 단지 허상일 따름이고 아무것도 아니라는 나파派 해석이 승리하게 되는 것이다. 그러나 오늘의 고대사 연구는 문헌위주의 연구에서 탈피하여 광범위한 보조과학에 의하여 새롭게 해석되어 가고 있다. 고대사를 한반도에 국한 시키고 그 연대를 2천 년 정도로 단축하려 하고 있는 경향은 국내 학계에서만 볼 수 있는 낡은 사고思考이다.

둘째로 근대사에 있어서 우리의 독립운동사를 객관화시킨다는 구실 하에 민족의 주체인 역사를 버리고 침략자의 역사를 서술할 뿐 아니라 심지어 그들을 주체로 착각하는 역사 서술에 안주할 위험을 안고 있다. 어느 역사가는 최근 단재와 백암의 민족사학을 이렇게 평가하고 있다.

> "독립운동은 뜨거운 애정과 정열을 우선적으로 요구하였다. 그것은 바꾸어 말하면 종교적 신앙에 가까운 것이었다고 해도 좋을 것이다. 그러나 그들의 역사 서술이 이성과 냉정과 객관성을 지니기 어려운 것도 당연하다 할 것이다.
> 1910년 국치國恥는 너무나 엄청난 충격이었기 때문에 그들의 국사 서술은 사학을 위해서가 아니라 현실을 위한 것으로 만들었다."

이 사람의 말을 달리 표현하면 박은식·신채호 두 분이 미친 상태에서 역사를 썼다는 것이다. 아무리 정상인이라 해도 조금씩은 미쳐있다는 게 정신분석 학자들의 의견이고 보면 단재와 백암은 보통 이상으로 미쳐있었다는 것이 된다. 우리의 애국심을 미쳤다고 말하고 있는 것이다.

필자는 바로 이 역사가의 발상법 속에는 오늘의 한국 사학이 앓고 있는 골병이 깃들고 있다고 생각한다. 다시 말해서 오늘의 역사가들이 60년 전의 단재나 백암으로 미련 없이 돌아갈 수 없다는 주장, 바로 그 속에 우리가 일제의 문화 침략으로 받은 커다란 상처가 자리 잡고 있는 것이다. 우리는 그것을 과감히 제거하여 치유하여야 하며 우리의 역사의식 속에 깊이 박힌 탄환으로 앓아 왔던 모든 질병에서 깨어나 새로운 역사정신을 확립하여야 할 것이라 믿는다.

제2부 민족운동民族運動

독립정신 獨立精神

위정척사 衛正斥邪

의병은 '국가가 위급할 때 의로써 일어나 조정朝廷의 명령이나 징발을 기다리지 않고 종군하는 민군民軍'이며 '우리 민족의 국수國粹였다'고 박은식朴殷植은 그의 『한국통사韓國痛史』에서 설명하고 있다. 역사적으로 볼 때 임진왜란 때와 한말 일제 때 20년간에 걸쳐 의병이 일어났다. 물론 고려, 신라, 삼국시대로 거슬러 올라가서도 의병의 뿌리를 캐낼 수 있다. 그러나 조선시대의 의병은 유생儒生이 주도하였다. 한말 의병도 그러했다. 한말 의병은 크게 두 차례 일어났었는데, 1896년의 을미의병과 1905년 이후의 병오·정미의병이 그것이다. 앞의 것을 제1차, 뒤의 것을 제2차 의병이라고 부르고 있으나 구분을 할 필요가 없는 의병이었다.

의병전쟁은 지방 유생이 주도하여 농민이 뒤따랐다. 지방 유생이란 한마디로 말해서 조선왕조 시대의 재야在野 지식인이었다. 재야 지식인은 관료 지식인과 구별되어야 하며, 또 일본이나 서양의 무사, 또는 기사와 대조적이다. 일본은 무인을 가리켜 '士'라 했는데, 한국에서는 문인을 '士'라 했다. 우리나라 문사는 일명 유생이라 했고, 유생은 과거科擧를 거쳐 관료 유생이 되거나 재야 유생으로 남기도 했다. 무사가 실직을 했을 때 낭인이라 했으나 문사는 실직해도 여전히 선비였다.

이들 선비는 서당교육을 통하여 민에게 교직, 또는 성직자적 기능을 다하였다. 다시 말하면 관료 유생과 재야 유생은 봉건적 지배체제에서의 통치자였던 기사와 성직자(수도사와 교구 신부)의 역할을 맡았던 것이다. 재야 유생은 교육과 문화의 담당자이면서 비판자의 역할도 아울러 수행하고 있었다. 18세기의 실학자, 19세기의 위정척사론자衛正斥邪論者가 모두 재야 유생들이었던 사실을 상기하여야 할 것이다. 의병전쟁을 주도한 것도 물론 재야 유생이었으나, 이들이 농민의 광범한 지지를 얻을 수 있었던 측면을 과소평가해서는 안 될 것이다.

유생과 농민은 사실상 이해와 의식을 같이 하고 있었기 때문에 하나였다. 특히 침략자에 대하여서는 농민이나 유생이 의병으로서 일체가 되었다. 그런데 유생이라고 해서 모든 이가 의병에 참여한 것은 아니었다. 그것은 지식인으로서 망천하망국가亡天下亡國家의 위기를 당하여 세 가지 절의節義의 처신이 있었기 때문이다. 그 첫째는 의병하는 것이요, 둘째는 망명하는 것이요, 셋째는 치명致命하는 것이었다. 의병한 선비나 망명한 선비는 의사가 되었으며 치명한 선비는 열사가 되었다.

역사정신에 투철한 한말의 선비 황현黃玹은 경술국치를 당하여 순국하였으나 절명시에서 '내가 여기 자결할 뿐 의병을 일으키지 못한 것을 부끄럽게 생각한다'고 말했듯이 선비가 의병하지 못하면 수치로 알았다.

유생들은 거병의 이유로 토적복구討賊復舊를 내어 걸었다. 일제 침략자와 그에 동조한 개화파 관료를 성토하고 주권의 회복과 이상적인 구체제의 복고를 주장하였다. 구체제란 유교적 이념에 알맞은 이상국가를 구현한다는 뜻이었다. 그들은 과거의 조선왕조를 그대로 재건하자고 주장하지 않고 고쳐서 재건하기를 바랐던 것이다.

유인석柳麟錫은 『우주문답宇宙問答』에서 개화파가 수구망국론守舊亡國論을 주장하는 데 반박하여 '비록 구법舊法이 나라를 망쳤다고 주장하지만 망국은 개화가 행하여진 뒤에 일어났다. 설혹 구법을 행하여 망국했다 가정하더라도 어찌 개화하여 망국한 만큼이나 심하였겠는가. 만일 모든 국민이 하나 같이 수구로 뭉쳤더라면 나라는 혹시 망하지 않았을지 모르며, 또 망했더라도 그렇게 빨리 망하지 않았을 것이다'고 주장하였다.

개화는 문화침략이었다. 정치나 경제침략보다 더 무서운 문화침략을 당하여 수구정신은 곧 애국이요, 항일을 의미하고 있었다. 개화로 한국인이 일본화되어가고 있는 것을 경고하고, 한국이 소일본이 되고 실아화피(失我化彼·자기를 잃고 저들이 되는 것)되어가고 있는 것을 유인석이 경고하였던 것이다. 그러므로 개화는 우리에게 수치였다. 개화지치(開化之恥·개화의 수치)를 잊고 개화를 주장하는 개당지랑심(開黨之狼心·개 같은 놈들의 이리 같은 마음)으로 나라를 부국강병한 것이 아니라 빈국약병되었다는 것이요, 서양문화는 하달下達(물질)의 문화요, 우리의 고유문화는 상달上達(정신)의 문화다.

의병정신은 반일 독립전쟁의 원동력이었다. 만일 그것이 없었더라면 70년에 걸친 독립운동이 그토록 강인하고 끈질기게 벌어지지 못했을 것이다.

끝으로 살펴볼 문제는 의병전쟁의 실제와 측면, 즉 무기와 작전, 전략이다. 의병전쟁이 실패하게 된 중요한 원인 중의 하나가 전혀 외원外援 없는 가운데 고대병기古代兵器만 가지고 싸웠다는 데 있었다. 초기 의병들은 신식병기를 공급받은 관군을 상대로 싸웠으나 1905년, 특히 1907년 이후에는 일본군과 맞서 싸우게 되었다. 일본군은 당시로서는 최신 무기인 38식 소총으로 무장하고 있었고 이와 맞선 의병은 화승총을 들고 있었다. 화승총의 사정거리는 불과 10보였고 그나마 비가 오거나 바람이 불면 사용 불가능한 무용지물이었다. 의병들은 이밖에도 구식 대포, 활, 창, 심지어 투석으로 대항했다. 해산당한 당시 정부군은 신식 소총을 가지고 있었으나 그 수가 극히 제한되어 있었고 일본군의 철저한 탄환 통제로 인해 얼마 안가서 사용 불가능한 무기가 되고 말았다. 이같이 불리한 조건 아래서 후기 의병이 5년 동안이나 항전한 것은 뛰어난 유격전술의 덕이었다고 생각된다. 유격전에 대해 일본군은 일반 국민과의 유대를 차단하기 위해 자위단을 조직하고 헌병보조원을 채용하는 등의 방법을 썼다.

그들은 또한 앞서 대만을 정복할 당시에 썼던 삼광(빼앗고 불사르고 죽인다)작전이라는 야만적 토벌작전을 감행하여 유례없는 약탈, 살인, 방화 행위를 자행하였다. 1909년 여름에 일본군에 의해 단행된 소위 남한 대토벌작전은 이 같은 만행의 좋은 표본이었다. 이 작전과 때를 맞추어 일본의 한국병합 계획이 성안成案된 것이다.

고능선高能善

필자는 우리나라 독립운동사의 시작을, 동학 농민운동이 일본군의 개입으로 유산된 뒤부터 시작되었다고 믿고 있다. 일제침략이 1875년의 강화도 포격사건부터 시작되었다고 본다면 필자의 주장은 부당한 것처럼 보인다.

그러나 일제침략은 개항 20년만인 1894년의 청일전쟁으로 본격화되었고, 그 전까지는 아직 민중이 일제침략을 뚜렷하게 의식하고 싸움을 벌인 일이 없었기 때문에 그대로 필자 의견은 고집할 만한 것이라 믿는다.

1894년!

이 해를 당시의 지식인들은 크게 개탄하고 있다. 갑오경장이란 이름 아래 일제는 남의 나라의 국법을 뜯어 고쳐 저들 마음대로 과자와 분粉을 팔 수 있는 제도적 기반을 마련한 해가 바로 1894년이었다. 북당남과北糖南菓라 하여 당시 사람들은 '러시아는 사탕으로 고종을 꼬이고 일본은 과자로 고종을 유혹하고 있다'고 믿고 있었다. 고종이 감당甘黨이 아니라 주당酒黨이었더라면 보드카와 정종正宗을 조심하라고 했을 텐데 워낙 고종이 어린아이처럼 사탕을 좋아했기에 사탕과자를 위험시하였던 것이다. 지금도 콜라와 같은 단것을 먹지 말아야 한다.

일제는 또 한국 여인네들에게 분을 팔아서 돈을 벌었다. 당시의 일제 화장품은 연분鉛粉이 들어있어서 오래 바르면 얼굴에 화장독이 올라 모두 일찍 늙어버리는 부작용을 면치 못했다. 그런 것도 모르고 분을 좋아한 한국 여인들은 세계에서 가장 조로증早老症이 심하다고 비판받았다.

1895년!

이해에 일본 낭인들이 남의 나라 임금님 처소에 침입하여 무참하게 민비를 시해하여 시체에 불을 질러 현장에다 묻어 버렸다. 민비는 대원군에게서 권력을 빼앗아 나라를 열강의 도마 위에 올려놓았으니 당시의 국민들은 이 사건을 그리 애통하게 생각하지 않았다.

황현만 보아도 그녀를 '기지가 있고 영리하여 권모술수에 능하였으나 시아버지 대원군을 몰아내고 정사에 관여한 지 20년 만에 나라를 망치고 만 여인' 정도로 평가하였다.

1895년!

이 해에 또 단발령이 내렸고 음력을 고쳐 양력으로 바꾼다는 발표가 있었다. 겉으로 보기에 이 두 명령은 불편한 한국인의 상투를 잘라 위생적인 하이칼라로 바꾸어 준 것이므로 매우 유익한 개혁처럼 보이나 실은 그렇게 간단하게 생각해 버릴 문제가 아니다. 한 마디로 말해서 상투

하나에 민족의 얼과 자존심이 잘려나갔던 것이다. 이것을 하루아침에 가위로 잘라버린다는 것은 도저히 참을 수 없는 치욕으로서 '이래도 일어나지 않을래!' 하는 거나 다름없는 일제의 도발행위였던 것이다. 좀 고상하게 표현한다면 일제의 문화침략은 사탕과 단발령으로 시작된 것이라 할 수 있다.

그러므로 이것은 당시의 한국인에게 수모로 받아들여지지 않을 수 없는 대사건이었다. 당시의 선비들은 옛날 신라가 고구려를 하구려로 만든 사건과 같다고 비유하였고, 조선이 소일본小日本이 되는 중대한 순간이라 여겼다.

나라가 망한다는 것은 단지 왕 한 사람을 갈아치운다는 것보다 훨씬 더 중대한 민족의 문제였다. 이것을 당시의 선비들은 망천하亡天下요, 망국가亡國家라 말했다.

한 나라가 망했다는 것은 세계 인류가 망한다는 것과 같지 않으나 우리의 멸망은 두 가지를 모두 겸한 말세였다.

만일 우리가 일본에 쳐들어가서 사무라이들의 촌마개를 마구 잘라버린다고 가정하자. 그러면 그들이 그냥 있었을 것 같은가. 틀림없이 할복, 아니면 칼을 들고 덤볐을 것이다. 우리라고 해서 그냥 앉아서 당하란 법은 없지 않은가?

유생은 당시로 말해서 지식인이었다. 만일 나라가 망하고 천하가 망한다는데 지식인이 고민하지 않고 아무 역사적 결단과 행동을 취하지 않았다면 말이 안 된다. 젊은 김구金九가 동학운동에 실패하고 안중근安重根 의사의 황해도 신천군 두라면 청계동 집에 기식하게 되었다. 이 집에서 고능선高能善 선비를 만나 가르침을 받는데 그 선비는 김구에게 매우 인상적인 말을 했다.

"예로부터 흥하여 보지 못한 나라도 없고 망해 보지 않은 나라도 없다. 그런데 나라가 망하는 데도 거룩하게 망하는 것이 있고 더럽게 망하는 것이 있다. 어느 나라 국민이 의로써 싸우다가 힘이 다하여 망하는 것은 거룩하게 망하는 것이요, 그와 반대로 백성이 여러 패로 갈려져 한편은 이 나라에 붙고 한편은 저 나라에 붙어서 외적에는 아첨하고 제 동포와 는 싸워서 망하는 것은 더럽게 망하는 것이다. 이제 왜의 세력이 전국에 충만하여 궐내에까지 침입하여 대신도 적의 마음대로 내고 들이는 판국이 되었으니 우리가 제2의 왜국이 아니고 무엇인가? 만고에 망하지 아니한 나라가 없고 천하에 죽지 아니한 사람이 있던가. 이제 우리에게 남은 것은 일사보국一死報國하는 일밖에 없는 것이다."

고능선은 유인석과 동문으로서 '지식인은 반드시 의로써 싸워야 한다'고 확신했던 의병주의자였다. 고 선비는 이미 이때에 김구를 시켜 간도에 독립운동의 기지를 만들 계획을 추진하라 하였다. 이것은 유인석의 뜻이기도 하였다. 간도가 역사적으로 고구려의 고토였으므로 마땅히 일제하의 독립운동기지가 되어야 한다는 것이다.

최근 얼마나 많은 의병주의자들이 유인석 선생을 모시고 간도 땅에 갔는가를 잘 보여주는 자료가 나와 우리의 눈길을 끌었다.(유인석 휘하의 義兵명단, 동아일보, 1982.8.13) 고능선 자신은 얼마 뒤 국내에서 병사하였으나 그와 같은 사상과 신념을 가진 유생들이 많았다는 사실, 그리고 바로 그런 지식인들이 의병을 일으켜 침략자 일본인을 몰아내려 했다는 사실을 증언하여 주었던 것이다.

당시의 유생들은 반드시 의로써 싸우는 일만이 최선의 방법이라 믿지는 않았다. 망명하는 것은 차선의 방법이었고 스스로 목숨을 끊어 지조를 지키는 것도 의병 못지않게 지식인이 취할 태도라 믿고 있었다. 그러나 망명은 단순한 도망이 아니어야 했다. 당시 많은 지식인들이 국내에서 싸우다가 간도로 망명하였다. 그것은 재기를 노린 투쟁의 한 전략에 지나지 않았다. 영어로 싸움(fight)과 도망(flight)은 우연하게 L자 하나의 차이 밖에 없다. 아마 우연이라기보다도 당연하게 그렇게 된 것이리라.

또 사람들은 나라를 위해 스스로 목숨을 버리는 행위를 그리 훌륭한 일이라 보지 않았다. 차라리 나아가 싸우는 일이 낫지 죽어 버리는 것은 도리어 적에게 유익한 일이라 생각하였다.

그러나 하나밖에 없는 자기 목숨을 끊는다는 일이 얼마나 어렵고 확고부동한 자기 신념의 토로인지를 먼저 생각하여야만 하고, 민영환閔泳煥이나 최익현崔益鉉의 죽음이 당대인에게 준 충격이 얼마나 컸는가를 생각해야 할 것이다.

의병정신!

바로 이것이 독립정신의 핵심이요, 본질이었다고 생각한다. 이 정신만은 어떤 외세도 빼앗아 갈 수 없는 우리의 얼이라고 생각하는 것이다. 박은식은 이렇게 말했다.

"나라는 멸망시킬 수 있어도 의병은 멸할 수 없다"고.

유인석柳麟錫

서울에서 고속버스를 타고 춘천에 다다른다. 작지만 아름다운 이 도시 입구 왼편에는 동상하나가 외롭게 서있다. 바로 의암 유인석柳麟錫의 동상이다. 몇 년 전 강원대학에 출강할 때 일주일에 한번 지나며 우러러볼 기회가 있었는데 자리와 향向이 썩 좋지 못하다고 몇 번이나 아쉬워했던 기억이 난다.

유인석은 한말 최대의 유학자이자 최대의 의병장이었다. 그가 춘천에서 태어났다는 사실은 비단 춘천시민의 자랑이 아니라 우리 모두의 자랑이라 할 수 있다. 기왕 그렇게 훌륭한 사람을 모신다면 좀 더 국도에서 가까운 곳으로 자리를 옮겨 춘천을 방문하는 모든 이에게 볼 수 있도록 오른쪽으로 자리를 옮겼으면 하는 마음이 간절하였다.

의병전쟁은 두 차례 크게 일어났는데, 제1차 전쟁이 1896년 초부터였고 제2차 전쟁은 1905년에 시작되어 1919년 3·1운동이 일어나기 직전까지 계속되었다. 한말 의병이 간도 독립군의 모체였던 사실을 이미 다 아는 일이다. 그러니 이 전쟁은 틀림없이 우리나라의 독립전쟁이었던 것이다. 지금까지도 우리가 이 전쟁을 혹시나 소홀하게 생각하거나 다루지 않나 두려울 따름이다.

개항 20년 만에 국모가 시해당하여 궁성이 피투성이가 되지 않나, 전국에 단발령을 내려 순검이 가위를 들고 함부로 선비의 상투를 자르지 않나, 음력을 양력으로 고쳐 하루아침에 당당한 독립 국가를 왜놈의 '작은 나라'로 만들지 않나, 당시의 한국인으로서는 도저히 의분을 금할 길이 없는 사건의 연속이었다. 매천의 표현을 빌면 전국이 물 끓는 솥과 같았다. 그러나 이것이 모두 일제침략으로 인해 일어난 항일운동이었다.

먼저 강원도의 선비들이 거병하였으니 모두 유인석의 문하생들이었다. 이춘영李春永, 안승우安承禹 등 제자들은 의암을 의병 총대장으로 추대하여 충주, 단양, 원주 일대를 장악하고 전국 유생의 궐기를 호소하였다. 유인석이 쓴 격문檄文은 수구 독립정신을 천하에 포고한 독립선언서로서 가슴을 치고 통곡하던 유생들에게 용기와 사기를 북돋워 준 명문장이었다. 그는 친일개화파를 군주와 나라를 판 무리(販君賣國之徒)라 비난하고 개화를 빙자하여 세계에서 유일하게 남은 예의지국인 우리나라를 패륜의 나라로 만들었다고 개탄하였다.

전쟁은 남한에서 시작되어 북한으로 확대되었으며 김홍집金弘集의 친일정부가 무너진 뒤에도 계속되었다. 김홍집의 시체는 저자에 전시되었으며, 어윤중魚允中은 서울을 빠져나가 용인을 지나다 우연히 어사리魚死里(어씨가 죽는 마을)에서 주민에게 맞아 죽었다. 유인석과 그의 문하인들이 일으킨 의병전쟁은 이렇게 엄청난 결과를 가져왔고, 일제침략을 일시 멈추게 하였으나 영구히 멈추게 하지는 못하였다. 그 이유 중의 하나가 의병에게 신식 무기가 없었다는 점이다. 의병들이 사용한 무기는 화승총이었다. 이 구식 소총의 사정거리는 불과 10보였고, 산탄총이었기 때문에 치명상을 입히지 못하였다. 그러나 이런 무기를 갖고도 용감하게 싸운 것을 보면 우리의 선비들이 단순한 문사가 아니라 무사이기도 했던 사실을 알 수 있다.

유인석의 의병군이 충주성을 점령했을 때 병력이 3천 명에 이르렀다. 그런데 봄이 지나고 장마철이 되자 화승총은 쓸모없는 물건이 되었다. 바람이 불어도 쏘기 어려운데 비가 오게 되면 화승총은 무기가 아니라 거추장스런 쇳덩어리에 지나지 않았다. 그래서 의병들은 총을 땅에 묻어놓고 다녔다.

유인석은 결국 비에 진 것이다. 패전한 유인석은 간도를 제2의 조국으로 삼고 일찍부터 그곳에 망명정부 수립을 계획하였다. 이른바 북천지계北遷之計였다. 유인석은 모두 세 차례나 간도를 왕래하면서 배성일전론背城一戰論을 실천에 옮겼으며, 수많은 제자들이 그를 따라 이주하였다. 그의 계략은 원대한 것이었고, 한 나라 2천만 민족의 일제동심一齊同心과 일제변사一齊辯死를 부르짖는 비장한 항일투쟁 전략이었다.

안중근 의사가 유인석을 찾아뵙고 그의 의거를 아뢴 뒤 격려를 받은 이야기는 너무나 유명하다. 의병전쟁의 신화적 존재인 유인석의 사상과 정신을 보다 철저하게 추적하는 일은 의병정신의 본질을 알아보기 위해서 뿐만 아니라 70년 항일 독립운동사의 사상과 기조를 이해하는 데도 꼭 필요한 일이라 할 것이다.

김구金九와 안중근安重根

김구金九의 일대기를 담은 『백범일지白凡逸志』는 자서전으로 뛰어난 작품이지만 사료로서도 귀중한 독립운동사의 산 기록이다.

김구는 황해도 출신으로 안중근 의사와 동향이다. 그의 일생은 참으로 파란만장한 생활의 연속이었고, 동시에 그것은 우리 한국 근대사의 중요한 일부이기도 하다.

안중근 의사의 짧고 화려한 일생과 죽음에 비한다면 김구의 일생은 퍽이나 오래고 끈질긴 항일일념의 역사였다고 할 수 있다.

또 안중근 의사와 비교해 볼 때 백범의 생가는 가난하고 신분도 낮은 집안이었다. 안 의사의 집안은 호농豪農이요 양반이었고, 그의 거사도 단숨에 독립을 쟁취하려는 용단의 결과였다.

백범의 생애와 사상을 알기 위해서는 그의 젊은 시절을 먼저 살펴보아야 할 것이다.

백범의 집안은 그의 호에서 나타냈듯이 평민의 집안이었다. 양반이 아니었기 때문에 오래전부터 갓을 쓰지 못한다는 소리를 아버지께 들은 김구는 몹시 충격을 받았었다. 어떻게 하면 공부를 해서 과거에 합격할 것인가, 또 그러면 아버지가 갓을 쓰실 수 있게 되지 않을까 여긴 김구에게는 늘 마음속에 그런 바람이 있었다.

어느 날 아버지는 김구에게 "창남(김구의 아명)아! 선생님께 절해라"고

했다. 앞에 한 중년 남자가 서 있었는데 이 분이 김구의 첫 스승이었다. 사실 이 선생님은 별로 실력이 없어서 그랬는지 양반집 자제를 가르칠 수 없고 가난한 농가의 자제들을 가르치며 여기저기 돌아다니는 이를테면 떠돌이 글방 선생이었다.

그러나 어린 김구에게는 이 세상에서 가장 높고 훌륭한 선생님으로 여겨졌다. '우러러보니 마치 하느님 같기도 하고 신인神人 같기도 하였다'고 한 것을 보더라도 그가 얼마나 이 선생님을 거룩한 분으로 모셨는가를 알 수 있다.

필자도 처음 대학에서 교수님을 보았을 때 너무나 훌륭하게 보여 이런 분에게 배우다니 꿈만 같구나 하는 생각을 했었다.

이튿날 첫날 강의가 시작되었는데, 선생은 김구에게 '마상봉한식馬上逢寒食'이란 다섯 자를 가르쳤다. '말을 타고 한식을 만나다'라는 뜻인데 처음 공부치고 무척 어려운 글이었다. 그러나 김구는 그게 무슨 뜻인지도 모르면서 열심히 암기했다. 서당 공부란 요컨대 암기였다. 암기 공부가 나쁘다고 하지만 사실 매우 중요한 교육방법이라는 사실은 우리가 익히 알고 있는 바다. 그런데 이 말은 우연하게도 김구의 일생을 예언한 것이었으니 신기한 일이기도 하였다. 평생 떠돌이 생활할 팔자라는 뜻이었다. 이 말은 김구보다 글방 선생의 팔자타령이기도 했으니 참으로 재미있는 우연의 일치였다고 할 수 있다.

어느 날 김구와 이 글방 선생은 헤어지지 않을 수 없는 사건을 만나게 되었다. 선생이 가엾게도 쫓겨나게 된 것이다. 김구는 신존위라는 부잣집 아들과 같이 이 돌림선생계 공부를 하고 있었는데 매달 시험을 치렀다. 이 시험을 월강月講이라 했고, 이 시험에서 일등을 하는 학생을 장원이라 했다. 김구는 늘 일등을 했다. 하루는 선생이 "네가 신존위 아들에게 일등을 양보하라"고 하였다. 이렇게 해서 한번 신존위 아들에게 장원이 돌아가자 신존위는 기분이 좋아 한턱 거창하게 냈다. 그러나 그 뒤부터 아들이 일등을 못하는 것을 보더니 신존위는 선생을 집에서 나가라고 했다. 구실은 선생이 밥을 너무 많이 먹는다는 것이었으나, 그 실제 동기는 아들을 일등 시켜 주지 않는 데 있었다.

선생이 쫓겨나 동네를 떠나는 날 김구를 마지막으로 보기 위해 집으로 왔다. 작별 인사를 하러 온 것이었다. 어린 김구는 정신이 아득하여 선생님 품에 안겨 소리를 내며 울었다. 선생도 눈물이 비 오듯 하였다. 그 뒤 어린 김구는 며칠 동안 밥도 못 먹고 울기만 했다고 한다. 이렇게 해서 글공부를 어지간히 마친 김구는 우리나라에서는 마지막 과거였던 임진경과壬辰慶科(1892년)를 해주에 가서 보게 되었다. 그는 아버지를 따라 해주의 시험장으로 갔다.

선비들이 서로 좋은 자리를 잡으려고 아우성을 쳤고, 시험에 급제시켜 달라고 걸과乞科하는 사람도 있었다. 걸과란 합격을 구걸한다는 뜻이다.

'소생은 아무개인데 먼 시골에서 와서 과거에 응시하였사오나 어언 금년으로 일흔 살이 되었사옵니다. 요번만큼은 꼭 합격시켜 주면 죽어도 한이 없습니다'

김구는 아버지 이름으로 시험을 보았다. 일종의 대리 시험이었는데 이를 차작借作이라 했다. 아버지를 양반으로 만들어 드리려고 한 김구의 지극한 효성이 차작을 하게 된 동기였다.

그러나 당시의 시험은 질서가 엉망이어서 진사될 사람은 시험 전에 이미 정해져 있었다. 김구 부자는 실망을 안고 집으로 돌아왔다.

그 뒤 김구는 동학이라는 종교에 관심을 갖게 되었다. 세상이 어지러워 온갖 미신과 유언비어가 나돌았는데 동학은 그런대로 믿을 만 하다고 여겨 입도하게 된 것이다. 입도란 입교란 뜻이었다.

동학에 입도한 김구는 또 열심히 전도하여 황해도의 도책임자가 되었다. 황해도 책임자로 당시의 동학 교주를 보은까지 가서 만났는데, 이때 전라도 고부에서 전봉준이 군사를 일으켰다는 소식을 듣고 급히 황해도로 돌아와서 군사를 일으켰다.

그의 동학군은 팔봉 밑에서 진지를 구축하고 척양척왜斥洋斥倭라는 구호를 크게 써붙이고 해주 공격에 나섰다.

해주를 지키던 적은 수성군 2백 명과 왜군 7명뿐이었으니 그쯤은 문제없이 점령하고 남을 것 같았다.

그러나 실제는 그 반대였다. 김구의 동학군은 7백 명이나 되었다. 총포수도 상당히 많았다. 그러나 패전했던 것이다. 오합지중이었기 때문이다.

동학군을 하다가 김구는 나이 겨우 20세로 황해도 신천의 청계동에 사는 안 진사 댁에서 보호를 받게 되었다. 안 진사는 안중근 의사의 아버지로서 동학란 때 의병을 일으켜 김구의 동학군을 무찌른 의병장이었다.

김구는 이제까지 적군이던 안 진사 밑에서 밥을 얻어먹기가 싫었으나 안 진사의 도량이 넓다 하여 그대로 기식하기로 했다. 이 댁에서 김구는 안중근 의사와 고능선 선생을 만나게 되는데, 고 선생의 가르침은 그에게 매우 중요한 의미를 갖고 있었다.

먼저 김구는 안 의사에 대하여 이렇게 말하고 있다.

"그때에 안 진사의 맏아들 중근은 열여섯 살로서 상투를 틀고 있었는데, 머리를 자주 수건으로 질끈 동이고 동방총이라는 짧은 총을 메고

나가서는 사냥을 일삼고 있어 보기에도 영기가 발랄하고 청계동 군사
들 중에 제일이어서 짐승이나 새나 그가 겨눈 것은 놓치는 일이 없기로
유명하였다."

그리고 김구는 안중근 의사의 동생들에 대해서도 다음과 같이 말하고
있다.

"진사의 둘째 아들 정근과 셋째 공근은 다 붉은 두루마기를 입고 머리
를 땋아 늘인 도련님들로서 글을 읽고 있었는데, 진사는 이 두 아들에
게 글을 안 읽는다고 걱정도 하였으나 형인 중근에 대하여서는 아무 간
섭도 아니하는 모양이었다."

이처럼 김구 선생의 젊은 날은 그의 장년기 못지않게 파란만장의 나날
이었다. 특히 안 의사와의 만남은 그의 독립투사로서의 일생을 결정하
는 중요한 계기가 되었고, 평생 안 의사의 유족에게 보답을 한 것도 그의
의리와 보은을 엿보게 하는 인간 김구의 일면이었다고 할 수 있다.

나의 소원

김구는 사상가가 아니라 독립운동가였다. 그러므로 그의 특징이나 성
격은 사상에서보다 그의 행동에서 찾아야 할 것이다. 그렇다고 해서 그
에게 사상이 없었다거나 사상다운 사상이 없었다고 보는 것은 큰 잘못
이다.

이승만은 김구와 경쟁자적 입장에서 독립운동을 한 분인데 그에게 유
일한 저서가 있으니 『독립정신』(1910년)이다. 그러나 그에게는 자서전이

없었다. 김구에게는 저서가 없는 대신 자서전이 있다.

이 차이는 두 사람의 특징을 잘 나타낸 것이라 할 수 있다. 이승만은 생전에 '박사' 칭호의 중요함을 안 사람이다.

우리나라와 같이 문인숭배의 나라에서는 대통령이나 장군이란 칭호보다 박사란 칭호가 훨씬 더 강하다고 할 수 있다. 1910년에 프린스턴대학에서 받은 박사 학위를 위해 그가 제출한 논문『미국 영향 하에서의 중립주의』는 아직도 세상에 소개되지 않았으나 그가 그토록 애용한 박사칭호에 견주어 본다면 그 내용이 빈곤하였고 독립정신이 약한 그런 책이었다.

그러나 김구는 스스로 '선생' 칭호로 만족하였고 백범으로 자처하였다. 이승만은 스스로 왕족의 후예로 믿고 귀족적인 생활감정을 가지고 있었으나 김구는 반대로 평민의식이 강하였고 스스로 무식하다고까지 여겼다.

김구의 정치사상은 한마디로 말해서 꾸밈없는 사상, 마음속에서 우러나온 실천적 사상이었다고 할 수 있다.

70평생을 나라의 독립을 위해 헌신한 그는 단 한 번도 정규교육을 받아보지 못한 사람이었다. 그의 지식은 형무소와 교회 그리고 임시정부 막사에서 생활하면서 터득한 지식이었다.

그러므로 그에게 거창한 이론이나 체계 있는 철학을 기대하기 어렵다. 그러나 그 대신 굳은 신념에서 우러나온 행동과 실천이 있었다.

"'네 소원이 무엇이냐' 하고 물으시면 서슴지 않고 '내 소원은 대한독립이오' 하고 대답할 것이다. 그 다음 소원은 무엇이냐 하면 나는 또 '우리나라의 독립이오'라 할 것이요, 또 그 다음 소원이 무엇이냐 하는 세 번째 물음에도 나는 더욱 소리를 높여서 '나의 소원은 우리나라 대한의 완전한 자주독립이오'라고 대답할 것이다. 동포 여러분! 나 김구의 소원은 이것 하나밖에는 없습니다."

『나의 소원』이란 글에서 한 이 한마디처럼 김구의 독립사상을 솔직하게 나타낸 말은 없다고 필자는 알고 있다.

그가 말했듯이 독립국가의 백성으로 살아보다가 죽는 것이 무엇보다도 그의 평생 소망이었던 것이다.

그러면 그가 말한 완전 자주독립이란 무엇인가?

첫째, 남의 절제도 아니 받고 남에게 의뢰도 아니하는 나라여야 한다는 것이다.

둘째, 이 지구상의 인류가 진정한 평화와 복락을 누릴 수 있는 사상을 낳아 그것을 먼저 우리나라에 실현하는 것이다.

이와 같이 완전한 자주독립을 이루는 것이 그의 소망이었는데, 그러기 위해서는 무엇보다도 자유를 실현하여야 한다고 그는 주장한다. 홍익인간, 이화세계가 아니고 무엇인가?

"이러한 나의 정치이념을 한마디로 표시하면 자유다. 우리가 세우는 나라는 자유의 나라여야 한다."

그러나 김구는 자유라고 해서 제멋대로 사는 방종은 아니라고 강조하였다. 그는 또 자유와 자유 아님을 알려면 개인의 자유를 속박하는 법이 국민에게서 나오는 것이냐, 아니면 개인이나 계급에서 나오느냐에 따라 판단하여야 한다고 주장하였다.

아무리 자유라고는 하나 그것이 국민에게서 나온 법이 아니라 개인이 정한 법에 의한 것이라면 자유가 아니라는 것이다. 민주주의만이 진정한 자유를 보장하는 것이며, 독재 하에서의 자유는 그렇지 않다는 것이다. 더욱이 그것은 민족문화의 발전을 저해하기 때문에 절대 있어서는 안 되리라고 그는 확신하였다. 이것을 그는 다음과 같은 비유로 설명하고 있다.

"산에 한 가지 나무만 나고, 들에 한 가지 꽃만 핀다면 어떻게 되겠는가. 여러 가지 나무가 어울려서 백 가지 꽃이 섞여 피어서 봄 뜰의 경치를 이루는 것이 아닌가.

이와 마찬가지로 우리가 세우는 나라도 유교도 성하고 불교도 성하고 기독교도 자유로 발달해야 한다. 또 철학으로 보더라도 인류의 위대한 사상이 다 들어와서 꽃이 피고 열매를 맺고 결실을 거둬들여야 비로소 자유의 나라라 할 것이요, 이러한 자유의 나라이어야만 인류의 가장 크고 좋은 문화가 발생할 것이다."

그러나 김구는 민족문화의 발전이 세계 인류에 기여하는 유일한 길임을 확신하고 그것이 또 자유의 구현을 전제로 어우러질 수 있다고 믿었다.

"우리나라가 남의 것을 모방하는 나라가 되지 말고 새로운 문화의 근원이 되고 목표가 되고 모범이 되기를 원한다. 우리 민족이 주연 배우로 세계의 무대에 등장할 날이 눈앞에 보이지 아니하는가."

이와 같은 입장에는 그는 지난날의 봉건제도를 비판하고 오늘의 공산주의를 비판하였다. 즉, 그는 과거의 봉건제도가 나빴듯이 오늘의 공산주의도 나쁘다고 보았는데, 그것은 한마디로 말해서 자유를 억압하기 때문이라는 것이다.

그러나 김구의 민주주의란 단순히 미국의 민주주의를 모방하자는 것이 아니었다. 미국의 민주주의는 자유를 보장하고 문화발전에 적합한 제도이기는 하나 이것 또한 완성된 것이라 볼 수 없으므로 그대로 모방할 것이 아니라고 주장하였다.

이와 같이 김구가 가장 소중하게 생각한 것은 자유요, 민주주의요, 민족문화의 발전이었는데, 이 주장 속에는 첫째 오늘의 서구문명이 갖는 결함에 대한 경고가 강조되어 있다.

따라서 그는 서양문화의 무비판적 수용을 경고하고 동양문화, 한국문화의 보전 육성을 강조하고 있는 것이다.

그러면 그가 소원하던 민족문화의 바람직한 이상은 무엇인가. 한마디로 그는 아름다운 나라가 되는 것이라 표현하고 있다.

"나는 우리나라가 세계에서 가장 부강한 나라가 되기를 원하는 것은 아니다."

즉, 그는 단순히 경제적으로 부유해지고 군사적으로 강력해지는 것만으로 나라가 아름답다고 할 수는 없다고 말하였다.

지금 인류에게 부족한 것은 무력도 아니요 경제력도 아니라는 것이다. 인류가 현재 불행한 근본 이유는 인의仁義가 부족하고 자비가 부족하고 사랑이 부족한 때문이라고 강조하고, 경제나 군사보다 인류 사회의 도덕적 기저基底가 더 중요하다고 주장하였다.

김구는 '나는 공자, 석가, 예수의 도를 배웠고 그들을 성인으로 숭배한다'고 말한 바 있다. 그러나 '아무리 천국이 있고 극락이 있다고 하더라도 그것이 우리 민족이 세운 나라가 아닐진대 우리 민족을 그 나라로 끌고 갈 수 없는 것이다'고도 말했다

이와 같이 백범 김구는 세계 인류라는 보편적 개념을 승인하면서 그 구체적인 실제는 민족을 떠나 있을 수 없다고 보았다. 그는 또 우리가 세계에서 가장 아름다운 겨레로 존중받기를 원했고, 그러기 위해서는 단순히 군사적 경제적으로 부강하여지는 것만으로는 부족하고, 거기 덧붙여서 우리들 개개인이 자주적이고 인자하고 덕망 있는 선비가 되는 것이라고 주장한 것이다.

여기서 우리는 김구 선생이 젊은 날 안 의사 댁에 기식하고 있을 때 만난 고능선 선비의 가르침을 다시 회상하게 된다.

'아름답다'는 말은 '알차다'는 뜻이라고 한다. 그러므로 아름답다는 뜻이 겉으로 보아 아름답다는 것이 아니라 속으로 알찼다는 뜻이다. 결실이란 뜻이다. 결실은 정신적인 결실이지 물질적인 결실은 아니었다.

지금 우리에게 물질적인 풍요가 필요한 만큼 정신적인 안정과 성숙도 필요하다. 그 길만이 '행복한 바보'가 되지 않는 단 하나의 길이라 생각하면, 김구 선생의 사상은 지금도 우리에게 절실한 교훈이 되고 있는 것이다.

유교구신론儒教求新論

백암 박은식(1859~1925)이 『유교구신론儒教求新論』(사북학회일록 제1권 10호)을 발표한 것은 1909년이었다. 비록 이 글이 길지는 않지만 그 의미

는 크다고 평가된다. 나라가 망해가는 마당에 무엇이 우리를 그토록 남의 침략 하에 버림받게 만들었는가를 심각하게 반성한 글이기 때문이다. 『유교구신론』은 만해萬海 한용운韓龍雲(1879~1944)이 1913년에 발표한 『조선불교유신론』과 함께 민족사를 반성하여 망국의 원인을 탐구한 글이었다.

박은식은 먼저 '우리 유교가 끝내 인도의 불교나 서양의 기독교처럼 세계에 크게 발전하지 못하는 것이 극도에 달해서 다시 회복될 가망이 없는 것은 무슨 까닭인가?' 하고 물으면서 『유교구신론』의 기본입장을 밝혀 주고 있다. 이 한마디로 박은식이 당시의 수많은 개화파 인사들과는 달리 유교를 매도하거나 욕하려 든 것이 아니라 유교를 두둔하기 위한 호교론을 폈던 것을 알 수 있다. 그러므로 그는 분명 '나는 대한의 유교계의 한 사람이다'고 말하고 있는 것이다.

"현재 공자의 교가 날로 암담해지고 쇠약해가는 정경을 보니 실로 척연히 땀이 날 정도이다."

왜 이토록 유교는 쇠약해지고 있는 것일까? 박은식은 그 원인을 세 가지 큰 문제 때문이라 보고, 이 세 가지 문제를 개량하여 새로운 유교를 지향하지 않으면 유교는 흥왕하기 어렵고 필경 멸망을 면치 못할 것이라 주장하였다.

그러면 그 세 가지 큰 문제란 무엇인가. 박은식에 따르면 그것은 첫째, 유교의 정신이 오로지 임금의 편에 있고 인민사회에 보급할 정신이 부족하다는 것이다.

둘째는 여러 나라를 돌면서 천하(세계)의 주민을 강구하려 하지 않을 뿐만 아니라 내가 어진 이를 구하는 것이 아니라 어진 이가 나를 구해준다는 주의만을 고수하고 있다.

첫째 문제인 유교가 임금 편에만 서고 백성 편에 서지 못했다는 것은 무엇 때문인가. 박은식에 따르면 첫째, 그것은 중국이나 우리나라에서 왕이 유학자를 높이 대우했기 때문에 유학정신이 저절로 백성 편에서 멀어져가고 임금 편에만 서게 되었다는 것이다. 그 때문에 학맥으로 본다면 공자의 문하에 맹자의 학문이 전해지지 않고 순자의 학문만 전해지는 결과가 되었다는 것이다. 왜냐하면 맹자는 '백성이 소중하다'고 민권론을 폈는데, 순자는 반대로 '군권을 존중한다'고 군권론을 제창하였다. 민권론자인 맹자의 제자들은 추鄒와 노魯나라에서 그만 대가 끊어졌고, 순자의 제자들은 조趙와 초楚나라에서 널리 대를 이어갔다. 순자의 제자인 이사李斯가 진시황의 재상이 되어 존군주의尊君主義를 써서 백성을 어리석게 다스렸던 사실은 누구나 다 아는 일이다.

이와 같이 유교의 전통이 오늘에 계승되어 민중을 계도하고 민중의 편에 서는 유교가 되지 못하고 도리어 군주 곁에서 군주만 위하는 학문이 되고 말았다는 것이다. 즉, 유교는 군주를 위한 학문(경연經筵)으로 바뀌어 백성의 지혜와 권리를 증진하는 학문이 되지 못했던 것이다. 박은식은 그러므로 유교는 국왕만을 위한 학문이 아니라 국민을 위한 학문이 되어야 한다고 주장한다. 지금 세태는 민주주의의 시대로 바뀌었기 때문에 유교도 스스로 개량되어야 한다는 것이다.

둘째로 유교는 교세를 확장하는 데 너무 소극적이다. 불교는 소승보다 대승이라 하여 널리 중생의 구제를 시도하고, 기독교는 그 교를 펴는 범위가 더욱 넓고 성의가 지극해서 오대양과 육대주 어느 곳에나 발자취가 미쳐서 복음을 전하는 데 목숨을 아끼지 않으며, 심지어 야만인이나 토인에게 먹히는 화를 입어도 선교를 멈추지 않는다. 그런데 유교는 어떠한가.

일찍이 공자가 열국을 돌아다니며 사역천하하려던 사실을 잊어버리고 한국의 유학자들은 오직 자기 한 몸을 수신하는 데만 열중하고 그것을 남에게 베푸는 데 인색하다. 그래서 사회에 교화가 미치지 못할 뿐 아니라 자기 자신의 지식까지도 고루하여져 버리게 되는 것이다.

> "현재는 세계의 문호가 넓게 열리고 인류가 경쟁하는 시대이다. 만일 전날과 같은 암혈岩穴을 굳게 지키고 문밖에 나가지 않고 있다가는 광대한 천지가 모두 남에게 점령당하게 될 것이니 어디를 가서 우리의 도를 전수하겠는가."

일찍이 유교도 활발히 선교되었던 시절이 있었다. 임진왜란 때 의병장으로 활약한 바 있는 조헌趙憲은 『격몽요결擊蒙要訣』을 가지고 다니면서 여관에서 잘 때 평범한 나그네를 대하더라도 곧 이것을 읽도록 권하고 설명하여 주었다. 지금의 선비들도 모름지기 이 같은 교육정신을 발휘하면 유교를 살릴 수 있을 것이 아니겠는가? 한마디로 말해서 유교는 백성을 가르치고 경계하는 목탁이 되어야 하는 것이다.

셋째로 오늘의 유교는 잘못 교육되고 있다. 무릇 학문은 그 요점을 가르치고 배우는 데 힘을 써야 한다. 요점을 안다는 것은 곧 근본을 안다는 것이다, 그러기에 공자는 '내 도는 하나로 관통했다'고 말했던 것이고, 중국 진나라 망중암은 '배우는 자는 반드시 요점을 알기에 힘써야 하는 것이니 요점을 알면 즉시 넓은 것을 알 수 있다'고 했던 것이다. 그런데 오늘의 유교는 어떠한가. 본령을 찾지 아니하고 지루하고 한만閑漫

한 공부만 되풀이하고 있는 것이다.

더구나 오늘은 각종 과학이 날로 발전하고 있는 시대이다. 이러한 때에 간이하고 절실한 것을 찾지 않고 아무 데도 쓸데없는 공부만 하고 있다면 되겠는가. 한마디로 말해서 우리의 유학은 주자의 학문이었고, 만일 주자 이외에 다른 학문을 세운다면 사문난적으로 몰려 배척받았다. 이래가지고서는 유교가 오늘의 상황변화에 적응할 수 없을 것이다.

이와 같이 박은식은 유교를 덮어놓고 나쁘다고 비난한 개화파와는 달리 유교는 훌륭한 학문이요 종교라는 전제 아래 유교개량론을 제창하였다. 그러기에 그는 장차 우리나라의 국교는 유교가 되어야 한다고 주장한 것이다. 뿐만 아니라 장차 21세기에 동양문명의 시대가 될 것이라고 예언하기까지 하였다.

> "대개 19세기와 20세기는 서양문명의 시대요, 21세기와 22세기는 동양문명의 시대가 될 것이다. 그러니 우리 공자의 도가 어찌 땅에 떨어질 것인가. 장차 온 세계에 그 빛을 크게 나타낼 시대가 올 것이다. 아! 우리 한국의 유림은 눈을 똑바로 뜨고 몸을 떨쳐 일어나야 할 것이다."

이렇게 박은식은 장차 동양문명 시대가 올 것이며 유교가 지배하는 시대가 올 것이라고 예언하였다. 그러나 그러기 위해서는 먼저 앞의 세 가지 문제를 개량하여야 한다는 것이며, 그것은 낡은 유교가 새로운 유교로 탈바꿈하는 것을 의미하는 것이다. 박은식은 여기서 종교개혁을 꿈꾸었던 것이다.

> "저 서양의 기독교를 보더라도 구교시대는 유럽의 암흑시대였고 만일

마르틴 루터의 대담함과 역할로 새로운 개량이 없었다면 유럽은 지금까지 암흑시대에 머물러 있을 것이다."

이처럼 박은식은 우리 유교도 스스로 종교개혁을 단행하여야 새 시대에 적응할 수 있다고 확신하였던 것인데, 이것은 서두에서 지적한 만해 한용운의『불교유신론』과 같은 취지였다. 1910년의 경술국치를 눈앞에 두고 이처럼 유교혁신론을 제창한 박은식의 선각자적 사상을 오늘 다시 돌이켜본다는 것도 반드시 무의미한 일이 아니라 믿는다.

님의 침묵沈默

만해萬海 한용운韓龍雲은 1879년 충남 홍성에서 아전 출신 한응준韓應俊의 아들로 태어났다. 6세 때 서당에서 천재 났다고 떠들썩했다. 14세에 장가를 들어 처가에 가서 공부하고 있는데 때마침 동학혁명이 일어났다.

아버지 한응준이 동학에 자금을 댔다 해서 잡혀가고 일가 모두가 처형당해 죽었다.

이 슬픈 소식을 듣고 집에 돌아와 보니 집은 다 타서 없고 동네 사람들은 한용운을 보고도 못 본 체하였다. 분노를 금할 길이 없어 18세 소년 한용운은 동학군에 투신하여 보복할 것을 결심하였다. 그러나 그의 종군은 불과 3개월 만에 끝나고 설악산 오세암에 입산하고 말았다. 살상을 일삼는 동학군에 실망한 그는 절에 들어가 세상을 등지려고 했던 것이다. 동학군은 한용운의 일생에 있어서 첫 실패를 맛 본 것이다.

한용운은 절에서 1년 동안 머슴살이를 했다. 1년 후 그는 아내가 궁금하여 일단 처가로 돌아왔다가 다시 절에 들어갔는데 그동안에 아내가 임신하였다. 아들이었다. 용운은 아들 이름을 보국輔國이라 지었으니 매우 애국적인 이름이었다. 그러나 얼마 뒤 그는 사랑하는 아내와 아들을 버리고 오대산 백담사로 들어갔다. 20세 때였다. 그 뒤 죽을 때까지 다시는 처자식을 만나려 하지 않았다는 것이며, 3년 수도 끝에 득도하여 스님이 되어 법명을 '용운'이라 하였다.

이렇게 해서 한용운은 나이 23세에 일단 젊은 시절의 방황기를 끝낸 것처럼 보이는데, 실상은 그렇지가 않았다. 3년 뒤인 26세 때 시베리아로 가서 일본 침략군을 몰아낼 궁리를 해보고 돌아와서는 다시 동경유학을 결심하였기 때문이다. 30세 때 일이었다. 그러나 일본에 갔다가 5개월 만에 돌아왔다. 그 이유는 거기 있어봤자 별로 배울 것이 없다고 보았기 때문이다.

한용운의 방황은 30대에도 계속된다. 1910년 나라가 망하자 간도로 가서 의병이 되려했던 것이다. 그러나 간도에서는 간첩으로 오인되어 총을 맞아 평생 동안 요두증(머리 흔들 병)을 앓는 병자가 되었다. 이러한 오랜 방황기를 거쳐 겨우 한 가지 일에 몰두하게 된다. 그것이 곧 불교 독립운동이었다.

그의 첫 사업은 1912년에 발표한『조선불교유신론』으로 결실되었다. 이 책은 한편으로 이회광李晦光등 친일파가 조선불교를 일본불교에 종속시키려는 음모를 폭로하고 다른 한편으로는 산 속으로 자꾸 숨어버리려는 소승주의를 반대하여 승려도 가두로 나가자는 대승주의를 부르짖은 일종의 종교개혁서였다.

승려의 결혼생활을 인정하라는 요구까지도 포함된 이 '유신론'은 박은식의『유교구신론』에 버금가는 종교개혁 이론서였다.

한용운이 독립운동을 하게 된 동기에 대해서는 1917년 12월 2일 밤

10시 설악산 오세암에서 좌선을 하다가 갑자기 바람에 물건 떨어지는 소리를 듣고 깨달았기 때문이라 하고 있는데, 이때 그의 나이가 40세였다.

1919년 3월 1일 33인의 한 사람으로 민족대표가 된 한용운은 김법린 등 학생을 불러 놓고 이렇게 말했다고 한다.

"오늘 여러분에게 기쁜 소식을 전하겠다. 요번의 세계대전은 침략자의 패배로 끝났다. 우리나라에서는 왜적의 혹독한 탄압으로 독립운동 단체가 거의 멸종되다시피 되었으니 이제 종교단체밖에 남지 않았다. 첫째 천도교, 둘째 기독교, 셋째 유교 모두 승낙을 얻었으나 아깝게도 유교 대표 곽종석과의 연락이 늦어 빠졌다. 넷째는 우리 불교인데 내가 대표로 뽑혔다. 이리하여 손병희의 천도교 15명, 기독교 15명, 불교 2명으로 민족대표가 구성되어 독립운동을 벌이기로 되었으니 임진왜란 때 서산대사와 사명대사가 활약했던 전통을 이어받은 것이다.

군들은 이제 헤어지면 언제 만날지 모른다. 그러나 조국광복을 위하여 나선 우리의 결심을 막을 자 없으며 아무 두려움도 없다. 군들은 매진하시오."

이렇게 해서 3월 1일 그는 종로서에 연행되어 조사를 받게 되었다. 한용운은 민족대표 가운데 가장 떳떳하고 용기 있게 독립을 주장한 사람이었다. 일본 검사의 요구에 따라 옥중에서 쓴 『조선독립 이유서』는 유명하다. 이 글은 1919년 7월 '옥중에서' 집필된 것인데 그해 11월 4일에는 상해임시정부의 『독립신문』 부록으로 발표되었다. 한용운이 그 글을 휴지에다 적어 종이 노끈을 만들어 간수의 눈을 피해 밖으로 던져 보낸 것으로 전해지고 있다.

한용운의 독립사상은 이 독립선언 이유서에 잘 나타나 있다.

그의 주장을 분석해 보면 첫째, 역사의 진보와 발전을 확신하고 있었다.

'인류의 지식은 점차적으로 발전하는 것이며 인류역사는 몽매한 데서 부터 문명으로 가고 쟁탈에서 평화로 발전하는 것이다' '군국주의와 침략주의는 인류의 행복을 희생시키는 가장 흉악한 아들'이므로 '어찌 이 같은 군국주의가 무궁한 생명을 지탱할 수 있겠는가. 그 산 증거가 독일 침략주의의 필연적 멸망이다'라고 주장한 것이다.

한용운의 독립사상에 있어서 둘째 특징은 '우리나라 독립은 모든 물질문명이 완전히 구비된 뒤에야 실현되는 것이 아니다. 독립할 만한 자존의 기운과 정신적 준비만 있으면 충분하며 또 누가 독립을 시켜주는 것이 아니라 스스로 독립국가라 선언함으로써 족한 것이다'고 주장한 데 있다. 그것은 독립준비론을 반대하고 외세의 의존하여 독립하자는 주장도 반대하는 자주독립 노선을 천명했던 것이다.

셋째로 그는 독립청원은 반대하였다. 3·1운동 이후 참정론, 내정독립론, 자치론 등 친일파들의 여러 투항주의가 나왔는데 한용운은 이에 반대하여 즉시 독립을 주장하고 독립은 마치 '산꼭대기에서 굴러 내리는 둥근 돌덩어리와 같이 갈 데까지 가지 않으면 멈추지 않는 필연적 결과'라 확신하였다.

3·1운동으로 3년 옥고를 치른 뒤 한용운은 생애의 세 번째 시기를 맞는다. 그의 마지막 생애는 시문학으로 아로새겨진다. 그의 작품 가운데 가장 유명한 글은 「님의 침묵」(1925년, 서울)이다. 「님의 침묵」은 사랑을 읊은 연애시 형태로 나타나 있으나 그에게 있어 님이란 부처요, 공空이

요, 지고요, 민족이요, 조국이었다.

> 당신의 소리는 침묵인가요
> 당신의 소리는 침묵이어요
> 님은 갔습니다
> 아아 사랑하는 나의 님은 갔습니다
> 아아 님은 갔지만
> 나는 님을 보내지 않았습니다

이렇게 노래한 한용운은 끝까지 지조를 지키다가 1944년 5월 조국광복 15개월을 남겨두고 성북동 심우장尋牛莊에서 눈을 감았다. 입적한 것이다.

위당 정인보는 만해를 풍란 화에 비기면서

> 풍란화의 매운 향내라 하더라도
> 당신에야 견줄손가
> 혼아 돌아오소서

라는 시를 지어 그의 명복을 빌었다.

심우장尋牛莊과 총독부 건물

중앙청이 헐리지 않고 박물관이 된다고 한다. 필자의 솔직한 심정은 이 식민지 르네상스 양식의 돌덩어리를 어디론가 보내 버리기를 바라왔다. 그러나 그대로 두자는 여론에 따라 박물관이 된다고 하니 한편 시원하기도 하고 섭섭하기도 한 기분이다.

지난 5월 19일 중앙청에서는 마지막 국무회의가 열렸고, 김상협 국무총리는 '우리 정부는 건국 이후 이 건물에서 많은 일과 시련을 동시에 겪었다'고 술회하였다고 한다. 그러나 정확히 말해서 경복궁을 가로막기 위해 이 돌집이 세워진 것이 1926년이었기 때문에 총독부 20년, 중앙청 35년, 합해서 55년 동안 한국 현대사에 군림하여 온 아방궁이 총독부였다.

해방 후 세대들에게 이 건물이 단지 중앙청으로 보일지 모르나 우리들 해방 전 세대들에게는 민족의 원부怨府로 보일 뿐이다. 이 집이 우리에게 서울역 청사나 시청 건물과는 다른 인상을 주는 이유는 말하지 않아도 너무 명백하다. 그것은 중앙청이기에 앞서 조선총독부였기 때문이다.

심훈沈薰이 '그날이 오면 그 자리에 거꾸러져 죽어버리겠다'고 말했던 그 자리가 바로 조선총독부가 아니었던가. 만해 한용운도 성북동 비탈에 심우장을 지으면서 이 돌집이 보기 싫다 하여 양지바른 남쪽 비탈을 버리고 그늘진 북쪽 비탈에다 집을 돌려짓지 않았는가.

이렇게 양심이 있고 애국적인 지식인들에게 원한의 돌덩어리로 인식된 총독부는 1916년에 착공, 10년 만에 준공되었고, 그 기본 설계를 맡았던 독일인 기사 게에게라란데란 자는 천벌을 받아서인지 착공도 하기 전에 세상을 떠나고 말았다. 그 후임이 대만 총통부의 기사였던 노무라라는 일본인이었다.

그러니 그 솜씨와 정신이 제국주의요, 침략주의요, 식민주의였을 수밖에 없었다.

하늘에서 보면 일日자로 되어있다고 하지만 그렇다고 해서 이 건물이 일제의 잔재라 할 수 없다. 돌로 만들어진 것부터, 그리고 쓸데없이 위엄을 강조한 것부터가 우리 민족에게 한없는 분노를 사게 하고 있는 것이다. 이 건물이 한창 지어져 가고 있을 때 3·1운동이 일어났고 김익상 의사의 총독부 폭파사건이 일어났다. 남산에 있던 총독부 구건물은 목조였다. 만일 이때 김 의사가 사이토오라는 일본총독을 현장에서 발견했더라면 보기 좋게 그를 폭살시켰을 텐데 불행히 그는 그 자리에 없었다.

총독부를 굳이 돌집으로 만들어야 했던 이유의 다른 하나는 군사적으로는 정복되었으나 정신적으로는 일제통치를 인정하지 않는 한국민족을 절대적으로 제압하기 위해서였다. 높고 크게 지은 것은 앞으로 위엄을 과시할 뿐 아니라 뒤로는 경복궁의 모습을 가려버릴 수 있다는 이중효과를 위해서였다.

독립운동을 했던 이승만이 '이 집을 그대로 놔두고는 눈을 감을 수 없다'고 하면서 바로 이 건물 앞에서 대통령 취임식을 가졌던 일은 기이하면서도 피할 수 없는 비극이었다.

그러나 6·25가 터져 이 건물이 전화로 대파되자 이 대통령은 단연 복구공사를 거부하였고, 심지어 미8군 사령관 테일러 대장에게 폭파해버리라고까지 부탁하였다.

중앙청이 다시 개청됐던 것은 4·19와 5·16을 지난 1962년 11월이었으니 무려 12년간이나 빈집으로 방치되었던 셈이다. 그러나 이때 중앙청은 옛날 중앙청과 전혀 다른 뜻의 중앙청이었다.

6·25전의 중앙청은 정·부 대통령의 집무실은 물론 국회의사당까지 갖춘 이름 그대로의 중앙정부 청사였으나 1962년부터는 행정수반인 국무총리 집무실이 있을 뿐 대통령도 국회도 모두 떠나고 없었다.

그러니까 최고의 권부로서의 권위는 사라지고 단지 행정의 중심부란 의미밖에 갖지 못한 건물이 되었던 것이다. 그러나 그렇더라도 줄잡아 20여 명의 국무총리와 5백 명이 넘는 장관들이 이 중앙청에서 중요한 공문서에다 도장을 찍고 떠났으니 이름만 중앙청이었던 게 아니라 실제에 있어서도 중앙청이었다고 할 수 있고 그런대로 정치의 산실이었다고 할 수 있다. 총독부에다 미군정부 그리고 중앙청이란 정치기능을 다하고 뉴스에 정부소식을 알릴 때마다 그 상징적 건물로 영상에 비추어 주던 것이 이제는 어제의 일로 변하게 되었다. 박물관이 되기 때문이다.

이제부터는 이 건물이 한국문화의 산실로서 구실하게 되어 민족문화를 이야기할 때마다 이 건물을 연상하게 될 것이다. 말하자면 한국의 루브르 박물관이 되는 것이다. 이제 앞으로의 세대는 이 '돌집'이 주는 온갖 나쁜 인상을 받지 않게 될지도 모른다. 그것이 민족의 원부였던 사실을 까맣게 잊어버리고 문화의 전당으로서 사랑받게 될지도 모를 일이기 때문이다. 시민회관과 더불어 광화문로 태평로는 문화의 거리로 시민에게 더없는 위안처가 될지도 모른다. 이 돌집에 한을 안고 사는 구세대들에게도 이 집이 우리의 집으로 믿을 한 가닥 까닭은 있다. 그것은 이 집을 짓기 위해 사용된 대리석과 화강석이 모두 우리나라 것이라는 사실이다. 이마저 부정할 수는 없지 않은가.

그리고 이 돌을 다듬고 나르는 데 닿은 우리 한국인의 눈물겨운 손길들이 있지 않은가. 이 집을 더 이상 원망하지 않을 수는 없는 것일까. 이 건물의 역사를 우리의 역사 속에 편입시켜 다시없는 민족의 교훈으로서 사랑할 수는 없는 것일까.

그리하여 이 건물의 제1시대는 총독부로 시작하고 그 제2시대를 중앙청으로 이어졌으니, 이제 그 제3시대로서 이 집으로 하여금 우리의 사랑을 받게 하자. 그렇게 되면 이 건물의 본래 양식인 식민지 르네상스가 민족의 르네상스로 탈바꿈할 것이며, 그것이 이 건물이 우리 민족에게 갚을 수 있는 유일한 속죄일 것이다.

한국사는 우리 것이다

지난 봄 도쿄에 들렀다가 우연히 중심가 외진 곳에 한국기독교 청년회관이 있는 것을 발견하고 새삼 작은 감동을 느낀 일이 있다. 최근에 깨끗한 호텔로 신축된 이 회관은 우리로서 잊을 수 없는 역사적 건물 조선기독교회관의 후신이 아닌가. 입구 현관 왼편에 사람 키보다 약간 큰 흰 비석이 서 있었고 뚜렷하게 '조선독립선언 1919.2.8 기념비'라는 비문이 새겨져 있었다.

비문을 보는 순간 울고 싶은 충동과 기쁜 마음이 서로 얽혀 무어라 표현할 수 없는 심정에 한동안 멍하니 서 있었다. 울고 싶었던 것은 3·1운동의 첫 함성이 바로 이곳에서 울렸는데 어쩌면 그렇게도 비문이 작고 초라하게 만들어져 있는가 하고 느꼈기 때문이다. 1919년 2월 8일, 6백명 동경유학생 전원이 이 회관에 모여 '일본인이 만일 우리 민족의 정당한 요구에 응하지 않으면 우리 민족은 일본에 대하여 영원한 혈전을 선언할 것이다'고 외친 곳이 바로 이곳이 아니었는가. 선언문을 쓰고 읽고 그리고 세계에 보낸 이들의 손은 보이지 않지만 역사의 현장만은 지금도 이렇게 어엿하게 남아서 후세의 우리에게 그날의 감격을 되새겨 주고 있는 것이라고 생각하니 한편 눈물겹도록 기쁘기도 하였다. 그러나 비석 앞에 꿇어 엎드리고 싶을 정도로 슬펐던 것도 사실이다. 왜 그랬을까.

단지 장소가 일본이었기 때문이 아니다. 지난 여름 경북 울진을 거쳐 영덕盈德의 신돌석申乭石 의병장 비석 앞에 섰을 때도 그랬다. 그때는 나도 모르게 비석 앞에 꿇어 엎드리며 눈물을 흘리고 말았다. 장군의 비석은 생가가 있는 동네 어귀에 서 있었는데, 누가 보아도 신장군의 기념비라고 알아보기 어려운 작품이었다. 비를 받쳐 주는 대석臺石이 없어서 한

번 넘어졌던 것을 바로 세워서 시멘트를 바른 흔적이 역연했다. 그 바람에 비문 제일 밑줄의 글은 메워져 보이지도 않았다. 비석 크기는 사람 목에 찰 정도로 낮았다.

이상은 민족의 역사를 빛낸 분들에게 지금도 우리 스스로가 이토록 푸대접을 아끼지 않고 있다는 사실을 심각하게 반성하게 하는 아주 비근한 사례에 지나지 않는다. 그 밖에도 이 같은 일은 얼마든지 있다는 이야기이다.

최근 일본 교과서의 한국사 왜곡문제를 둘러싼 뜨거운 성토와 반성이 있었고, 그 결과 드러난 한 가지 확실한 진실이 있다. 그것은 자기 역사를 그렇게도 난자하게 왜곡당하고서도 무려 35년 동안이나 감쪽같이 의식하지 못했다는 어처구니없는 우리의 둔감鈍感이었다. 물론 한국사를 왜제로 만든 장본인은 일본 제국주의자들이었지만 그것을 우리의 한국사로 뜯어고치는 데 실패한 책임자는 우리였던 것이다. 제 나라 국민도 존경하지 않는 역사를 남의 나라 국민이 존경해 줄 리 만무하다. 일차적으로 그 책임을 역사가들에게 지운다 하더라도 국민과 국가는 그 다음 책임을 면치 못할 것이다. 자기 나라 역사를 사학자라고 이름하는 일단의 전문가들에게만 맡겨둘 수 없고 또 맡겨두어서도 안 되기 때문이다. 역사는 그 나라 그 국민의 소유요 임자가 아닌가.

빼앗긴 역사를 되찾기 위해서는 먼저 우리와 우리의 아버지와 할아버지의 역사인 근대사를 재건하여야 한다. 부끄러운 이야기지만 지금까지의 한국 근대사 서술은 민족을 주체로 삼고 민족사를 주제로 삼은 것이었지만 아직도 그 형식만은 일제 식민사학자들이 만든 것이어서 마치 '헌 병에 담긴 새 술'같은 모양을 하여 왔다. 새 술은 당연히 새 병에 넣어야 하지 않겠는가.

민족이 주체요 민족사가 주제인 새 역사를 만들어내기 위해서는 먼저 민족의 역사적 행동과 결단에 대해 깊은 관심과 경건한 마음을 보여야 한다고 생각한다. 지난 모든 민족의 행동들이 우리의 역사적 행동으로 평가받을 수는 없을 것이다. 어느 나라 어느 민족의 역사에도 후대인으로서 꼭 반성의 자료로 삼아야 할 부분들이 있다. 우리에게도 그런 것들이 있는 것이다.

반대로 우리가 늘 본받고 자랑으로 여겨야 할 역사적 행동과 사상도 있는 것이며 이것을 잊지 않게 하기 위한 노력도 필요한 것이다. 35년간의 일제침략기를 포함한 한국 근대사를 5천년 민족사 안에서 가장 부끄럽고 욕된 순간으로 보고 되도록 과소평가하거나 아주 한국사의 주류에서 떼어내 버렸으면 좋겠다고 말하는 이가 간혹 있다. 그러나 빼는 것보다 새롭게 해석함으로써 보다 훌륭한 역사로 만들어야 한다.

역사와의 만남은 늘 적극적이어야 한다고 믿고 있다, 역사는 늘 여성적이기 때문이다. 그녀는 항상 새로운 해석을 기다리고 있는 것이다. 그녀는 자신을 언제나 새롭게 해석하고 이해하여 주는 자에게 사랑을 느낀다.

한국 근대사에 있어서 3·1운동 못지않게 민족의 의지와 행동을 보인 운동이 있었다. 그것은 의병전쟁과 광주학생독립운동이었다. 만일 이 세 운동을 한국 근대사에서 빼버린다면 과연 몇%의 민족사가 남는 것일까. 필자가 좋아하는 숫자를 댄다면 0.6%가 남고 99.4%가 빠지는 것이 된다. 역사란 자질구레한 사건들의 자초지종을 소상하게 암송한다고 해서 감탄 받는 것이 아니다. 역사의 중요한 부분을 본질적으로 이해하는 일이 중요한 것이지 별것도 아닌 사실을 많이 알고 있다고 경탄해 마지않는 사람들은 벌써 오래 전에 눈을 감았다.

한국 근대사를 우리의 역사로 존경하고 깊이 이해하고 있는 사람이라면 누구나 광주학생독립운동과 의병전쟁이 지닌 민족사적 의의를 통감할 것이며, 이 운동을 1년에 단 하루만이라도 되새겨 시들어가는 나라와 겨레사랑의 마음을 북돋워야 한다고 확신할 것이다. 애국심이나 애족심은 강요되어서는 안 된다. 그것은 설득되어야 하며 자연스럽게 젊은 세대의 가슴에 아로새겨져야 한다.

11월 3일은 광주학생독립운동이 일어난 지 86년째 되는 날이다. 이 날은 한때 '학생의 날'로 기념하다가 그만둔 처사를 난 도무지 이해할 수 없다. 11월 3일은 비단 1928년과 29년 전국의 학생들이 일제에 항거한 사실을 기념할 뿐 아니라 일제하에서 독립을 외치다 투옥되거나 순국한 모든 애국학생들의 충정과 의기를 기념하는 날이어야 하는 것이다. 다행히 광주학생독립운동보다 20년 전의 젊은이들은 무기를 들고 일제에 항거한 의병들이었고, 이들을 위해 '의병의 날'도 제정할 것을 바라는 여론이 일고 있다. 방황하는 오늘의 젊은 세대에게 우리가 줄 수 있는 것은 무엇인가. 그것은 그들의 선배가 보인 고귀한 역사적 행동과 그들 스스로가 보일 밝고 명랑한 내일의 역사적 결단일 것이다.

문화광복文化光復

올해로 8·15가 몇 년이던가. 그때 필자 나이가 겨우 15세였으니까 70년 전이요, 우리 집 아이들이 세상에 나오기 전이 아니었던가. 어지간히 까마득하게 머리에 떠오르는 1945년, 그리고 나라가 광복되던 1945년. 분단에다 6·25 남침·피난·이산 등등 현대사를 살아온 우리들 세대는 정말 불행하기도 했다. 이렇게 불행했던 우리는 한국 근대사의 제3세대이다. 왜냐하면 한말 35년(1876~1910)을 산 할아버지 할머니들을 근대사의 제1세대라고 한다면, 일제 36년(1910~1945)을 산 아버지와 어머니의 세대를 제2세대라 할 수 있기 때문이다.

우리와 우리의 아버지와 그리고 우리의 할아버지가 겪은 체험이 곧 한국 근대사인 셈인데, 한마디로 말해서 유쾌했다기보다 불쾌했던 과거다. 밝고 명랑했다기보다 어둡고 침울하던 계절이었다.

특히 일제 36년을 생애로 받은 아버지 세대를 생각하면 여간 가엾은 것이 아니다. 무주 구천동, 아름답지만 가난했던 빈농의 맏아들로 태어나서 일본으로 탈출했던 아버지, 온갖 고생 속에 본 또 하나의 맏아들인 나. 그러나 일제 항복이란 소식을 듣고 아버지는 그 아들에게 이렇게 말했다. '죽으나 사나 돌아가자, 고국으로. 우리도 이제 잘 살 수 있다.'

이런 희망을 안고 부모님 두 사람은 조국에 돌아왔다. 그러나 아들의 새 시대는 또 다른 전쟁, 6·25로 시작되어 오늘에 이르렀다.

아들은 아버지와 전혀 다른 체험 속에 악몽 같은 과거를 깨끗이 잊지 못하고 있다. 할아버지는 손자를 보지 못한 채 돌아가셨기 때문에 손자인 나는 그의 한말 시대를 전혀 상상할 수도 없다. 그러나 그가 아버지보다 훨씬 불쌍했던 사실만은 알고 있다.

이처럼 필자 자신의 체험적인 개인사를 통해 보더라도 우리 민족의 현대사는 우울했다. 일제시대는 특히 분노의 시대였다. 그러나 1910년 망국을 전후하여 수많은 애국적 지식인들이 나라를 떠나면서 깨달았다. 1945년 광복 후에도 나라를 떠난 사람들이 있으나 그 뜻은 전혀 다르다.

탈 조국! 엑소더스는 엑소더스였으나 눈앞에 나라가 망하는 것을 보면서 조국을 떠난 1910년대의 젊은 지식인들은 심각한 역사적 반성을 체험하고 있었다. 그러기에 암흑의 무단통치 10년과는 달리 간도·중국·노령·미주·하와이 등 해외에서는 하나의 문화운동이 태동하고 있다. 그것은 그들이 절망하지 않았다는 증거였다. '적 일본이 10년 걸려 이룩한 발전을 우리는 단 5년 걸려 해낼 수 있다'고 그들은 확신하고 있었다. 민족의 역사에 있어서나 개인의 역사에 있어서나 늘 시련은 새로운 도약의 발판이 되었다. 망국이란 벽력같은 역사적 시련에 부딪쳤던 제2세대들은 1910년대를 반성과 자각의 시대로 삼았으며 그 결과 수많은 저서들이 나왔다. 이들 업적들이 1910년대를 하나의 작은 문예부흥기로 만들었다고 믿는다.

그러나 국내에서는 일제 식민통치로 불모지대로 변하여 1945년까지 단 한 명의 한국인 대학교수가 나오지 않았다. 간혹 한두 명 있었으나 그들은 한갓 바나나(겉은 한국인 속은 일본인)나 다름없는 친일지식인이었다. 지금의 수만 명에 이르고 있다는 대학교수가 38년 전 단 한 사람도 없었다니 정말 믿어지지 않는 진실이다.

말하자면 일제 36년은 민족사의 단순한 단절시대였다기보다 마이너스의 시대였다. 이 시대가 없었더라면 우리의 오늘은 물질적으로는 물론 정신적으로 보다 풍요하였을 것이 분명하다.

그러나 한 가지 소중한 역사는 우리들 아버지 어머니가 끝까지 일제침략자의 존재나 일제지배 사실 자체를 시인하지 않았다는 것이다. 총독부 건물을 '돌집'이라 부르면서 쳐다보지도 않았던 지식인이 비단 만해 한용운 한 사람만이었을까. 또 해외에 나가있던 지식인들 가운데에도 '내가 죽거든 일제의 발길에 채이지 않게 시체를 태워 바다에다 버려주시오'라고 유언했던 사람이 비단 단재 신채호 한 사람이었을까.

광복 후의 우리 세대는 일찍이 1910년대에 우리 선배들이 시도 했던 애국적 문예부흥을 다시 시도했다. 그러나 선배들이 시도했던 만큼의 성과를 거두었다고 보기 어렵다.

그러기에 40년이란 세월을 거쳐 이룩된 오늘의 한국문화에 커다란 문제점이 드러난 것이다. 다른 것은 몰라도 1945년 이후의 우리들 세대는 심각한 역사적 반성과 청산, 그리고 새 출발에의 의지에 있어서 선배들보다 훨씬 뒤졌다고 아니할 수 없을 것이다.

근대 1백년사에 있어서의 각종 문화운동을 돌이켜보면 성공이었다기보다 차라리 실패였다고 평가하는 편이 온당할 것이다. 한말의 독립협회나 애국계몽운동, 일제시대인 1920년의 문화운동이 모두 실패로 돌아간 이유는 무엇인가. 역사가들에게 물어보아도 아마 대답하지 못할 것이다. 대답하지 못한다는 데 문제가 있다.

이제 새로운 문화운동, 새로운 문예부흥을 눈앞에 두고 우리가 지금 빠져 있다고 생각하고 있는 함정이 무엇인가를 진지하게 살펴보아야 할 것이다.

미술가는 자신이 좋아하는 색채가 혹시 남의 것이 아닌지를 반성하여야 할 것이다. 음악가는 자신이 선택한 음률이 남의 나라 음악의 모방이 아닌지를 돌이켜봐야 할 것이다. 학자는 자신의 가설이나 개념이 외국에서 배운 그대로 차용하고 재탕하고 있는 것이 아닌지를 살펴봐야 할 것이다.

우리에게 역사의 시련이 있었다는 것은 단지 불행한 일일 뿐이다. 그러나 그 시련을 딛고 일어서겠다는 의지를 상실했을 때는 비극이 되는 것이다. 우리의 미래에 반드시 행운이 기다리고 있다고는 볼 수 없다. 행운이 우리를 기다리게 하려면 지금 당장 우리가 가진 모든 것을 다시 살펴보자. 그게 겉만 노오란 바나나가 아닌지를.

의병전쟁義兵戰爭

단발령斷髮令

지금의 우리로서는 상투를 잘라 이발하고 한복을 벗고 양복을 입는 일이 어째서 민족감정을 상하게 하는 것인지 상상할 수는 있어도 이해하기는 어렵다. 그러나 당시의 한국인으로서는 분노를 참을 수 없는 일대 재난이요 침략사건이었던 것이다. 1895년 10월에 남의 나라 왕후를 시해弑害한 일제는 다음 달 단발령斷髮令을 내려 일제히 전 국민의 상투를 가위질한다고 발표하였다. 이것은 군함을 들이대고 함포사격을 가한다, 조약을 강제 체결한다 하는 따위의 침략행위 정도가 아니었다. 이것은 민족의 자존심을 이 한 법령으로 한꺼번에 짓밟아버리려는 일제침략이었던 것이다.

그것은 곧 일본화요 동화同化의 시작을 의미하고 있었다.

여기서 잠시 민족적 분노의 소리를 당시의 선비들에게 직접 들어 보기로 하자.

"면도칼이 임금의 면류관을 범했다. 왜놈의 위와 왜놈의 머리를 본뜬 놈의 소행이다."

"마침내 갑오년 6월 20일 밤에 이르러 우리 삼천리강토가 없어졌다."

"옛날 고구려가 하구려下句麗가 되었듯이 지금 우리 조선은 소일본이 되어가고 있다."

"의관衣冠은 찢기고 머리까지 깎이니 천지가 번복되어 우리 고유의 이성
을 보전할 길이 없다."

단발령이 의병전쟁의 도화선이 된 것은, 이같이 단발을 단순한 '이발
소에 간다'는 뜻이 아니라, 실로 망국의 시초라 보았기 때문이다. 다시
말하면, 1895년의 단발령은 일제의 최초의 문화침략이었던 것이다. 당
시의 유생들은 이 문화침략의 근원이 1876년의 개항開港에 있었다고 판
단하였다. 유인석柳麟錫은 개항의 망국적 성격을 다음과 같이 개탄하였
다.

"누가 알았으랴! 외국과 통상한다는 것이 이렇게 망국의 근원이 될 줄
을. 우리는 지금 남의 노예가 되는 것을 모면하려 의병을 일으켰다."

우리의 힘이 강하지 못한 상황에서 일본과 통상조약을 맺는다는 것은
난망亂亡의 화禍를 자초하는 것이라 하여 '오불가소五不可疏'를 올려 개
항을 반대한 분이 곧 최익현崔益鉉이었다. 그토록 잘못된 개항이 있은 지
20년 만에 거의 나라는 망한 것이나 다름없는 꼴이 되었으니, 참으로 심
각한 순간이었다. 우리는 이 무렵에 애국적인 지식인들이 어떻게 하면
나라를 건질 수 있는지를 얼마나 진지하게 생각했는가, 그 심각성을 안
중근安重根의 자서전이나 김구金九의 『백범일지白凡逸志』를 통하여 생생
하게 엿볼 수 있다. 아직은 나이 19세의 김구가 안중근의 청계동 집에
서 식객으로 있을 때 고능선高能善이란 선비를 만나게 된다. 그의 일생
에 가장 큰 영향을 준 고능선은 의암毅庵 유인석의 동문이었으므로, 그
의 고결한 의병정신이 젊은 김구와 안중근에게 주입되었던 것이다. 하루

는 고 선생이 김구에게 다음과 같이 가르쳤다.

"예로부터 천하에 흥해 보지 못한 나라도 없고, 망해 보지 않은 나라도 없다. 그런데 나라가 망하는 데도 거룩하게 망하는 나라가 있고, 더럽게 망하는 나라가 있다. 어느 나라 국민이 정의로 싸우다가 힘이 다하여 망한다면 그것은 거룩하게 망한 나라요, 반대로 백성이 여러 패로 갈리어 한편은 이 나라에 붙고 다른 한편은 저 나라에 붙어서, 외국에 아첨하고 제 동포와는 싸워서 망하는 나라는 더럽게 망하는 나라다. 이제 왜의 세력이 전국에 충만하여 왕실까지 침입하고, 대신도 저들 마음대로 갈아치우니, 이것이 우리나라가 제2의 왜국이 아니고 무엇인가. 만고에 망하지 않은 나라가 없고 천하에 죽지 아니한 사람이 있던가. 이제 우리에게 남은 것은 오직 일사보국一死報國뿐이네."

일사보국. 만일 이 한마디 교육이 없었다면 김구의 일생은 없었다. 김구가 회고한 바에 따르면, 고 선생은 성냥 하나도 외국 물건을 쓰지 않는 청빈한 생활을 했다는 것이며, 이때 벌써 간도에다 제2의 조국을 만들어 독립운동에 대비하여야 한다고 주장하였다. 우리는 제2의 일본, 소일본이 되지 않기 위해 무기를 든 김구의 의병정신을 고 선비의 가르침 속에서 발견할 수 있는 것이다.

독립전쟁獨立戰爭의 시작

역사적 가정은 종종 헛된 망상만 불러일으킬 뿐, 아무런 소득도 없다고 하여 비난받아 왔던 것이 사실이다. 그러나 최근에는 역사 연구의 건전한 목적이 '본래 일어났던 그대로'의 사실을 연구하고 그것을 필연적이었다고 설명해 주자는 데 있는 것이 아니라, 도리어 역사는 '왜 이렇게 되지 않고 저렇게 되었는가'를 신경질적으로 따지는 데 그 목적이 있다고 믿게 되었다. 만약 이 같은 입장에서 우리의 처절했던 의병전쟁을 다시 돌이켜 본다면, 우리는 이 싸움에서 충분히 이기지는 못했어도 충분히 지지도 않았을 것이라는 가정을 세워보게 되는 것이다.

1907년 8월 1일 새벽, 일제日帝는 극비리에 한국군 해산을 단행하였다. 격분한 서울의 시위대 병사들은 무기고를 부수고 일본군과 시가전을 벌였으며, 원주 진위대 병사들은 전원이 특무정교 민긍호閔肯鎬의 지휘 하에 항일전투를 벌였다. 이렇게 해서 순식간에 전쟁은 전국에 번졌고, 일본군이 주둔한 일부 도시를 제외하고는 모든 지역이 의병 장악하에 들어갔다. 누가 의병이고 아닌지를 분간하기 어려울 정도로 거족적인 항전이 일어난 것이다. 아마도 이것은 우리 민족사상 유례없는 대항전이었을 것이다.

양반과 상인을 가리지 않고 일본군과 싸운 사실, 노령露領의 의병군이 본토 진격작전을 감행한 사실, 이런 모든 사건들이 지금의 우리에게 신기하게 느껴질지 모른다. 그러나 사실이다.

우리에게 가장 큰 감동을 준 사건은 13도 창의군倡義軍이 서울 탈환작전을 벌인 일이었다. 이 극적인 대작전에는 신돌석申乭石, 이강년李康年, 문태서文泰瑞, 민긍호閔肯鎬, 그리고 허위許蔿 등 쟁쟁한 의병장들이 참가하였다. 총병력 1만 명 가운데 민긍호의 8천 명이 주축을 이룬 것을 보면, 예정대로 각도 의병군이 모이지 못하고 극히 소수의 각도 의병 대표들이 이 작전에 참가한 것을 알 수 있다.

1908년 음력 정월에 전국 의병이 경기도 양근楊根에 집결하기로 되어 있었다. 만일 이때 보다 많은 의병이 참여할 수 있었고 치밀한 작전계획으로 서울 공격을 추진하였다고 하면 서울 점령의 가능성은 충분히 있었을 것이다.

대다수의 의병들이 화승총火繩銃을 들고 있었으나, 3천 명에 달하는 신식 소총을 든 한국군이 포함되어 있었으므로 더욱 그 같은 가정을 거짓이라 할 수 없다. 그러나 이때 총대장인 이인영李麟榮이 친상親喪을 당한 사실은 믿을 수 없는 우연이었다. 지금까지도 이인영이 서울 탈환의 막중한 사명을 버리고 급거 고향으로 돌아간 사실을 두고 역사가들은 애석하게 생각하고 있다. 이인영은 후일 충을 버리고 효를 택한 자신의 행동을 후회하지 않는다고 거듭 주장하였다. 그러나 아무리 한국 유교의 전통적 가치가 충보다 효에 있었다 하더라도 전국 의병의 총대장으로서의 그의 막중한 사명을 생각한다면, 좀 더 심사숙고해 주었어야 하지 않을까 하는 아쉬움을 떨쳐버릴 수 없는 것이다.

대장 없는 의병군이었지만 망우리까지 진출하여 일본군과 치열한 전투를 벌였고, 일부 선발대는 세검정을 거쳐 자하문을 돌파하려 했다. 동대문에는 기관총을 설치한 일본군이 수비하고 있어서 이를 피하여 허를 찌른 작전이었다. 그러나 어느 전투에서 결정적인 타격을 입었는지 지금까지도 밝혀져 있지 않으며 안타깝게도 전국 의병군의 서울 탈환작전은 실패로 끝났다.

당시의 일본군은 노일전쟁에 승리를 거둔 막강한 군대였다. 그러나 아무리 그렇더라도 이때 의병에게 탄약과 무기가 조금이라도 원활하게 공급되었더라면, 일본군은 1908년 전국 의병군의 서울 공격을 막아내지 못했을 것이며, 1910년 8월에 감히 '병합'을 단행하지 못하였을 것이다. 그리고 그들이 대만에서 실시했던 잔인무도한 헌병 경찰통치를 자기들보다 고도의 문화를 가진 한국에다 강제하지 못했을 것이다.

왕산 허위旺山 許蔿

안중근 의사의 공판 기록을 읽고 감동하지 않은 한국인은 없을 것이다. 어느 쪽이 재판장이고 어느 쪽이 피고인인지 모를 정도로 공판에서 당당한 언론(진술이 아니다)을 펴고 있는 것이다.

그가 '나는 의병의 참모 중장으로 독립전쟁을 한 것이니, 이 재판은 무효다'고 주장한 일화는 너무나 유명하다. 하얼빈 역두에서 이토오伊藤의 모습을 발견했을 때 '분노가 일시에 치밀어 머리에 2천척의 불길이 치솟는 것과 같았다'고 회고하고 있다.

이등박문 총살에 성공한 뒤 안의사는 '대한만세'를 수없이 불렀다. 그의 분노는 그 당시 2천만 민족의 분노를 대신 혼자서 느꼈을 것이요, 그대로 두었더라면 아마 '대한만세'를 2천만 번이나 불렀을 것이다. 그가 민족을 대표한 독립군 장교로 이토오를 사살하였기 때문이다. 이 같은 안 의사의 불굴의 저항정신은 과연 어디서 나온 것일까. 이 점을 우리는 재확인하여야 할 것이다.

의병전쟁으로 많은 의병장들이 체포되어 재판을 받았다. 안 의사는 대체로 일본인들의 정략적 필요에서 우대를 받았으나, 대다수의 의병장들은 비인도적인 고문을 받고 거의 죽은 거나 다름없는 상태에서 재판정에 끌려 나왔다. 지금 남아 있는 체포당한 의병장들의 사진이 그것을 입증한다. 그런데도 의병장들의 태도에 조금도 비굴한 데가 없는 것을 우리는 잊어서는 안 된다. 지금의 우리들로서는 좀 상상하기 어려운 의젓한 자세라 할 것이다.

전남 의병장 기우만奇宇萬이 서울에서 1907년 4월에 석방되어 나왔을 때, 일본인이 기우만에게 '혹시 다음에라도 선생님을 뵐 날이 있을까요'라고 물었다. 그는 '꼭 한바탕 왜놈을 사냥할 날이 있을 터니, 그때 다시 만납시다'고 대답하였다. 감옥에 갇혀 있을 때 일경日警이 기우만에게 '거처하는 데가 차고 벼룩과 이가 많은데, 어떻게 견디시는가요'라고 물은 일이 있었다. 그가 대답하기를 '요즘의 나라 형편을 생각하면 어디 차고 습한 것을 가리겠는가. 큰 이와 벼룩을 잡지 못했는데 작은 이, 벼룩이야 많으면 어떤가'라고 하였다. 물론 큰 이와 벼룩이란, 곧 침략자 왜놈을 가리킨 말이다.

13도 창의대의 참모장으로 서울 진격작전의 총사를 맡았던 허위의 재판기록을 보면, 그 의연한 태도에 한국인은 물론 일본인까지도 탄복하고 있다. 1908년 9월 19일자 『대한매일신보』에 보면 그의 공판기록이 실려 있다.

"재판장이, '그대가 허위냐.' 한 즉, 허위씨가 앙연히 말하기를 '나는 허위지만 그대들의 신문에 대답할 수 없다. 그대들은 모두 일본인이요 나는 한국인인즉, 일본인의 재판을 받을 수 없는 것이다' 그때 재판장이 말하기를 '그렇지 않다. 우리는 비록 일본인이나, 한국정부에 고빙雇聘되었은 즉 한국의 사법관이다' 한즉, 허위 가로되 '그것은 결코 황제폐하의 본의가 아니시다. 을사조약乙巳條約도 일본이 강제로 압박하여 체결한 데 불과하고, 소위 법률이란 것도 너희들 마음대로 만든 것이니 절대 우리 한국인은 그 법률에 복종할 의무가 없다' 재판장이 다시 말하기를 '그러나 그대가 포박되었을 때는 일본인 헌병의 취조에 대답하지 않았는가' 하였다. 허위가 이에 응수하기를 '그때는 서로가 담화한 것이지, 신문에 응한 것이 아니다' 한즉, 재판장이 '대답하지 않겠다면 안 해도 좋다. 헌병조서대로 판결하겠다' 하였다. 허위는 대답하기를, '그것 또한 그대들의 자유다. 내 한번 죽음은 이미 각오한 바 있다.'"

1908년 10월 21일 오전 10시 의병장 허위는 유명을 달리하였다. 그는 아들에게 유서를 남겼다.

> "나라 일이 이에 이르렀으니 죽지 않고 어찌 하겠는가. 내 이제 죽음의 자리를 얻었으니 너희들 형제는 와서 보도록 하라."

안중근 의사는 허위를 평하여, '만일 2천만 동포가 모두 허위와 같았다면, 오늘의 국욕國辱은 받지 않았을 것이다'고 하였다. 그러나 우리는 지금 허위와 같은, 아니 허위보다 더한 의병장들이 너무나 많았던 것을 잘 알고 있는 것이다.

의병義兵의 재평가再評價

의병장을 처음으로 높이 평가한 역사가는 황현黃玹이었다고 생각된다. 그는 그날 벌어졌던 의병 전투를 『매천야록』에다 일일이 기록하였다. 왜 그는 그토록 의병 전투상황을 빠짐이 없이 기록하려 했을까. 역사가는 의미 없이 한 가지 사실을 상세히 기록하지 않는다. 가치가 있다고 평가한 사실만 기록하는 법이다.

황현은 1910년 경술망국庚戌亡國의 소식을 듣고 자결한 순국열사의 한 사람이다. 그는 순국하면서 절명시絶命詩 4수를 남겼다. 그 가운데 다음과 같은 요지의 구절이 우리의 눈길을 끈다.

> "일찍이 나라를 위해 공을 세운 바도 없고, 충성한 바도 없는 내가 여기 자결할 뿐, 의병을 일으키지 못한 것을 부끄럽게 생각한다."

의병을 높이 평가한 두 번째 민족사가는 박은식이었다. 박은식은 먼저 『한국통사韓國痛史』를 지어 일제 침략사를 고발하고, 이어 『한국독립운동지혈사韓國獨立運動之血史』를 지어 민족저항의 역사를 서술하였다. 그가 남긴 두 역사서 중 하나는 일제 침략사요 다른 하나는 민족 저항사였던 것인데, 앞의 역사를 '통사痛史', 뒤의 역사를 '혈사血史'라 이름하였던 것이다. 박은식은 삼국시대부터 왜적과 싸운 의병의 오랜 전통을 강조하면서, 의병이란 바로 우리 민족국가의 정수精粹라 표현하였다.

한국 근대사 서술에 있어서 만일 이 충의의 민군이 없었다고 한다면, 무엇으로써 일제 침략에 저항한 민족투쟁의 역사를 기록할 것인가를 그는 묻는다.

그에 따르면, '수십 년 이래로 적에게 죽어간 우리 의병은 15만 명으로 추산된다'는 것이며, 의병의 항쟁으로 이 나라 '삼천리 강토에 쇳조각 하나 남지 않았다'는 것이다.

박은식의 이 표현은 과장이 아니었다. 1910년 망국할 때 우리나라 농촌에는 사실상 쇠붙이로 된 모든 총포와 심지어 창칼까지도 사라지고 없었다. 이와 같은 상황에서 온 국민이 항쟁에 참여하였으니 일제는 2,000만 한국민 중 1,500만명이었다고 기록하고 있다. 박은식에 따르면, 또 의병전쟁이 있었기 때문에 한국을 병합하는 데 일제는 2개 사단(실제는 그 이상이다)을 투입하여, 8년간이나 전쟁을 계속하여야만 했다는 것이다. 일본 침략자들로서는 청일전쟁이나 노일전쟁보다 훨씬 더 큰 전쟁을 한국에서 치러야 했던 것이다. 그들은 이 끝없는 한일전쟁으로 한국 병합의 날을 미루지 않을 수 없었고, 또 무력으로 병합하고 무단통치로 통치하지 않을 수 없는 궁지에 몰렸던 것이다.

혹자는 의병전쟁이 승리로 끝나지 않았다는 결과를 가지고 낮게 평가하고 있는데, 이것은 큰 잘못이다. 의병 자신이 승패를 가리지 않고, 즉 패배를 각오하고 싸움터로 나갔다고 해서만 그런 것이 아니다. 의병전쟁이야말로 반세기 독립운동의 도화선이 되었기 때문에 그렇다는 것이다.

박은식은 '만일 성패成敗(이기고 지는 것)를 가지고 의병을 평가한다면, 의병의 본질을 천박하게 이해하는 것'이라고 경고하였다. 과연 의병전쟁은 1910년의 경술망국으로 끝났는가? 그렇지 않았다. 국내에서 패전한 의병장들은 지하에 숨어 항일전쟁을 계속하였고 두만강을 건너 간도로 망명하여 독립군이 되었다. 그들의 망명은 단순한 피신이 아니었다. 박은식이 간도로 망명하여 직접 간도 의병의 모습을 목격하고, 이렇게 말한다.

"나는 요즘 중국과 노령 사이를 유랑하면서 두루 각처의 동포들을 방문하여 보았다. 그들은 산에서 사슴을 쏘아 잡거나 땔나무를 해서 시장에 팔고 있었고, 또 감자를 심어 양식으로 삼고 엿을 팔아 호구하는 사람이 많았으니, 이들은 모두가 지난날의 의병 장정壯丁들이었다. 그들은 쓰러져가는 집에서 굶주림과 추위에 떨면서도 근심하는 빛이 전혀 없었고, 오로지 중얼거리는 것은 조국뿐이고, 잠자리에서도 조국뿐이었다. 세속의 소위 명예니 공리 따위는 일신을 더럽히는 물건처럼 여겼다. 오직 속에 가득히 끓는 피는 충의와 비분悲憤에서 터져 나오는 것으로서, 죽은 후에라야 끝날 결심이었으니, 어찌 참된 의사義士라 하지 않으랴. 나는 그들을 깊이 존경하고 아낀다."

이리하여 박은식은 침략자에게 외친다. '나라는 멸망시킬 수 있어도 의병은 멸할 수 없다'고.

왜 의병전쟁이라 하지 않는가

한국 근대사를 우리의 입장과 우리의 눈으로 보기 위해서는 무엇보다도 의병전쟁의 역사적 의의를 바르게 인식하여야 한다고 생각한다. 아니 이름이나마 제대로 불러야 하리라 생각한다.

필자는 그동안 의병운동이라는 지금까지의 호칭을 그르다고 보고, 혼자서 의병전쟁이라고 불러 왔다. 3·1운동이나, 애국계몽운동이나, 또 1920년대의 문화운동을 운동이라고 부른다면 몰라도 엄연한 전쟁을 운동이라고 왜곡하는 것은 부당하다고 믿었기 때문이다.

일제라면 몰라도, 우리들이 왜 스스로 의병전쟁을 과소평가하려 드는가. 무기를 든 군인들이 군대를 조직하여 지휘자의 명령에 따라 적을 공격하고 목숨을 버렸는데, 왜 전쟁이라고 부르지 않고 운동이라고 불러야 하는가 말이다. 이것은 상식의 문제에 속한다.

우리는 1896년 제1차 의병전쟁 이후 8·15해방까지 50년, 즉 반세기 동안 일제 침략자와 싸워온 것이다. 아마 어느 다른 나라 독립 운동사를 보아도 이렇게 오랜 독립전쟁의 역사를 가진 나라는 없을 것이다. 우리의 역사를 보더라도, 고려의 항몽抗蒙 40년보다 10년 더 오래 싸운 장기 항전이었던 것이다.

이처럼 한말韓末의 의병에서 시작된 한국 독립전쟁은 경술망국 이후 간도 독립군으로 계승되어, 마침내는 임시정부의 광복군에 이어졌다. 서로 이름은 다르나, 그 뜻은 의병이나 광복군이나 독립군이나 모두 같았고, 독립전쟁이 아니고서는 왜놈들을 이 땅에서 몰아낼 수 없다고 생각했던 선비와 농민들의 목숨을 건, 투쟁의 기록이었다.

그런데 우리는 왜 우리의 민족 혈전의 역사를 독립전쟁이라 부르지 못하는 것일까. 우리의 역사에다 남들의 역사에 붙여 주고 있는 이름을 왜 붙여줄 수 없다는 것일까.

일제는 의병을 폭도暴徒, 독립군을 불령선인不逞鮮人이라 불렀었다. 물론 우리는 진작에 일제의 이 호칭을 버렸다. 그러나 이들이 그 이름 속에 부여한 뜻이 있었는데, 그것을 말끔히 버렸다고 할 수는 없는 것이다. 일제는 우리의 정당한 독립전쟁을 야만행위라고 규정하였고, 의병과 독립군에 참가한 가장 양심적인 한국인을 무식하고 완고한 강도요 살인자라 중상하였다. 특히 한말 의병의 지도자들은 지금의 우리에게는 없는 강한 신념과 생사관生死觀의 소유자들이었고, 그것이 민족 저항운동의 원동력이었던 것인데, 아직까지도 참다운 의병정신을 역사학자들이 이해하지 못하고 있는 것이다.

의병전쟁을 전쟁이라 부르지 못하고 여전히 운동이라 부르고 있는 이면에는 의병 지도자들인 유생의 수구사상守舊思想에 대한 일제의 중상이 숨어 있는 것이다. 이처럼 의병전쟁을 우리의 독립전쟁으로 복원하기 위해서는 우리의 선배들인 유생들의 수구사상을 재평가하여야 하는 것이다.

얼마 전만 하더라도 의병전쟁은 독립협회 운동이나 애국 계몽운동의 그늘 아래 보이지 않을 정도로 아주 작은 사건에 지나지 않았다. 그것은 당시 일본인의 말을 빌면 '일국의 대란大亂'이었던 것이며, 저항 없이 먹히느냐 죽음으로 침략자를 물리치느냐 하는 민족 항쟁이던 것이다. 지금까지 의병전쟁으로 얼마나 많은 사람이 순국했는지 우리는 알지 못하고 있다. 단지 가해자인 일본국의 발표를 통해서 추측할 뿐인데, 1907년 8월부터 1909년 말까지만 해도 의병의 전사자가 1만 6천 7백 70명에 이르렀다. 이 숫자는 전혀 과소평가된 것이지만, 저들의 청일전쟁 때 전사자보다 훨씬 더 많은 숫자인 것이다.

일제의 한국병합은 삼천리강토를 피로 물들인 뒤에야 가능했다고 해도 과언이 아닌데, 평화적으로 접수한 것처럼 서술되어온 것은 비단 일제의 한국사 왜곡뿐만 아니라, 우리들 자신의 역사의식 속에도 일제의 잔재가 남아 있기 때문이다. 역사는 사실을 과장해서도 안 되지만, 과소평가하거나 묵살해서도 안 되는 것이 아닌가.

여기 황현의 증언이 있다. 일찍이 일제는 한국 인구를 2,000만이라 발표했는데 1910년에는 1,500만이라 발표했다. 500만은 어디로 갔느냐. 일제가 죽이거나 일제가 보기싫어 나라를 떠난 것이라고. 안중근 의사가 의병장이었고 홍범도 장군이 의병장이었다는 사실. 그리고 두 사람의 의병부대가 두만강을 건너 서울로진격하려 했다는 사실을 아는 사람이 없다. 얼마나 우리 독립운동사가 부실한가를 알 수 있다.

의열투쟁義烈鬪爭(1)

안중근安重根과 이등박문伊藤博文

한국 근대사를 자기 시대로서 맞은 인물들 가운데 가장 널리 알려져 있으면서도 그 깊이가 제대로 인식되지 않은 사람이 안중근安重根 의사라고 생각한다. 안 의사가 유명한 것은 명치유신을 주도하고 한국침략과 대륙침략까지 주도한 이토오 히로부미伊藤博文라는 한 작은 일본인을 하얼빈 역두에서 쓰러뜨렸기 때문이라 생각하기 쉽다. 이토오가 작다는 것은 안 의사가 처음 그를 발견했을 때 '이렇게 이토오가 난장이인 줄은 미처 몰랐다'고 할 정도로 작았기 때문에 말한 소리다. 그러나 안 의사는 결코 그의 상대가 최근까지도 일본 지폐 천원짜리에 박혀 나온다고 해서만 반사적으로 유명할 수밖에 없는 인물이 아닌 것이다.

일제日帝는 자기네 영웅을 쓰러뜨린 한국인이 뜻밖에 큰 인물인 데 놀라 안 의사를 이토오보다 훨씬 작은 인물로 깎아내리려고 무던히 애를 썼다. 이것은 일본 역사가 초라하기 때문에 남의 나라 역사까지 왜곡하여 위대한 역사처럼 꾸미려 한 일본 육군 참모본부의 흉계나 마찬가지 어리석은 논리였던 것이다.

안 의사의 공판기록을 자세히 읽어 보면 전체가 그런 음모의 실천 과정인 것을 알 수 있는데, 물론 안 의사의 총명 앞에 여지없이 좌절된다. 그래서 안 의사의 입을 통해 안 의사의 인격을 깎아내리게 하는 데 실패한 일본 군부는 죽은 이토오의 입을 열게 하여 그를 위인으로 만드는 작업을 펼쳤다.

첫째, 이토오가 죽음의 하얼빈 역을 향해 달려가는 만철열차滿鐵列車 안에서 자기 수행원에게 '앞으로의 한국통치는 독일식으로 해야 할 것이다'는 독백을 한 것처럼 꾸몄다. 무슨 말이냐 하면, 이토오는 떠나올 때 이미 일본 내각이 한국 병합계획을 결정한 사실을 알고 왔으며, 일본이 한국을 통치하더라도 너무 심하게 굴지 말고 부드럽게 다루는 게 상책이라고 믿고 있었던 것이다.

둘째로, 이토오는 안 의사의 첫발에 쓰러져 다시 열차 안으로 운반되었을 때 역시 수행원에게 '누가 나를 쏘았는가'를 묻고 '한국청년이다'는 대답을 듣자 '바보 같은 녀석'이라는 마지막 말을 남기며 죽었다고 되어 있다. 이것은 확실히 날조다. 이토오의 최후는 "개자식!"이란 욕설로 끝난 것을 사실대로 기록할 수가 없어 이렇게 점잖게 죽어간 것처럼 꾸민 것이다.

안 의사는 러시아 병정에게 체포되어 자신의 표적이 죽었는가를 묻고 사망을 확인하자 기뻐하였다. 이것은 진실이다. 그는 절대 자기가 살인했다고 믿지 않았으며, 마땅히 하느님이 죽이라고 명령한 인류의 적을 죽인 것으로 확신하였다. 그는 독실한 천주교도였으나 그를 가르친 프랑스 신부들과는 전혀 다른 신념을 갖고 역사를 해석하고 있었다. 말하자면 그는 천주교를 민족의 입장에서 받아들였던 것이므로 교수대에 올라갈 때까지 끝내 자신의 행동을 뉘우치지 않았다. 그는 총살을 원했으나 일제는 그의 죽음까지도 초라하게 만들기 위해 교수형을 집행했다. 지금은 교회가 그를 용서하고 그의 행동을 사면했는지의 여부는 알 길이 없으나 그가 민족과 하느님의 명령에 따라 행동했다고 확신한 이상 그는 정당했던 것이며 그를 재판할 어떤 권위도 인정할 수 없는 것이다.

안 의사는 일제의 중상행위中傷行爲가 있기 이전에 자기가 맞은 역사시대를 가장 성실하게 산 한국인이었다. 아무리 일제가 그를 한갓 자객刺客에 지나지 않는 인물로 만들려 해도 그들로서는 도저히 이해하기도 평가하기도 어려운 위대한 한국인이었던 것이다. 안 의사는 일제침략의 위협 하에 번뇌하던 한말 최대의 위인일 뿐만 아니라 그와 함께 그리고 그와 같이 산 헤아릴 수 없는 동시대 젊은이들을 가장 충실하게 대표해준 한국인인 것이다.

그의 자서전을 보면 그가 딱 한번 눈물을 흘린 적이 있었다. 그를 맏아들로서만 아니라 진정 나라를 함께 생각하는 동지로서 뜨겁게 사랑하여 준 아버지 안태훈安泰勳이 죽었을 때 딱 한번 크게 통곡하였다. 그리고 아무에게도 눈물을 보이지 않았다. 이것마저도 그가 전형적인 한국인, 즉 우리들을 충실히 대표하여 준 대한국민이었던 것이다.

안중근安重根과 『태서신사泰西新史』

단 한권의 책이 안중근 의사를 애국자로 만들었다면 거짓말이라 할지 모른다. 그러나 사실이다. 사람이란 누구나 젊은 시절에 방황 기를 경험한다. 방황이란 실제로 여기저기 떠돌아다니는 것만 아니라 정신적으로 방황하는 경우까지 포함된다. 방황은 길수록 좋다고도 한다.

방황하는 젊은 안 의사를 사로잡은 것은 천주교였다. 그러나 그것만으로 그를 애국자로 만들 수 없었다. 진정 안 의사에게 충격을 준 책은 『태서신사泰西新史』라는 역사책이었다. 그는 세계사를 읽고 애국자가 된 것이었다. 그는 말했다. '나는 세계 역사에 관하여 서술한 『태서신사』를 읽고 민족주의적인 애국사상을 갖게 되었다'고.

그의 첫 애국행동은 대학 설립계획을 추진하는 일이었다. 홍석구洪錫

九라는 프랑스인 신부와 함께 안 의사가 상경한 것은 역시 프랑스인인 뮤텔閔 주교를 만나 대학을 세우자는 건의를 하기 위해서였다. 그러나 주교는 안 의사의 제의를 한마디로 거절하였다.

'한국인이 공부를 하게 되면 도리어 천주를 믿지 않게 될 것이니 다시는 그런 말을 하지 말라'고 주교는 화까지 냈다. 만일 안 의사의 첫 애국행위가 실천되었더라면 아마도 최초의 근대적 사립대학이 1896년에 창설되었을 것이다. 그러나 외국인 신부의 몰이해로 그의 선각자적 탁견卓見이 무산되고 말았다. 안 의사가 이때 얼마나 화를 냈는지, 같이 갔던 홍석구 신부에게 배우던 프랑스어 공부를 집어치운 것을 보더라도 그 정도를 알 수 있다. 프랑스 신부에게 안 의사는 말했다. '종교의 진리는 믿어야 하지만 외국인의 마음을 믿을 것이 못된다' 고.

안 의사의 두 번째 애국행위는 회사설립會社設立이었다. 1905년 을사조약이 강제 체결되자 안 의사 부자는 이 나라를 떠나 외국에서 구국운동을 벌일 것을 계획하였다. 안 의사가 먼저 중국에 가서 정세를 살펴보았으나 결과는 실망스러운 것이었다. 이때 우연히 곽 신부郭神父를 만났다. 곽 신부도 프랑스인이었다. 곤경에 빠진 안 의사에게 곽 신부는 '하루 속히 고국으로 돌아가서 먼저 너의 사명을 다하라. 너의 사명은 첫째 교육의 발전이요, 둘째 사회의 확장이요, 셋째 민심民心의 단결이요, 넷째는 실력의 양성이다. 이 네 가지를 착실히 성취하면 2천만의 정신력이 반석처럼 든든하여 설혹 천만 문의 대포로 공격하여 온다고 하더라도 나라가 부서지지 않을 것이다'

안 의사는 이 말을 믿고 급거 귀국하였다. 그러나 그에게는 아버지의 부음이 기다리고 있었다. 그는 가산을 정리하여 평양으로 나와 학교를 세우고 광산회사鑛山會社를 설립하여 실력양성 운동에 투신하였다.

평양에서 그는 안창호安昌浩 선생의 연설을 들었으며, 그 주의주장에 감명을 받았다. 그러나 본질에 있어 준비주의準備主義에 지나지 않는 교육과 식산운동殖産運動으로 눈앞에 박두한 망국을 막을 길이 없음을 깨달은 안 의사는 다시 재산을 정리하여 간도로 떠났다. 간도를 거쳐 노령에 이른 그는 마침내 평소 소망하던 의병에 가담하였다. 노령 의병 중대장 자격으로 두 차례나 본국 진격작전에 참전한 안 의사는 무력으로 일제를 몰아내는 일도 어렵다는 사실을 알았다.

그는 장총長銃을 들기보다 단총短銃을 들어 일제침략의 원흉을 쓰러뜨리는 일만이 그가 할 수 있는 최선의 독립운동이라 확신하기까지 이처럼 오래고 지리한 산길을 걸어야만 했다.

안 의사가 형장에 서기 전에 마지막으로 두 동생을 만났다. 정근定根을 보고 안 의사는 '너는 장래 공업을 하라. 한국에는 공업이 발달하지 못하였으나 장차 발달할 기회가 있을 것이다. 비단 공업뿐만 아니라 식림植林같은 것도 우리나라를 위해 긴요할 것이다'라고 하였고, 공근恭根에게는 '너는 재간이 있으니 학문을 하라'고 말했다. 이처럼 안 의사는 나라의 장래를 두 동생에게 대신 유언遺言으로 나타냈지만 그것은 민족을 향해 외친 그의 애절한 마지막 말이었던 것이다.

안중근安重根과 치바군조千葉軍曹

3월 26일이 안중근 의사가 여순旅順 감옥에서 돌아가신 날이다. '평시와 조금도 다름없이 침착한 태도'로 안 의사는 1910년 3월 26일 오전 10시 15분 형상의 이슬로 사라졌는데, 가슴에 성화聖畵를 품고 있었다고 한다. 현재 국사편찬위원회에 보관되고 있는 사진 자료 속에 안 의사와 그 동지들의 모습이 보여 눈길을 끌고 있고, 최근에 안 의사에 대한 러시아 관원의 취조서가 발견되기도 하여 한층 우리의 관심을 모으고 있다.

또한 지난 1983년 2월, 안중근 의사의 재판에 대한 무효 소송을 내겠다고 밝힘으로써 화제가 됐던 일본인 변호사 카노 타쿠미鹿野琢見(도쿄 변호사회 부회장)씨가 소송 준비를 위해 우리나라를 다녀 갔었다.

그가 소송을 제기한다면 판결의 귀추가 궁금하기도 하지만 보다 재미있는 관심거리는 카노 타쿠미씨가 이 소송을 제기하게 된 경위다. 카노 타쿠미씨에게는 치바 토시치千葉十七라는 이모부가 있었다. 그에게서 어릴 때 안중근 의사가 훌륭한 사람이란 이야기를 자주 들었다. 즉, 카노 타쿠미씨가 중학시절에 학교에서 이토오같은 위대한 일본인을 안중근이 암살하였다고 배웠기 때문에 안 의사를 미워하고 있었는데, 집에서 이모부에게 들으니 '학교 교육이 잘못된 거야. 안중근은 훌륭한 사람이다'는 것이었다. 그러면서 이모부는 조카에게 집안의 불단佛壇에 모신 안 의사 사진과 유묵遺墨 앞에서 절하라고 하였다는 것이다.

안 의사의 유묵은 안의사가 여순 감옥에서 치바 토시치씨에게 직접 써준 것으로서 '爲國獻身軍人本分 庚戌三月 於旅順獄中 大韓國人 安重根謹拜'란 내용이었다. 치바 토시치씨는 이 글을 사형 5분 전에 안 의사에게서 받았다고 한다.

카노 타쿠미씨는 이모부인 치바 토시치씨가 주위 사람들에게 '안중근이란 사람은 참 훌륭한 인물이었습니다. 죽음을 눈앞에 두고서도 태연자약한 자세로 이렇게 훌륭한 글을 남긴 안중근이야말로 참다운 군인이었습니다'고 칭찬한 사실을 잊을 수 없었다. 안 의사에 대한 카노 타쿠미씨의 호기심은 어느덧 존경심으로 바뀌고, 변호사의 직업의식에서 마침내 재판 무효소송을 제기하게 된 것이라고 한다.

그러나 우리에게 있어서 문제가 되는 것은 카노 타쿠미씨의 소송제기

사실보다 치바 토시치씨가 왜 그렇게 평생 안 의사를 존경하여 매일 신주 모시듯 우러러보며 지냈는가 하는 점이다. 치바 토시치씨는 당시 일본군 헌병 조장(중사)으로 여순 감옥에 근무하고 있었다. 그전에는 한국의 함경북도咸鏡北道 명천군明天郡 인사장寅社場에서 근무한 바 있는데, 1908년에 안 의사가 노령의 한국 의병을 이끌고 함경북도로 쳐들어갔을 때 일본군 포로를 잡은 일이 있었다. 안 의사는 포로를 앞에 놓고 침략자의 범죄적 사실을 설명하였다. 안 의사의 웅변술에 일본군 포로들은 눈물을 흘리며 이토오 히로부미를 비롯한 군국주의자들의 잘못을 자인하였다. 지금 당장 죽어도 억울하지 않다고도 그들은 말했다. 안 의사는 '너희가 진심으로 반성한다면 굳이 너희를 죽일 생각이 없으므로 돌려보낸다. 그러나 돌아가서 너희들만은 한국의 독립과 동양평화를 파괴하는 놈들에게 협력하지 말아야 한다'고 말했다.

다른 의병장들은 포로 석방을 반대하였다, 그러나 안 의사는 '그들이 살인하다고 해서 우리도 살인자여서 되겠는가'고 말하면서 포로를 석방하고 말았다. 이 사건으로 안 의사는 다른 의병장의 지탄을 받아 고립되었으며, 다음날 일본군의 기습을 받아 참패하고 말았다. 석방된 일본군이 돌아가서 고자질을 한 것이다.

안 의사는 독실한 가톨릭 신자였으므로 살인을 가장 큰 범죄로 여겼다. 그러나 그의 이토오 총살만은 절대 살인이라 믿지 않았으며, 도리어 민족과 인류를 구원하는 거사라고 확신하였다. 안 의사의 일본군 포로 석방 사건을 이런 관점에서 쉽게 이해할 수 있을 것으로 믿어진다.

문제는 치바 군조軍曹가 바로 이때 함경북도에 근무하고 있었다는 사실인데, 안 의사와의 관련에서 몇 가지 역사적 추리가 가능할 것이다.

그 하나는 치바씨가 안 의사에게 잡혔다가 석방되었을 가능성, 다른 하나는 동료 중 한 사람이 석방되어 그에게 고백했을 가능성, 셋째는 안 의사에 잡혔다가 돌아온 일본군 병사를 헌병인 그가 취조하여 처벌했을 가능성이다.

들리는 바에 의하면 안 의사와 접한 일본인 가운데 그를 기리고 숭배하는 사람이 적지 않다고 한다. 치바씨와 그 조카 카노씨는 그런 일본인 가운데 한 사람이었던 것이다.

전명운田明雲과 장인환張仁煥

1908년 3월 21일 한국정부의 외교 고문 스티븐스가 샌프란시스코 항구에 도착하였다. 기자들이 스티븐스를 둘러쌌다. 그는 일본의 통감부統監府 정치를 극구 찬양하면서 한·일 두 국민이 점차 친밀하여지고 있다고 주장하였다.

1907년 8월 한국군 해산으로 전국에 의병전쟁이 일어나 죽느냐 사느냐 하는 사태가 벌어지고 있는데 스티븐스가 이렇게 빨간 거짓말을 하게 된 것은 그가 바로 일제에 고용되어 을사조약을 맺게 한 장본인이었기 때문이다.

이 소식을 들은 샌프란시스코 교민회 대표들은 회의를 열고 직접 스티븐스를 면담, 기자회견 내용의 취소를 요구하기로 결의하였다. 스티븐스는 페어몬드 호텔에 투숙하고 있었다. 네 명의 한국 교포 대표가 찾아가자 스티븐스는 '한국에 이완용李完用 같은 충신과 이토오 같은 훌륭한 통감이 계시니 한국의 큰 행복이요, 동양의 대행大幸이다'고 거침없이 말했다. 순간 정재관鄭在寬 대표는 격분하여 스티븐스의 면상을 후려쳤다. 스티븐스는 의자에 앉은 채 뒤로 넘어졌다. 다른 대표들은 의자로 스티븐스에게 뭇매를 가하였다. 스티븐스는 이튿날 아침 9시에 워싱턴으로 떠나게 되어 있었으므로 생명에 위협을 느낀 나머지 그날 밤에 유서를 써서 일본 총영사에게 맡겼다. 내용은 '내가 죽으면 보상금을 내 여동생에게 주라'는 순전히 개인적인 사연이었다.

아침에 열차를 타기 위해 스티븐스가 역에 도착하였다. 차문을 열고 나오는 순간 한 한국 청년이 권총을 쏘았다. 그러나 찰칵 소리만 나고 불발이었다. 청년은 곧 권총으로 스티븐스의 이마를 내려쳤다. 스티븐스의 얼굴에는 어제 맞은 상처로 반창고가 붙어 있었다.

먼저 스티븐스를 쏜 의사가 25세의 전명운田明雲이었다. 전명운과 스트븐스가 격투를 벌이고 있을때 또 한 사람의 한국 청년이 나타나더니 두 발의 권총을 쏘았다. 한 발은 스티븐스의 폐를 관통하고 다른 한발 역시 전명운 의사의 폐를 관통하였다. 이 제2의 의사가 장인환張仁煥이었다.

두 사람은 병원에 이송되었고 장인환 의사는 시청 감옥에 구금되었다. 장 의사는 기자들에게 '어찌 내가 그 놈을 죽이지 않으리. 수백만 한국민이 그의 모함에 빠져 죽었다. 그가 다시 살아서 한국에 돌아간다면 또다시 그만한 한국인이 죽음을 당할 것이다. 나는 우리 겨레와 나라를 위하여 그를 쏘았다. 그럼으로써 나는 먼저 죽어간 동포의 영혼을 달래고, 또 장차 스티븐스에게 죽음을 당할 동포를 구한 것이다. 인생이란 무엇이냐. 사람은 죽음의 길을 알아야 한다. 내가 그를 죽이고 또 나도 죽으면 우리나라의 영광이며 우리 겨레의 행복인 것이다'

스티븐스는 기자들에게 '나의 용태는 생사가 반반이다. 그러나 나는 희망이 있다'고 하면서 살고 싶어 하였으나 5일 만에 죽었다. 같은 상처를 입은 전명운 의사는 죽음을 각오하였으나 살아났다. 더욱이 그는 장의사와 공범이 아니고 그의 총격이 불발로 끝났다는 사실에 증거가 없다고 하여 의외로 무죄 판결을 받았다. 석방된 전 의사는 노령으로 가서 동포들의 열렬한 환영을 받았다.

한편 장인환 의사는 그를 지원하는 국내, 미국, 일본, 하와이, 멕시코, 중국 등 동포의 의연금(8천 5백 원)과 무료 변호를 자청한 코플란 등 세 명의 미국인 변호사의 도움을 받아 2등 살인죄로 금고 25년의 판결을 받았다. 그는 그 뒤 10년의 실형을 마치고 귀국하였다.

이 같은 두 의사의 재판결과는 5천 달러의 변호료를 지불하고 세 명의 정신과 의사까지 사서 사형 판결을 얻게 하려했던 일제의 패배를 의미하고 있었던 것이다.

가엾은 스티븐스를 경호하지 않고 죽게 버려둔 일제의 속셈은 무엇이었을까. 스티븐스가 22년 동안이나 일본을 위해 봉사한 공적에도 불구하고 이미 그는 일본에 있어 불필요한 존재가 되고 있었던 것이다. 일제는 그를 한번 썼기 때문에 버린 것이다. 만일 그렇지 않았다면 일본은 그를 충분히 호위했을 것이 확실하다.

삼대三大 매국노賣國奴

이완용李完用, 이용구李容九, 송병준宋秉畯은 한말韓末의 3대 매국노다. 최근 일본은 용구와 완용을 한국의 매국노가 아니라 한국을 위해 애국한 사람이라 선전하기 시작하였다. 이것은 일본이『대망大望』따위의 대중소설을 읽게 하여 우리에게 문화선전을 획책하고 있는 것보다는 훨씬 차원이 높고 침략적 성격을 띤 역사왜곡인 것이다. 개 이름을 완용으로 고친 당대인들의 증오 때문에서라도 그를 꼭 매국노라 불러야 할 것이다. 완용, 용구, 병준의 트리오가 나라를 팔아먹은 주역인 것은 부정할 수 없는 사실이기 때문에 어떤 기발한 변명으로도 그들은 용서할 수 없을 것이다.

일본이 이완용과 이용구를 애국자로 둔갑시키려는 속셈은 너무나 뻔하다. 우리가 지금까지 확고하게 믿어온 애국과 매국賣國의 개념을 먼저 흐리게 해놓고, 애국자와 매국노를 서로 엇갈리게 하여 무엇이 애국이고 매국인지, 또 어떻게 하는 것이 애국이고 매국인지를 알 수 없게 하려는 것이다.

일단 그렇게만 되면 일제 침략자를 증오하는 것이 우습게 여겨질 뿐만 아니라 일본을 경계하거나 일본을 싫어하거나 미워하는 것이 바보스럽다고 여겨지게 될 것이다. 지금까지의 한국인은 일본인을 왜倭, 또는 도이島夷로 보는 문화 우월감을 가졌다. 그럼으로 일본의 과거를 용서할 뿐 아니라 잊어버리기까지 하는 유순하고 말 잘 듣는, 약간은 열등감에 젖은 한국인으로 만들어야 한다는 것이 일본정부 당국자의 망상이다.

이 같은 일본인의 음모는 오늘에 새삼스러운 일이 아니고 완용과 용구 당대에 있어 이미 획책되고 있었다. 그러나 그 시대의 어떤 광인도 이 두 사람을 국적國賊으로 보지 않는 사람이 없었다. 완용은 당대 제일의 부정 관리였다. 1900년 활빈당活貧黨이 일어났을 때 완용은 전라북도 관찰사로 있었다. 이해 5월 그는 백성을 할박割剝, 즉 수탈하여 병들게 하였다 하여 해임당하고 입건조사를 받았다. 일제는 이처럼 약점이 많은 자를 자기 노리개로 골랐던 것이다.

이완용은 또 인륜人倫을 어긴 짐승 같은 인간으로 소문나 있었다. 『매천야록』은 이완용의 사생활이 어떤 것이었나를 소상하게 폭로하고 있다.

"이완용의 아들 명구明九의 처 임씨는 임선준任善準의 형 대준大準의 딸이다. 이명구가 일본에 들어가 수년간 유학을 하는 사이에 이완용이 간통

하였다. 며느리와 붙은 것이다. 명구가 일본에서 돌아와 하루는 내실에
들었다가 아버지인 이완용이 며느리를 포용하고 누워 있는 것을 보고
뛰쳐나오면서 탄식하여 말하기를 '집과 나라가 모두 망하였으니 죽지
않고 어찌하겠는가(家與國亡 不死何爲)' 라 하였고 그로 인해 그는 자
살하였다."

아들이 죽자 이완용은 드디어 며느리를 독차지하고 부끄러워하는 빛
도 없이 첩같이 데리고 살았다.

일제가 우리나라에 끼친 해독을 낱낱이 들 수는 없을 것이다. 그 가운
데서 잊기 쉬운 것은 이토오를 비롯한 명치유신 족속들의 혼교混交 풍속
이 완용, 용구, 병준을 비롯한 친일 매국노들에 의해 먼저 모방되었다는
사실이다.

일제를 야만시한 선비들은 무엇보다도 그들의 성적性的 부도덕을 비
난하고, 그것이 한국에 미칠 영향을 크게 우려하였다. 이완용뿐만 아니
었다. 한말 관료의 많은 사람들이 서로 자기 딸을 교환하는 일본 명치
지도자들의 성풍속을 그대로 모방하여 '민긍식閔兢植은 첩소생의 딸과
결합하여 함께 살면서 어린아이를 낳았다'는 지경에 이르렀다.

매천에 의하면 위의 사실들은 단지 '두드러지게 소문나 있는 것들만
든 것으로 그밖에 자질구레한 추문들은 가히 다 기록할 수 없다'고 말할
정도였다. 그는 '나라가 망하기 전에 사대부, 즉 관리가 먼저 망했다'고
개탄한 바 있다. 용구와 완용에 대한 역사의 처단이 있어야 했던 것은 너
무나 당연한 일이었다. 21세의 이재명李在明의사가 완용을 본 것은 명동
성당 앞에서였다.

이재명李在明의 명동의거明洞義擧

　이재명李在明 의사가 2대 매국노를 죽이기로 결심한 것은 1909년이었다. 이 의사는 평양 사람으로 기독교 신자였다. 하와이 이민모집에 응모하여 몇 년 동안 외국에서 공부하다가 1907년 10월에 귀국하였다.

　1908년 3월 샌프란시스코에서 장인환, 전명운 두 의사가 스티븐스를 사살했다는 소식을 듣고 즉시 이동수李東秀, 김병록金丙錄, 김정익金貞益 등과 같이 완용, 용구의 사살계획을 의논하였다. 이재명은 선先 완용 사살을 주장하였으나 김정익 의사는 선 용구 사살을 주장하며 굽히지 않았다. 결국 다른 의사들의 중재로 양자 동시사살안兩者同時射殺案으로 타협되었다.

　1909년 12월초 이용구가 일진회一進會 이름으로 매국성명을 발표하였다. 그동안 자금과 무기구입에 주력하여 오던 이재명 의사 일행은 1909년 12월 16, 17일 양일에 걸쳐 마지막 회의를 서울에서 열었다. 이 회의에서 이완용, 이용구 동시사살은 사실상 실현 불가능하고, 이용구가 매국성명의 주동자이므로 이놈을 먼저 죽여야 한다는 주장이 우세하여 결국 선 이용구, 후 이완용의 차례로 결론이 나고 말았다.

　그러나 이용구는 자객이 두려워 하룻밤에도 세 차례씩이나 숙소를 옮겨 다녔으므로 그를 잡기가 어려웠다. 이런 때 희소식이 동지의 한 사람인 김 용문에게서 날아왔다. '이완용을 비롯한 대신들이 12월 22일 오전 명동 성당에서 개최되는 벨기에 황제 추도식에 참례한다'는 것이었다. 내일 모레다. 24시간의 여유가 있다. 이재명 의사는 당시 양심여학교養心女學校 학생이었던 아내 오인성吳仁星을 숙소로 불러 마지막 작별의 밤을 지냈다. 오인성은 울지 않았으며 남편의 거사를 만류하지도 않았다.

　이윽고 날이 새자 이 의사는 동지 이동수, 김병록과 같이 명동 성당으로 향했다. 이 의사는 전신주 뒤에 몸을 감추고 이완용이 성당 밖으로 나오기를 기다렸다. 오전 11시 30분 정각에 매국노요, 패륜아인 이완용의 모습이 보였다. 그는 무엇에 쫓기는 사람처럼 재빨리 인력거에 올라탔다. 이때 학생복을 입은 이재명 의사가 달려 나갔다. 이 의사는 인력거 뒤로 올라타 단도로 이완용의 왼쪽 어깨를 힘차게 찔렀다. 이 돌연한 기습에 이완용은 그만 실신하고 인력거 밑으로 굴러 떨어졌다. 인력거 차부車夫 박원문朴元文이 이 의사에게 덤벼들었으나 이 의사의 칼을 맞고 주인 곁에 쓰러졌다.

이재명 의사는 실신한 채 쓰러진 이완용의 등 뒤에 올라탔다. 그리고 또 찔렀다. 몇 번 찔렀는지 기억나지 않을 정도로 실컷 찔렀다.

의외로 살이 물씬물씬한 것을 이상하다고 느끼면서 마구 찔렀고, 이 정도면 죽었을 것이라 확신하였다.

그러나 이 의사는 이때 큰 실수를 하고 있었다. 그가 쓰러진 이완용의 몸을 타고 앉을 때 자신의 두루마기가 이완용의 몸을 엎어 거꾸로 올라타 있는 것을 몰랐다. 즉, 그가 이완용의 몸을 엎어 거꾸로 올라타 있는 것을 몰랐던 것이다. 즉, 그가 이완용의 가슴으로 알고 찔렀던 부분이 이완용의 가슴이 아니라 엉덩이였던 것이다. 흥분한 나머지 가슴에 그렇게 살이 많을 리가 없는 것을 눈치채지 못하고 자기 두루마기를 들춰 보지도 않고 그곳이 이완용의 가슴이라 믿어 버린 것이다.

이재명 의사는 달려온 경관에 체포되면서 자신의 거사 성공한 것으로 생각하고 '대한만세'를 연창하였다. 이 광경을 보고 있던 이동수와 김병록도 실수하였다. 왜냐하면 그들도 이재명 의사가 잘못 찌르고 있는 사실을 확인하지 못한 것이다. 이완용이 동지의 칼에 죽었다고 속단하고 그들은 현장을 떠나버렸다.

이 의사의 칼날이 10cm나 들어갔으므로 위치만 더 정확하게 찔렀더라면 이완용의 폐에 치명상을 입혔을 것이 분명한데 아깝게도 미치지 못했다. 안 의사와 비교할 때 21세의 이 의사는 중요한 순간 정신이 없었던 것 같다.

이재명李在明의 공판투쟁公判鬪爭

이재명 의사의 역사적 공판투쟁이 1910년 4월 13일에 서울 지방법원 제1법정에서 열렸다. 이 의사의 모습을 보기 위해 운집한 군중은 단 하루의 공판으로 끝내는 일제의 부당한 재판에 분노를 삼켰다.

검사의 이름이 공교롭게도 이토오였다. 이 자는 논고에서 이 의사를 정신병자라 중상하였다. 이 의사는 절대 단독행위요, 아무와도 같이 공모하지 않았다고 주장하였다. 이토오란 검사는 이 의사의 이런 동지애同志愛까지도 허영심이라 왜곡하였다. 이같이 비열한 검사논고에 이어 이 의사의 격렬한 애국연설이 시작되었다.

'이완용은 천지간에 그냥 살려둘 수 없는 여덟 가지 죄악을 저질렀다. 이런 놈이 총리 자리에 1년만 더 앉아 있으면 우리의 민족정신이 아주 죽어 없어질 것이다'

이 의사에 대한 판결은 두말할 것도 없이 사형이었다. 이동수 등 동지는 15년에서 5년까지의 중형을 받았다. 이 의사는 일제의 불공평한 재판을 비난하면서 일본의 장래 운명을 다음과 같이 예언하였다.

"나라를 위한 의리로서 죽는 것은 내 평생의 소원이었으므로 조금도 두려울 것이 없다. 비록 내 한 몸이 땅에 묻힌다 하더라도 그로써 일이 끝나는 것이 아니라 수천 명의 또 다른 이재명이 나타날 것이다. 그것은 마치 한 알의 곡식이 땅에 떨어져 수천백의 곡식을 낳는 거나 다를 바 없다. 그러니 지금이라도 늦지 않다. 통감부를 철폐하고 5조약과 7조약을 무효화하며 빼앗은 대한의 주권을 하나 남김없이 우리에게 되돌려라. 그러면 일본은 장차 일본에 밀어닥칠 큰 화를 면하게 될 것이다."

이 의사에 대한 선고공판은 망국 직전인 1910년 7월 14일이었다. 이날의 공판 광경을 당시의 항일신문『대한매일신보』는 다음과 같이 보도하고 있다.

"이재명씨의 판결 소식을 들은 즉 이 씨가 사형선고를 받은 뒤 법관을 향하여 큰소리로 질책하기를 '불공평한 법률로 내 목숨을 빼앗을 수는 있으나 나의 충혼, 의혼은 절대 빼앗지 못할 것이다. 한번 죽음은 슬프지 않다. 생전에 이루지 못한 일이 한심스러울 뿐이다. 내 결코 죽어서 그 원한을 갚을 것이다'고 말하였다. 이 씨는 또 나라의 앞날에 대하여 비장한 조사弔詞를 읽고 뒤에 서있던 아내 오인성씨와 그 밖의 여러 가족에 대하여 영결永訣을 고하였다. 오인성씨는 앙천호곡仰天號哭하면서 말하기를 '국적 이완용이 아직 죽지 않고 살았는데 우리 가부家夫는 왜 사형에 처하느냐'고 하면서 피눈물이 얼굴을 덮었으며 이날 방청은 일체 금지되었다 하더라."

이재명 의사는 1910년 9월 어느 날 망국의 소식을 들으며 형장에서 유명을 달리하였다. 이 의사의 죽음은 이완용의 생사와는 전혀 관계없이 고귀한 것이었다. 이 의사의 사형선고 기사를 읽고 그 누구보다도 슬퍼했던 사람이 김구金九였다. 김구가 황해도 안악安岳에서 학교 선생을 하고 있는데 같은 학교에 여선생으로 있던 오인성의 남편이라는 청년이 와서 부부 싸움을 벌였다는 소식을 들었다. 그가 이재명 의사였다는 사실을 안 것은 그보다 훨씬 뒤의 일이었다. 김구는 이 의사를 불러 왜 아내와 다투었는가를 물었다. 이 의사는 이때 이미 눈썹 언저리에 분기를 가득 띠며 자기는 꼭 이완용을 이 권총으로 쏘아 죽이고 말겠다고 외쳤다. 김구는 이때 이 의사를 '허열虛熱에 뜬 청년'으로 잘못 보고 그의 권총을 빼앗았다. '좀 더 자네가 수양을 쌓고 동지도 더 얻게 되면 돌려줄 것이니 이 권총을 내게 맡겨라'고 설득하였다. 총을 빼앗긴 그는 돌려받지 못한 채 서울로 갔다. 만일 그가 권총을 갖고 갔더라면 칼을 선택하지 않았을 것이고, 쉽사리 이완용을 죽였을 것이다.

박성환朴星煥과 황현黃玹

1905년의 을사조약과 1910년의 경술 망국 때 수많은 순국열사들이 스스로 목숨을 끊었다. 이들의 고귀한 정신을 생각하면 두 조약의 효력을 인정해 주어서는 안 된다. 만일 아직까지 한국사 교과서에 그것들의 효력이 발생했던 것으로 적혀 있다면 오늘부터라도 당장 무효를 선언하여야 할 것이다. 일제의 국권 강탈행위를 고발하면서도 그 범죄행위를 인정하고 조약의 성립을 승인하는 것은 순국열사들의 뜻에 어긋날 뿐 아니라 논리적으로도 앞뒤가 맞지 않는 행위인 것이다.

1905년과 1910년의 조약을 무효라고 할 때 우리의 근대사는 1919년 4월 상해임시정부가 성립될 때까지 대한제국이 계속된 것이므로 아무런 단절 없이 대한제국이 대한민국으로 바뀐 것이 된다. 한국 근대사를 이같이 시대 구분하는 것을 반대한다면 나라를 위해 목숨바친 열사들의 뜻을 가볍게 묵살하는 모순에 빠질 것이다.

하나밖에 없는 자기 목숨을 끊는 것처럼 현실을 강하게 부정하는 행위는 없을 것이다. 민충정閔忠正이 자결했을 때 그 자리에 죽순이 났다 하여 혈죽가血竹歌가 연일 신문에 보도되었다. 이 한분의 죽음이 준 충격은 가슴에서 가슴으로 전파되어 무서운 민족 항쟁의 힘으로 솟구쳤다. 그러므로 자결은 단순한 소극적 항거가 아닌 항쟁의 정신적 원동력이었던 것이다.

1907년 8월 1일 아침 서울 시위侍衛 1연대聯隊 1대대장大隊長 박성환朴星煥 참령參領은 '군인으로서 나라를 지키지 못하고 신하로서 충성을 다하지 못하면 만 번 죽어도 아까울 것이 없다(軍不能守國 臣不能盡忠 萬事無惜)'란 유언을 남기고 자결하였다. 만일 그가 죽지 않았다면 그날 시위대의 용감한 항전이 있었을지 의문스럽고 나아가서는 그토록 거국적인 국민전쟁(의병전쟁)이 일어나지 않았을지 모를 일이다.

이 시기의 한국인은 강한 선비정신으로 무장되어 있었다. 국망國亡은 곧 민멸民滅이라 믿고 있던 애국적 선비들에게 있어 저항이란 다음의 세 가지 방법을 의미하고 있었다. 그 하나는 거병擧兵, 즉 무장 항쟁이었다. 다른 하나는 거수去守, 즉 망명亡命이었다. 마지막 하나는 자정自靖, 즉 순사殉死였다. 이 세 가지 방법을 제각기 자기 처지에 따라 선택하면 되는 것이므로 반드시 거병을 하여야 한다고 여기지 않았다. 힘없는 늙은이는 싸울 수 없는 것이 아니겠는가.

거병한 선비들이 의병전쟁을 주도하였고, 거수한 선비들이 간도에다 독립군 기지를 만들었고, 자정한 선비들은 선혈鮮血을 뿌려 나라 사랑의 뜻과 길을 남겼던 것이다. 의병과 의사와 열사의 셋은 모두 선비정신에서 우러나는 광영스런 이름들이다. 역사정신에 투철했던 선비 황현黃玹이 1910년 망국을 보고 순국하였다. 그는 유서에서 말했다.

"나라가 선비를 양성한 지 5백 년, 이제 망국의 날이 왔구나. 한 사람도 나라를 위해 순사殉死하는 사람이 없다고 하니 어찌 통탄할 일이 아니랴. 나는 하늘에 대하여 망국의 책임을 질 필요가 없는 몸이나 평생에 글 읽는 선비라는 이유만으로 목숨을 끊으려 하는 것이다."

최근 우리나라 지식인들이 점차 한갓 전문가專門家에 지나지 않는 존재로 변해 가고 있는 데 깊은 우려와 슬픔을 자아내게 하고 있다.

민족의 문제보다 인류의 문제, 국가의 문제보다 세계의 문제가 더 중요하다고 믿는 사람들도 늘어가고 있다. 이런 사람들에게 '글 아는 선비 구실 참으로 어렵구려' 하면서 순국한 황현의 절명시가 미련하게만 보일지 모른다.

"난리 속에 머리칼이 희어 백두白頭가 되겠구나
몇 번이나 목숨을 끊으려 했는데
오늘이야말로 그 날이 왔다
새와 짐승이 슬피 울고 바다와 산까치 눈물을 흘리는데
무궁화 이 강산이 속절없이 망했구려
등불 아래 책을 덮고 지난 역사 돌이켜 보니
글 아는 선비 구실 참으로 어려운 일이구려."

황현 같은 선비가 아주 없어지지는 않았겠지만 확실히 없어져 가고 있는 것이다.

독립군獨立軍

신흥무관학교新興武官學校

지금 생각하면 독립군을 조직하여 무력으로 일본군을 몰아낸다는 생각은 전혀 실현 불가능한 환상인 것처럼 생각된다. 그러나 당시의 국민감정이나 국제정세로 보면 그렇게 안 된다고 할 수만은 없는 일이었다.

3·1운동 이전부터 독립군은 하와이와 간도에서 조직, 훈련되고 있었다. 하와이에서는 박용만朴容萬이 국민군단國民軍團을 조직하여 완전히 미국 군대식으로 훈련한 1백 30명의 독립군을 양성하고 있었다. 그는 또 노백린盧伯麟을 시켜 항공학교航空學校 설립을 추진하기도 했다.

그러나 하와이보다 훨씬 독립군 양성에 유리했던 곳이 북간도와 서간도였다. 이곳에서는 60만 교포를 위한 사립학교가 모두 독립군 사관학교나 다름이 없었다. 두만강 이북의 북간도에서만도 1백 30개가 넘는 사립학교가 있었고 모두 신흥무관학교新興武官學校나 다름없는 독립군 사관학교였던 것이다. 이곳의 애국 교육운동은 독립전쟁을 전제로 한 군사훈련이었다.

비록 학교는 일반 민가를 개조한 초라한 건물이었으나, 학생들은 제복과 제모에 각반을 하고 씩씩하게 등교했었다. 이들 학교에서는 정규 학과 이외에 군대식 훈련과 군가를 배웠으며, 해마다 열리는 학교별 운동회나 각 학교 합동의 연합운동회 때에는 일대 군사시위가 벌어져 학생뿐만 아니라 학부모 전원이 참가하는 독립궐기대회가 열렸다. 1913년

5월 단오날에 이틀간 북간도 국자가局子街(지금의 연길延吉)에서 열린 연합운동회 광경을 목격한 홍성표洪成杓씨는 다음과 같이 말해주고 있다.

"명동중학교明東中學校 학생들은 80리나 되는 먼 거리를 전날 도보로 출발하여 5일 아침 국자가에 도착하였으며, 그밖에 원근 각처에서 모인 중·소학교 학생과 군중이 1만 5천 명이나 되었다. 장관을 이룬 것은 수십 개교에서 곡호수曲呼手(나팔수)와 소고小鼓·대고수大鼓手가 동원되어 그 수가 4백여 명이나 되었다. 개회에 앞서 먼저 광복가光復歌(애국가를 일부 고친 것)를 제창하고 회장이 개회사를 낭독한 뒤 곡호수와 양고수들을 선두로 한 행렬이 대회장을 돌았다.
곡호수들은 군곡軍曲 제3편(행진곡)을 취주하였는데, 관중들이 흥분하여 춤을 추며 환호성을 올렸다. 늙은이들까지도 팔을 벌려 춤을 추며 어찌 할 줄 몰랐다. 경기가 시작되자 관중들은 응원가와 학도가 그리고 한산도가閑山島歌를 불렀다."

운동회의 경기종목은 말이 운동회지 독립운동회나 다름없었다. 즉, 도수徒手및 병식체조兵式體操, 도보경쟁徒步競爭과 대한지지大韓地誌 및 대한역사와 경쟁, 2인 3각과 3인 4각 달리기, 맹목경쟁盲目競爭 등이었고, 특히 독창적인 경기 종목은 노일전쟁의 실지연습實地練習이라는 경기였다. 우승자에 대한 상품도 북과 나팔, 태극기 그리고 필지筆紙 등 푸짐하였다.

회장 이시영李始榮의 폐회사도 '여러분 모두가 독립을 위해 병학교兵學校에 진학합시다'였다. 이틀간에 걸친 열띤 대회가 끝나자 군악대를 앞세운 학생행렬이 보무도 당당하게 국자가를 향해 행진하였다.

"뒤에는 관중들이 어깨춤을 추면서 뒤따랐다. 시가지에 들어서자 입성 곡入城曲을 불렀고, 이어 다시 행진곡으로 바꿔 불렀다. 동포들은 손뼉을 치며 환영하였고 중국인들까지 폭죽을 터뜨리며 이에 화합하였다. 이 광경은 전승 장군의 입성 광경과 같았으며 날이 저물어도 시가지는 인산인해를 이루어 흩어질 줄을 몰랐다."

이처럼 북간도 교포들의 나라 잃은 설움은 1년에 한번 열리는 독립운동대회만으로 달랠 수가 없었다. 1919년 3월 1일이 오자 간도는 무장독립군의 기지로 변하였다. 홍범도洪範圖의 대한독립군과 서일徐一, 김좌진金佐鎭의 북로군정서北路軍政署가 봉오동 전투鳳梧洞(1920년 6월 4일)와 청산리靑山里 전투(1920년 10월 19일~22일)에서 일본군에 대승을 거두게 되는 것도 이 같은 간도 교민사회의 애국적 분위기가 있었기 때문에 가능했던 것이다.

봉오동과 청산리 대첩

3·1운동이 일어나자 간도는 완전히 독립군 기지로 변하였다. 간도는 압록강 북안의 서간도와 두만강 북안의 북간도로 구분되었는데, 두 곳 모두 독립군 기지가 되었으나 특히 북간도는 노령과 가까워서 무기구입이 용이했다. 봉오동 전투로 잘 알려진 홍범도의 대한독립군과 청산리 전투로 유명한 김좌진의 북로군정서가 모두 북간도에 자리하고 있었던 것도 그 때문이다.

홍범도는 한말 때부터 국내와 국외에서 용맹을 떨친 평민 의병장으로 가장 기록을 적게 남긴 수수께끼의 인물이었다. 3·1운동이 일어나던 1919년 여름 2백여 명의 독립군을 이끌고 두만강 건너 갑산甲山, 혜산惠

山 등지의 일본군을 공격한 것을 비롯하여 10월에는 압록강 건너 강계江界, 만포진滿浦鎭, 자성慈城 등지를 공격하여 일본군 70여명을 사살하였다. 이듬해에도 계속 종성鐘城, 화성禾城, 무산茂山 등지를 공격하여 강건너 함경도를 강점한 일본군을 괴롭혔다. 홍범도의 독립군은 북간도국민회에 소속된 독립군으로서 모두 노령 연해주에서 구입한 체코제 장총長銃으로 무장되어 있었다. 당시의 장총 한 자루 값이 10원 내지 20원이었다. 홍범도의 강력한 국내 진격작전으로 북한에 와있던 일본인 관리들은 가족을 남쪽으로 피난시키기 시작하였다. 이러한 사태에 놀란 일본군은 1920년 6월 제19사단의 한 분견대와 또 다른 1개 연대를 북간도로 진격시켜 독립군 기지인 왕청현汪淸縣 봉오동을 기습하였다.

홍범도는 이 사실을 미리 탐지하고 있었으므로 주민을 대피시킨 뒤 일본군을 기다렸다. 독립군은 7백여 명, 일본군은 3백여 명이었다. 독립군에 포위된 일본군은 1백 20구의 시체를 남기고 패주하였으니 이것이 유명한 봉오동 전투였다.

봉오동 전투보다 훨씬 큰 전과를 올린 전투가 청산리 대첩이었는데, 1920년 10월 19일부터 3일간 일본군 3개 사단과 북로군정서군 1천 8백명이 교전하여 적어도 일본군 1천 2백 명 이상이 전사한 대혈전이었다. 봉오동 전투에 패전한 일본군은 그보다 앞서 10월 2일에 이른바 훈춘사건琿春事件을 조작하여 이것을 구실삼아 북간도를 남북으로 포위, 대학살작전大虐殺作戰을 감행한 것이다.

지금 여의도 국회도서관에 가면 이 잔인무도한 학살 작전을 간도사건이란 이름으로 처리한 저들의 문서철이 남아있다. 일본 외무성까지도 반대했던 이 작전에서 일본군은 '불령선인과 비불령선인을 구분하지 않고' 그 지역의 모든 한국인을 무차별 학살하였다.

이것은 마치 시베리아에서 한 지역의 모든 러시아인을 볼셰비키로 간주한 일본군이 행한 대학살작전과 똑같았다. 그 결과 일본군의 간도 출병은 중국인들의 분노를 샀고, 또한 한국인들의 엄청난 증오심을 불러일으켰던 것이다.

이 작전에 참가한 일본군은 한국에 주둔해 있던 19사단과 21사단의 일부 그리고 시베리아에 출병하고 있던 원정대 중 1개 여단으로 구성되어 있었다. 북경의 중국 정부는 일본군의 간도 출병을 반대하였으나 일본군은 '간도의 상황이 즉각적인 행동을 요구하였기 때문에 원래의 계획대로 이를 수행하였다'고 주장하였다.

김좌진 장군이 이끄는 한국독립군은 길림성吉林省 화룡현和龍縣 청산리에서 일본군을 맞아 연대장 1명, 대대장 2명, 중대장 5명, 소대장 9명을 포함한 1천 2백여 명의 일본군을 사살하였다. 이 전투의 정확한 전과는 지금까지도 밝혀지지 않고 있으나 최고 3천 3백 명으로 보는 견해가 유력하다. 단지 1천 2백여 명이란 숫자는 이 지방의 한국인들이 일본군이 시체와 부상자를 우마차에 싣고 가는 것을 보고 추산한 계산에 지나지 않는 것이다.

간도학살은 청산리 전투에 대한 일본군의 일대보복이었다. 그들이 이때 얼마나 많은 간도 교포들을 학살하였는지 헤아릴 길이 없으나 적어도 3만 명의 양민을 죽인 것으로 추산되고 있다. 3·1운동 때의 학살에 이어 이듬해 다시 일본군이 간도에서 자행한 무차별 학살은 모두가 잊혀진 역사가 되어 영원히 땅에 묻혀 버리게 되었다. 그러나 하늘이 무심치 않아 2년 뒤인 1923년 일본의 수도 도쿄 일대를 강타한 이른바 관동대진재關東大震災는 일제에게 내린 천벌이었다. 그러나 일제는 다시 재일동포 7,000명을 창칼로 죽인다.

자유시自由市 참변

청산리 전투에서 막대한 피해를 본 일본군은 광란이나 하듯 재만한인 학살在滿韓人虐殺을 자행하였다. 한 목격자는 말한다.

"29일 새벽 무장한 보병 1대가 예수교촌을 포위하여 산적된 밀짚 위에 방화하고 남자는 노유를 불문하고 옥외로 끌어내다 사살하고, 채 죽지 않은 자는 불 속에 집어넣었다. 집 안에서 울부짖는 부녀자를 가둔 채 불을 질러 온 마을을 초토화하였다. 이 같이 몇 마을을 잿더미로 만든 일본군은 자기네 병영으로 돌아가 천황 탄생일을 축하하였다."

애석하게도 독립군은 일본군과 지구전을 벌여 이 같은 만행을 멈추게 할 힘을 갖지 못하였다. 이리하여 각 독립군은 백설을 밟고 북상하여 소만蘇滿 국경의 밀산密山이란 마을로 이동하였다. 1920년 말 밀산密山에는 10개 무장 독립군이 집결하였으니 그 안에는 홍범도, 김좌진, 지청천池靑天, 안무安武 등이 이끄는 부대가 포함되어 있었다. 이에 우연한 해후로 총병력 3천 5백 명에 달하는 통일군단, 즉 대한독립군단이 밀산에서 조직되었다. 서일徐一을 총재로 삼고 홍범도, 김좌진, 조성환曹成煥을 부총재로 하는 이 군단은 3개 대대로 편성된 사실상의 북간도독립군이 된 것이다.

이 군단은 1921년 정월 시베리아로 이동하여 이만(이르쿠츠크)과 닝안寧安 두 시를 거점으로 2개 여단을 창설하고, 사관학교(교장 지청천)까지 개교하였다. 이때 러시아는 백계白系와 적계赤系간의 혁명과 반혁명군으로 분열되어 있었다. 적계 정부는 때마침 만주에서 이동해 온 한국독립군을 끌어들여 자기편에 서서 싸우게 하려 했던 것이다.

추위와 기아에 허덕이던 독립군에게 이렇게 고마운 구원救援의 손길은 없었다. 왜냐하면 3·1운동이 일어난 뒤 실제로 독립군을 도와 준 나라는 하나도 없었다. 이리하여 독립군과 소련 공산군 사이에 군사협정이 체결되었다. 이 협정에는 일찍부터 이곳에 와서 소련군 장교로 일해 왔던 오하묵吳夏默의 역할이 컸었다. 협정 내용은 간단하였다. 독립군은 소련군을 돕고 소련군은 독립군에 군사원조를 해준다는 것이었다.

이 협정으로 독립군은 소련군으로부터 대포 15문, 기관총 5백정, 소총 3천 정 등을 공급받았으나 그 결과는 엄청난 참화였다. 1921년 6월 2일 돌연 소련 당국이 독립군에 무조건 무장 해제를 요구하여 왔다. 4개월 동안 독립군이 남의 나라 혁명을 위해 봉사하여 온 것은 오로지 조국의 독립을 쟁취하기 위한 방편에 지나지 않았던 것인데, 소련 공산당은 한국의 독립군을 공산군으로 만들려고 했던 것이다.

이 같은 소련의 요구를 부추긴 세력이 이르쿠츠크(즉 이만)파 한국공산당이었다. 이때 한국공산당은 이르쿠츠크파와 이동휘李東輝의 상해 치타파로 크게 갈라져 서로 더 큰 군사력을 갖고자 경쟁하고 있었다. 이르쿠츠크파는 사실상 군사단체를 갖지 못하고 있었기 때문에 엉뚱하게 민족주의 단체인 대한독립군을 일시에 공산주의 군대로 만들려 했던 것이다.

이 부당한 요구에 대하여 독립군이 단호히 항의하였으나 이미 소련군은 독립군을 이중으로 포위하고 있었다. 1907년 한국군이 일제에 의한 무장해제당한 것이 바로 엊그제 같은데 1921년 시베리아 이국땅에 와서 또 다시 소련군에 의해 무장해제를 당하게 되었으니 기막힐 일이었다. 6월 28일 드디어 전투가 시작되었다. 미리 유리한 고지에다 대포와 중기관포를 장치하고 독립군을 향해 조준하고 있던 소련군에 대항한다는 것은 죽음을 각오하지 않은 군인으로서는 도저히 불가능한 행동이었다. 처절한 항전과 탈출의 싸움이 시작되었다. 그러나 싸움의 결과는 뻔하였다.

이 싸움으로 독립군은 전사자가 2백 72명, 익사자 31명, 행방불명 2백 50명, 포로 97명을 내고 시베리아를 탈출하였다. 포로가 된 독립군 병사 가운데에는 지청천 장군이 들어 있었다. 장군은 상해임정의 요구에 의해 석방되기까지 옥사 직전의 고초를 겪었다. 시베리아에서 독립군이 겪은 이 변은 흑하사변黑河事變, 또는 자유시사변自由市事變이라 부르고 있는데 지금까지도 소련군에 속지 말라는 교훈으로 기억되고 있다.

이동휘李東輝

자유시사변이 우리에게 준 교훈은 우리가 받은 상처보다 훨씬 더 큰 것이었다. 3·1운동이 일어나고 임시정부가 설립되었는데도 유럽 열강의 반응은 매우 미온적이었다. 영국이나 프랑스는 물론 미국이나 중국까지도 한국 독립운동에 겉으로만 호의를 보일 뿐 공식적으로 지지하고 나선 나라는 하나도 없었다. 이것은 파리강화조약에 나타난 정신, 즉 어떤 열강의 어떤 기존 질서도 건드리지 않는다는 원칙의 현실적 반영이었다. 1919년 4월 임시정부가 발표한 헌장과 선서문에 보면 '이제 세계의 동정同情이 흡연翕然히 아我 국민에 집중하였다. 그러므로 동포 국민이여! 분기할지어다. 우리가 흘리는 한 방울의 피가 자손만대의 자유와 복락에 치值하고 신국新國 건설의 귀한 기초가 될 것이다'고 역설하고 있으나, 실제로 당시의 유럽 열강이 한국에 보인 동정은 개인적인 것에 지나지 않았다. 이러한 국제적 냉담을 가장 잘 나타낸 것이 1920년 3월 한국 독립 동정안이 미국 상원에서 부결된 사실이었다. 이때 한국 동정안과 동시에 상정되었던 아일랜드 동정안은 가결되었다. 그런데 민주당 소속 의원 토머스가 제안한 '미합중국은 민족자결주의에 입각하여 한국인민의 국권을 회복하려는 절실한 희망에 동정하며……국제연맹의 일원이 될 것을 선언한다'는 결의안은 애석하게도 찬성 34표 반대 46표로 부결되었다. 물론 이 동정안이 가결되었다고 가정하더라도 어떤 실질적인 효력이나 도움이 되었던 것도 아니다. 그런데도 부결된 것을 보면 한국문제를 둘러싼 국제적인 분위기가 얼마나 냉담했던가를 알 수 있다.

고립무원의 상태에 놓여 있었다고 해도 과언이 아닌 당시의 주변정세를 고려한다면 손문孫文의 광동혁명정부廣東革命政府와 소련의 혁명정부가 임시정부와 독립군에 호의적이었던 것은 너무나 이례적이었다고 할 수 있다. 손문이 임시정부 요원들을 자주 만나 지원을 약속한 사실은 고마운 일이었으나, 미약한 혁명정부가 한국 독립운동을 그냥 지원하겠다는 것은 결코 아니었다. 그들이 한국 독립운동자들에 바랐던 반대급부가 있었던 것이다.

소련의 경우는 더욱 그러하였다. 레닌이 임시정부 군무총장으로 있던 이동휘의 사신 한형권韓馨權에게 2백만 루블의 지원을 약속하고 그중 60만 루블을 지불한 사실은 너무나 유명한 일화지만, 설혹 이 돈이 이동휘의 비서 김현金鉉에 의해 유용되지 않았다손 치더라도 분명 여기에는 소련 혁명정권의 요구조건이 붙어 있었던 것이다. 이동휘는 당시의 임시정부 대외정책을 이렇게 말한다.

"우리는 손문의 중국 남부 정권과 약간의 관계를 가졌지만 어떤 커다란 도움을 기대할 수가 없었다. 따라서 볼셰비키와의 결합은 유일한 지름길이었다."

흔히 대미외교對美外交를 중시한 이승만李承晚을 대소외교對蘇外交를 중시했던 이동휘와 대조시켜 당시의 독립외교가 안고 있던 근본적인 문제점을 의인화擬人化한다. 확실히 이동휘를 공산주의 신봉자로 낙인찍고 그의 항일 독립운동가로서의 노력을 평가절하하는 것은 당시의 국제적인 상황을 도외시하는 것이라 하지 않을 수 없다.

볼셰비키와의 결합이 유일한 지름길이라고 믿었던 이동휘의 판단은 확실히 잘못된 것이었다. 자유시사변 하나를 보더라도 알 수 있듯이 소련은 시베리아의 상황이 아직 불확실하여 한국독립군을 지원하고 그 협력을 요구하였던 것이다. 그런데 동북아의 국제관계가 확립되자 소련 국내에서의 어떤 한국 독립운동도 용납하지 않았던 것이다. 다시 말해서 한국 독립운동에 대한 소련의 호의적 태도는 단지 일시적인 것이었다. 그러나 그나마도 다른 어느 나라로부터도 지원을 받을 길이 없었다는 데 우리나라 독립외교의 한계가 있었던 것이다. 지금도 마찬가지다.

삼시협정三矢協定

자유시사변으로 북간도 독립군은 치명적 타격을 입었다. 그러나 그럼에도 불구하고 활발한 독립군 재건운동이 벌어졌다. 특히 서간도는 처음부터 피해를 보지 않았기 때문에 1925년까지 독립군의 중심기지로 각광을 받았다.

임시정부가 1941년에 발표한 한 자료에 따르면 1921년으로부터 25년까지의 5년 동안에 평균 3천 명 이상의 독립군이 해마다 4백 회 이상의 출병을 하고 국내와 간도에서 1백 20여 회 이상 일본군과 교전하고 있다고 했다. 특히 1924년에는 국내에서만 1백 10회 이상의 교전을 벌이고 있는 것이다.

이 같은 수적 증가 경향은 독립군의 전략이 비교적 소수의 병력으로 적을 기습하는 유격전遊擊戰으로 바뀐 사실을 말해주고 있는 것으로서, 한만국경선韓滿國境線을 휴전 없는 독립전선으로 만들어 버렸다는 뜻이 되는 것이다.

이 무렵의 간도 독립운동 단체는 교포 전원에게 군사훈련을 실시하는 병농일치제兵農一致制를 채택하는 한편 민주주의 혁명 교육을 통해 새로운 민족정신을 고취하는 하나의 독립국가체제를 갖추어가고 있었다. 잃어버린 조국 땅을 일의대수一衣帶水에 두고 광복의 날을 고대하는, 오늘로 말하면 PLO와도 비슷한 망명국가가 바로 1920년대 전반의 간도 교민사회였다고 할 수 있다. 그것은 단순한 피난지가 아니었다. 독립군 기지였던 것이다.

이와 같이 1920년에 있었던 대학살의 상처는 해를 거듭할수록 치유되고 있었다. 그러나 이 같은 간도 독립군의 재건을 예의 탐지하여 온 일제 침략자들은 직접 자기 손을 쓰지 않고 중국인으로 하여금 독립군을 체포하여 갖다 바치게 하는 묘안을 고안하였다.

그들은 처음 간도 땅을 차지하기 위한 방편의 하나로 되도록 많은 한국인을 이주시켜 간도를 실질적인 조선식민지의 하나로 만들려고 하였다. 이것을 그들은 '이한침화以韓侵華'라 부르면서, 매우 기뻐하고 있었다. 그러나 독립군 세력이 강화되어 도리어 간도가 독립운동의 성지聖地로 변화하자 반대로 중국인을 시켜 한국인을 잡는 '이화제한以華制韓' 정책을 쓰게 되었던 것이다.

1925년 6월 조선총독부의 경찰국장 미쓰야三矢宮松란 자는 당시의 만주지배자 장작림張作霖을 만나러 심양(瀋陽·奉天)에 나타났다. 그가 장작림 정권의 경찰당국과 맺은 협정내용을 보면 간단하지만 무서운 것이었다. 즉, '중일 양국 경찰이 합작하여 한국 독립군의 무기를 몰수하며 모든 한국인의 거주와 이전을 등록케 하여 일일이 일본 측에 보고한다'는 것이었다.

이 협정을 미쓰야 협정三矢協定이라 부르는데 이 협정이 몰고 온 결과는 엄청난 재난이었다. 중국의 관민이 합동하여 한국인을 사냥하게 만든 것이다. 이로 말미암아 간도는 순식간에 낙토樂土가 아닌 지옥의 땅으로 변하였다. 중국인들은 일본 경찰이 주는 몇 푼의 보상금을 노리고, 또 체포되어간 한국인의 빈 땅을 노리고 무수한 독립군과 양민을 밀고하였다. 미쓰야 협정이 간도 독립군에 치명적 타격을 준 사실은 그들의 통계자료에 너무나 선명하게 드러나 있다. 1926년부터 28년까지의 3년 동안에 독립군의 국내 교전 횟수가 18회에서 11회 그리고 전혀 없는 해로 변하고 있는 것이다.

미쓰야 협정으로 빚어진 사태가 우리에게 주고 있는 교훈도 남에게 의지하여 독립하려는 어떤 시도도 완전자주독립의 실을 거두기 어렵다는 진리를 입증하여 주고 있는 것이다. 극단적인 민족자존주의가 옳지 못한 자세이듯이 남의 나라 즉 중국을 쉽게 믿고 의지하는 습성도 돌이킬 수 없는 결과를 가져오는 것이다.

보천보 전투普天堡 戰鬪의 신화神話

1925년의 소위 미쓰야 협정으로 우리 독립군은 자유시사변 다음으로 큰 수난을 겪었으나 그것이 간도 독립군의 종말을 의미하게 하지는 못하였다. 1920년대 후반에 또 한 차례 독립군 재건운동이 벌어졌다. 그 결과가 1930년 북만주의 한국 독립군과 남만주의 조선 혁명군 성립으로 나타났다.

두 독립군의 이름이 시사하듯이 한국 독립군은 민족주의 독립군이었고, 조선 혁명군은 사회주의 혁명군이었다. 1931년 가을 일제의 만주침략이 시작되어 불과 2개월 만에 만주 전역이 일본군 점령 하에 들어갔다. 이때 국공투쟁國共鬪爭에 여념이 없던 중국은 전혀 일제에 저항할 겨를이 없었고, 각종 중국 의용군이 반만항일투쟁反滿抗日鬪爭을 벌일 뿐이었다. 이 반만 항일군의 주축이 우리 독립군이었던 것이다.

중국 의용군과 합작한 독립군은 2년간 치열한 항일 유격전을 벌여 적에 막대한 피해를 입혔으나 역시 무기와 장비가 열악하였기 때문에 패전하였다. 이리하여 1933년을 고비로 일부 독립군 지도자들은 만주를 떠났다. 그러나 만주에 남은 독립군은 계속 1938년까지 항일 유격전을 벌였다. 중국 의용군 및 마적馬賊과 연합하여 항일투쟁을 계속한 1930년대의 독립군은 1920년대 보다 훨씬 더 강력한 것이었다. 그러나 마적은 어디까지나 도둑이었다.

엉터리 통계에 지나지 않지만, 일제가 계산한 한만국경선의 항일무장군은 1932년부터 38년까지의 7년간 연인원 2만 명을 동원하여 국내진공작전을 벌였으며, 같은 시기에 일본군과 3만 4천 회나 교전하였다. 이같은 항전의 주체는 물론 한국 독립군과 조선 혁명군이었고 그 지도자는 김일성金日成이었다. 그러나 1930년대의 항일독립군 지도자 김일성은 수다한 신화를 남기고 1937년의 보천보 전투普天堡戰鬪에서 전사하여 36세의 한 많은 일생을 마쳤다.

김일성 장군의 죽음은 극비에 붙여졌고 그 때문에 엄청난 역사의 날조가 시작되었다. 많은 전기 작가들이 오늘의 김일성을 가짜라 증언해 주고 있다. 김일성의 공식적 나이는 8·15 해방 때 33세로 되어 있었다. 만일 그가 1930년대에 항일독립군을 지휘했다고 가정한다면 19세에 용명을 떨친 것이 되어야 한다.

그의 공적인 전기 작가에 따르면 10년 동안 매일 하루도 쉬지 않고 2, 3회씩 전투했다는 계산이 나오는데 이것은 군사적으로 도저히 불가능한 거짓말이었다. 북한이 주장하는 김일성 전기에 따르면 그는 1941년 만주를 떠나 시베리아로 피신하였다고, 1945년까지 사실상 아무 일도 하지 않고 놀았다. 그러나 그는 거기서 소비에트 극동군 특무부대에 근무하였으며, 이때 소련의 시티코프 정보부장의 눈에 들었다. 해방을 맞아 북한에 들어왔을 때 그는 소련군복을 입은 청년이었고 그해 10월 평양에서 군중대회가 열릴 때까지 소련군 막사에 숨어 있었다.

스탈린은 북한의 괴뢰정권 담당자로 이렇다 할 인물이 없는 것을 통탄하고 그 인선人選을 전적으로 극동담당 정보국장 시티코프에게 일임하였다. 시티코프의 인선은 용의주도한 것이었다. 시베리아 교포 제2세를 북한정권 담당자로 만들 때 중공 연안파 거두 김무정金武亭과 남로당南勞黨 지도자 박헌영朴憲永의 강한 반발을 받을 것이 뻔하였기 때문에 한국태생인 김성주金聖柱에게 김일성의 영웅칭호를 주고 북한 민중 앞에 나서게 했던 것이다.

그는 한때 레닌그라드 공방전에 참전한 영웅처럼 선전되기도 했으나, 본명이 김성주인 사이비 김일성과 그 일행 33명은 조국의 광복을 위해 단 한방의 총탄도 쏘지 않은 소련 정보장교였던 것이다. 그는 빈민출신이 아니었으며 숭실중학을 졸업하여 한의사가 된 애국심 없는 아버지 김형직과 김일성을 양자로 보낼 정도로 무책임했던 어머니 강반석 사이에 태어나 전혀 우연히 권력자가 된 인물이었다. 이보다 더 큰 한국 근현대사의 사기극은 없다.

3·1 독립운동獨立運動

대한독립선언서大韓獨立宣言書

3·1독립운동을 모르는 사람은 없어도 독립선언서가 셋이나 발표되었다는 사실을 아는 사람은 많지 않다. 3·1독립선언서는 너무 잘 알려져 있고 2·8독립선언서 역시 마찬가지다. 그러나 (조소앙이 기초한) 대한독립선언서大韓獨立宣言書를 아는 이는 극히 드물 것이다.

셋 다 우리의 독립선언서로서 손색없는 작품이므로 차등을 두어 생각하는 것은 잘못이다. 그러나 대한독립선언서에 서명한 사람이 변절자가 되어버리는 차이는 눈 감을 수 없다. 2·8독립선언서는 3·1독립선언서보다 앞에 나온 선언서요 3·1운동의 도화선이 된 귀중한 문서이고 동경 유학생들의 젊은 혈기를 토로한 값진 선언서다. 그러나 우리에게 가장 잘 알려져 있지 않는 수수께끼의 독립선언서인 대한독립선언서는 1919년 2월 1일에 나왔다. 가장 먼저 발표되었다는 의미에서뿐만 아니라 제2의 조국이요 '독립운동의 예루살렘'이기도 했던 간도(길림)에서 발표되었다는 것이 우리에게 깊은 감명을 던져 주고 있는 것이다.

조소앙이 기초한 이 선언서는 조용히 우리에게 한국 독립운동의 기본 정신이 무엇인가를 밝혀주고 있다. 첫째, 이 독립선언서는 한·중·일 3국의 대등한 국제관계를 제창하고 있다. '슬프다! 일본의 무력이여, 섬은 섬으로 돌아가고 반도는 반도로 돌아오고 대륙은 대륙으로 회복할지어다'라는 한마디 속에 최익현崔益鉉의 삼화주의三和主義와 안중근의 동양

삼국평화론을 발견하게 된다. 일제의 한반도 강점이 동양평화를 파괴하고 나아가서는 세계평화까지 해치는 중대사건임을 강조한 이 구절은 한국문제가 결코 일국적一國的문제가 아니라 세계적인 문제임을 시사해 주고 있는 것이다. 또한 이 선언서는 단호한 어조로 나라의 완전 자주독립을 주장하고 있다. 즉, '우리나라의 털끝만한 권리라도 이민족에게 양보할 수 없고 우리 강토의 촌토寸土라도 이민족이 점령할 권리가 없으며 한사람의 한국인이라도 이민족의 간섭을 받을 의무가 없다. 우리의 국토는 완전한 한인의 한토다.'

이처럼 대한독립선언서는 뒤에 나온 두 독립선언서보다 훨씬 강경한 어조로 한국의 완전 자주독립을 선포하고 있는 것이다. 어느 어구에도 결코 타협의 여지를 발견할 수 없다. 특히 우리의 국토가 '완전한 한인의 한토다'고 하는 대목에서는 수십 년간에 걸친 독립투쟁의 발자취를 보게 되는 것이다.

대한독립선언서는 또한 독립운동의 기본전략으로 독립전쟁 방식만이 완전 자주독립에의 유일한 길임을 강조하고 있다. 즉, '궐기하자, 한번 죽음은 사람의 면할 수 없는 숙명이니 짐승 같은 일생을 누가 바라랴. 살신성인殺身成仁하면 2천만 동포가 다 함께 부활하는 것이다. 육탄육전肉彈肉戰으로 독립을 완성하자.' 다시 말해서 피로 싸우는 길만이 일본 침략자를 몰아내고 광복을 찾는 유일한 방략이라는 것이었다.

동경 유학생들이 발표한 2·8독립선언서에도 '앞의 독립요구가 실패할 때 우리 민족은 일본에 대하여 영원한 혈전을 선포한다.'고 밝혀져 있다.

3·1운동의 기본정신을 생각하는 데 있어, 꼭 필요한 것은 의병전쟁과 3·1운동의 연속성을 생각하는 것이다. 그러기 위해 우리는 대한독립선언서와 2·8독립선언서의 혈전주의를 무시할 수 없을 것이다. 다시 말해

서 3·1운동은 의병전쟁이 형태를 바꾸어 나타난 민족운동이었다고 할 수 있는 것이다.

만일 의병전쟁과 3·1운동을 전혀 별개의 사건처럼 생각하여 토막을 내어 버린다면 반세기 항일 독립운동의 일관된 정신과 맥락이 끊어지고 간헐적이고 발작적인 운동의 산발에 지나지 않은 것으로 인식되기 쉽다. 설혹 운동을 주도하고 운동에 참여한 주체가 달랐다고 하더라도 그것이 끊임없이 민족운동의 한 가닥인 사실을 뚜렷이 나타내준다면 그것이 주맥이 되는 것이다. 일본은 1931년 이후의 만주사변과 중일전쟁만 침략전쟁이라고 하고 그 이전의 한국에 대한 침략은 합법적인 전쟁이라 주장하고 있다. 따라서 의병전쟁과 3·1운동을 독립전쟁이 아니라 보고 있는 것이다.

만세운동萬歲運動

해외에서 독립선언서가 발표되고 그 사본이 국내에 전달되는 마당에 국내 지도자들이 이상 더 머뭇거릴 수 없는 처지에 놓였다. 시기도 문제였지만 운동의 사전계획에 있어 더 중요한 문제는 3·1운동을 어떤 형태의 독립운동으로 전개하느냐 하는 문제였다.

간도 독립운동자들은 혈전을 선언하였으나 국내에서는 그럴 수 없는 처지였다. 무기도 없는데 혈전을 선언한다는 것은 사실상 무의미한 일이었기 때문에 평화적인 비폭력 저항운동을 선택한 것은 지극히 합리적이고 현실적인 운동 전략이었다. 이리하여 민족대표들이 만세 시위운동을 기획하게 된 것인데, 이 원칙을 지키는 것도 결코 쉬운 일이 아니었다.

3월 1일을 기해 서울과 평양, 개성 등 주요 도시에서 일제히 만세시위가 벌어졌다. 당황한 일제는 시위 군중을 향해 발포하기 시작하였다. 성난 군중은 발포 경찰관을 향해 투석하였고 그 때문에 일본경찰이 맞아 죽기까지 하였다. 이러한 과정을 일본경찰 보고는 반대로 기술하고 있고 왜곡하고 있는 것이다.

예를 들어, 평양에서는 3월 1일 '저녁에 이르러 군중은 배가 되고.... 마침내 경찰서에 투석하고 유리창을 깨는 등 폭거로 나왔다'는 표현이 그 좋은 예이고, 개성에서는 3월 4일 오전 10시경 '곤봉, 낫, 도끼 등을 든 2백 명의 군중이 헌병분견대를 기습하여 유리창은 물론 기타의 기구를 파괴하였다'는 표현도 마찬가지로 사태를 왜곡한 보고였다.

군중이 먼저 폭도로 변했기 때문에 발포하였다는 정당방위론을 내세운 일본 헌병대의 왜곡된 보고는 원천적으로 날조된 것이었다. 3월 20일경까지 만세 시위운동의 중심지는 주로 도시였다. 학생은 물론 기생, 걸인까지도 운동에 가담하였다. 20일 오후부터 만세운동은 농촌으로 확대되었다. 농민은 일제 식민지 통치 최대의 희생자들이었기 때문에 그들의 외침은 참으로 눈물겨운 독립만세였다.

일본 헌병은 무차별 사격으로 양민을 학살하기 시작하였고, 시위운동을 일으킨 농촌은 초토화되었다. 경기도 수원군水原郡 제암리堤岩里나 화수리花樹里의 경우가 그 대표적인 사례인데 이렇게 무참히 학살당하고 초토화된 마을이 그 밖에도 헤아리기 어려울 정도로 많았으나 모두 기록하지 않았다.

3월 20일부터 4월 10일까지의 20일간은 3·1운동의 성패가 좌우되는 중대한 고비였다. 일제는 이 시기에 본국으로부터 2개 사단의 병력을 증파하여 공공연히 도지사 명의로 무차별 발포를 선포하였다. 그들은 이렇게 무력으로 20일간에 걸친 대학살을 강행한 끝에 3·1운동을 진압했던 것인데, 그들의 사상자 수 발표를 보면 터무니없이 축소되어 있다.

한국인 사망자는 불과 6백 31명, 피상자는 1천 4백 9명이었다. 그러나 박은식朴殷植의 추계에 따르면 사망자 7천 6백 45명이고 피상자는 4만 5천 5백 62명이었다. 또 다른 자료에 보면 피상자가 10만 명으로 나와 있으니 참으로 3·1운동으로 살육당한 정확한 인원수는 영원히 헤아릴 길이 없게 된 것이다.

3·1운동은 본질에 있어 평화적 시위운동이었다. 그러나 그렇다고 해서 조금도 항거하지 못하고 총칼에 맞아 쓰러지기만 했는가 하면 그런 것은 아니었다. 맨손으로 일본 헌병 9명을 잡아 죽인 것을 보더라도 3·1운동을 통해 나타난 우리의 민족성은 조금도 비굴했던 것이 아니다. 도리어 싸우는 자의 용기를 유감없이 보여주었던 것이다.

오늘날 무엇보다도 빨리 시정되어야 할 것은 일제에 의해 왜곡된 우리의 민족성을 바로 인식하는 일이라 할 것이다. 우리는 평화를 애호하는 민족이지만 결코 싸움에 약한 민족은 아니었던 사실을 명백히 인식하여야 하는 것이다. 3·1운동을 다시 해석하여야 할 필요도 바른 한국인상을 확립하기 위한 작업의 하나라 할 수 있다.

고종 독살 高宗 毒殺

1895년의 민비시해閔妃弑害가 암살 전문가인 일본공사 미우라三浦梧樓란 자에 의해 자행되었다는 사실이 최근에야 밝혀졌다. 그러나 1919년 초 고종高宗이 독살毒殺되었다는 설은 아직도 밝혀져 있지 않다. 고종을 일제가 독살했다면 조선의 왕과 왕비를 모두 일제가 칼과 독약으로 죽인 것이다. 칼과 돈을 지상의 가치로 믿는 일본인에게 있을 법한 살인사건이라 할 수 있으나 워낙 은폐기술에 능한 민족이기 때문에 고종의 독살사건은 좀처럼 그 진상을 밝혀내기 어려웠던 것이다.

이 사건과 관련된 자료로 한때 화제를 모았던 것이 있는데 1919년 '기미 정월 ○일자'로 된 '고告 국민대회國民大會'라는 전단傳單이다.

"오호 슬프다. 우리 2천만 동포여, 우리의 태상황제(太上皇帝·고종)가 붕어崩御하신 원인을 아시는가, 모르시는가. 평소 건강하옵시고 또 환보患報도 없으신 분인데 아닌 밤중 편전에서 갑자기 서거하셨으니 어찌 이것이 상리常理리오."

고종은 확실히 전날까지 건강에 아무 이상이 없었다. 그런데 갑자기 돌아가셨다는 것은 도저히 믿을 수 없다는 것이 첫째 의문이었다.

둘째 의문은 시신이 물처럼 연한 데다 구규九竅, 즉 눈, 코, 입, 귀, 요도, 항문에서 피를 쏟고 죽었다는 점이다. 이것은 독약을 먹이지 않고서는 그렇게 될 수 없는 것이니 독살이 확실하다.

그러면 왜 일제는 굳이 고종을 죽이려 했을까. 다음의 자료는 이 점에 관하여 소상하게 그 이유를 밝혀주고 있다.

"목하 파리 강화회의에 민족독립 청원서가 제출되어 이에 놀란 저들 교활한 일인들은 흉계를 꾸미기를 한민족은 일본의 인치仁治에 열복悅服하여 공립公立, 즉 독립을 원치 않는다는 탄원서를 만들어 제출하려 했다. 이리하여 그들은 이완용은 국족대표國族代表요, 김윤식은 유림대표요, 윤덕영尹德榮은 종교대표요, 조중응趙重應, 송병준宋秉畯은 사회 대표요, 신흥우申興雨는 교육·종교대표라 거짓으로 꾸미어 서명날인하고 이를 고종께 비준하시라 날인을 강요하였다. 고종은 크게 노하시어 단호히 이를 거절하시니 무위로 끝났다."

그러지 않아도 고종은 이때 아들 이은李垠과 일본 황족 이방자와의 혼사문제로 분노하고 있었다. 그런데다 이런 불쾌한 문서에 도장까지 찍으라고 하니 응낙할 리 만무했다. 당연히 대노하였을 것이다.

일제가 고종을 제거하기로 맘먹은 데에는 또 하나의 이유가 있었다. 그것은 간도 독립운동자들이 고종을 국외로 망명케 하여 한일병합의 불법성을 해외에 선전하려 하고 있었기 때문이다. 얼마 전에 모지에 기고한 방자方子여사의 회고담에도 이은이 아버지의 독살설을 믿고 있었다고 쓴 것이 보인다. 그러면 어떻게 독살했는가. 가장 중요한 대목에 관하여 이 자료는 '윤덕영尹德榮, 한상○韓相○ 두 적은 궁녀들이 매일 밤 고종께 드리는 밤참에다 독약을 넣어 드시게 하여 즉석에서 돌아가시자 두 궁녀까지도 입을 막기 위해 독약을 강제로 먹게 하여 참살하였다'는 것이다. 이 자료의 날짜는 1919년 1월로 되어 있다. 음력인지 양력인지 알 수 없으나 어느 쪽이라도 상관은 없다. 고종의 독살설은 당시의 민중에게 충격적인 소식이었다. 이 자료가 말하고 있듯이 '아직 을미추변乙未秋變(민비시해)으로 이를 갈고 보복할 기회를 노리고 있는 마당에 또다시 대변이 일어나니 이 두 원수怨讐를 어찌 갚을 수 있으랴.'

3·1운동과 고종 독살의 수수께끼는 아직도 풀리지 않고 있다. 그러나 그들이 암살음모를 꾸며 실천에 옮겼을 가능성은 충분히 있다. 단지 인멸된 증거를 찾지 못하고 있을 뿐이다. 증거가 있을리 없다. 고종은 당시의 민중에게 유일한 희망이었다. 한 사람도 고종양위나 병합조약 그리고 일제의 식민지 통치를 인정하고 있지 않았다. 고종이 살아있는 한 나라는 아직 완전히 망하지 않았으며 독립할 날이 반드시 오리라 믿고 있었던 것이다. 그런데 졸지에 황제의 붕어 소식이 들려오니 그 충격은 이루 말로 형언하기 어려운 것이었다.

"아我 2천만 동포여, 금일은 세계 개조의 날이요, 국권 회복의 날이니 일
어나라 일어나라, 아我 2천만 동포여."

라고 고종시해를 알린 '국민대회'는 지금도 그렇게 절규하고 있다.

해외海外의 독립운동獨立運動

3·1운동이 일어나자 먼저 노령 블라디보스토크에서 국민의회가 조직
되었다. 1919년 3월 17일에 성립된 이 임시정부의 명칭은 대한민국의회
였고 손병희孫秉熙를 대통령, 박영효朴泳孝를 부통령, 이승만을 국무총리
로 지명하였다. 다음에 성립된 임시정부는 상해 임시정부로서 그 정식
명칭은 다 아는 바와 같이 대한민국 임시정부였다. 이 정부는 내각책임
제로서 이승만이 국무총리, 안창호가 내무총장을 맡고 사실상의 대통령
격인 의정원 의장에는 이동녕이 선출되었다. 임시정부는 4월 1일에 정식
으로 발족되었으나 블라디보스토크의 국민의회보다 약 3주간이나 늦은
출범이었다.

그런데 사태를 좀 더 복잡하게 만든 사건이 일어났으니 상해 임시정부
보다 12일 늦은 4월 23일에 서울에서 임시정부가 수립된 것이다. 이 소
식은 UP통신에 보도되었는데 13도 대표 24명이 극비리에 국민대회를
열고 이승만을 집정관 총재로 하는 임시정부를 선포한 것이다. 이 정부
는 흔히 한성정부漢城政府라 부른다.

3·1운동으로 나타난 민족의 염원을 정부수립으로 구현하는 것은 극
히 당연한 일이었으나 이렇게 한꺼번에 셋이나 출현하였으니 하나로 통
일하는 작업이 무엇보다도 급한 과제가 되었다.

제일 나중에 수립된 한성정부는 13도 대표가 모여 2천만 민족을 대표

한 것이니 따지고 보면 앞의 두 정부보다 우월한 정부였다고 할 수 있다. 그러나 실제로 활동할 수 없는 '종이정부'였으므로 유명무실하였고 노령 블라디보스토크의 국민의회는 입법부만 있고 행정부가 기능을 발휘 못하는 정부였으니 그도 또한 완전하다 할 수 없었다.

이리하여 상해 임시정부가 유일정부로서 가장 적절하다고 인식되었다. 상해는 국제도시로서 교통이 편리하고 각국의 조계租界가 있어 안전하기도 하였다. 특히 노령과 미주의 두 지역 중간에 자리하여 조국과 너무 가깝지도 않고 멀지도 않은 이점을 갖추고 있었다.

그러나 상해가 임시정부의 자리로서 적합하지 않다는 의견도 있었다. 첫째로 상해에는 불과 1천 명의 내외 동포가 살고 있었는데 그나마 절반이 전문적인 독립운동자이고 생업을 가진 사람이 6백 명 정도밖에 없었다. 하와이와 미주만 해도 6천 명의 동포가 살고 있었고 노령에는 20만, 간도에는 60만 명이나 살고 있었다. 외국의 원조도 없는데 재외동포의 지원 없이 어떻게 임시정부를 유지 발전할 수 있단 말인가. 정부에는 반드시 군대가 있어야 한다. 정부요원만 달랑 자리를 차지하고 있다고 해서 일이 되는 것이 아니었다. 유명무실한 정부가 되지 않기 위해서는 정부의 자리를 노령이나 간도로 옮겨야 했다.

특히 간도에는 60만 동포가 살고 있고 강 건너 조국을 바라볼 수 있는 곳이다. 적극적이고 자력에 의한 독립전쟁을 펴 나가려면 간도나 노령에 임시정부가 있어야 된다. 상해에 정부가 있다는 것은 후퇴나 다름없다는 인상을 주었다.

임시정부의 입지조건에 관한 이 같은 논의 이외에도 어떻게 하면 하루속히 독립할 수 있느냐 하는 문제를 가지고 적지 않은 논의가 있었다. 이 시기의 논의를 요약하면 대체로 세 주장으로 나누어 볼 수 있다. 첫째는 간도 노령의 독립전쟁론으로서 그 영수는 이동휘, 홍범도, 김좌진, 박용만, 신채호 등이었다. 둘째는 상해와 미주를 중심으로한 독립준비론으로서 안창호가 그 대표적인 영수였다. 준비도 없이 독립한다는 것은 자멸이라는 것이다. 셋째는 독립외교론이었는데 이승만, 서재필이 그 대표적인 인물이었다.

사실 독립정부라면 전쟁과 외교 그리고 교육과 산업 어느 것도 소홀히 해서는 안 되었을 것이다. 그러나 이 세 가지 가운데 어느 것을 우선으로 하느냐 하는 점에 이 같은 이견들이 있었던 것이다. 심지어 '폭력의 사용은 독립외교에 지장이 있다'고 하는 비판도 나오게 되었다. 사실 이때의 정세로 보아 어떤 주장이 옳았는지 지금으로서도 판정하기 어려운 형편이다. 그러나 그렇다고 해서 판정을 보류하는 것은 역사에서 아무것도 배우지 않겠다는 자세를 표명하는 것이었다.

학살虐殺의 현장現場

3·1운동 때 카고지마파鹿兒島派라는 일본 조폭이 철봉, 쇠갈고리, 단도 등을 휘두르고 다니며 닥치는 대로 행인을 살상하였다. 일종의 마피아단이었다. 대낮에 젊은 부인을 혁대로 묶어 종로 바닥을 끌고 다니다가 경찰서로 인계하기도 하였다. 일본 경찰이 '세계에서 가장 잔인무도하다'는 제 나라 깡패를 동원하여 3·1운동을 탄압하는 데 이용하였던 것이다.

이렇게 해서 끌려온 한국인을 일본헌병 경찰은 먼저 옷을 벗기고 팔을 등 뒤로 묶어 천장에 매달았다. 불과 3, 4분이면 견디지 못해 대소변을 마구 쌌다. 그런데도 취조관이라는 자는 조용히 독서를 즐기거나 바둑을 두거나 잠을 잤다. 그것은 일본 불교가 아니면 사무라이정신에서 나온 일본의 야수성이 아니면 도저히 불가능한 행동이었다. 하루 다섯 시간씩 매달아 두면 혀를 빼고 기절한다. 이렇게 하기를 두 주일, 들어갔다 하면 반죽음을 당하는 게 바로 일본 경찰서였으므로 지금까지도 한국인이 경찰서를 두려워하는 이유가 여기에 있다.

일본 경찰은 부녀자에 대해 가장 혹독하고 음탕하였다. 부녀자는 머리채를 끈으로 천장에 매달았고 옷을 벗겨 갖은 욕을 다 보였다. 한국 부녀자에 대한 그들의 만행은 이미 의병전쟁 때 의병장 부인에 대한 추행으로 드러난 바 있었으니 3·1운동 때 류관순柳寬順과 같은 청순한 애국소녀에 대한 만행은 그들로서 속편 잔혹영화의 상영이나 다름없었다.

그런데 여기서 주목하여야 할 점은 이 같은 야수적 얼굴만이 일본인의 전부가 아니라는 사실이었다. 박은식 선생의『혈사血史』를 보면 제14장에「죄악을 숨기는 일인의 교묘한 속임수」란 항목이 보이는데, 일본인은 잔인할 뿐만 아니라 교활하다는 점을 특히 강조하고 있다.

한국에 와있던 외국인 신문기자나 선교사의 3·1운동 취재기사를 모두 중간에서 뜯어 문장을 고쳐 써서 다시 보냈다는 것쯤은 사소한 일이었고, 일본 종교인까지도 상해나 미주로 파견되어 정보 및 선전원으로 일하게 했다. 1919년 6월 1일 상해에 무라카미村上라는 목사가 와서 '나는 조선 형제의 친구로서 심심한 동정의 뜻을 표하러 왔다. 나도 여러분과 같이 조선에 돌아갈 수 없는 망명객이 됐다'고 하면서 총독부를 통렬히 욕하고 일본으로 돌아갔다. 그런데 2주일 후 무라카미는 〈오오사카 매일 신문大阪每日新聞〉에 '당국의 부탁을 받고 상해 불령선인不逞鮮人의 상황을 조사하러 왔다'는 인터뷰 기사를 실었다. 일본인이라면 종교인도 믿을 수 없다는 점을 강조하고 있는 것이다. 하물며 일본 정치인의 약속을 누가 믿겠는가.

일본인이 3·1운동을 무력으로 진압하고 식민통치를 연장하기 위하여 쓴 가장 큰 사기극은 소위 문화정치라는 것이었다. 문화정치란 무엇인가에 대해 누구보다도 당대의 애국적 역사가가 날카롭게 그 허구성을 우리에게 폭로해 주고 있다.

일본의 만행이 세계에 알려져 일본을 '동양의 독일'이라 규탄하게 되자 세인의 이목을 속이려고 총독을 바꾸었다. 그러나 하세가와長谷川가 사이토오齊藤로 바뀐 것은 육군대장이 앉던 자리에 해군대장을 갖다 앉힌 데 지나지 않았다.

서울역에 도착하자마자 폭탄세례를 맞은 사이토오는 무단정치를 그만두고 문화정치를 하겠다고 약속하였다. 이전부터 설치되어 온 각도 각지의 군대는 모두 그대로 두고(아니 더 증강하면서), 단지 이름과 복장만 바꾸고는 신조선주의라고 하니 어찌 양가죽을 뒤집어쓴 늑대의 속셈이 아니겠는가?

1910년대의 간도 사립학교에서는 '우리의 원수를 잊지 말자(吾讐不忘)'는 필수과목이 있었다. 그 내용을 보면 다름 아닌 한국사였다. 그때 그 시절의 민족감정으로서는 영원히 일본민족의 죄악과 사기를 잊을 수도 없고 용서할 수도 없었을 것이다. 지금 우리가 그것을 용서할 수는 있어도 잊을 수는 절대 없다고 하는 뜻은 비단 그들의 야수성 때문이 아니라 그보다 더 무서운 그들의 사기성 때문인 것이다.

재일동포在日同胞의 학살虐殺

일본교과서의 한국사 왜곡 가운데 가장 증오스러운 부분은 일제하의 한국을 기술한 부분이다. 저들은 한국을 병합함으로써 한민족의 일대 저항운동에 부딪혔다. 이것을 교묘하게 호도하려고 하고 있는 것이다. 일본사 교과서는 1923년의 이른바 관동대진재關東大震災를 기술하면서 이 때 7천 명에 달하는 무고한 재일동포가 학살당한 사실을 전혀 언급하지 않거나 언급하여도 아주 간단하게 한마디로 끝내고 있다. 7천 명이라면 3·1운동 때 일본군이 한국인을 학살한 숫자(물론 일본당국의 발표)에 맞먹는 숫자이므로 절대 믿을 수 없는 것이다. 1923년 도쿄와 요코하마 2대 도시를 강타한 지진으로 거의 초토화되었는데 이 천재지변으로 민중폭동이 일어날 위험이 컸다. 일본 군국주의자들은 하나의 희생자를 골라 민중의 분노를 그들에게 향하게 만들어 일본당국에 대한 불만을 호도하려 획책했으니 이것이 곧 조선인 방화설의 유포다. 이 유언비어가 퍼지자 일본인들은 지진이나 화재보다 '조선인이 방화하고 폭탄을 던지고 쳐들어온다'는 소문에 떨었다.

자경단을 조직한 일본인들은 '조센징가리(한국인 사냥)'를 시작하였다. 이 잔악한 일본 민족의 범죄행위는 일본군이 한국과 간도와 중국에서 저지른 살인행위와 함께 길이 역사 속에 기록되어 후세에 다신 그런 일을 저지르지 않겠다는 교훈이 되어야 하는 것이다. 그것은 일본 군·경·민 합동의 살인행위였기 때문이다.

서독이 나치시대의 유태인 학살행위를 반성하고 참회하기 위해 다카오(뮌헨)의 강제수용소를 공개하고 있다. 그러나 유태인보다 더한 참상을 빚은 관동대진재 때의 조선인 학살을 일본인들은 그 역사 속에서 영원히 지워버리고 있는 것이다.

사건 당시 일본은 이 사건을 전혀 없었던 것처럼 꾸미려 했다. 그러나 이런 엄청난 학살사건을 은폐하기란 불가능한 일이었다. 너무 많은 한국인을 죽이게 되어 일본 자신도 놀랄 정도가 되었고, 그래서 사건을 은폐하기보다 정당화하기로 방침을 바꾸었다. 그 결과 10명 정도의 사회주의 일본인에게 혐의를 씌워 잡아 죽였다.

그러니까 사회주의자들의 학살은 조선인 학살을 호도하기 위한 눈가림이 되었던 것인데, 일본교과서에 보면 '사회주의자나 다수의 조선인이 살해당하는 사건도 일어났다'(제국서원 신일본사)는 식으로 조선인 학살을 사회주의자 학살 다음에다 기술함으로써 별로 큰 일이 아니었던 것처럼 가르치고 있다.

또 대다수의 일본교과서는 '조선인이 방화했다' '우물에 독약을 탔다'는 조작된 유언비어가 어디서 나왔는지 그 진원은 밝히지 않고 있다.

만일 그때 다른 민족이 그랬다면 믿지 않았을 것을 한국인이 그랬다고 하니까 조금도 의심치 않고 일제히 달려들어 한국인 사냥을 벌인 일본인의 민족적 편견에 커다란 문제점이 있는 것을 일본교과서는 마땅히 언급하여야 하는 것이다.

그러나 일본교과서 집필자들은 후안무치하게도 한국(3·1운동, 1919)과 만주(간도 대학살, 1920) 그리고 바로 일본의 수도 도쿄에서 자행한 엄청난 학살행위를 감추기라도 하고 싶다는 투로 '1920년대의 일본은 대정大正 데모크라시 시대였다'고 치부하고 있는 것이다.

일본인에 대해서는 민주주의를 하면서도 식민지 백성인 조선인에 대해서는 무법행위를 자행한 간교하고 잔인한 민족이 일본인이다. 그들은 무사(사무라이) 민족이었다. 임진왜란 때 왜놈이 자행한 범죄행위를 조선시대 선비들이 잊을 수 없었던 것처럼 우리들 지식인도 지난 70년 동안 일본인이 저지른 야만적 범죄행위를 결코 잊을 수 없는 것이다.

상해上海 임시정부

독수리파와 비둘기파

1910년 8월 마침내 일본 군부는 한국병합을 단행했다. 이 치욕의 망국을 전후하여 많은 애국지사들이 해외로 망명하였다. 가장 가깝고 쉬운 곳이 압록강과 두만강만 건너면 당도할 수 있는 간도와 노령露領 연해주였고, 다음이 중국 상해와 하와이 등지였다. 망명을 결심한 애국지사들은 더 이상 국내에서 버티기보다는 해외에서 독립운동을 하는 것이 효과적이라고 믿었던 것인데, 그들 가운데는 무력으로 일제日帝를 몰아내야 한다고 확신했던 주전파主戰派, 즉 독수리파가 있었고, 무력으로는 도저히 성공할 수 없기 때문에 먼저 실력을 양성하는 데 전력을 기울여야 한다고 주장하는 평화파, 즉 비둘기파가 있었다.

이 같은 즉전즉결주의卽戰卽決主義와 실력양성주의는 한말의 오랜 항일 독립운동 과정에서 우러나온 자연스런 두 노선이었다. 앞의 주의는 의병전쟁, 뒤의 것은 애국 계몽운동 가운데서 배태된 주장이었다. 김구가 그의 저서 『백범일지』에서 말하고 있는 것처럼 '의병전쟁은 구사상舊思想에 의한 애국운동'이었고, '계몽운동은 신사상에 의한 애국운동'이었다. 그러나 신사상을 품은 지식인 가운데도 의병주의를 내세우는 애국자들이 많았다.

알기 쉽게 구별한다면 신·구사상을 막론하고 무력으로 독립전쟁을 계속하여야 한다고 주장한 주전파는 주로 간도와 노령 연해주로 망명하였고, 독립전쟁을 시기상조라 주장한 평화파는 중국과 미주로 망명하였다. 물론 그렇다고 간도와 노령에 비둘기파가 없었던 것이 아니고, 하와이에 독수리파가 없었던 것이 아니다. 그 좋은 예가 하와이의 박용만朴容萬(1881~1928, 강원도 철원 출신)이었다. 그는 이에 1907년 7월 미국 네브래스카에 소년병 학교를 세운 바 있었고, 1910년에는 미주美洲 하와이·멕시코 교포에게 군사훈련을 확대 실시하였다. 1912년 하와이에 온 그는 국민군단國民軍團을 조직하여 스스로 군단장에 취임하였다. 그러나 하와이의 농장 기술자들을 결속하여 군대조직을 갖춘 박용만의 독립군은 비둘기파 이승만李承晚(1875~1965, 황해도 평산 출신)의 방해로 더 이상 크지 못하였다.

이처럼 박용만의 독립군 운동은 그의 동지의 배신행위로 실패로 돌아가고 하와이와 미주는 비둘기파의 고장이 되고 말았다. 상해 역시 하와이와 같은 비둘기파의 고장이었고, 이곳에 임시정부가 수립된 것은 임시정부의 성격과 노선을 말해주는 것일 뿐만 아니라 독립운동사의 전체 맥락을 좌우하는 결과를 낳고 말았다.

청도회담靑島會談

박용만과 이승만이 그러했듯이 성재誠齋 이동휘李東輝(1873~1935, 함남 단천 출신)와 도산島山 안창호安昌浩(1878~1938, 평북 평양 출신)도 각각 독립전쟁을 주장한 독수리파와 평화적인 교육·식산 운동을 주장한 비둘기파를 대표하는 거두였다. 두 사람은 다 같이 한말 애국 계몽파의 비밀조직인 신민회新民會 간부였으며, 1910년 망국을 전후하여 망명하면서 한곳에 만나기로 약속하였다. 이 모임에는 같은 신민회 회원인 유동열柳東悅, 이갑李甲, 조성환曺成煥, 그리고 단재丹齋 신채호申采浩(1880~1936, 충북 청주 출신) 등이 동석하였다.

그러나 이 모임은 이동휘와 안창호의 엇갈린 주장으로 말미암아 끝내 합의를 보지 못하고 헤어지게 되었다. 즉, 안창호는 앞으로 할 일은 간도·노령·미주 등지에 사는 해외동포의 산업을 진흥시키고 교육을 보급시켜 좋은 기회가 돌아오면 큰 힘을 낼 수 있도록 준비 공작을 하는 일이라고 주장하였다. 그러나 한국군 출신인 이동휘는 '나라가 망한 이때에 산업은 다 무엇이고, 교육은 다 무엇이냐. 둘이 모이면 둘이 나가 죽고, 셋이 모이면 셋이 나가 싸워 죽어야 한다'고 외쳤다.

이동휘는 간도와 노령의 동포들을 규합하여 당장에 일본에 대한 무력독립운동을 일으키자는 것이었고, 안창호는 실력 없는 거사를 하게 되면 달걀로 바위를 치는 것과 같이 성공할 가망이 없고 쓸데없이 해외동포의 경제력과 인력을 소모할 뿐이라고 반박한 것이다.

이갑이 두 사람의 주장을 조정하려 애썼으나 결국 실패하여 회의는 결렬되고, 각자 갈 길을 택하게 되었다. 안창호는 모스크바를 거쳐 미국으로 갔고, 이동휘는 간도로 가서 무관학교를 세워 간도 국민회 독립군을 양성하였다. 이동휘와 안창호, 박용만과 이승만이 장차 수립될 상해 임시정부를 주도할 거두였기 때문에 이 네 사람이 각기 구상했던 독립운동 방략은 광복운동에 여간 중요한 의미를 갖는 것이 아니었다. 이동휘와 안창호의 의견대립보다 더 심각했던 것이 이승만과 박용만의 사이였고, 이것이 1919년의 역사적인 3·1운동을 계기로 수립된 대한민국 임시정부의 운명에 그대로 영향을 주었던 것이다.

신규식申圭植과 신한청년당新韓靑年黨

3·1운동이 일어났을 때 해외거주 동포의 수는 간도에 약 60만 명, 노

령 연해주에 20만 명 그리고 미국과 하와이에 약 6천 명이었고, 상해에는 겨우 4백 명 정도밖에 없었다. 그러므로 임시정부의 입지조건으로서 상해는 가장 불리했던 것인데, 다른 한편 미주처럼 고국에서 멀지도 않고 간도·노령처럼 가깝지도 않다는 이점과, 또 하나의 독립운동 세력의 양산맥을 이루고 있는 미주와 간도·노령의 두 지역을 절충해주고 있었다는 이점까지 갖추고 있었다. 그러나 상해에 임시정부가 수립됨으로 말미암아 잃은 것도 적지 않다.

임시정부의 자리로 상해가 선정된 데에는 예관晲觀 신규식申圭植 (1879~1922)의 공이 컸다. 충북 청원 출신인 그는 을사조약 때 음독자살을 시도했다가 오른쪽 눈을 잃어 애꾸눈이 된 군인이었다. 망국 이듬해에 단신으로 상해로 망명하여 중국 혁명운동에 가담하는 한편 동제사 同齊社(1911), 대동보국단大同輔國團(1915), 조선사회당朝鮮社會黨(1917) 등의 독립운동 단체를 만들어 박은식, 신채호, 김규식金奎植(1881~1956, 경남 동래), 문일평文一平(1888~1939, 평북 의주), 조소앙趙素昻(1877~1955, 경기도 양주) 등 동지와 더불어 활약하였고, 1918년 8월에는 동제사 산하에 신한청년당(Korea Revolutionary Party)을 발족시켰다. 여운형呂運亨(1885~1947), 장덕수張德秀(1894~1947), 김철, 선우혁 등 젊은 층이 주동한 이 단체의 활약은 3·1운동을 유발하는 기폭제가 되었다.

신규식과 신한청년당은 3·1운동을 일으키는 데 배후공작을 담당하였고, 이어 상해 임시정부를 탄생시킨 산파역을 맡았다. 즉, 신한청년당은 1918년 말과 1919년 초에 걸쳐 먼저 강화회의에 '한국 독립에 관한 진정서'를 제출하여 김규식을 급파하였고, 국내에는 선우혁, 김철 그리고 서병호, 김순애(김규식의 부인), 백남규 등을, 일본에는 조소앙, 장덕수를, 간도와 노령에는 여운형을 파견하였다.

그 결과 제일 먼저 간도·노령의 독립운동자들이 '대한독립선언서' (1919년 2월 1일)를 발표하였고, 이어 동경 유학생들의 '2·8독립선언'과 국내의 '3·1독립선언'이 나와 3·1운동의 막이 올랐다.

세 개의 임시정부

3·1운동은 처음 서울·평양·개성·원산을 비롯하여 여러 도시에서 벌어졌다. 3월 20일을 전후하여 운동이 농촌으로 번져나가자 걷잡을 수 없는 양상으로 확대되어 일본군의 무자비한 살상행위가 자행되었다. 이와 같이 국내에서 피의 독립운동이 벌어지고 있을 때 해외에서는 임시정부 수립의 기운이 높아가고 있었다.

제일 먼저 노령 블라디보스토크에 대한국민회의가 성립되었다. 1919년 3월 17일에 성립된 국민회의는 21일 5개조의 결의안을 채택하고 손병희孫秉熙를 대통령, 이승만을 국무총리로 하는 정부수립을 선언하였다.

대통령·손병희

부통령·박영효

국무총리·이승만

학지총장·윤현진

내무총장·안창호

참모총장·유동열

군무총장·이동휘

산업총장·남형우

강화대사·김규식

이상의 각료 가운데 대다수가 현지에 있지 않았으므로 사실상 군무총장 이동휘가 실권자였다. 독수리파인 이동휘의 노령 정부는 5개조의 결의안 말미에 '이상의 목적이 달성되지 못할 때는 대일 혈전 선포對日血戰宣布를 한다'는 단호한 구절을 넣은 것을 보아서도 쉽게 알 수 있듯이 국민의회는 소만蘇滿 국경선을 넘어 조국 진격을 위해 조직된 군사정부와 같은 것이었다.

이 무렵 상해는 앞서 각지에 파견되었던 신한청년당원들이 돌아와서 프랑스조계佛租界 보창로寶昌路 329호에 '독립 임시사무소'를 설치하여 독립운동 홍보활동을 벌이고 있었고, 노령·간도와 국내, 일본 등지에서 천여 명에 이르는 독립운동자들이 모여들어 임시정부 수립의 기운이 성숙되고 있었다. 당시 상해에 모인 독립운동자들 사이에 임시정부를 수립하는 것보다 당黨조직으로 끝내는 것이 낫다는 주장이 없었던 것도 아니다. 대다수의 의견이 임정 수립에 찬동하고 있었다. 이 정부조직보다 당 조직 쪽이 훨씬 운영에 유리하다는 주장은 여운형과 안창호에서 나왔다. 두 사람의 주장은 임시정부의 앞날을 내다본 매우 신중한 주장이었으나 당시의 독립열기로 묵살되고 말았다. 이리하여 4월 11일 임시의정원이 구성되고, 13일 내외로 대한민국 임시정부의 수립이 선포되었다.

임시의정원의 의장에는 석오石吾 이동녕李東寧(1869~1940, 충남 천안)이 피선되었고, 국무원 각료에는

국무총리·이승만
내무총장·안창호, 차장·신익희
외무총장·김규식, 차장·현순
재무총장·최재형, 차장·이춘숙

교통총장·신석우, 차장·선우혁

국무총장·이동휘, 차장·조성환

법무총장·이시영, 차장·남우형

등이 임명되었으며 조소앙이 기초한 임시헌장을 결의하였다.

10개조로 된 이 헌장은 민주공화제의 채택, 임시정부와 임시의정원의 구성, 특권계급의 부정, 기본권의 보장, 선거권과 피선거권, 교육·납세 및 병역의 의무, 국제연맹의 가입, 구황실의 우대, 생명형·신체형 및 공창제의 폐지, 국토회복 후 1년 내에 국회소집 등을 규정한 우리나라 최초의 민주주의 기본법이었다.

이처럼 노령 블라디보스토크와 중국의 상해에 임시정부가 수립되었는데, 상해 임시정부가 수립된 지 12일 만인 4월 23일에 서울에 임시정부가 수립되었다는 소식이 연합통신(UP)을 통하여 세계에 소개되었다. 이른바 한성정부漢城政府가 그것이었는데, 13도 대표 21명으로 조직된 국민대회國民大會가 이승만을 집정관 총재, 이동휘를 국무총리장으로 하는 임시정부의 수립을 선언했던 것이다.

집정관 총재·이승만

국무총리장·이동휘

외무부총장·박용만

내무부총장·이동녕

군무부총장·노백린

재무부총장·이시영, 차장·한남수

법무부총장·신규식

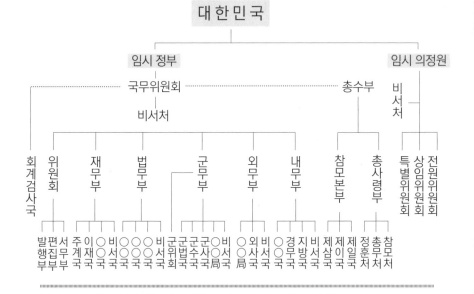

<대한민국임시의정원급 임시정부계통표>

학무부총장·김규식

교통부총장·문창범

노동국총장·안창호

참모부총장·유동열, 차장·이세영

통합유일정부의 성립

　일본군의 강압으로 국내에서는 3·1운동이 무자비하게 탄압당하고 있을 때 이처럼 국내외에서 3개의 임시정부가 수립되어 혼선을 빚고 말았다. 만일 이때 간도 여러 곳에 성립된 군사정부들과 미주의 여러 단체들까지도 임시정부의 하나로 본다면 3·1운동을 계기로 국내와 해외 여러 지역에 수많은 임시정부들이 성립되었던 것이다.

여기에 통일정부의 수립이 무엇보다도 긴급한 과제로 등장하게 된 것이며, 어느 정부가 유일정부로서의 정통성을 획득할 것인가가 큰 문제로 부상되었다.

노령의 국민회의를 임시의정원으로 통합하고 그곳 실력자인 이동휘를 상해로 초대하는 데는 그리 큰 힘이 들지 않았으나, 미주의 이승만을 상해로 오게 하는 데에는 상당히 어려움이 뒤따랐다. 이 문제는 이승만이 외국에 대한민국 임시정부의 수립을 알리는 통고문에다 자신을 대통령이라 호칭함으로써 야기되었다. 상해 임시정부에서의 그의 직함은 국무총리였다. 그런데 그는 대통령으로 행세하고 있는 게 아닌가. 내무총장으로 부임한 안창호는 1919년 8월 25일 이승만에게

"임시정부는 국무총리제이고 한성정부는 집정관 총리제이다. 어느 정부도 대통령 칭호를 사용하지 않으므로 당신이 정부를 대표하려면 집정관 총재 직함을 사용하여야 한다. 만약 당신이 헌법을 고치지 않고 대통령으로 행동하게 되면 당신은 헌법을 침해하고 통일원칙을 방해하는 것이 된다. 대통령으로서 행동하지 마십시오."

라는 전문을 보냈다. 그러나 이승만은 이튿날 즉각 다음과 같은 반박 답신을 보냈다.

"임시정부의 승인을 얻기 위해 타국 정부와 교신할 때 나는 대통령 직함을 사용했습니다. 나는 대통령 칭호 아래 한국 사정을 알렸습니다. 따라서 지금 그것을 바꿀 수 없습니다. 우리 사이의 갈등 의식이 세계에 알려지게 되면 독립운동에 커다란 지장을 초래할 것입니다. 만약 그렇게 되면

책임은 당신에게 있게 될 것입니다."

이승만의 이 같은 반응으로 안창호는 할 수 없이 양보하고 한성정부의 각료 명단대로 상해 임시정부를 개각하기로 결심하였다. 한성정부 흡수를 위한 상해정부의 제1차 개헌안改憲案을 내무총장 안창호는 '피치 못할 사실문제'라고 그 제안 설명을 하고 있다.

"지금 개조를 강행하려 함은 실로 우리에게 필요한 전민족의 정치적 통일의 종宗을 내외에 보이고저 하는 것이다. …… 상해의 임시정부와 동시에 한성의 임시정부가 발표되어 이승만 박사는 앞의 정부의 국무총리인 동시에 뒤의 정부의 대통령(집정관 총재)을 겸하여 세상으로 하여금 우리 민족에게 두 정부가 있는것이 아닌가 하는 의심을 갖게 한다. 우리 정부의 유일무이함을 내외에 표시함은 긴요한 일이니 이렇게 하면 상해 정부를 희생하고 한성정부를 승인함이 온당할 것이다……."

이렇게 제안된 임시정부 제1차 개헌안은 1919년 9월 6일 만장일치로 의정원을 통과했는데, 실질적으로 새 헌법은 대통령제와 내각책임제를 절충하고 있었다.

이 개헌으로 상해 임정의 정식 대통령이 된 이승만은 1920년 12월 초에 상해를 방문하였다. 임시정부의 기관지 『독립신문』(12월 8일자)은 다음과 같이 열렬한 환영 사설을 싣고 있다.

"국민아, 우리 임시 대통령 이승만 각하, 상해에 오시와 …… 우리의 원수元首, 우리의 지도자, 우리의 대통령을 따라 광복의 대업을 완성하기에 일심一心하자 …… 우리는 우리의 생명을 그의 호령 밑에 바치자. 진실로 우리 대통령을 환영할 때에 우리가 그에 바칠 것은 화관花冠도 아니요, 송가頌歌도 아니다. 오직 우리의 생명이니 ……마침내 그가 나오너라 하고 전장으로 부르실 때에 일제히 '네' 하고 나서자."

그러나 이 같은 열렬한 기대와 환호에 대해 이승만 대통령은 그를 위한 환영회 석상에서 극히 실망스런 연설을 하였다.

"저는 많은 돈이나 큰 정략政略을 가지고 온 것이 아닙니다. 단지 재미 동포와 여기에 일하시는 여러분에게 감사한다는 소식을 가지고 왔습니다."(〈독립신문〉1921.1.15)

이렇게 해서 상해 임시정부에 협조하게 하는 데 성공했지만 그 대신 임시정부의 사실상 지도자인 안창호(한성정부의 각료명단에는 노동국 총판)는 자연 임시정부로부터 멀어져갔고 노령으로부터 상해로 와서 국무총리 직을 맡은 이동휘도 그랬다. 그는 이승만의 상해 방문을 계기로 내각책임제(議院制) 개헌안을 포함한 정국 쇄신책政局刷新策을 정부회의에 제출하였다가 심의함이 없이 무시당하였다는 이유 때문에 국무총리직을 사퇴하고 말았다. 이동휘는 앞에서 지적한 바와 같이 대표적인 무단파 독립운동가로서, 그의 소신을 임시정부 시책으로 관철해 나가기를 바랐었다. 그래서 1921년의 연두교서에서도

"우리의 성공은 결국 무력에 있고 승리는 준비에 있는지라, 우리나라의 지금 형편으로는 대략 민병제民兵制를 채용함이 가할 것이니, 국내외의

일반국민이 각기 그 소작지에서 생업에 종사한 여가에 병사를 연습하여 무기도 가급적 각자 구득하였다가 시기를 타서 정식 선전포고하여 일제히 결전決戰하여야 할 것이다."

고 강조하고 있었다. 그러나 외교론자인 이승만이 상해에 나타남으로써 안창호와 이동휘는 임시정부를 이탈해 갔고 이승만까지도 1922년 5월 상해를 떠나가게 되어 사실상 임시정부의 최고지도자인 3인이 헤어져버리고 만 것이다.

연통제聯通制

초기의 임시정부를 실질적으로 주도한 도산 안창호는 1919년 5월 25일 미주로부터 상해에 도착하여 6월 28일에 내무총장(국무총리 겸임)직을 수락하였다. 안창호는 원고지 약 1백 20매에 이르는 '독립운동 방략獨立運動方略'을 세웠다. 첫째 임시정부 유지방략, 둘째 국내에서의 운동방략, 셋째 국제선전 방략, 넷째 최후의 건국 방략으로 되어 있었다.

두말할 것도 없이 안창호는 철저한 준비주의자였으므로 아무리 오래 걸리더라도 먼저 재외교포 3백만을 조직화하여 그 교육과 산업을 진작시킴으로써 다가올 독립의 날에 대비하자는 기치를 내어걸고 일체의 군사행동을 반대하였다. 군사행동은 단지 민력民力을 약화시킬 뿐이니, '나가자, 죽자'식의 독립운동보다 '나갈 준비를 하고 죽을 수 있는 준비를 하자'는 식의 독립준비론을 강력히 주장하였다.

안창호의 이 같은 준비주의는 '연통제聯通制'의 실시로 구체화되었다. 연통제란 국내의 각 도, 각 군에 임시정부의 연락원을 두어 임시정부의 존재를 국민에게 알리고 운동자금도 조달하자는 것이다.

그러나 각 지방에 교통국을 두고, 또 면에 교통소를 두어 이것을 전국에 확대시키는 일은 매우 필요한 일이지만, 유지하기 매우 어려운 것이었다. 그래서 1921년 말에는 일본 결찰의 수사로 그 전체계가 붕괴되고 말았다.

연통제로 상해 임시정부가 국내에 민중적 기반을 쌓으려는 노력이 실패했듯이 해외거류민, 특히 간도의 거류민단체와 군사단체를 임시정부 산하에 결속시키려던 작업도 의도했던 성과를 올리지 못하였다.

간도·노령의 운동단체는 본질에 있어 군사정부였고, 그 정치사상에 있어 보수적인 색채가 농후하였다. 간도의 독립운동자들은 구왕조와 구사회 체제에 깊은 충성심을 보인 의병과 유생들이었으므로 진보적인 상해 임시정부의 자도자들에게 순종하기를 꺼려했다. 이리하여 일부 단체를 제외한 많은 간도 독립운동 단체들이 상해 임정과는 별개의 조직과 행동을 고집했다.

독립외교獨立外交

군사 활동을 포기한 당연한 결과로 임시정부의 초기 공작은 독립외교에 역점이 주어졌다.

먼저 임시정부는 신한청년당 대표로 파리에 가있던 김규식을 통해 '한민족의 해방과 독립회복을 위한 청원서' 및 '한민족의 요구서'를 파리 강화회의에 제출하였다(1919년 5월 12일). 그러나 강화회의석상에서 발언하고자 했던 김규식의 시도는 전승국의 하나였던 일제에 의해 저지당하였다.

1919년 1월에 시작되어 같은 해 6월에 대독對獨 강화조약의 체결로 끝난 파리 강화회의에는 김규식 외에도 황기환, 이관용 등이 대표로 파견되었으나, 그들이 목격한 것은 '윌슨의 14개조를 기초로 하는 회의였고 극동문제에 대해서는 유야무야로 끝내고 말았고, 약소민족 문제로 등장한 나라 이름 가운데 '코리아'는 찾아볼 수도 없었다. 폴란드나 체코슬로바키아는 패전국인 독일이나 오스트리아와 싸운 나라였으므로 문제가 되었으나, 한국 문제는 아예 문제 삼지도 않았다.

그러나 황기환은 1차 대전 중 미국 장교로 유럽에 종군한 인물로서 전후에 열국의 외교관들에게 한국의 주장을 설득하는 데 눈부신 활약을 벌였다. 그는 프랑스어로 된 월간 『독립한국La Corea Libre』을 간행하였다.

한편 미국에서는 임시정부가 수립된 직후인 4월 14일부터 16일까지 3일간 필라델피아에서 '한인 자유대회'를 열고 '한국의 목표와 열강'이라는 결의안을 발표하였다. '미국 정부의 본을 받아 독립 한국정부를 만든다'는 취지의 이 선언문은 서울과 상해에서 기초된 결의안과 유사하면서도 미국 민주주의에 강력한 영향을 받고 있었다는 데 그 특징이 있었다. 대회의 결과 한국 통신부가 창설되고 월간 『한국 평론Korean Review』이 발간되기 시작하였다.

한편 이승만은 그해 가을 워싱턴에 구미위원부를 창설하고 김규식을 의장으로 삼아 1921년까지 미국 정부, 특히 국회의원에게 영향을 주기 위한 외교활동을 시작하였다. 그 결과 1920년 3월 미국 상원에 한국독립 동정안이 상정되었다. 표결결과 찬성 34, 반대 46표로 부결되었으나 미국 의회에서 한국문제가 정식으로 토론된 최초의 사례로 주목되었다.

그러나 이승만의 대미외교에 있어 큰 실수의 하나는 그가 미국 정부에다 한국을 미국의 위임통치하에 두어달라는 청원서를 제출한 일이었다. 이 문제는 후일 이승만 대통령에 대한 상해임정의 탄핵소추로 발전되지만, 이로 말미암아 임정의 외교위주 독립운동에 문제점이 있다는 사실이 드러나고, 그로 인하여 임정 자체의 권위를 추락시키는 결과까지 빚게 되었다.

한편 임시정부의 대소對蘇 외교가 국무총리 이동휘에 의해 시도되었다. 1919년 10월 이동휘, 안창호, 이동녕, 이시영, 신규식, 여운형은 회의를 갖고 러시아에 3명의 사절을 보내기로 결정하였다. 이듬해 5월 한형권은 통역관인 고창일과 함께 상해를 떠났다. 그는 모스크바에서 레닌을 만나 2백만 루블의 원조를 약속받고 그 중 60만 루블을 선불로 받았다. 동년 12월 김집(이동휘의 비서)을 통해 40만 루블이 상해로 송금되었으나 이동휘가 가로채어 임정의 기금이 되지 못하였다.

임시정부는 1920년 1월에 성립된 국제연맹, 그리고 1921년 말에 개최된 태평양회의에도 대표를 파견하여 독립을 청원하였으나 모두 실패로 돌아갔다.

분열의 금

3·1운동의 열광적 분위기 속에 탄생한 상해의 대한민국임시정부는 불과 2년만인 1921년 여름에 위기를 맞게 되었다. 안창호의 노력으로 이승만이 대통령으로 취임하였으나, 내각책임제 개헌과 임시정부의 노령露領 이전移轉을 주장한 이동휘와의 알력이 격화되어 결국 이동휘도 떠나고, 이승만도 떠나고, 안창호마저 임정을 떠나게 되었다. 임정은 마치 빈집과 같이 되고 말았고, 상해의 독립운동가들은 임시정부의 존속 여부를 놓고 격렬한 논쟁을 벌이기 시작하였다.

이와 같이 임시정부가 독립운동의 중추기관으로서의 역할과 권위를 유지하지 못하게 된 것은 여러 가지 원인에서 비롯되었다고 할 수 있다.

첫째로 상해 임시정부의 지도자들은 제각기 다른 신념과 전략을 가진 정객들의 집합이었다. 안창호와 이동휘, 그리고 이승만은 제각기 일제와의 투쟁에 있어서, ①준비론 ②전쟁론 ③외교론을 고집하고 있었고, 이같은 정책 대결은 날이 갈수록 노골화되었다. 단재 신채호가 『조선혁명선언』(1923)에서 통렬히 비난하고 있듯이 '산림유생山林儒生들은 춘추대의春秋大義에 성패를 불문하고 의병을 모집하여 높은 관을 쓰고 도포를 입은 채 지휘관이 되어 포수를 몰아 한일전쟁의 일선에 나섰지만, 신문쪽이나 보고 시세를 짐작한다는 지금의 준비론자들은 그리 할 용기조차 나지 않았던' 것이다.

위의 세 사람은 독립방략에서 대립되었을 뿐만 아니라 외교정책에서도 크게 입장을 달리하고 있었다. 이승만과 안창호는 대미對美 외교를 중시했고, 이동휘는 대소 외교를 중시하였다.

그러나 그들이 바랐던 미국이나 소련의 지원이 모두 수포로 돌아가게 되자 무엇보다도 임시정부의 재정적 궁핍으로 나타났다. 만일 임정의 금고가 텅 비지 않고 넉넉히 채워졌더라면, 정책 노선의 대립은 능히 조절될 수 있었을지 모를 일이다.

더욱이 국내 정세는 일제가 무단정치를 버리고 문화정치를 표방하는 바람에 비교적 안정된 양상을 보이게 되어 독립과 혁명의 성숙조건이라 할 혼란의 기미가 보이지 않았다. 이같은 국내정세의 조용함은 강력한 무장투쟁이나 테러활동으로 깨뜨려져야 했는데, 임정은 끝내 평화전략을 고수하였다.

열강의 원조 희망이 없어지고, 독립운동의 중추기관인 상해 임정의 힘이 약해지자 절망과 실의에 빠지게 되고, 독립운동자들 내부에 심한 분열의 기미가 나타나기 시작하였다. 분파의 원인은 혈족관계와 지역주의,

그리고 지도자와 추종자의 인적 유대관계가 복잡하게 얽혀 이루어졌고
사상과 이념의 차이도 원인의 하나였다.

국민대표회의의 소집

국민대표회의를 소집하려는 최초의 시도는 1921년 2월 원세훈과 박
은식이 독립운동의 새로운 국면을 열기 위해 통합과 개혁이 필요하다고
역설함으로써 시작되었다. 국민대표회의의 소집을 요구한 상해 성명은
군사행동을 중요시하는 간도 독립군과 독립운동자들의 호응을 얻었다.

북경의 지도자들 가운데에는 미국에서 시베리아를 거쳐 들어온 박용
만이 있었고, 신채호와 김창숙이 포함되어 있었다.

이들은 1921년 4월 17일 북경에서 군사통일회를 개최하여 임시정부
의 외교노선에 도전하였고, 군사행동의 통일과 최고기관의 창설 그리고
국민대표회의 개최를 결의하였다.

그 결과 5월 19일 3백 명 이상의 지지를 받아 국민대표회 기성회가 결
성되었다. 여기에는 비둘기파 안창호도 가담하고 있었다.

1923년 1월 3일 마침내 상해에서 61개 단체 대표 1백 13명이 모인 가
운데 국민대표회의가 개최되었다. 간도의 김동인이 회장, 안창호가 부회
장으로 선출되었고, 3개월 동안에 무려 92차례의 회의를 가졌다. 군사·
재정·외교의 여러 문제가 거론되었으나 일치된 의견을 찾지 못하였다.
가장 큰 문제는 임시정부의 존폐 문제였다. 안창호와 여운형 등 개조파
는 임시정부의 존속을 주장하였고, 원세훈·김두봉·장건상·신채호 등의
창조파는 임정을 폐지하고 새 정부의 수립을 주장하였다. 북간도의 독
립군단체 대표들은 특히 임시정부의 외교노선에 반대하면서 그 폐지를
주장하였다.

"우리의 연맹은 군사력을 통하여 독립을 획득하고자 한다.

우리는 귀 정부와 합류할 수 없다. 귀 정부는 아무런 군사력도 없고 단지 외국의 동정을 얻어 독립을 획득하고자 하고 있다."

간도의 6개 군사단체 대표들이 표방한 임정 비판은 당시의 국민대표회의 분위기를 잘 나타내고 있었고 그 결과 창조파와 개조파의 대립으로 국민대표회의는 유산되었다. 창조파는 김규식을 수반으로 하는 한국정부를 창조하여 노령으로 갔으나 소련의 무관심으로 흐지부지 없어지고 말았다.

대통령 탄핵

임시정부의 위기는 이승만 대통령의 탄핵으로 절정에 다다랐다. 국민대표회의에 자극을 받은 상해의 임시의정원은 1923년 '대국쇄신안大局刷新案'을 통과시켜 대통령제의 폐지와 특정의회(국민대표회의)의 헌법개정을 인정한다고 선언하였다. 그러나 미주의 이승만 대통령은 '대국쇄신안'을 인정하지 않았고, 임시의정원의 잇단 상해방문 요청에도 불응하였다.

이에 임시의정원은 1924년 6월 이동녕에게 대통령 대리직을 맡겼다가, 다시 그해 12월 박은식을 임시 대통령으로 선임하였다.

이에 대하여 이승만은 미주로부터 상해로 보내던 재정원조를 중단했으며, 자신은 한성 정부의 대통령이므로 상해 임정이 자기를 불신임하여도 여전히 대통령임에 변함이 없다고 선언하였다.

이리하여 1925년 3월 13일 '임시 대통령 이승만을 면직한다'를 주문으로 한 심판서가 의정원에서 가결되었다. 탄핵 이유 가운데에는 임시정부의 승인도 없이 구미위원부를 존속시켜 왔고 미국에서 거둔 독립자금을 유용했다는 부정행위가 들어 있었다. 이 탄핵으로 임정수립 이후 6년간이나 계속된 대통령 부재 문제를 말끔히 해결하게 되고 탈외교노선의 전기가 잡히게 되었으나, 미국에서 보내오던 독립자금이 끊기어 재정난을 겪게 되었다.

거기다 이승만은 임정의 자신에 대한 탄핵결의를 계속 무효라 주장하였고, 구미위원부를 그대로 존속시켜 새로운 분열을 초래하고 말았다.

이승만을 끊고 난 상해 임시정부는 자연 간도의 독립군 단체와 연계를 맺어 그 유지책을 강구하지 않을 수 없었다. 그 결과 간도의 서로군정서西路軍政署 독판 이상룡李相龍을 초대 국무령國務領으로 선임하였다. 새 헌법에 따르면 국무령이 행정수반이었다.

1925년 9월 이상룡은 상해로 부임해 김동삼金東三·오동진吳東振·김좌진金佐鎭 등 주로 간도의 독립군 지도자들로 내각을 구성하려 했으나 당사자들의 거부로 실패, 1926년 2월 사임하고 말았다. 이상룡의 군사내각 수립 시도는 상해 임정의 기본전략 노선을 바꾸고 상해와 간도를 잇는 가교의 좋은 기회였으나, 이때 간도에서는 이른바 중일 간에 미쓰야협정(三矢協定·1925년 6월)이 체결되어 독립군 활동에 일대 위기가 찾아오고 있었다.

이리하여 상해 임시정부는 간도로부터의 재정 수입도 기대할 수 없는 지경에 놓여, 프랑스 조계에 자리한 정부 사무실 집세 36달러마저 지불하기 어려운 곤궁에 빠졌다.

사상思想의 갈등

임시정부의 지위를 약화시킨 요인 가운데 독립운동자들이 민족주의와 사회주의의 두 진영으로 갈라진 것을 무시할 수 없다.

전혀 외국의 지원을 기대할 수 없는 상황에서 민족적 역량의 총집결만이 항일전선을 강화하는 유일한 길이었다.

1920년대 초부터 침투하기 시작한 사회주의사상은 1920년대 후반에 이르러 항일독립운동자들 사이에 건널 수 없는 강을 파고 말았다. 임정은 여기서도 큰 힘을 발휘하지 못하였고, 두 진영의 통합을 시도하는 운동이 임정 밖에서 전개되었다.

이러한 통합운동의 대표적인 예가 1926년 북경·상해·남경·광동 등지에서 결성된 한국유일당촉성회韓國唯一黨促成會였고, 이어 국내에서 신간회운동(1927년)이 벌어진 것이라든지, 간도의 3대 독립군단체(정의부·신민부·참의부)가 국민부로 통합된 사실 등이 이와 같은 사실을 말해주는 것이었다.

건국강령建國綱領의 선포宣布

1931년 일제가 만주사변(일명 5·18 사변)을 일으켜 마침내 대륙침략을 감행하게 되자, 임시정부와 독립운동자들의 눈앞에는 새로운 상황이 전개되었다. 앞에서 지적한 바와 같이 상해 임시정부는 간도라는 커다란 독립운동 기지를 두고 있었기 때문에, 설혹 외국의 지원이 없다고 하더라도 항일투쟁을 계속할 수 있는 물질적 기초가 있었던 셈인데, 만주사변으로 일본이 간도를 군사적 지배하에 두게 되자 이제 단 하나 남아 있던 거점마저 무너지게 되었다. 시베리아는 이미 1920년대 초기에 볼세비키 혁명으로 전통적 형태의 독립군기지는 간도와 미주밖에 없었다.

더욱이 국내에서 애국적 지식인에 대한 일제 검거가 자행되어 대다수의 민족 지도자들이 변절하는 사태를 빚어내고 있었다.

그러나 이같은 손실에도 불구하고 일제의 대륙침략에 격앙된 중국 민중의 반일감정으로 임시정부와 한국 독립운동자들의 투쟁에 더없이 유리한 조건이 조성되고 있었고 독립운동의 전략이 평화노선으로부터 군사노선으로 급선회하고 있었다. 또한 항일통일전선의 결성을 모색하는 적극적 운동이 전개되기도 하였다. 이 때문에 임정에 새로운 의의가 부여되기 시작한 것이다.

첫째 남만주의 국민부는 조선혁명군을 조직하여 항일전을 감행하였고, 북만주에서도 한국독립당 군사부의 독립군이 중국군과 연합하여 항전하였다. 한편 상해에서는 임시정부 재무상 김구에 의해 이른바 특수공작이 전개되었다. 1932년 이봉창 의사의 천황 저격 의거(동경 1·8 사건)와 윤봉길 의사의 시라카와白川 대장 독살 의거(상해 홍구 사건, 4월 29일)는 가장 충격적이며 성공적인 임정의 항일 투쟁이었다. 이 사건으로 임시정부는 상해의 사무실을 잃고 남경으로 피난하게 되었으나, 중국정부의 비상한 관심과 후원을 받게 되어 1932년 중일전쟁 발발을 전후하여 광복군 창군의 준비가 시작되었다.

한편 1932년 10월 상해에서 한국독립당(이유필·차이석)·한국동지회(김규식)·한국혁명당(윤기섭·성준영)·조선혁명당(최동오·유동열)·의열당(김원봉)이 연합하여 한국 대일전선 통일동맹韓國對日戰線統一同盟이 결성되었다. 통일동맹은 선언문에서 '당면한 이해관계에 의한 일시적 타협'이 아님을 강조하고, 한국독립이라는 공동목표를 위해 해외와 국내의 모든 혁명집단이 총집결하여 '진실한 민중의 기초' 위에 '군사행동을 전개하는 것을 목적으로 한다'고 주장하였다. 이 동맹은 1935년 민족혁명당民族革命黨으로 개편되었다.

그러나 민족혁명당은 임시정부의 해체를 주장했기 때문에 김구는

1937년 한국 광복운동단체 연합회를 결성하여 민족주의 진영을 결속하였고, 1941년에는 건국강령建國綱領을 발표하였다.

한국독립당과 임시정부가 발표한 건국강령은 정치·경제·교육의 삼균주의三均主義를 바탕으로 한 건국이념과 방법을 천명한 주목할 만한 문서였다.

강령은 3·1 독립선언서에 입각하여 민족의 자력으로 이민족異民族의 전제를 물리치고 민주공화국을 수립한다고 선언, 건국 과정을 다음과 같은 6단계로 나누었다.

① 복국기復國期

1기 : 임시정부의 대적혈전對敵血戰

2기 : 국토의 일부 수복과 국제승인의 획득

3기 : 국토의 완전 탈환

② 건국기建國期

1기 : 통치기구의 접수와 국정의 수행

2기 : 삼균주의三均主義에 입각한 질서의 확립

3기 : 군사·경찰·외교·행정 등 건국 기초 시설의 완성

삼균주의를 실현하기 위해 첫째 강령은 18세 이상 남녀의 선거권을 규정하고, 둘째 초·중고등학교의 의무교육을 실시하며, 셋째로 모든 적산敵産을 몰수, 재분배하고 집단농장과 국영농장을 조직하여 농공대중의 생활수준을 향상한다고 규정하고 있었다. 건국강령은 손문의 삼민주의와 건국대강建國大綱(1924년)과 비슷하였으나 이 강령은 한독당의 이론가 조소앙이 주창한 한국 특유의 철학과 역사관에 입각한 선언문이었다.

〈대한민국 임시의정원 및 임시정부 역대 각료 일람표〉

의정원 역대 의장 (1919~1942) / 임시정부 역대각원	①이동녕 ②손○도 ③홍진 ④전인전 ⑤조소앙 ⑥장붕 ⑦윤기섭 ⑧조○섭 ⑨려○형 ⑩최창식 ⑪리동녕 ⑫리강 ⑬리동녕 ⑭송병조 ⑮김붕준 ⑯송병조
1.국무총리제 1919.4~1919.9	국무총리 이승만, 내무총장 안창호, 외무총장 김규식, 군무총장 이동휘, 법무총장 리시영, 재무총장 최재형, 교통총장 문창범
2.대통령제 1919.9~1922.8	대통령 이승만, 국무총리 이동휘, 동대리 신규식, 내무총장 리동녕, 외무총장 박○만, 군무총장 노백린, 재무총장 리시영, 법무총장 김규식, 교통총장 문창범, 노동총변 안창호
3.대통령제 1922.9~1924.4	대통령 이승만, 국무총리 노백린, 내무총장 금구, 외무총장 조소앙, 군무총장 유동열, 재무총장 리시영, 법무총장 홍진, 학무총장 조성환, 교통총장 이○, 노동총장 김동삼
4.대통령제 1924.5~1924.12	대통령 이승만, 국무총리 리동녕, 내무총장 금구, 외무총장 조소앙, 군무총장 노백린, 재무총장 리시영, 노동총변 조완구
5.대통령제 1924.12~1925.3	대통령 이승만, 국무총리 박은식, 내무총장 리○필, 재무총장 李○홍, 법무총장 오영선, 학무총장 조○섭, 노무총변 김갑
6.대통령제 1925.3~1925.7	대통령 박은식, 국무총리 노백린, 내무총장 리○필, 외무총장 이○홍, 군무총장 노백린, 법무총장 오영선, 재무총장 이○홍, 교통총장 조○섭
7.국무령제 1925.7~1926.2	국무령 이상룡, 국무원 이○, 同 김동삼, 同 오동진, 同 윤세즙, 同 현천묵, 同 윤병용, 同 김좌진, 同 조성환, 同 리○필
8.국무령제 1926.7~1926.12	국무령 홍진, 국무원 조소앙, 同 조○섭, 同 리○필, 동 김○섭, 同 최창식
9.국무령제 1926.12~1930.11	국무령 김구, 국무원 윤기섭, 同 이○홍, 同 김철, 同 오영선, 同 김갑
10.국무위원제 1930.11~1932.11	국무위원 이동녕, 同 김구, 同 조완구, 同 조소앙, 同 김철, 同 이시영

11. 국무위원제 1932.11~1933.3	국무위원 송병조, 同 조성환, 同 김규식, 同 이승만, 同 윤기섭, 同 최동오, 同 차리석, 同 신익희
12. 국무위원제 1933.10~1935.10	국무위원 양기탁, 同 송병조, 同 조소앙, 同 조성환, 同 김규식, 同 윤기섭, 同 유동열, 同 최동오, 同 차리석, 김철, 同 성주실
13. 국무위원제 1935.10~1939.10	국무위원 이동녕, 同 김구, 同 이시영, 同 조성환, 同 송병조, 同 조완구, 同 차리석
14. 국무위원제 1939.11~1940.10	국무위원 이동녕, 同 김구, 同 이시영, 同 조성환, 同 유동열, 同 송병조, 同 홍진, 同 조완구, 同 차리석, 同 조소앙, 同 이청천
15. 주석제 1940.10~1942	주석 김구, 국무위원 내무부장 조완구, 외무부장 조소앙, 국무부장 조성환, 법무부장 박찬익, 재무부장 이시영, 비서장 차이석

[자료해설]

위에 소개한 '대한민국 임시의정원 및 임시정부 역대 각료 일람표'는 1942
년 4월 11일에 대한민국 임시정부가 동경東京에서 펴낸『한국독립운동문류
韓國獨立運動文類』(p.208)의 부록을 알아보기 쉽게 고친 것이다.

누런 갱지에 중국문으로 된『한국독립운동문류』는 얼핏보아 초라하기 짝
이 없으나, 1941년 12월 8일 일본군의 진주만 기습으로 미·일 전쟁이 일어
난 직후 활발하게 움직이기 시작한 임시정부는 국제정치무대에서 유리한 고
지를 차지하기 위해 선전용으로 이 책자를 펴낸 것으로 보이며, 여기에는 조
소앙趙素昻의 발간사에 이어 '대한민국임시약헌'(1942), '한국임시정부 대일對
日선전성명서'(1941), '건국강령'(1941), '23주년 3·1절 선언'(1942), '광복군총
사령부 성립보고서' 그리고 '임시정부개황'이 수록되어 있다. 특히 부록으로
실려 있는 '대한민국 임시의정원 및 임시정부 역대 각료 일람표'와 '조직계
통표'는 임시정부의 각료 명단으로서 현재 정확하다고 주장할 수 있는 자료

가 드문 사실을 감안할 때, 주목할 만한 가치가 있는 것으로 생각된다.

물론 이 명단이 반드시 그 정확성을 보증하는 것은 아니고 '하나의 자료'로서 고려할 만하다는 것으로, 당시 국무위원을 역임한 분들의 증언이나 그 밖의 여러 가지 자료들을 함께 비교·검토할 때 비로소 완전한 명단을 작성할 수 있을 것이다.

'역대 일람표'의 성명 가운데 O표로 이름자가 지워진 것은 임시정부에서 제명된 사람들이다. 성명을 밝히면, 孫O道는 손정도孫貞道, 趙O燮은 조상섭趙尙燮, 呂O亨은 여운형呂運亨, 朴O萬은 박용만朴容萬, 李O은 이상李相(또는 광光), 李O弼은 이유필李裕弼, 李O洪은 이규홍李圭洪, 金O燮은 김응섭金應燮이다.

또 '계통표'의 局名 가운데 OO으로 표시된 것은 대외비對外祕에 해당하는 기관인 것으로 추정된다. 참고로 필자가 소장하고 있는 '한국독립선언韓國獨立宣言 23주년 3·1절기념 특간'(한국임시정부 선전위원회)에도 부록이 있는데, 여기에 나오는 무오독립선언은 대한독립의군부선언大韓獨立義軍府宣言으로 개칭되어 있고, 말미의 서명자 39명 가운데 한명인 허혁許爀은 이름만 지워져 있으며, 박용만朴容萬·임방林洮, 이척李拓, 한흥韓興 등의 성명이 모두 지워져 있다.

한국독립당의 전략론

'독립운동의 근본정신은 오직 스스로 해방을 찾고 전 국가의 독립을 얻는 데 있다.' - 조소앙趙素昻

한독당韓獨黨의 이념理念

일제침략日帝侵略 36년의 역사가 새삼 문제시되고 있는 것은 일본 교과서의 한국사 왜곡과 관련된 수년 전 여름의 뜨거운 규탄의 여운이라 할 수 있으나 장기적으로 볼 때 이 문제는 진작에 해결되었어야 할 역사 문제였다.

지금 이 시점에서 강조해 두어야 할 기본 문제는 이 시기의 민족사를 침략자 쪽보다 우리 쪽의 눈으로 다시 본다는 태도의 정립일 것이다. 간혹 민족 운동사의 서술에 냉담한 기색이 없지 않았으나 그것은 이 분야에 대한 연구 현황을 충분히 인식하지 못한 데서 오는 그릇된 평가였다고 생각된다. 한국 근대사의 주인이 누구냐, 공산당이 아니라 민족주의 독립당이었다. 따라서 당연히 민족운동 내지 독립운동의 역사가 그 주제가 되어야 할 것이다.

무엇보다도 먼저 이 글의 주제인 '독립운동의 방법론과 이념의 문제'를 다루는 데 있어 각국의 식민지 정책에 대한 비교사적 안목이 요청되며 그런 넓은 화폭에다 우리의 독립운동사가 재조명되어야 하리라 믿는다. 이 글이 선정한 주제의 폭은 한국독립당韓國獨立黨의 운동전략運動戰

略 문제이다. 그러나 그것은 다른 유파의 전략과 견주어 볼 때 비교적 표본적인 사례가 된다고 여겨졌기 때문이며, 전략과 이념을 둘러싼 항일抗日 민족운동세력의 고뇌와 꿈이 그 속에 어려 있는 것이라 여겼기 때문에 선택한 것이라 할 수 있다.

한국독립당은 1927년 재만在滿 독립운동자들에 의해 창당되었다가 1929년 상해에서 재조직된 단체이다. 한독당의 이론가는 대한의군부독립선언서大韓義軍府獨立宣言書를 쓴 조소앙趙素昂이었다. 조소앙은 오랫동안 임시정부에 참여하여 주로 외교外交업무에 종사한 사람으로 한독당을 위해서는 유명한 삼균주의三均主義를 강령으로 내세우게 한 민족주의 항일투사이다.

조소앙의 독립전략과 이념은 곧 한독당과 임시정부의 전략과 이념이라 할 수 있고, 그 영향력이 해방 후의 정계에도 미쳤다. 그러므로 이 글에서 다루는 한국독립당의 전략과 정치이념은 1930년대 이후의 항일 독립운동 전선을 문제삼고 있는 것이다.

전쟁戰爭과 외교外交

1931년 일본 군국주의자軍國主義者들은 만주 침략전쟁을 도발하여 대륙침략의 제1보를 내디뎠다. 빗발치는 국제여론의 공격을 받으면서 그들은 자기네 침략행위에 대한 중국의 여론에 신경을 곤두세웠다. '1933년 3~8월간 만주사변 여론 및 신문논조新聞論調-불령선인不逞鮮人의 책동策動 관계'란 기밀문서는 그런 그들의 심정을 엿보게 하는 것이다. 현재 국회도서관에 보관되어 있는 '일본 외무성 및 육해군성 문서'안에 수록된 이 자료에 따르면, 이 시기의 한국 독립운동자들은 다음의 세 부류로 구분된다는 것이다.

① 파괴주의자 : 상해의 김구金九, 북경의 김원봉金元鳳, 호놀루루·샌프
란시스코·뉴욕 등지의 독립당

② 선전과 파괴를 병용하는 자 : 호놀루루의 이승만李承晚, 미국 각지의
동지회同志會, 워싱턴의 구미위원부歐美委員部

③ 건설주의자 : 안창호安昌浩(미국 각지의 흥사단), 조선의 수양회修養會

다시 말하면 재외在外 한국인 독립운동자들은 투쟁전략에 있어서 크게 강·온 양파로 구분되는데, 폭력주의와 비폭력주의자가 그것이다. 인물별로 나누어 보면 ①김구, 김원봉의 폭력주의 ②이승만 등의 폭력·비폭력 절충주의 ③안창호 등의 비폭력주의로 구분된다는 이야기이다.

일제의 이 조사가 반드시 정확하다고 보기는 어렵지만 1930년대에 들어서면서 한국 독립운동자들의 전략노선이 크게 수정되어 가고 있는 추세를 잘 간파하고 있다고 할 수 있다. 왜냐하면 1920년대에 있어 이들 세 파는 김원봉을 빼고 김구, 이승만, 안창호 모두가 외교론과 준비론準備論에 기울어지고 있었기 때문이다. 김원봉은 의열단을 조직하여 암살·파괴주의를 실천에 옮긴 선구자적 인물이었으나 나머지 사람들은 극단적인 무장투쟁이나 의열투쟁이 도리어 독립외교나 독립준비에 이롭다기보다 해롭다고 생각했던 사람들이다. 특히 1920년대 전반에는 3·1운동 직후의 국제적 상황으로 미루어 보아 열강의 지지와 원조가 기대가능하였기 때문에 성급한 무력행사나 의열투쟁이 도리어 독립에 장애가 되는 것으로 판단하였다.

그러나 이 시기에도 독립전쟁 노선을 고수한 무장단체가 만주·노령露領 연해주 곳곳에서 활동하고 있었다. 이들을 총칭하여 독립군이라 하였다. 독립군은 한말韓末의 의병군義兵軍을 계승한 무장 독립운동 단체였는

데, 오직 군사적인 승리만이 조국 광복의 유일·절대의 길이라 확신하던 사람들이었고, 독립외교와 준비주의를 표방하던 상해 임시정부의 지도자들이나 이승만, 안창호, 김구와는 그 신념을 달리하고 있던 사람들이다.

이렇듯 전쟁 노선보다 외교·준비 노선에 기울어졌던 임시정부 계통의 인사들이 1930년대에 들어서면서 무장투쟁을 주된 독립전략으로 내세우게 된 것은 밖으로 일제의 대륙 침략전쟁, 안으로 해외 항일 독립 세력의 강화와 자치론의 대두에 대항하기 위한 전략때문이었다. 바꾸어 말하면, 한국 독립운동의 극우화 내지 과격화는 내외 정세의 급격한 변화에 따른 이념과 방법(전략)의 수정을 가져온 결과라 할 수 있는데, 이러한 선회에는 한국 독립운동사에 흘러오고 있던 무장 항쟁의 정맥正脈이 죽지않고 살아있다는 증거이다.

독립전쟁獨立戰爭의 맥락

항일 독립운동의 좌파左派격인 독립전쟁 노선은 앞에서도 지적한 바와 같이 한말의 의병전쟁에 뿌리를 박고 있었던 것이지만 실제에 있어서는 1919년 3·1운동을 계기로 다시 살아나 만주의 독립군 운동으로 계승 발전하였다.

조소앙은 1930년대 초 항일 투쟁전략을 군사전략으로 전환하면서 광복군光復軍 창설의 필요성을 역설하였으며 1940년대에는 마침내 중경에서 실천에 옮기게 되었으나 그 역사적 맥락을 1907년 8월 1일의 구한국군 해산과 제2차 의병전쟁의 발발에서 찾았다. 즉, 1940년에 발표된 '한국 광복군 총사령부 성립보고서'에 보면 다음과 같이 설명하고 있는데, 의병을 '광복군'이라 말하고 있는 것이 특히 인상적이라 할 수 있다.

"을사·경술 5, 6년간에 걸친 수십 종 만국조약은 우리 2천5백만 민족으로 하여금 일본의 부하가 되게 하였으며 13도 국토는 적의 식민지가 되었으며 광대무량한 일체 경제 관리는 적의 전리품이 되었으며 중요한 국방군은 적에게 해산당하여(1907년 8월 1일) 5천 년 독립국가가 일시에 일본 제국주의의 식민지가 되고 말았다." (경술년 8월 24일)

한국군 해산이 곧 망국亡國임을 강조하고 그 경위를 다음과 같이 상술하고 있다.

"정미년에 이상설·이위종·이준 세 선열이 밀명을 받고 네덜란드에서 열린 만국평화회의에 출석을 요구하여 보호조약의 무효를 공포하려 하였다. 왜추 이등박문은 광무제를 협박하여 양위를 선포하게 하며 이등으로 하여금 조약을 체결하게 하였으며 이어 경성에 주둔하였던 적군 사령관 장곡천長谷川으로 하여금 한국 장령을 소집하여 국방군 해산을 음모하였다. 그때 시위대 제1연대 제1대대 대장이었던 박승환 장군은 궐내에서 거사하여 국치를 씻으려 하였으나 그 화가 황제에게 미칠까 염려하여 중지하다가 8월 1일에 국군이 해산되므로 박 장군은 자기의 총으로 자기 가슴을 쏘았다. 박 장군의 총소리는 경성에 있던 국방군 전체로 하여금 서울에 있던 적군을 모조리 도살하여 붉은 피가 거리를 씻었으며 몇 날이 안되어 3백여 수의 의병과 국군이 서로 배합하여 혈전을 계속하여 왔었다. 전후 10여 년 동안 우리의 남녀노유 중 적에게 도살된 자가 50만이며 적군이 우리에게 섬멸된 것이 무수하였다. 말하자면 1907년 8월 1일 국방군 해산의 날이 곧 광복군이 창립된 날이라 할 것이다. 1941년 8월은 마침 33주년이 되었으며 광복군 총사령부 설립이 8월 4일에 되었음은 광복군의 역사적 의미가 더욱 명백하게 표현된 것이다."

1910년 나라가 망한 뒤에 광복군의 항전이 계속되었는데, 그 기지는 국내에서 해외로 이동하였다.

"광복군이 국내에서 항전한 지 5,6년에 왜놈을 완전히 몰아내지 못하였으나 국가의 독립을 위하여, 또 민족의 해방을 위하여 오래 저항하였으므로 민족정신을 발휘하며 위대한 민족 영웅과 혁명 선열을 부단히 배출하게 되었다. 경술·신해(1910·1911) 이후로 우리의 국치와 중국 혁명이 앞뒤를 이었으며 광복군 대본영은 상해·동삼성·해삼위·호놀루루·샌프란시스코 등지로 근거를 옮겨 비밀리에 미국과 러시아와 중국을 배경으로 하는 군사와 외교를 추진하여 왔다. 동삼성(간도)의 신흥학교와 호놀루루의 병학교兵學校와 운남의 사관학교는 기미년 이전 한국 광복군의 기간부대의 양성소였다."

1919년 3·1운동이 일어나자 간도 독립군의 치열한 항전이 전개되어 의병에 이은 제2의 광복군인 독립군이 일어났다.

"3·1운동 당시에 임시정부는 국내외 무장한 군대를 광복군으로 개편하기 위하여 조례를 반포하고 총사령부를 세워 동삼성에 3대 군사기관으로 하여금 2백만 교포를 통제하여 장정과 군량을 징발하여 맹렬히 적과 싸웠었다. 일본 총독은 한국에 있는 2사단의 병력으로는 남북만주 독립군에 대항하기에 너무 박약함을 깨달아 3사단으로 늘리려 하였으며 경비선, 교통망, 정탐망, 포부대와 보루, 군용철도, 비행기, 철갑차를 비상히 확정하여 경찰과 밀탐, 편의대를 총동원하여 정식 국가에 대한 전쟁과 다름없이 싸웠으나 적은 한 번도 승리를 보지 못하였다. 할 수 없이 외교수단으로 우리 독립군을 이기고자 하여 1925년에 삼시협약을 동삼성 당국과 체결하였으니 중·일 양국 경찰은 한인의 반일운동을 방지할 것, 중국 당국은 배일하는 한인을 잡아 넘길 것, 품행 부정한 한인은 일본에게 잡아 넘길 것, 이와 같이 두 나라가 독립군을 압박하게 된 것은 그때에 동삼성이 중국 혁명정부의 세력범위가 아니었던 때문이다. 그러므로 동삼성 당국은 한국 독립군에 대하여 공식으로 승인도 아니하고 묵인도 하지않았고 그 때문에 무수한 용사와 애국지사들이 속수취박하게 되었다. 그러나 독립군은 동족의 후원과 지세에 유리함을 가졌으며 적을 이기기에 유리한 모든 전술을 유감없이 활용하였다. 1931년 이후로는 동삼성의 한국군과 중화군이 서로 연결하여 왜놈을 도멸하기에 알맞는 무장 세력이 아직도 5, 6만의 군대가 있다. 이는 대한민국의 건국군이며 민족의 전위대이며 공동한 원수를 타도하는 한·중 양군의 선봉군이며 동아 화평을 건설할 임무를 가진 기간 부대이다."

식민통치植民統治의 경화硬化

이처럼 항일 독립전쟁은 의병에서 한말의 독립군 그리고 광복군으로 이어져 온 것이나 그 정신적 맥락은 1919년 2월 만주에서 발표된 대한독립의군부의 독립선언서(일명 대한독립선언서, 조소앙 기초)에 천명되었다.

이 선언서는 세 개의 독립선언서 중 가장 과격한 것으로서 무력에 의해서만 일본 군국주의자들을 몰아 낼 수 있다는 소신을 피력한 글이었다. 선언서는 먼저 침략자를 사무라이의 요물이라 비난하면서 특히 그들의 싸움 좋아하는 기질을 온 세계에 폭로하고 우리가 그들을 징벌한다고 선언하였다.

"오라! 일본의 무얼武孽(무사 요물)이여, 임진 이래로 반도에 쌓인 적악積惡은 만세에 가엄可掩(덮어서 숨김)치 못할지며 갑오(1894년) 이후의 대륙에 지은 죄는 만국이 용납하지 못할지라. 그들의 기전嗜戰(전쟁을 좋아함)을 여기서 선포징변宣布懲辯 하노라."

이어 선언서는 이러한 사무라이에 대해서는 무엇보다도 일수도결, 단칼에 목을 베는 용단, 즉 결전이 필요하며 그러기 위해서는 목숨을 아끼거나 가족을 생각하거나 서로 분열되거나 해서는 안 된다, 동심동덕同心同德하고 경가복국傾家復國하며 살신성인殺身成仁한다는 각오로 모두 독립군이 되어야 한다고 강조하였다.

"자아咨我 동심동력인 2천만 형제자매야, 아 단군 대황조께서 상제에 좌우하사 우리의 기운을 명하시며 세계와 시대가 복리를 조조助하는도다. 정의는 무적의 검이니 이로써 역천逆天의 아와 도국盜國의 적을 일수도결一手屠決(한 번에 죽여 없앤다)하라. 이로써 5천년 조종祖宗의 광휘를 현양顯揚할지며 이로써 2천만 적자의 운명을 개척할 지니, 기起하라 독립군아, 제齊하라 독립군아, 천지로 망網한 일사死는 신의 가피可避치 못할 바인 즉, 견시犬豕(개와 돼지)에 등等한 일생을 누가 구도苟圖하리오. 살신성인하면 2천만 동포와 동체로 부활하리니 일신을 가석可惜이며, 경가부국하면 삼천리 옥토가 자유의 소유이니 일가를 희생하라. 자아 동심동덕인 2천만 형제자매야, 국민본형을 자각한 독립인 줄을 기억할지

며, 동양평화를 보장하고 인류평등을 시시키기 위한 자립인 줄을 임명할
지며, 황천皇天의 명령을 지봉祗奉(공경)하여 일절 사망邪網에서 해탈하는
건국인 줄을 확신하여 육탄혈전으로 독립을 완성할지이다.

오라 일본의 무얼이여, 소징대계小懲大戒가 너의 복이니 도島는 도로 복復
하고 반도는 반도로 복하고 대륙은 대륙으로 복할지어다. 각기 원상을
회복함은 아주 행幸인 동시에 너에게도 행幸이니라."

두만·압록강 전선

대한독립의군부의 독립선언서가 제시한 바와 같이 일제침략자와 같
은 철저한 식민지 통치정책에 대항하여 주권을 회복하기 위하여서는 소
극적이고 미온적인 투쟁방법으로는 도저히 실현 불가능하였던 게 사실
이다.

1910년대의 무단통치가 1920년대에 소위 문화정치란 이름으로 바뀌
었으나 그 실질은 이미 병합 전에 일제가 세웠던 방침, 즉 민족말살이란
기본방향에 변함이 없었던 것이다.

그들은 열강의 식민지정책 중 가장 야만적인 민족말살 정책을 채택하
였으며 그 결과 의병전쟁 때의 양민학살, 무단통치하의 농민·지식인의
약탈, 3·1운동 때의 대량학살, 1920년의 간도교포 학살, 이어 1923년 관
동대진재 때의 재일동포 사냥 등을 서슴없이 자행하였던 것이다.

이같은 약탈과 살인행위를 합법화한 것이 저들의 문화 통치였으므로
조선총독부가 만든 법이란 법이 아니라 처음부터 애국적 한국인을 잡아
가두고 도살하기 위한 방편에 지나지 않았던 것이다. 1932년에 상해에
서 발표된 한국독립당의 선언문 '한국의 현상과 그 혁명추세'는 일제의
식민지법을 다음과 같이 비판하고 있다.

"저들의 소위 법률이라는 것은 단지 강자가 약자에 대하여 꺾고 부수어 도살하는 도구일 뿐이니 형법, 보안법, 치안유지법, 출판법 등이 그것이다. 저들은 전국에 2천 7백여 개의 경찰서를 설치하여 체포와 구금을 일삼아 죄있고 없음을 묻지 않고 반드시 고문을 가하여 1,2년을 경과한 후에야 비로소 공판을 연다. 저들은 이러한 정보가 새어나가지 않도록 모든 흉악함을 다 동원하여 신문 지상에 그런 일들을 상세히 보도하려고 하면 정간시키거나 감옥에 집어넣어 버린다.

제일 평안하고 무사하였던 1929년 5월을 예로 든다 하더라도 평안남도 1개 지역에 옥사가 1천 3백여 건이나 되며 평안북도의 1년 옥사가 1만 3천여 건이며 저들에게 희생된 자가 1만 3천 6백 95인이며 전국통계로는 저들에게 체포, 구금 희생된 자가 1년 내내 무려 15만 8천여 인이나 된다. 저들은 오히려 이것으로도 부족하여 작년, 즉 1929년부터 10만금을 들여 지문을 수집하여 체포와 구금을 도왔다."

이렇게 일제는 한반도를 이름 그대로 '3천리 다카우'(독일의 강제수용소)로 만들었으며 일체의 사상범을 가차 없이 체포하여 독방에 가두었다.

"법이란 본래 행위를 다스리는 것이지만 저놈의 법은 마음을 다스리고 의식을 다스려서 의식이 민족적 독립에 기울면 사형에 처하고 계급적 해방에 기울면 징역 및 금고에 처한다. 1928년 일인은 수백만 원을 들여 감방 천여 개를 증설하고 사상범을 독방에 처넣었으니 이것이 이른바 사상범 독방 제도이다."

민족주의자를 체포하기 위한 일제의 경찰조직 또한 가증한 것이었으며 그들의 고문제도는 무수한 애국지사를 도륙하였다.

"경찰서마다 보통 2천여 건에 2천 명 정도가 체포되어 그들은 아무런 죄 없이 온갖 고초를 다 겪고 있으며 전국적으로는 약 10만여 명의 무고한 생명이 희생을 당하고 있다. 감옥은 이들을 가히 수용할 수 없어 4백 명 정원의 옥에 1천여 명을 집어넣어 채찍으로 때리고 대나무 침으로 찌르는 등 96가지나 되는 고문을 가해 옥중에서 죽는 자가 그 수를 헤아릴 수 없다."

특히 한·만·소 국경선에는 3개 사단을 배치하여 독립군의 지구적인 공격에 대비하였다. 1920년부터 29년까지의 10년간에 3천여 회(매년 3백 회 이상)의 전투가 두만·압록 두 강 안에서 벌어졌으며 국내에 잠입하다가 일경에 체포된 독립당원도 4천여 명에 달하였다는 것이다.

"48만 8천여 리의 한국 국경 내에 바둑판처럼 엉켜놓은 적 경찰서 헌병대의 주재소가 무려 3천 1백 63개나 된다. 그 중 경찰서가 2백 50개, 주재소가 2천 3백 2개, 파출소가 1백 71개, 헌병사령부가 1개, 본부가 5개, 분대가 16개, 분견소가 13개, 주재소가 9개, 형무소가 29개로 그 인원이 2만여 명이나 되며 한인이 3분의 1을 점유하고 있다. 이 외에도 특별히 사복경찰의 밀정을 풀어서 국경 내외의 첩보를 탐지케 하고 7만 5천 원의 경비를 들여 15개 처의 경찰서를 양강(압록강, 두만강) 연변에 설치하였으니 중국·러시아 국경 지방에 제일 많다. 저들은 처음에 2개 사단병력으로 두만강, 압록강 지역에 출몰하는 한인 무장독립군과 거의 매일 교전하였으나 목숨을 돌보지 않고 분투하는 독립군과의 10년간

3천여 회, 매년 평균 3백 회의 교전 속에 출동한 군대가 1만 5천 명이나 되어 저들은 피로에 지쳐 드디어 3개 사단을 증설하기에 이르렀다. 독립당원이 국경을 침입할 때에 적 경찰에 포로된 자가 4천여 명이나 되며(신의주 경찰서 발표) 1년 내의 중요인물 체포 건수도 1백여 건이나 된다. 작년도(1929년) 통계에 의하면 고려국민당원 정의부원, 참의부원, 고려혁명군 간부, 대한통의부원, 천마대원, 한족노동당원 등의 분투 정신을 필두로 겨울 광주혁명 이래 어떤 계급을 막론하고 50만 청년 학생을 선봉으로 전 한민족이 일치 반항하여 민족적 혁명성을 열렬히 발휘하였다."

이처럼 광주학생운동이 일어난 1929년은 국내외에서 항일독립운동이 격화되어 일제의 식민지 통치가 위기를 맞은 해였다. 1931년에 일제가 만주침략을 감행하게 된 중요한 이유 가운데 간도독립군(이때는 정의부, 참의부, 신민부의 3부가 국민부로 통합되어 있었다. 1928년 11월)의 항전을 빼놓을 수 없을 것이며 독립군에 대한 불침번 때문에 저들이 소위 조선식민지 통치체제가 극도로 경화되어 있었던 것이다.

민중운동民衆運動과 군사행동軍事行動

1931년 일제의 대륙침략이 시작되자 국외 독립운동자들은 독립전쟁의 시기가 다가온 사실을 깨닫고 외교론과 준비론을 비판하게 되고 해외 독립운동의 특수임무가 바로 군사행동에 있음을 자각하기 시작하였다. 본래 독립운동 전략에는 여러 가지 방법이 있고 그런 여러 가지 방법 가운데서 무엇에 주력하느냐에 따라 노선과 이념의 분열이 일어났던 것이다. 1931년에 발표된 '한국독립당의 근황'에 따르면 독립운동 방략方略으로서 조직, 선전, 훈련, 교양, 농·공·상·학계의 동맹, 민중적 반일운동 그리고 무장군 및 암살대의 파괴운동, 피압박민족 혁명단체와의 연계 등이 열거되어 있으나 주로 조직과 민중운동에 주력했다는 것을 고백하고 있다. 즉,

"세세한 일을 분류해 보면 조직, 선전, 훈련, 교양, 농·공·상·학계의 동맹, 민중적 반일운동 그리고 무장군 및 암살대의 파괴운동, 피압박민족 혁명단체와 연락 등이 모두 당원의 공작에 속한다. 과거 13년간 제일 노력을 많이 한 것이 파괴운동이다. 즉 국외의 무장군이 일본군경에 향하여 도전했던 일이다. 그러나 희생은 많고 효과는 거의 없었던 운동이다. 그래서 수년 전부터는 조직과 민중운동에 주의를 기울여 국내조직이 국외조직보다 더욱 격렬하게 되었으나 다시는 산만하고 지리멸렬하게 될 염려는 없을 것이다. 신간회, 천도교 청년당, 노동 농민 청년 등 3개 총동맹, 부녀 소년 등의 조직체가 비록 적치하에서 공개적으로 표현할 수 있는 단체는 되지 못하나 실로 건전한 독립당원이 되어 일조 유사시엔 활동역량이 헤아릴 수 없을 정도로 크리라고 상상할 수 있다. 국외 독립당의 대본영은 상해에 있는데 능히 재외각지의 운동 단체를 지휘 통제하고 있다."

이 때문에 한국독립당은 마치 인도의 비폭력 저항운동 노선을 따르고 있는 것처럼 곡해되었으며 아일랜드의 신 펜당의 투쟁보다 연약한 저항 단체처럼 인식되었다. 이 점에 관해 위의 '근황'은 다음과 같이 해명하고 있다.

"사람은 모두 한국독립당이 아일랜드의 독립당을 이끈 신분당新芬黨

(Sinn Fein)과 비슷하다고 하며 혹은 그 투쟁방식과 통제인물은 인도에 미치지 못한다고 하지만 독립당의 활동은 혁명의 역사상 필적할 만한 것이 없을 정도로 탁월한 것이다. 한편으로 일본의 통제에 의하여 눈과 귀가 막혀 있고 한편으로 한인의 선전역량이 부족하여 실제보다 이름이 못 미칠 뿐이다."

국내國內와의 연계문제

이 해명은 한국독립당의 자기반성이기도 한 것인데 종래의 산만하고 소극적인 투쟁방법을 버리고 새로운 전략을 채택하는 것만이 사태의 전환에 대응하고 자신의 새 이미지를 심는 길이라 확신하였다. '근황'은 인도의 비폭력적 저항을 배격하면서 국내의 문화운동과 평화적 시위운동을 비판하였으며 민중적 반일운동과 무력적 파괴운동만이 유일한 투쟁방법임을 천명하였다.

그러나 민중운동은 국내 단체와의 긴밀한 연계가 선결문제였으며 군사행동에는 국제적 지지와 협력이 필요하였다.

"국내관계에 있어서 비록 국내운동을 구체적으로 지도하지는 못한다 하더라도 현 단계의 국내운동을 급격히 촉진시킬 만한 강대한 영향은 던져 주어야 할 것이며, 국제관계에 있어서 비록 국제적 반일세력을 당장에 출진시키지는 못한다하더라도 그것과의 긴밀한 연결은 성취되도록 하여야 할 것이다."

민중운동과 군사행동에는 이와 같이 큰 제약이 붙어 있었던 것인데 어느 것을 선택하건 ①역량단결을 위한 조직문제 ②공작의 효과적 실천을 위한 기술문제 ③국제적 반일세력과의 연결문제 등 3대 과제가 덧붙여져 있었던 것이다.

한국독립당이 해외운동의 특수사명을 깨달은 것은 첫째, 국내와의 긴밀한 연계가 불가능해진 사실을 알았기 때문이라 할 수 있다.

"해외운동의 특수임무란 해외라는 지대의 특수성에 기인한 여러 유형의 임무를 의미하는 것이다. 다시 말하면 적의 직접 압박 하에 있는 국내에서는 진행하기 불가능한 유효한 혁명공작의 실천이 그것이다. 금일 우리의 해외운동은 종종의 다단한 인과관계 하에서 실로 일반 혁명군중의 간절한 기대에 부응할 만한 혁명역량을 가지지 못하였음이 사실이다. 그러나 우리의 전체운동의 중대한 요구인 전위대적 결사대적 운동의 특수임무는 우리의 해외운동이 담당하지 않을 수 없는 것이다. 이는 실로 해외운동의 역사적 권리와 의무인 동시에 목전의 정세에 있어서 더욱 간절히 부여되는 임무인 것이다."

둘째, 군사행동에는 인적 자원이 풍부하여야 하였는데 중국·노령·미국·몽고 등지에 동포들이 많았다. 이것이 한독당의 전략 전환에 큰 자극을 준 것이라고도 볼 수 있다.

"오직 중국·러시아·미국·몽고 등지에 거주하는 교포 당원 가운데 무예를 닦은 자가 있었다. 기병·포병·보병·공군·해군 등 각종의 전문 병과의 장교되는 인물이 천 명 이상이나 되며 대개가 청년층에 속하고 혁명사상이 농후한 자들이다. 그리고 무기를 가진 병졸이 즐비하여 어느 때라도 동원할 수 있는 정예군이 1만 명 이상이나 된다. 군사조련을 하고 무기를 준다면 반년 안에 국외에서 능히 5개 사단을 편성할 수 있으며 전투능력은 강렬하여 일당백이며 비록 실제를 지나치게 평가했다 하더라도 1당 5는 될 것이다. 실전 경험이 풍부해서 일본군의 정예부대라도 감히 대적할 수 없을 정도이다. 그러나 넓고 넓은 천지간에 삼한의 장정들은 무기를 쓸 땅을 잃고 만주에서 독립군이라고 하여 싸우고 있을 뿐이다."

특히 광복군이 결성된 1940년에는 도처에서 한국인 청년들이 유격전에 투신하여 활약하고 있었다. 이들을 광복군에 흡수하기만 하면 되는 것이다.

"광복군에 속하여 사방 유포한 인사 외에 현재 화북華北과 하북河北·열하熱河·호북湖北·산서山西·산동山東·안휘安徽·강서江西에 포치된 수십 개 집단이 있다. 타인들 생각에는 극소의 전쟁세력으로 보일 것이다. 그러나 그들은 대부분이 최전선과 적 후방에 정식 군대와의 연락업무를 맡고 유격대와의 협조 공작을 전개하고 있다.

그 중 대부분은 훈련받은 장정이며 장래 대규모의 전투세력을 양성하기를 바란다. 산해관 이외는 물론 상해·남경·산동 주위, 산서 각 대도시 및 제남濟南·성도成都·석가장石家莊·태원太原·북평北平·천진·칼만·수원 등지에 대략 60만 한인이 있다.

최근 소식에 의하면 장백산록에 3천 명의 독립군이 중국 유격대와 협력 작전한다 하니 그들이 장래 큰 전투세력을 모집하는 데의 핵심이 될 것이다. 소·중 아시아 및 서 시베리아에 이민한 30만의 경험있는 투사들은 독립전쟁에 참가하려고 열망하고 있다. 소련과 기타 맹국과 상당한 교섭을 개시한다면 다대한 병력의 효력을 낼 수 있다. 이상은 인력상의 능력만을 말한 것이다. 적당한 계획과 충족한 방법으로써 1년간 좌우 조직하고 훈련하고 무장하면 상당한 인수의 군대건립을 확보할 수 있다. 목전에 있어서 활동할 것은 광범긴밀하게 적 후방과 전방에서 정규군과 합작하고 만주와 한국 국내에서 정보망을 조직할 수 있다. 그래서 초모공작을 적극적으로 전개하면 적내敵內 한인을 자원 혹은 강제로 용이하게 부대 단위로 인도할 수 있다. 이 여러 가지 전쟁에 유리한 방법문제는 상세한 설명을 기다릴 필요도 없는 것이다."

공산당共産黨과 독립당獨立黨

독립당이란 본시 모든 항일단체를 총칭하는 이름으로서 넓은 의미로는 공산당까지도 독립당이라 불렸던 것이다.

"광복을 도모하는 자를 일러 독립당이라고 지칭하여 그 주의와 정강의 여하 및 단체와 개인의 구별을 상세히 묻지 않고 국내 5천여 종류의 대소 단체와 국외 3백여 종의 단체를 모두 독립당이라 한다."

그러나 공산당과 독립당은 그 정치이념에 있어 서로 근본적으로 달랐다. 공산당은 계급투쟁이 그 수단이었고, 그 목적이 계급독재에 있었으므로 비록 주권의 침해를 받는 일이 있어도 공산대국에 종속되는 것을 불사한다는 한계성을 드러내고 있었다. 한독당은 '근황'에서 이 점을 특히 강조하고 있다.

"그러면 독립당과 공산당은 어떠한 한계선이 있는 것인가. 파괴시기에 있어서 독립당은 민족독립투쟁을 공구工具로 삼고 공산당은 계급투쟁을 공구로 삼는다. 전자는 국내 일체의 반일민중과 국외 피압박민족과 연합하여 일본 타도를 도모하는데 후자는 국내의 무산계급과 세계 무산계급이 연합하여 일제의 자본주의 국가를 타도할 것을 도모한다. 건설시기에 전자는 독립당이 그 정치를 대행하고 후자는 노동계급이 간판을 걸고 그 정치를 독단한다. 건국시기에 자체의 주권을 옹호함으로써 어떠한 외력의 간섭과 대행통치를 허락지 않으며 후자는 자기 국가를 동일한 주의를 가진 대국에 편입하는 것을 수단으로 삼아 자국의 주권을 인식하지 못한다. 그 외에 같지 않은 점은 일일이 다 드러낼 수 없다."

그러나 우리는 그들과 함께 협력하기를 바라지 결코 싸우기를 원치 않는다고 강조하고 있다.

"그러면 국가를 부흥할 시기에 양쪽이 서로 원수시하여 전쟁할 위험은 없는가. 차라리 남이 나를 저버릴지언정 어찌 내가 남을 저버릴 수 있겠는가. 공산당이 독립당 타도를 도모한다면 이것은 잘못된 계획이다. 독립당은 국내의 혁명역량을 집합시키고자 하므로 일본과 전쟁하기에 앞서 스스로 전쟁하지 않으리란 것은 명백한 일이다."

한편 독립당은 당시의 사이비 독립사상인 자치론自治論과 대결하여야만 하였다. 자치론은 비폭력적 평화적 저항 운동의 필연적 결과로 인식되었으며 이것을 극복하기 위하여서도 무장투쟁 방법을 꼭 채택하여야만 하였다.

"사람들은 혹시 독립당이 자치론에 굴복한 것이 아닌가 의심을 하나 독립당은 전혀 그런 정당이 아니다. 독립당의 규율과 제재는 매우 엄격하여 설사 자치론에 부화뇌동하는 한두 사람의 무뢰한이 있다 하더라도 국내외에서 그와 싸워 박멸할 것이다."

삼균주의三均主義

이상에서 1930년대의 한국독립당 및 임시정부의 독립운동 전략과 정치이념을 살펴보았으나 이념문제에 있어 꼭 빠뜨릴 수 없는 것은 삼균주의三均主義의 성격문제이다. 삼균주의는 얼핏 보아 사회주의적 색채가 강하여 해방 후 정치적 비판의 과녁이 되기도 하였으나 그 성립배경을 보면 팽배하는 공산주의 세력에 대항하기 위하여 표방하게 된 민족주의 정치이념인 것이 명백하다. 또 삼균주의를 삼민주의三民主義의 모방이라고도 오해받았으나 그 사상적 독창성을 의심하는 데 앞서 1930년대와 40년대 전반의 정치적 상황을 냉정히 분석하고 항일 독립운동자들이 무엇을 어떻게 절실히 희망하고 있었는가에 대한 이해가 선행되어야 하리라 생각되는 것이다.

주지하다시피 임시정부와 항일 민족운동자들의 독립전쟁 노선은 그들의 간절한 소망에도 불구하고 충분히 소기의 목적을 실천하지 못하였다. 그러나 그렇다고 해서 임시정부와 임시정부의 이념마저 변색되었다고 봐서는 안 될 것이다.

미주美洲의 독립운동獨立運動

이승만李承晩과 박용만朴容萬

이승만 대통령의 사후평가는 조소앙에 대한 평가와 달리 추서追敍였다기보다 삭탈削奪에 가까운 것이었다. 그가 현직에 있었을 때 민족의 태양이요 국부國父라고까지 칭송되었던 사실을 생각하면 너무나 대조적이다. 어떤 정치가를 막론하고 사후에 조금은 비난의 화살을 맞아 생전의 영광을 잃게 되는 법이지만, 이승만 대통령의 경우는 조금 정도가 아니라 너무 달랐다.

김구 선생이 이승만의 광복 후 경쟁자였다면, 박용만朴容萬은 광복 전 경쟁자였다고 할 수 있다. 이승만과 박용만은 우연하게 같은 해에 미국으로 건너가 유학하고 유명한 항일투사가 된 인물로서, 두 사람의 이름과 활약을 빼 놓고는 재미동포의 50년 역사를 기록할 수 없다고 해도 과언이 아닐 정도다. 잠시 두 사람의 약력을 소개하기로 한다.

박용만은 이승만보다 6세 연하로서 강원도 철원 출생이다. 이승만의 출생지인 황해도 평산平山과 그리 멀지 않은 곳이다. 그는 스물네 살 때인 1904년 10월 도미渡美하였고, 이승만은 같은 해 12월에 30세란 나이로 도미했다. 이승만이 조지 워싱턴대학에서 문학과를 졸업(1907년)하고, 1908년 하버드에서 문학 석사, 1910년 프린스턴대학에서 철학박사를 취득하는 동안 박용만은 네브라스카 링컨대학을 거쳐 1910년 네브라스카대학 정치학과를 졸업하였다.

이승만은 1910년 10월 돌연 귀국하여 경성 기독교 청년회 총무로 부임하였고, 1912년 봄 다시 도미하기까지 2년간 서울에 머물러 있었다. 그러나 박용만은 그동안『신한민보新韓民報』주필을 거쳐 1912년 6월 네브라스카대학 문학과를 다시 다녀 졸업하였다.

두 사람의 교육적 배경을 비교하면 이승만이 박사학위를 받고 박용만이 대학을 학사 편입으로 두 번 다녔다는 차이밖에 없다. 그러나 두 사람 사이에는 두 가지 점에서 큰 차이가 있었다.

첫째는 재미 한인사회에서 박용만은 이미 학생시절에 상당한 이름과 지위를 얻고 있었으나, 이승만은 열심히 대학을 다니며 박사학위를 얻는 데 성공하였을 뿐 재미 한인사회에서는 그리 알려져 있지 않은 인물이었다. 그 결과 이승만의 처음이자 마지막 옥중 저서『독립정신』을 대동공보사大東共報社 후원으로 출판하려고 할 때 후배인 박용만의 도움을 받아야만 했다. 이승만이 1910년 잠시 귀국하였다가 2년 뒤 다시 미국에 왔을 때에도 박용만의 적극적인 도움을 받아 미국으로 돌아갈 수 있었다.

박용만은 학생시절부터 교포사회에 발이 넓었고, 이승만은 공부에만 열중하였으니 학문적으로는 이승만 쪽이 훨씬 뛰어났었다고 할 수 있다. 그가 프린스턴대학에 제출한 철학박사 학위논문은『미국 영향하의 영세중립론Neutrality as by the United States』이었다. 이 논문이 과연 어느 정도의 것인지는 의문이다. 이 논문은 이승만이 동조했던 존 헤이의 '문호개방'정책을 소개한 것으로서 한동안 프린스턴대학 신문에 게재되었다고는 하지만, 주제가 가리키는 바와 같이, 또 그의 유일한 저서『독립정신』의 내용이 시사하고 있는 바와 같이 논문의 학문적 수준보다 오히려 그의 정치사상에 문제가 있었으니, 바로 독립외교론이었다.

독립정신獨立精神

『독립정신』은 1910년 미국에서 발간되었으나, 스스로 주장하기는 그가 도미하기 전 7년 옥고를 치를 때 쓴 글이었다. 그러나 52개의 토막글을 모은 일종의 논설집인 이 책은 미국 유학으로 얻은 지식을 많이 가미한 부분이 많다. 어쩌면 전면 개고改稿한 글이었을지도 모른다.

만일 필자의 이런 가정이 성립되는 것이라면 그의 학위논문이 기필된 것이 『독립정신』이었다고 할 수 있다. 좀 다른 점이 있다면 내용보다 문체였을 것이다. 이승만의 문체는 끝없이 늘어지면서 앞뒤 논리가 잘 맞지 않는 데 그 특색이 있었다. 만일 이런 유형의 글을 학위논문에서도 시도했다면 합격하기 쉽지 않았을 것이다.

이승만은 자기 문체에 대해 시종 자신을 가졌었는데, 해방 후에도 이 문체를 고치지 않았다. 문체의 고집은 그의 정치적 소신과 일맥상통하는 것이었다. 그는 자기 문체에 대해 이렇게 자신만만하게 말했다.

> "지명地名과 인명人名을 많이 쓰지 않고 항용 쓰는 쉬운 말로 길게 늘여 설명함은 고담소설같이 보기 좋게 만듦이요, 모든 글을 국문으로 기술함은 전국에 수효 많은 인민이 보기 쉽게 만듦이요, 특별히 백성편을 향하여 많이 의논함은 대한의 장래가 전혀 아래 인민들에게 달림이라."
> 〈독립정신〉서문

이승만 특유의 문체와 화술 속에 어쩌면 그의 모든 것이 담겨져 있었을지도 모르는데 이 '비밀'을 그는 '아래 것들'을 위한 글이라고만 말하고 있다.

더욱 놀라운 일은 몇 년 뒤 이승만의 무서운 정적政敵으로 등장하게 될 인물 박용만까지도 이 작품을 극구 찬양한 사실이었다. 즉, 그는 『독립정신』을 '우리 조선 4천 년 역사에 처음으로 부르는 소리요 또한 처음으로 듣는 소식'이라고까지 찬양하는 서문을 붙여 독자들에게 소개하였다. 이 때문에 『독립정신』은 재미교포들간에 큰 화제가 되었고, 국내에도 흘러 들어와 '민족의 성경'이라는 말까지 들었다.

이승만과 박용만이 서로 달랐던 둘째 이유는 첫째 이유보다 훨씬 중요한 것일지 모른다. 그것은 바로 이승만이 『독립정신』에서 이미 기본적인 전략노선을 밝혔듯이, 박용만 역시 행동과 저술을 통해 자신의 독립사상을 천명하고 있었기 때문이다.

이승만의 『독립정신』 후록에 보면 '독립주의의 긴요한 조목'을 여섯 가지 들고 있다.

①세계와 마땅히 통하여야 할 줄로 알 것이다.
②새 법으로써 나라를 보전하는 근본을 삼을 것이다.
③외교를 잘 할 줄 알아야 할지다.
④국권을 중히 여길 것이다.
⑤의리를 중히 여김이다.
⑥자유 권리를 중히 여길지라.

여기서 그는 독립전략으로 외교를 들었고, 군사행동이나 무력행사를 전혀 들지 않고 있다. 이 글이 1904년 작이 아니라 1910년 작이라고 하면 이승만 노선의 근본이 이 저서에서 이미 잘 드러났다고 할 수 있다.

국민군단國民軍團

이렇게 이승만은 '외교를 잘 하자'고 주장하였으나 박용만은 반대로 '전쟁을 잘 하자'고 주장하였다. 무력으로 나라를 빼앗기고 있는데 외교로 나라를 되찾을 수가 없다는 것이다. '본시 박용만은 사람됨이 활발하였으며 관후하였고 항상 군사운동을 좋아하였다'고 『재미한인 50년사 在美韓人五十年事』의 저자 김원용이 말했듯이 일찍부터 그는 독립전쟁을 강조하고 있었다.

그 첫 작품이 1909년 네브라스카 소년병학교였다. 소년병학교는 불과 3년의 수명에 13명의 졸업생을 배출한 데 지나지 않았으나, 그 의의는 자못 큰 것이었다. 즉, 박용만의 소년병학교 창설을 계기로 미국과 멕시코에서 군인양성 운동이 벌어졌기 때문이다.

1910년 8월 나라가 망했다는 소식을 들은 교민들은 그 근본원인이 군사력의 부족에 있다고 판단하고 사관인재를 양성하여 만주와 노령에 보내 독립군 편성에 협력하려 하였다. 이 무렵 한국 군인으로 미국에 이민하여 온 사람이 하와이와 미주에 약 5백 명, 멕시코에 2백 명 가량 있었으며, 그들이 교련을 담당하였다. 이 무렵 박용만은 『신한민보The New Korea』(1909년 2월 1일 창간, 共立新報와 大同共報의 합병지)의 주필로 부임하였으며 『국민개병설國民皆兵說』(1911년 4월)을 출판하였다. 이듬해 6월에는 다시 『군인수지軍人須知』를 출판하기도 했다.

그 후 1914년 6월 박용만은 하와이에 회심의 독립군 기지를 건설하였으니 국민군단國民軍團이 그것이었다. 네브라스카의 경험을 살려 그는 농장에다 병영을 짓고 군단사령부, 경리부, 제복소 주임, 병학교 주임, 훈련대 주임, 별동대 주임, 곡호수와 고수 등의 부서를 두었다. 훈련은 목총木銃으로 하였으나 '완전한 군대'였다.

국민군단 병사들의 사기는 높았다. 군사훈련에 군사학 공부 그리고 농장 일에도 지칠 줄 몰랐다. 곧 편성될 독립군을 생각하면 나이와 피로를 생각할 겨를이 없었던 것이다.

그러나 1916년 돌연 사업을 중단하게 되었으니 원인은 이승만의 반대 때문이었다.

"군단 학도들이 들에서 교련하고 학반에서 군사학을 공부하는 한편 때로는 작전연습을 하였고, 번차례로 농장에 나아가 농역하는데, 연부역강하여 피곤한 줄을 몰랐으며, 독립군 편성의 기대가 높아서 낙오자가 없었다. 1916년 10월에 국민군단의 경작계약이 만기되고, 그 농토의 질이 좋지 않아서 농사를 폐지하는 까닭에 군단을 다른 곳으로 옮기게 되었는데, 이때에 군단장 박용만이 이승만의 풍파를 당하여 당황하게 지나던 처지에 군단이 적합한 지대를 얻지 못하고 사업을 중단하였으며, 국민군단이 중단된 후에 재미한인의 군인 양성사업이 일반적으로 중지되었다. 국민군단의 재정은 파인애플 경작도급과 특연으로 수입된 것이 7만 8천 6백 42달러 25전이고, 2년 동안에 군단경비로 지출된 것이 5만 8천 4백 42달러 25전이며, 여재금 2만 2백 달러인데, 이것은 원동사업자금으로 적립되었다고 하였다." (김원용, 『재미한인50년사』, p.348)

대한인국민회大韓人國民會

재미 한인사회의 발전은 기독교 교회의 발전사요 항일 독립운동의 발전사였다. 그만큼 재미 한인사회에서의 교회조직과 항일 운동 단체의 역할이 컸던 것이다. 교회는 조국을 떠나 이역만리 낯선 땅에 와 있는 한국인에게 마치 나라와 같이 느껴졌다.

"나라를 등지고 이국 땅에 와서 노동에 종사하던 초기 재미 한인 동포
들은 교회를 조국처럼 생각하고, 교회를 중심으로 서로 만나고 뭉치었
으니 교회사야말로 재미 한인사였다고 할 수 있다."

재미 한인교회는 1903년부터 시작되었는데, 재미 한인 사회단체도
같은 해에 시작되었다. 이해에 하와이에 신민회新民會, 샌프란시스코에
친목회가 조직되었다. 후자는 도산島山 안창호安昌浩가 창설한 것으로,
1905년 이름을 공립협회共立協會로 고치고 3층 건물을 구입하여 회관을
갖고 기관지『공립신보』를 발행하였다. 1907년에는 안창호와 충돌한
일파가 따로 대동보국회大同報國會를 창설하여『대동공보』를 발행하였
다. 이 두 신문은 국내에 우송되어 일제의 탄압대상이 되었다.

한편 하와이에도 1905년을 전후하여 자강회自强會·공진회共進會 등 수
많은 단체가 조직되었다. 이들 단체의 대다수는 동족상애와 일화日貨(일
본상품) 배척 등 친목과 소극적 항일운동을 목적으로 삼고 있었다. 그러
나 그중에는 무예武藝 장려를 목적으로 하는 신간회新幹會(1907년)와 실지
회失地會(1907년)와 같은 군사단체도 있었다.

"재미 한인단체의 건설은 한국 이민이 당도한 직후에 시작되었으며, 조
국광복 운동이 그 발전의 촉진세력이었는데, 그 주의는 민족주의이고,
그 제도는 민주제도이며, 그 목적은 동포의 안녕보장과 조국광복이었
다. 조국이 일본의 침략을 당함에 재미 한인단체가 독립운동기관으로
전환되었다. 이민 동포와 망명하여 온 신도학생新渡學生들이 노동으로
땀흘리고 생활하면서도 애국정신이 분발하여 독립운동하는 것을 그 생
활의 오직 하나의 쾌락으로 알았다. 독립운동 전성시절에는 어떤 단체

를 막론하고 조국광복운동 후원을 그 강령으로 삼지 않은 단체가 없었으니, 이것이 나라 잃은 민족으로 외양外洋에 방황하던 그들의 감정과 사상의 발로이었다." (김원용,『재미한인50년사』, p.83)

이처럼 1905년 을사조약 체결 이후 미국·하와이에는 수십 개 애국단체가 결성되었으나 '인구가 적은 사회에 단체가 많아서 분열 상태를 이루게 되었다.'

이에 먼저 하와이 각 지방의 24단체 대표가 한 자리에 모여 통합회의를 열었다. 그 결과 5일간의 협의 끝에 1907년 9월 2일 4개항으로 된 합동결의안이 통과되었다.

합동궐기대회 결의안에 보면 ①조국의 국권 광복운동을 위하여 교육사업을 증진하며 우리의 힘을 모아 단결함 ②통일기관을 두어 이름을 한인합성협회韓人合成協會라함 ③총회는 보다 많은 단체의 가입에 주력함 ④기관지『합성신보合成新報』를 발행하여 언론일치를 기함 등이 규정되고, 각 단체대표가 서명하였다. 무예 장려를 주장하는 신간회와 실지회 대표도 서명하였다.

한편 미국본토에서도 각 단체가 합동하여 공립협회가 성립되었다.

이러한 통합운동에 박차를 가한 사건이 장인환張仁煥·정명운田明雲 두 의사의 의거였다. 즉, 하와이 합성협회와 미주의 공립협회 성립에는 1908년 장인환·전명운 두 의사의 스티븐스 사살 영향이 컸다. 이 두 의사의 재판에 교포들이 일치단결하여 후원하였고, 이를 계기로 단체통합이 한층 촉진되었다.

1910년 나라가 망하자 이 두 협회마저도 통합되어 마침내 대한인국민회大韓人國民會가 성립되었다.

1910년 11월 30일에 발표된 대한인국민회 합동궐기문에 보면 '조국의 운명이 위태한 이때를 당하여 해외동포가 사방에서 부르짖는 것이 단체합동과 역량집중이며, 미주와 하와이 단체들의 합동추진이 우리의 급선무이다'라고 강조하고 있다.

대한인국민회는 재미한인의 대동단결을 상징하는 이름이었다. 1910년 8월의 국치를 당하여 노령·간도·중국 그리고 하와이·미주의 동포들이 병합의 불법성을 내외에 선포하고 일제 침략자를 성토하였다. 다행히 재미동포들은 대한인국민회 산하에 뭉쳐 항일투쟁의 결의를 굳게 다졌다.

대한인국민회는 동포에게 보내는 '근고문'을 발표하였다.

애국동포 제군이여! 조국이 위란을 당하여 우리를 부르니 민족을 위하여 몸을 바칠 자, 국가를 위하여 원수를 대항할 자 모두 오늘에 맹성하라. 국가의 흥망성쇠가 그 민족의 정신과 활동에 있나니, 우리가 비록 해외에 있으나 이때에 국민된 직분을 각성하지 않으면 위로 조상에게 죄를 짓고 아래로 후손에게 죄를 지을 것이다. 애국동포 제군이여! 분발하고 모이라. 우리 전체가 미주에서는 북미 지방총회로, 하와이에서는 하와이 지방총회로 모여서 운동방침을 정하고 민족과 국가를 위하여 우리의 한 몫을 바치기를 맹약하자.

1910년 6월 25일
대한인국민회 근고

아직 한일병합韓日倂合이 발표되기 전이었으나 미주에서는 벌써 그해 2월부터 일제의 병합계획이 신문에 보도되고 있었다. 이때를 당하여 하와이 교포들은 대동공진단大同共進團을 조직하여 한일합병 반대성명을 발표하였고, 미주에서는 애국동맹단愛國同盟團을 결성하여 일제의 병합 음모를 폭로하는 한편 독립운동의 방략을 제시하였다.

애국동맹단愛國同盟團

1910년 7월 3일에 대한인국민회 북미 지방총회가 각 지방에서 모여드는 민중대표자들을 총회관(세크라멘트 스트리트 2928호)에 회합하여 공동대회를 열고 항일운동 방침을 정한 결과 애국동맹단을 조직하고 9개조의 결의안을 통과시켰으며 동포 전체가 일치하여 행동하기를 맹약하였다.

한편 대한인국민회에서도 한국 황제와 일본 천황에게 한일병합의 부당성을 경고하는 등 그 활약이 다양하였다.

그러나 이같은 강력한 호소문에도 불구하고 8월 29일 일제는 무력으로 한국병합을 강행하고 말았다. 이 비보를 접한 재미한인들은 집집마다 태극기를 달고 애국가를 제창하였으며, 9월 1일 하와이 지방총회는 대회를 열어 합방을 부인하는 성명을 발표하였다.

『결의안』

1) 우리는 만고의 치욕적 한일합방을 부인하며, 그에 관한 왜적의 일체 행사를 배척함.

2) 우리는 대한민족이요, 왜적의 부속민이 되지 않을 것을 맹세하며, 소위 '한일합방'은 우리 민족의 의사로 된 것이 아니고 왜적의 위협적인 위조인 것을 확인함.

3) 우리는 한국의 국호와 국기를 보장하며, 우리 강토에서 왜적을 축출할 때까지는 8월 29일을 '국치일'로 기념하여서 왜적에 대한 적개심을 해마다 새롭게 함.

4) 우리는 왜적과 공사간 일체 관계를 단절하며, 국제상 관계가 발생될 때는 대한인국민회가 재미한인을 대표하게 함.

5) 일본 황제와 사내정의寺內正毅에게 이 결의문을 보내서 우리의 주장을 명확히 알게 함.

6) 한국과의 조약상 의무가 있는 각국 정부에 공첩을 보내서 한일합방 부인의 이유와 일본이 우리의 원수인 사실과 국제상 관계가 있을 경우에 대한인국민회가 재미한인을 대표할 것을 알게 하기로 함.

7) 한인으로서 왜적의 정부기관이나 개인간의 친선관계를 가지는 자는 민족반역자로 인정할 것이며, 경우와 형편에 따라서 처리하기로 함.

이처럼 1910년 8월의 '국치國恥'를 맞아 재미동포들은 서로 일치단결하여 외교와 군사의 온갖 독립운동 전략을 써서라도 조국 광복을 기어이 실현하고 말겠다는 의지를 굳게 다지고 있었다. 이러한 꿈같은 단결의 시대는 이승만이 1912년 하와이에 다시 돌아오기까지 계속되었다고 『재미한인 50년사』의 저자는 주장한다.

분열分裂의 길목

1910년 나라가 망했다는데 이승만이 일제 무단정치하의 조국에 돌아간 것은 전혀 알 수 없는 일이었다.

물론 그 나름의 계획이 있었을 것이나 그 참뜻이 무엇이었는지는 알 길이 없다.

아무튼 실망한 이승만은 귀국 2년 만에 미국으로 돌아갔다. 그가 돌아
간 경위는 다음과 같다.

> "마침 이승만이 본국 감리교 평신도 대표로 미주에 와서 미네아폴리스
> 에서 열린 감리교 대회에 참석하였다가 귀국하지 않고 외교와 출판 사
> 업을 하겠다고 박용만에게 원조를 청하였다. 박용만은 이승만의 청원
> 을 국민회에 제출하였으나 국민회는 주저하였다. 그러나 필경 박용만
> 의 간절한 제의를 거절하지 못하고 동의하였다." (김원용, 『재미한인50년
> 사』, p.137)

그러니까 박용만의 두 번째 도움으로 이승만이 하와이에 정착하였다
는 것이니, 이것은 앞서 『독립정신』 발간에 협조한 데 이어 이승만이 두
번째로 받은 도움이었던 것이다.

박용만은 당시 『신한국보』 주필이었기 때문에 이승만을 적극적으로
도울 수 있었다.

이승만에게는 이때 이미 지도자로 추앙받을 세 가지 요건이 갖추어져
있었다. 그 하나는 1898년부터 1904년까지 독립협회 사건에 연루되어
7년간 옥살이를 한 투쟁경력을 가지고 있었고, 거기에다가 더하여 철학
박사란 학문적인 권위까지 갖추었다. 생전에 그가 대통령으로 있으면서
꼭 박사 칭호를 우선 한 것을 보더라도 그가 이 칭호가 '아랫 것'들에게
신비스런 마력이 있다는 것을 누구보다도 잘 알고 있었던 것이다. 이승
만이 유리하였던 카리스마의 다른 하나는 『독립정신』이라는 책이었다.

이 셋은 박용만에게는 없는 것들이었다. 어느 의미에서든 박용만이 이

승만의 이 점을 부러워했던 것인지도 모를 일이다. 어떻든 그는 이승만이 가진 다른 얼굴을 보지 못하였고, 그 때문에 돌이킬 수 없는 결과를 자초하게 되었다. 김원용은 박용만의 실수를 다음과 같이 한탄하고 있다.

> "이때에 박용만이 〈신한국보〉를 가지고 이승만을 찬란하게 소개하여 일반 동포의 동정심을 환기한 결과 1913년 2월 27일에 이승만이 하와이에 와서 동포의 환영을 받았으며, 그 광경은 조국해방 후에 한민당 일파와 미군사령관 하지가 이승만을 국내 민중에게 찬란하게 소개하여서 막연히 민중으로 하여금 헛된 희망을 가지고 추앙하게 하던 것과 같았다."

이승만의 등장은 재미 한인사회에 일대 전환기를 가져 왔으나 이 전환은 통일에서 분열로 가는 길목이었다. 분열은 먼저 교회에서 비롯하였다.

> "일찍이 재미 한인교회에 시비문제가 없지는 않았으나 분열까지는 이르지 않았었다. 그러나 이승만이 하와이에 온 뒤 파쟁이 시작되었다. 그가 미주로 가자 미주 한인교회에서도 파쟁이 일어났다. 더욱이 1919년 이후에 정치적 선동으로 교인들의 인심을 충동하여 교회발전을 저해하였을 뿐 아니라 교인들로 하여금 심리적 병마에서 떠날 수 없게 만들었다."(김원용, 『재미한인50년사』, p.45)

이승만이 하와이에 와서 기반을 닦기 시작한 자초지종을 보면 한인교회를 지배하던 와드맨을 도와 먼저 한인 기숙학교 학장이 되더니 이어 학교에서 교회로 그 세력을 뻗쳐갔다.

한인 기숙학교는 1906년 9월에 설립된 것으로서, 7년 동안 와드맨 부인이 학장으로 있다가 1913년 9월 이승만이 학장이 되면서 명칭을 '한인중앙학원'이라 바꾸었고, 학제도 개량하여 고등과·소학과·국어과·한문과로 나누었다. 그러나 이때는 남학생이 28명, 여학생이 24명에 지나지 않았다.

한인 교육계에서 일하게 된 이승만은 1915~18년 사이에 교회 사업에 손을 대기 시작하였다.

"1914년 6월 감회사 와드맨이 해임되고 신임 감회사 프라이가 와서 사무를 정리하게 되었는데, 한인교회 사무와 학교 재정 출납은 선교부에서 직접 관리할 것이며 이승만 학장은 학교 교무행정만을 관리하라고 결정하였다. 이에 이승만은 한인의 학교는 한인의 힘으로 자립하여야 한다고 역설하면서 동포의 후원을 얻어 가지고 9월에 한인 여자학원을 설립하니 이것이 학교 분립의 시작이었다. 1915년 6월에 이승만이 한인 기술학교 학장을 사면하고 각 지방에 있는 동포를 심방하면서 학교와 교회의 분립을 운동하였는데, 한인학교와 교회를 자립시킬 필요와 감리교회를 신용할 수 없다는 것을 선전하였고, 이로부터 말과 글로써 분열을 조장하고, 교인들의 감정을 충동하였으며, 인심파동의 기세를 이용하여 1918년 한인 기독교회를 설립하였다. 이후 40년 동안 하와이 한인교회가 서로 대립되어서 교인 간에 화목이 없었다." (김원용, 『재미한인50년사』, p.5).

그러나 이승만이 세운 한인 기독교 교회는 이승만의 정치활동을 지지하는 세력이 되었고 그 위광은 절대적이었다.

"1915년 6월에 이승만이 감리교회에서 탈퇴하고 교인들을 선동하여 한인교회 독립을 주장한 결과 1918년 7월 29일에 한인 기독교회가 창립되었다. 이 교회는 어느 교파와도 연락 없이 자치하는 교회이며, 교인 수는 각 지방 교인을 합하여 많은 때는 4백여 명이었고, 적은 때는 1백50여 명에 불과하였다. 이 교회는 교주 이승만의 정치활동을 절대 후원하는 집단의 성질을 갖게 되어 이승만의 정치활동을 따르지 않은 사람으로 이 교회의 교인된 사람은 극소수였다."

이승만李承晩의 승리

이승만의 활동 강화는 당연히 대한인국민회 지도자들의 반감을 불러일으켰다. 이때의 대한인국민회는 중앙 총회가 하와이와 미주의 동포사회를 통일적으로 주도하는 명실공히 재미 교포사회의 대표기관이었다. 1912년 총회를 창설한 사람이 다름 아닌 박용만이었다. 박용만은 대한인국민회를 해외 한인의 자치기관으로 만들고 중앙총회를 그 최고기관으로 만들어 대한제국을 대신하는 대한민국이 되게 하자고 호소하였다. 그때의 대표자들을 보면 다음과 같다.

북미지방총회 대표: 이대위·박용만·김홍균
하와이지방총회 대표: 윤병구·박상하·정원명
시베리아지방총회 대표(통신): 김병종·유주규·홍신언
만주지방총회 대표대리: 안창호·강연소·홍언

박용만이 주도하는 대한인국민회는 그 후 10년 동안 민주주의 원칙에 따라 운용되었으며, 입법과 행정이 분립되어 동포의 안녕 보장과 조국 광복운동의 중심기관이 되었다. 각 회원이 내는 의무금義務金이 하와이에서만도 연 1만 달러를 넘었으니, 이들 기금으로 해외 광복운동을 전개하면 여간 큰 힘이 되는 것이 아니었다.

그러나 이러한 때에 이승만의 공격이 시작되었다. 이승만이 공격한 국민회의 재무부정 사건은 극히 미미한 것이었다.

"이때에 공교로운 사건이 발생되어서 풍파조장에 유리한 기회를 주었으니, 그 사건은 1915년 1월 15일에 지방총회 대의회에 제출된 회관 건축비 문부 조사보고이었다. 그 문부 조사보고에 의하면 회관 건축비 특연수입이 5천 2백 49달러 50전이었고, 각 지방에서 차래한 차금이 2천 1백 55달러인데, 건축비로 지출한 것이 4천 40달러 65전이요, 수전위원 박상하의 유용이 8백 31달러 15전이요, 재무 홍인표의 유용이 1천 5백 48달러 17전이요, 시재금이 9백 84달러 53전이었다. 대의회에서 재정 유용자들을 심사한 결과 박상하는 속히 환보하겠다고 하였으며, 홍인표는 1년 기한을 주면 배상하여 환보하겠다고 하였다. 법률대로 조처하면 재정 유용자들은 처벌할 수 있으나, 국민회의 재정이 회복되지 않을뿐더러 사회적으로 체면 손상이 있기 때문 그 유용자들을 용서하고 기한을 주어서 유용한 돈을 갚도록 하였다."

그러나 이승만은 1913년 자신이 하와이에서 창간한 월간지『태평양잡지The Korean Pacific Magazine』에 국민회 부정사건을 비난하는 다음과 같은 성명서를 발표하였다.

〈성명서〉

이승만(태평양잡지 제2권 5호·6호 참조)

하와이는 내외 각지에서 희망을 두는 곳이고, 이곳 한인의 발전이 각지에 있는 한인의 희망인데, 이곳에 일이 잘못되는 것을 보고 말하지 않으면 그 책임이 나에게 있다고 할 것이므로 지금 사실을 말하고자 하노라. 내가 이곳에 온 지 두해가 되었고, 그 동안에 보는 것을 설명하고자 한 때가 한두 번이 아니었으나 참고 있던 이유가 있다.

첫째로, 맡은 일이 중하여 다른 것을 생각할 여가가 없었고, 둘째로는 만일에 공리를 밝히면 다치는 사람이 있을 것이며, 다치는 사람은 응당 말하기를 이승만이 단체를 방해한다고 할 것이요, 그 결과는 당파싸움인데, 나는 당파싸움에 참여하기를 원하지 않는 까닭에 조용히 이곳을 떠나는 것이 상책이라고 생각한 것이다.

이곳에 있기를 다시 작정할 때에 국민회 당국과 의론하기를 출판사업은 국민회가 간섭하지 말고 나의 사업으로 할 것과 모든 연조금을 이것은 교육 사업을 원하는 것이 아니다. 대저 국민회관 건축이 우리에게 학식을 주겠는가, 재정을 주겠는가. 일반 동포가 이해득실을 판단하여야 할 것이며, 이제 잡지사업과 학생 기숙사 일이 잘못 되거든 그 책임이 누구에게 있는가를 알아야 할 것이다.

사실을 말하면 국민회에 돈을 주어서 시루에 물 붓듯이 없애는 것보다 이승만에게 주어서 사업하는 것이 한인 전체의 유익이 될 것이다. 국민회 당국이 지나간 양년에 수입된 의무금을 어디에 썼는가. 사탕밭에서 땀 흘려 모은 돈을 받아서 무엇을 하였는가. 그것을 이승만에게 주었더라면 학생 기숙사 건축이 완성되었을 것이며, 국민회는 잘될 수 있고 잘못될 수도 있으나, 학생 기숙사는 한번 세우면 영원히 우리의 자녀들을 양성하는 것이다.

국민회 당국이 대의회 입단을 준행하지 않고 몇 사람의 마음대로 하는데, 지나간 2년 동안의 재정 출납을 보면 쓰라는 것은 쓰지 않았고, 쓰지 말라는 것을 쓴 것이 많았고, 문부가 분명치 못하여 대의회에 문제가 일어나면 묵허이니 용서이니 하는 언사로 흐지부지하여 타협하니, 일을 이렇게 할 진대 각 지방에서 대의원을 파송할 필요가 없는 것이다. 국민회 임원들이 이같이 공의를 무시하는데, 이러한 행동이 국민회를 망하게 하는 것이요, 이러한 사람들을 그대로 두면 국민회가 위태하게 될 것이다.

각 지방 회원들의 희망을 살펴보면 국민회 일만 하라는 것이 아니고 누가 무엇을 하든지 한인 전체에 유익될 것을 원하는데, 다만 호항(호놀룰루)에 있는 몇 사람으로 인하여 충돌이 생기는 것이며, 그들이 교육기관을 방해하여 기숙사가 준공되지 못한 것이다. 사세가 이러하므로 내가 공을 위하여 사분을 붙게 하고 국민회 당국자에게 불합한 언론을 발표하는 동시에 일반 동포에게 몇 가지 의견을 제출하노라.

1) 국민회 회원 다수의 공의를 따르는 것이 당연한 일인 즉, 무슨 관계로든지 우리의 일을 반대하는 개인은 국민회를 반대하는 것으로 인정할 것.
2) 금년에 일이 중대하여 나의 주견을 바라고 동포들이 세워주는 공동 규모를 준행하고자 하는데, 호항에 대의회를 열게 할 필요가 없으니,

방법을 달리하되 이곳저곳의 지방마다 모여서 문제를 공결하여 나에게 보내면 그것을 받아가지고 다수 의사를 따라 일을 결정할 것.

3) 지나간 2년 동안에 국민회가 의무금을 받아서 교육 사업에 쓰지 않고 소모하였으니, 금년에는 무슨 재정이나 전부를 교육사업 책임자에게 보내어 교육 사업을 성취할 것.

4) 나의 의견을 실행하면 국민회 사무와 국민보 발행을 계속할 수 없겠다는 말이 있으나, 이는 나의 뜻을 알지 못하는 말이다. 금년의 의무금과 모든 공금을 교육 사업에 쓰라고 나에게 보내더라도 국민회의 필요한 경비와 임원들의 월급을 모른다고 하지 않을 것이며, 이것이 국민회의 기초를 공고하게 하는 것이니 염려할 것이 아니라.

이승만의 비난에 대한 해명서가 즉각 『국민보The Korean National Herald』에 게재되었으니 풍파는 시작되었다. 이승만의 문체는 『독립정신』에서와 같이 비논리적인 것이었으나 그 정치적 효과는 컸다. 이 성명서는 이승만의 존재를 한층 높이는 결과를 가져오기도 하였다. 이때 그가 독립협회 당시의 유명한 사람이었고 국가를 위하여 7년간 징역살이를 하였다는 것과 철학 박사라는 간판을 그 어느 때보다 빛나게 하고 있다. 그가 외교·선전을 독립운동의 기본전략으로 확신하게 된 데에는 그 자신의 개인적 선전과 외교에 성공적이었다는 사실의 배경에는 하와이에서의 싸움에서 이겼다는 사실이 깔려 있었다.

이승만의 지지자들은 주로 지방교회의 목사와 전도사, 그리고 국어학교 선생들이었다. 그들은 한 푼의 보수도 받지 않고 학교 일과 교회 일을 맡아 나섰으며, 이승만을 진정한 지도자로 추앙하였다. 정식으로 월급을 받으면 18달러에 지나지 않을 그의 경제생활을 위하여 수백 명이 각자 1달러 25센트씩을 거두어 이승만에게 헌금하였다. 국민회는 국민회대로 부정사건이 과장된 사실을 해명하기 위하여 대의회를 열었다.

〈청원서〉

금년 대의회를 마친 이후에 이승만 박사가 성명서와 선전문을 돌려서 인심이 격동되고 국민회 당국을 불신임하는 원성이 일어나며 지방마다 공동회를 열고 국민회에 보내는 공금을 이승만 박사에게 보내려는 운동이 벌어지고 있다. 그 이유는 금년 대의회에서 재무의 재정유용을 용서하였다는 것과 금년도 교육비 예산을 잘못하였다는 것인즉, 특별 대의회를 소집하여 사건을 교정하고 각 지방 회원에게 양해를 받기로 하였다. 헌장 제21조에 의하여 특별대의회 소집을 청원하오니 양해하심을 바라나이다.

1915년 4월 11일

1915년 5월 1일 소집된 대의원회의는 성원미달로 유회되어야 했으나, 이승만을 지지하는 일파가 회의를 강행하여 끝내 박용만 주도하의 국민회를 개편하고 말았다.

"……그들이 총회장 김종학을 파면하고 정인수를 임시총회장으로 임명한 후에 김종학을 위협하여 총회의 문부와 서류를 압수하였으며 총임원 실책의 책임이 총회장에게 있는 것인 즉, 재무 홍인표가 유용한 재정을 판납하라 하므로 김종학이 위협을 당하던 중에 대답하기를 홍인표를 찾아서 세음을 청산하게 할 터이니 3일 기한을 달라고 하였다. 그들이 김종학의 요구를 거절하고 임시총회장 정인수로 하여금 미국 법정에 고소하여 김종학을 공금횡령혐의로 체포하게 한 때는 1915년 5월 14일이며, 김종학은 3개월 동안 법정의 조사를 받고 무죄판결로 석방되었다."

개인적으로는 이승만이 박용만의 은혜를 악으로 갚은 셈이었으나, 사회적으로 볼 때 하나의 교포사회를 두 동강내는 결과를 빚어냈으며, 교민사회의 민주주의 체제를 하루아침에 붕괴시키는 결과를 빚어냈던 것이다.

"이 풍파가 박용만과 그의 동정자들을 내어몰고 국민회를 장악하던 이승만의 책동에서 일어난 것이었으나, 박용만이 파쟁을 피하며 무리한 시비를 대항하지 않은 까닭에 박용만파는 추방되고 이승만파가 국민회를 장악하였다. 그리고 이 풍파가 하와이 한인사회의 법강을 타락시켰고, 대외 체면을 손상하였으며, 동족간의 파쟁을 시작하는 한편 이승만은 박용만의 은혜를 악으로 갚은 셈이 되었다."

폭동으로 시작된 이 1915년의 쿠데타로 총회장 김종학은 권총자결을 시도하였다. 그는 결백하였다. 그러나 그는 양심적인 한국인이었기 때문에 책임을 통감한 나머지 자결을 결심했던 것이다.

"총회장 김종학은 그 성품이 충직하고 순실한 선비로서 불의의 변을 당한 후에 곤욕과 사회의 불안을 생각하여 그 심사가 얼마나 억울하였던

지 유서를 써놓고 총을 입에 물고 발사하였다. 다행히 탄환이 한쪽 뺨을 뚫고 나아가 생명의 위험을 면하였는데 그 유서는 다음과 같다.”

〈유서〉

지나간 국민회 특별 대의회에서 이승만의 교촉을 받고 풍파를 일으키던 대의원들이 나를 모해하여 공금을 횡령하였다고 법정에 무고하여서 체포되었다. 나의 억울한 심사는 즉시 생명을 버리고자 하였으나 만일 사실이 판명되기 전에 죽으면 공연한 누명을 쓸 것이므로 법정 판결을 기다린 것이다. 이제 법정에서 무죄 판결하였으니 이로써 나의 누명이 깨끗하여졌고 이승만의 불의가 증명되었다.

그러나 우리 사회의 법강을 파괴하고 동족상쟁을 조장하여 단체를 결단내고 있는 이승만의 불의를 용서할 수 없는데, 공리를 밝히려면 이승만의 악독한 음해는 받을 수 있으나 일을 바로잡을 수 없으니 예배당의 전도사들까지 이승만의 행동을 찬양하여 인심을 현혹시키는 까닭이다. 내가 일찍이 나라를 망치던 역적들을 보았고 또다시 우리 사회를 망치는 이승만을 보면서도 속수무책 하므로 분함을 참지 못하여 세상을 잊어버린다.

1915년 9월 15일

김종학

이렇게 하여 이승만은 1913년 초 하와이에 모습을 나타낸 후 불과 2년 수개월 만에 재미 한인사회의 통일단체 대한인국민회의 실권을 장악하고 이승만 체제를 확립하는 데 성공하였던 것이다.

"이승만이 국민회를 장악한 후에 사회의 법규를 파괴되었는데 이승만의 승낙이 없는 후보자를 선거하지 못하였고 행정에 이승만의 승낙이 없는 일을 진행하지 못하였으며, 이승만이 재정보관인이라는 직임을 만들어 가지고 국민회에 들어가는 공금을 독단 처리하였다."

이승만의 승리는 결과적으로 민주주의적으로 운영되던 국민회의가 몰락한다는 엄청난 보상을 치러야 하였다.

"이때에 이승만이 하와이 한인사회의 권력을 잡을 줄 알았으나 사실은 국민회의 정형이 쇠퇴하여서 풍파 이전에는 2천 3백 명이던 회원수가 7백 40명으로 줄었고, 재정수입이 3분의 1에 불과한데, 그 중에서 학생 기숙사 경비를 지불하니 국민회 일도 퇴보되고 학교도 확장하지 못하였다."

이 글은 박용만과 이승만의 관계를 추적한 것으로, 주된 자료가 김원용의 『재미한인 50년사』에 국한되었다는 점에서 한계가 있다는 사실을 필자 자신이 인정하고 있다. 김원용은 박용만에 이어 이승만의 경쟁자이기도 했기 때문이다.

그러나 이승만으로 인하여 벌어진 재미 교민사회의 분열은 지금까지도 살아있어 이승만이 광복 후 귀국하여 독재정치를 하게 된 사실 그리고 다시 하와이로 돌아가 죽어야 했던 일을 생각하면 하와이에 그가 남긴 과오를 잊어서는 안될 것이다.

의열투쟁義烈鬪爭(2)

강우규姜宇奎

3·1운동에 대한 일제의 대답은 총독의 경질이었다. 무단통치로 악명 높던 현역 육군대장 하세가와長谷川를 물러나게 하고, 그 대신 예비역 해군대장 사이토오齋藤實를 총독자리에 앉혀 놓은 게 고작 민족의 독립요구에 대한 그들의 대답이었던 것이다.

사이토오는 1919년 9월 2일 서울역에 도착하였다. 역에는 귀빈이라는 것들이 신임 총독을 영접하였다. 오후 다섯 시였다. 사이토오는 악수를 하고 서울역 2층 귀빈실에 들른 뒤 광장에 즐비한 마차에 올라탔다. 쌍두 마차였는데 예편했다는 사이토오는 해군대장 정장을 하여 위엄을 떨치고 있었다.

사이토오가 마차에 올라타는 순간 요란한 굉음이 나더니 폭탄이 터졌다. 순식간에 37명이 쓰러져 아비규환 수라장이 되었다. 쓰러진 사람 가운데 육군 소장 무라다村田, 본정本町 경찰서장 코이타小牟田가 포함되어 있었다. 사이토오가 탄 마차 주변에 시체가 쌓였는데도 그의 마차는 출발하고 있었다. 폭탄이 마차 전방 7보步 가량에 떨어져 사이토오는 자기 군복 혁대에 파편을 맞았을 뿐 무사히 빠져나간 것이다.

일경은 현장에서 범인을 찾는 데 실패하였다. 워낙 수많은 관중이 운집하여 있었기 때문에 폭탄을 투척한 사람을 찾아내지 못하였던 것이다. 범인을 시내 가회동에서 찾아내는 데 일경은 5일이나 걸렸다. 그들이 검거한 범인은 놀랍게도 65세의 노인이었다. 백발의 강우규姜宇奎의사는 국외에서 오랫동안 교포의 교육운동에 전념하여 온 평남 덕천德川 사람으로서 '사이토폭살齋藤爆殺'은 그의 애국운동을 총결산하는 마지막 거사였던 것이다.

1910년 망국 이후 간도와 노령露嶺에 가서도 교육운동에 전념하였으며 3·1운동이 일어나자 노령에서 노인단老人團에 가입하였다. 그가 노령에서 구입한 폭탄은 러시아 돈 50원에 해당하는 미제예화수류탄美製曳火手榴彈이었으나 제작일이 너무 오래되어 불발이 될 우려가 있는 고물이었다.

이것을 숨겨 가지고 노령에서 먼저 원산으로 왔다가 다시 서울로 들어왔다. 처음 안국동에 숙소를 정했다가 역과 거리가 멀어서 서울역 근처에 있는 여인숙으로 자리를 옮겼다. 9월 2일 사이토오가 오는 날 그는 폭탄을 명주수건에 싸서 허리에 감았다.

폭탄을 던진 뒤 그는 표적인 사이토가 움직이는 것을 보고 크게 실망하였으며 이미 체포될 것을 각오하고 있었으므로 현장에서 움직이지 않았다. 그러나 일경이 그를 찾지 못하는 것을 알고 피신하였다. 그의 의거에는 많은 사람들의 도움이 있었다. 일제가 강 의사의 협조자를 찾아내어 공범으로 몰자 그들의 무죄를 주장하기 위해 두 차례나 상고하였다.

일제는 그의 공판투쟁을 일체 허가하지 않았다. 강제로 퇴장당하면서 강 의사는 '재판장! 나는 이미 죽기로 작정한 사람이다. 내가 하고자 하는 말은 내 목숨을 건지기 위한 것이 아니라 너희를 위한 것이다'라고 외쳤으나 모두 허사였다.

강 의사는 이듬해 11월 29일 서대문 형무소 교수대에 섰다. 마지막 상고가 기각된 지 9개월이 지난 뒤였다. 그동안 영친왕英親王과 이방자李方

子의 결혼식이 있어 정치범에 대한 특사가 행해졌으나 강 의사의 사형은 강행되었다. 성경과 묵도로 나날을 보낸 의사는 아들 중건重建에게 다음과 같은 유언을 남겼다.

'내가 자나 깨나 잊지 못하는 것은 청년들의 교육이다. 내가 죽어서 청년들의 가슴에 조그마한 충격이라도 줄 수 있다면 그것은 무엇보다 보람 있는 일이다. 너는 나의 유언을 전국의 학교와 교회에 통지하라.'

강 의사의 사형집행은, 저들이 사이토오의 문화정치를 온 한국민이 지지하고 있는데 한낱 늙고 완고한 불평분자 하나가 사건을 저지른 것이라 선전하고 있었기 때문에 그를 살려둘 수 없었던 것이다. 그러나 사이토오는 그 뒤에도 두 차례나 의사들의 저격을 받아 간신히 목숨을 부지하였다.

의열단義烈團

강우규 의사의 거사가 있은 뒤 10년 동안에 모두 34건의 의열투쟁이 벌어졌다. 한 해에 평균 3,4건이나 의거가 일어났던 셈이니 1920년대는 실로 의열투쟁의 10년간이었다고 해야 할 것이다.

1920년대의 의열투쟁에 있어 가장 괄목할 만한 업적을 나타낸 단체가 의열단義烈團과 다물단多勿團이었다. 특히 의혈단義血團이라고도 불리던 의열단은 1919년 11월, 20년대 초반의 김원봉金元鳳이 만주 길림에서 12명의 동지를 모아 서로 혈맹으로 의열투쟁을 선언하였다. 이 13명의 동지들은 놀랍게도 1945년 8·15까지 한 사람의 배신자나 이탈자 없이 투쟁을 계속하였다.

김원봉이 뒷날 공산주의자와 접촉했다 하여 비난의 대상이 되고 있음에도 불구하고 그의 초기 활동에는 항일 민족투쟁의 순수성을 간직하고 있었다.

특히 의열단의 항일선언문인 조선혁명선언朝鮮革命宣言은 단재 신채호가 기초하였다 하여 유명하다. '강도 일본은 우리의 국호를 없애고 우리의 국권을 빼앗으며 우리 생존의 필요조건을 다 박탈하였다'로 시작되는 이 선언문은 비단 의열단 하나만을 위한 선언이었다기보다 이 시기의 의열투쟁 단체 모두의 정신을 수렴한 선언문이었다고도 할 수 있다.

선언문은 먼저 일본의 만행을 폭로한다.

"강도 일본이 우리의 생명을 초개草芥같이 보아 을사 이후 13도 의병에 대하여 행한 일본군의 만행은 이루 다 여기에 적을 수 없거니와 최근 3·1운동 이후 국내외에서 촌락을 불지른다, 재산을 약탈한다, 부녀를 욕보인다, 목을 끊는다, 산 채로 묻는다, 불에 사른다, 일신을 두 동가리, 세 동가리로 내어 죽인다, 부녀의 생식기를 파괴한다 하여 할 수 있는 데까지 참혹한 수단을 써서 공포와 전율로 우리 민족을 압박하여 인간의 산송장을 만들려 하는도다."

이 같은 일제를 한반도로부터 영원히 몰아내기 위해서는 폭력이 아니고서는 도저히 불가능한 일이다. 그런데도 불구하고 외교론을 주장하는 사람이 있다. 그들은 파리 강화회의와 국제연맹國際聯盟의 힘을 과신하고 있는 것이다. 또한 준비론을 제창하는 사람이 있으니 그들은 '오늘 이 시간에 곧 일본과 전쟁한다는 것은 망발이다. 총도 장만하고, 대포도 장만하고, 돈도 장만하고, 지휘관이나 사졸감까지도 다 장만한 뒤에야 일본과 전쟁한다'고 주장한다. 그러나 외세의 침입이 더 할수록 우리의 부족한 것이 자꾸 나타나 그 준비론의 범위가 전쟁 이외까지 확정되어 교육도 진흥해야겠다, 상공업도 발전해야겠다, 기타 무엇 무엇 일체가 모두 준비론의 부분이 되었다.

우리는 이 같은 외교론과 준비론에서 탈피하여 '독립을 못하면 살지 않으리라' '일본을 몰아내지 못하면 물러서지 않으리라'는 구호를 가지고 계속 전진하여 목적을 관철하고야 말 것이다.

이제 폭력-암살暗殺, 파괴破壞, 폭동暴動-의 목적물을 열거하건대 ①조선총독朝鮮總督 및 각 관공서官公署 ②일본 천황天皇 및 각 관공서 ③정탐꾼 매국적 ④적의 일체시설물施設物

이리하여 의열단이 벌인 투쟁은 1920년 6월 밀양경찰서 폭파(최수봉崔壽鳳)를 비롯하여 동년 9월의 부산경찰서 폭파(곽재기郭在驥, 이성우李成宇), 1921년 9월의 조선총독부 폭파(김익상金益相), 1922년 3월 상해 황포탄黃浦灘에서 일본 육군대장 다나카田中 사살미수射殺未遂 등으로 잇달았으며, 1923년에는 김지섭金祉燮 의사가 도쿄의 천황거소天皇居所에까지 가서 폭탄을 투척하여 저들의 간담을 서늘하게 만들었다.

의열단의 투쟁은 김구와 김원봉이 서로 독립운동의 경쟁자인데도 불구하고 1930년대에 이르러 김구의 비밀결사 애국단愛國團에 의해 그 바톤이 이어졌다.

김익상金益相

의열투사들의 왜적사살을 주제로 하는 신파극新派劇이 해방직후에 유행하였던 기억이 안다. 의사들이 육혈포六穴砲로 왜적을 사살하는 통쾌한 장면이 지금도 눈앞에 선하다.

1920년대의 의열투쟁은 사건마다 극적인 요소를 띠고 있어서 그 자체 연극이나 다름없는 장면이 자주 나타난다. 김익상 열사의 두 차례 거사는 특히 그러하다.

　김 의사는 평남 강서江西 사람으로 1920년 6월 압록강을 건너 북경에 갔다. 북경에서 의열단에 가입한 그는 의열단의 지령에 따라 서울로 떠났다. 목적은 총독부에다 폭탄을 던져 사이토 총독을 죽이는 일이었다.

　1921년 9월 10일 일본 학생으로 변장하고 입경入京한 김 의사는 이틀 뒤 전기수리공으로 다시 변장하여 남산에 있는 총독부로 들어갔다. 정문을 통과할 때 조금도 수위의 의심을 받지 않았으니 어지간히 경비가 허술한 시대였던 것을 알 수 있다. 김 의사는 먼저 총독의 방을 찾았다. 2층에 올라가니 제법 으리으리한 방이 있어 폭탄 하나를 던졌다. 그러나 아깝게도 그 방은 총독 방이 아니라 그 비서실이었다. 더욱 애석한 것은 그 폭탄은 불발탄이었다.

　당황한 김 의사는 나머지 한 개를 그 옆방에다 던졌다. 이번 것은 유리창을 뚫고 들어가 보기 좋게 폭발하였다. 그러나 텅 빈 회계과장 방이었다. 폭음에 놀란 총독부 관리들은 우왕좌왕 어쩔 줄 몰랐고 그 틈을 이용하여 김 의사는 유유히 현장을 빠져 나왔다. 뿐만 아니라 그는 서빙고西氷庫 한강변으로 가서 일본 목수차림으로 재삼 변장하고 그날로 용산역을 출발, 북경행 열차를 탔으니 참으로 신파극에 알맞은 줄거리였다고 할 수 있다.

　그러나 탈출에는 성공하였으나 총독을 폭살시키지 못한 것이 김 의사를 몹시 슬프게 만들었다. 우울한 나날을 보내고 있는데 불과 6개월 만에 다시 기회가 왔다. 일본 육군대장 다나카田中義一란 거물이 필리핀과

싱가포르를 거쳐 상해로 온다는 것이다. 당시로서는 호화스러운 유람항로였을 것이나 그에게는 총알이 기다리고 있었다.

요즘 사람이라면 한번 거사를 치렀으니 아주 그만두거나 일선 근무로부터 물러났음직하다. 그러나 김 의사는 그렇지 않았다. 제일 먼저 일을 맡아 하겠다고 나선 것이다. 다른 두 동지도 양보하지 않았다. 두 동지란 오성륜吳成崙, 이종암李鍾岩 두 의사였다. 세 사람은 서로 고집하였다. 결국 제1, 제2, 제3선을 정하여 제1선은 오성륜, 제2선은 김익상, 제3선은 이종암 의사가 맡기로 합의했다. 김 의사로서는 대단한 양보였다.

1922년 3월 28일 오후 3시 반 다나카가 탄 여객선이 상해 황포탄 부두에 도착하였다. 승객이 내리자 부두는 사람으로 가득 차 혼잡하였다. 다나카 대장이 마중 나온 귀빈들과 악수를 나누고 있을 때 제1선을 맡은 오성륜이 먼저 세발을 쏘았다. 탄환은 다나카에게 맞지 않고 하필이면 신혼여행 중인 영국인 부인에게 맞았다. 오성륜 의사는 사람이 쓰러지는 것을 보고 다나카가 죽은 것으로 착각했다. 그래서 기쁜 나머지 '대한만세!'를 연창하였다. 다나카는 황급히 자동차 안으로 몸을 숨겼다. 이때 제2선을 맡은 김익상 의사가 두발을 쏘았다. 김 의사의 탄환은 다나카의 군모軍帽를 뚫었다. 그러나 그의 머리에서는 피가 나지 않았다. 제3선의 이종암 의사도 쏘았으나 때는 이미 명중하기 어려운 혼잡한 상황이었다.

황포탄 부두는 난장판이 되고 이종암 의사는 현장에서 피신하였으나 오성륜과 김익상 의사가 그만 잡히고 말았는데, 오 의사는 일본 영사관 경찰서에 구류되어 있을 때 같이 있던 일본인 죄수와 같이 벽에 구멍을 뚫고 탈출하였다. 오 의사는 후일 귀국하여 광복회를 조직하여 투쟁하였으나, 북한은 김일성이가 한 공으로 만들었다.

이렇게 해서 혼자 잡힌 몸이 된 김익상 의사는 일본으로 이송되어 재판을 받았다. 사형이 선고되었으나 1927년 특사로 감형되어 20년 만기로 출감하였다. 김 의사는 그리운 고향땅을 밟았다. 그러나 어느 날 일본 형사가 찾아와 같이 나갔다. 그리고 그는 영영 돌아오지 않았다. 암살당한 것이다.

김상옥金相玉

의열투쟁은 3·1운동으로 나타난 민족의 강렬한 독립의지가 일제의 교활한 속임수, 문화정치로 무산되어갈 때 가장 효과적인 항일투쟁이었다. 1923년은 의열투쟁의 절정기였다. 이해 정월 흰 눈에 덮인 서울 거리에 김상옥金相玉 의사의 종로서鐘路署폭격 의거가 있었으며 또 연말에는 무정부주의자 박열朴烈의사의 일본천황살해거사가 도쿄에서 일어났다.

김상옥 의사는 서울 동대문 밖 창신동昌信洞 사람이었다. 그는 가난한 기독교 신자였다. 1920년 미국 의원단의 한국 방문을 계기로 총독암살을 계획했다가 실패하고 그길로 망명하였다.

상해에서 의열단에 가입한 김상옥은 상해 임시정부의 파견원 안홍한安弘翰 동지와 농부로 변장하여 입국하였다. 야음을 타고 압록강 철교를 건널 때 한 명의 순찰 경관을 쏘아 죽였고 신의주新義州에 들어와서는 다시 세관검문소 보초 한 명의 머리를 권총으로 쳐서 때려 뉘였으니 처음부터 여러 차례 어려움을 겪었다. 두 사람은 때마침 역에 정거하고 있던 석탄 화물열차를 발견하고 그 안에 몸을 숨겼다. 몇 시간이 지났는지 그들은 석탄더미 속에서 곤히 잠들었다.

기차가 일산一山역에 도착했을 때야 눈을 떴다. 화차에서 내린 두 사람은 걸어서 서울에 들어왔다. 김 의사는 서울의 여러 동지들과 협의하여 총독사살의 기회를 노렸으나 상해의 일본 경찰은 김 의사의 국내 잠입을 탐지하여 재빨리 이 소식을 총독부 경찰에 알려 주었으므로 총독이 밖에 나타날리 없었다.

1923년 1월 21일 김상옥 의사는 목표물을 종로경찰서로 바꾸어 폭탄을 던졌다. 지금의 신신백화점 자리에 있던 종로경찰서는 서울의 가장 중심지에 자리 잡은 원한의 경찰서였다. 폭탄을 던지고 김 의사는 재빨리 몸을 피해 삼판통三板通 304번지 고봉근高奉根의 집에 은신하였다. 고봉근은 그의 매부였다. 닷새 후 이 집에서 총격이 벌어졌으므로 당시의 신문은 이 사건을 삼판통 사건이라 불렀다. 삼판통은 지금의 원효로 도동桃洞이다.

1월 17일 종로경찰서 민완형사 15명이 김상옥 의사의 은신처를 포위하고 쳐들어갔다. 유도 2단을 하는 타무라田村라는 일본 형사가 문을 열고 돌격해 들어가다가 김 의사의 정확한 사격에 쓰러져 죽었다. 김 의사는 방안에 엎드려 이불을 말아서 방탄벽으로 삼고 기다리고 있었던 것이다. 그러나 그는 신발을 신고 있지 않았다.

그는 뛰쳐나가면서 형사 세 명을 쏘아 쓰러뜨리고 현장을 탈출하였고 남산으로 올라갔다. 간밤에 온 눈으로 남산은 은색이었다. 일본 경찰은 서울의 총병력을 동원하여 산을 포위하였다. 그러나 김 의사는 이미 산을 벗어나 왕십리 안장사安藏寺라는 작은 절에 가 있었다.

이른 아침이었다. 한 동승童僧이 밥을 짓고 있었다. 뚜껑을 열어 보니 아직 덜 익은 생쌀이나 마찬가지였으나 허기진 그는 그대로 먹었다. 그리하여 주지主持 김봉암金峰岩에게 승복과 양말 그리고 짚신을 얻어 신고 절을 떠났다. 일경의 눈을 속이기 위해서 김 의사는 짚신을 거꾸로 신고 산을 내려왔다.

다음날 그는 효제동孝悌洞 73번지 이태성李泰晟씨 집에 숨어 김영진金永鎭이란 가명을 썼다. 사흘째 되던 날 새벽 아직도 날이 어두운 다섯 시에 수백 명의 무장 경찰이 집을 포위하였다. 날이 새자 10여 명의 일본 경찰 결사대가 지붕을 타고 안으로 넘어 들어왔다. 그들은 권총을 난사하면서 항복하라고 고함을 쳤다. 그러나 김 의사는 모습을 드러내지 않았다. 방을 샅샅이 뒤졌으나 그는 보이지 않았다. 단 한곳 벽장이 남아 있었다. 한 일본 경찰 지휘관이 벽장문을 열었다. 이때 총성이 울리고 일본 경찰이 뒤로 나자빠졌다. 김 의사는 책을 방탄벽으로 삼고 마지막 한발을 남겨놓고 쏘았다. 마지막 한 발은 자결하기 위한 것이었다. 그는 힘차게 '대한만세!'를 고창하며 숨을 거두었다.

나석주羅錫疇

심산心山 김창숙金昌淑이 나석주羅錫疇 의사를 만나게 된 것은 아주 우연한 기회였다. 심산이 1925년 중국으로부터 몰래 고국을 찾았다. 그 뜻은 중국 땅에다 독립기지를 건설하여 장기항전 태세를 갖추기 위해서였던 것이다. 그러나 막상 고국에 가서 기금을 거두려 하자 인심이 3·1운동 때와 전혀 다른 것을 알았다. 대쪽 같은 성품의 심산에게는 큰 충격이 아닐 수 없었으나 부정할 수 없는 현실이었다. 3·1운동 때의 벅찬 감격과 희망은 어느새 식어버리고 사람들은 먹고 사는 데 여념이 없었던 것이다.

심산은 얼마 안 되는 돈을 가지고 다시 중국 땅을 밟았다. 그는 먼저 김구와 이동녕李東寧을 만나 조용히 국내정세를 설명하였다.

"국내 인심은 이미 죽었습니다. 만일 비상수단을 써서 국민정신을 진작
시키지 않으면 우리가 돌아갈 나라도 없어질 지경이 되었습니다. 내가
가져온 약간의 자금으로 결사대를 만들어 일본 관청에 폭탄을 투척하
기를 바랍니다."

불과 5년 만에 그렇게도 인심이 달라졌다는 소리를 듣고 김구는 나석
주 의사를 심산에게 소개하였다. 심산은 권총과 폭탄을 구입하여 나 의
사를 찾았다. 그는 천진天津에 있었다. 그들의 대화는 간단하였다.

'이미 죽기로 결심한 바 오래됐습니다'는 나 의사의 말이었고 '의사의
용기는 후일 우리 독립운동사에 길이 빛나게 될 것입니다. 힘써 주시오'
는 심산의 격려 말이었다.

나 의사가 받은 돈은 1천 5백 원, 거기다 권총과 폭탄이었다.

나 의사와 이승춘李承春 등 일행은 즉시 위해위威海衛로 떠났다. 그곳에
서 배를 타고 국내로 잠입하기로 된 것이다. 그런데 나의사와 그 일행이
오랫동안 배편을 얻지 못하여 그곳에 머물러 있다는 소식을 듣고 심산
이 궁금하여 직접 위해위까지 갔다. 그리고 다시 그들을 격려하였다.

심산은 나 의사에게 준 돈에 대해 큰 책임감을 느끼고 있었다. 그것은
그에게 돈을 모아준 국내 유림 6백여 명의 정성이 들어 있었고, 그들 모
두가 이미 체포되어 있었다. 옥고를 치르고 있는 그들의 고초를 생각하
면 심산은 단 한푼도 허술하게 쓸 수 없는 돈이었던 것이다.

마침내 나석주 의사는 단신 국내로 들어갔다. 다른 두 동지는 남아 대
기하였다. 1926년 12월 28일 나 의사는 식산은행殖産銀行에 제 1탄을 던
졌다. 그러나 불발탄이었다. 이어 한국 농민의 땅과 쌀을 빼앗는 총본산
동양척식회사東洋拓殖會社로 가서 수위실에 있는 두 놈부터 먼저 사살하

고 본관 2층으로 달려 올라가서는 토지개량부土地改良部 직원들을 쏘아 죽였다. 폭탄은 던졌으나 역시 불발탄이었다. 밖으로 나온 나 의사는 동척회사 구내에서 다시 두 사람의 일본인을 사살하고 거리로 나온 뒤 추격하여 오는 일본 경찰을 또 한 명 사살하였다.

나 의사는 순식간에 7명의 일본인을 사살한 것이다. 뒤따라오는 경찰대와 끝까지 사격전을 벌이다가 마지막 한 발로 자결하였다. 나 의사는 황해도 재령載寧 사람으로 중국 하남성河南省의 사관학교를 졸업한 장교였으며 사격에 능했다.

나 의사 의거 소식을 듣고 가장 눈물겨워한 이가 심산 김창숙이었다. 그도 얼마 뒤 자신에게 은혜를 입은 제자들의 배신으로 일경에 잡혀가게 되고, 그 때문에 불구의 몸(앉은뱅이)이 되는데도 그걸 모른 채 나 청년의 장렬한 죽음만을 슬퍼하였다. 심산의 자서전을 보면 이때의 감격을 다음과 같이 적고 있다.

'장하고도 장렬하도다. 단신에 총 한 자루를 가지고 많은 적을 쏘아 죽이고 자신도 태연히 죽음으로 돌아간 것이다. 3·1운동 이래 결사대로 순국한 이가 퍽이나 많았지만 나군처럼 장한 사람은 일찍이 없었다.'

아마도 김창숙의 일생에 있어 가장 잊을 수 없는 사건이었음에 틀림없다.

김창숙金昌淑

때때로 단채 신채호의 인품이 궁금할 때가 있다. 그럴 때는 심산 김창숙을 생각하게 된다.

1960년에 있었던 일로 기억된다. 퇴계로 2가 해군회관에서 단재를 기리는 기념 강연회가 열렸다. 강연이 끝나 폐회를 하려 할 때 심산이 부축을 받고 등단했다. 그의 한마디 한마디가 칼날처럼 날카로웠던 것이 지금도 귀에 생생하다. 단재와 심산은 그 고집에 있어 서로 둘째가라면 서러워할 사람들이었다. 필자가 비록 단재를 만나 뵙지 못했으나 대신 심산을 뵐 수 있었던 것은 독립운동사를 공부한다는 사람으로 여간 다행스러운 일이 아니었다고 늘 고맙게 생각하고 있다.

심산은 1919년 3·1운동 때 유림들의 독립청원서獨立請願書를 들고 중국으로 갔다. 거기서 처음 상투를 잘랐다. 머리를 깎고 거울을 들여다보니 참으로 한심스러웠다. 그는 그때 심정을 이렇게 말하고 있다

"내가 상투를 보전한 뜻은 왜놈의 신하가 아님을 밝히는 데 있었다. 지금 이 몸을 국가의 독립을 위하여 바쳤으니 머리털이야 못 바치겠는가. 그러나 머리를 깎고 중국 옷과 중국 모자까지 써 보니 영락없이 만주방자幇子, 즉 되놈 같으니 한편으로 눈물이 돌고 한편으로 웃음이 나왔다."

심산은 그 뒤 줄곧 단재와 같이 일하였고 둘도 없는 친구가 되었다. 심산이 단재를 평한 말을 들어보면 고소를 금할 수 없다. 즉, 그는 둘이 같이 일할 때 단재는 성질이 급하고 자기는 차분하여 서로의 결점이 잘 보완되었다는 것이다. 심산이야말로 성질이 급하고 불의를 보고 참지 못하는 사람인데 단재보다 자기가 더 차분하다고 하니 듣는 이로서는 고소를 금할 수 없는 것이다. 그러나 심산의 이 촌평이야말로 심산이 곧 단재임을 말해 주는 것이라 할 수 있다. 그는 1927년 불행히 제자의 밀고

로 일경에 체포되어 국내에 압송되었고, 대구경찰서에서 모진 고문을 받아 그만 불구의 몸이 되었다. 그는 고문하는 경찰에게 한시漢詩를 써서 자기 의사를 전했다.

"조국의 광복을 도모한 지 십년에
가정도 목숨도 돌보지 않았노라.
뇌락磊落한 인생은 백일하에 분명하거늘
고문을 야단스럽게 할 필요가 무엇이냐."

고문으로 뜻을 굽히지 못할 것을 안 고등계 형사는 그를 설득하기로 맘먹었다.

"내가 한국 독립 운동가를 많이 보았지만 선생처럼 굳세고 의연하여 흔들리지 않는 사람은 보지 못하였소. 한번 조용히 정견政見을 논할 수 없을까요. 선생이 독립운동을 한 것은 장하다면 장하다 하겠지만 한국이 무슨 힘이 있어 독립할 수 있겠습니까."

심산은 단호히 말했다

"내가 보기에는 일본 정치인의 눈구멍이 작아서 세계를 바로 보지 못하고 망동妄動하고 있소. 망동하는 자는 반드시 패망하는 법이오. 고로 나는 우리 한국이 반드시 독립할 수 있다고 믿소. 우리 한국이 무력하다고 말하지 마오. 만일 일본에 세계 대세를 아는 호걸이 정국政局을 담당하고 있다면 응당 먼저 우리 한국의 독립을 인정하고 중국을 삼키려는 야심을 버릴 것이오."

1928년 공판이 시작되었으나 그는 한사코 변호를 거절하였다.
그 이유를 말하기를 '나는 포로다. 포로로서 구차하게 살려고 하는 것
은 치욕이다. 정말 내 지조를 바꾸어 남에게 변호를 위탁하면서까지 살
고 싶지는 않다.'
그는 병든 몸으로 옥고를 치렀다. 하루는 새 형무소 소장이 부임하여
순찰하게 되었다. 간수들은 모든 죄인들을 일제히 일어나게 하여 신임
소장에게 경례를 하도록 시켰다. 소장이 들어오자 모두 일어서서 절하
였다. 단 한 사람 일어나지 않는 사람이 있었다. 심산이었다. 형무소 소
장은 간수를 불러 호통을 쳤다. 야단을 맞고 온 간수는 심산에게 앞으로
는 꼭 일어나 절하라고 했다. 심산은 웃으며 말했다.

"내가 옥에 들어온 지 6, 7년이 되었지만 옥리獄吏를 보고 머리 한번 숙
여본 일이 없다. 나는 위협한다고 굽힐 사람이 아니다."

그 뒤에도 여러 차례 절하라고 했으나 그때마다 심산은 '내가 너희에
게 절을 하지 않는 것은 곧 나의 독립정신을 고수하기 위한 일이다' 고
설명했다.

이봉창李奉昌

이봉창李奉昌과 윤봉길尹奉吉의사를 모르는 사람은 아마 없을 것이다.
두 사람 다 김구 선생의 애국단원愛國團員으로 장렬한 죽음을 선택한 사
람들이다. 그런데 두 사람의 사진을 보면 너무 대조적인 데 놀란다.

윤 의사는 누가 보아도 전형적인 한국인이다. 농촌에 가면 흔히 볼 수 있는 한국 농민의 아들이랄까, 순진하면서도 성실한 청년이다. 그런데 이 의사는 약간 다르다. 그는 농민이기 보다는 도시인이다. 실례되는 표현일지 모르지만 멋을 아는 한량에 가까운 사람처럼 느껴진다.

1931년 어느 날, 일본말을 유창하게 쓰는 한 청년이 상해 프랑스 조계租界에 있는 임시정부 청사를 찾아왔다. 그는 불쑥 이런 말을 했다.

> "당신들은 독립운동을 한다고 하는 사람들인데 어째서 일본 천황을 못 죽이는가요."

일동은 어이가 없어 말을 하지 못하고 있었다. 한 사람이 대꾸했다. '일개 문관이나 무관 하나도 죽이기 어려운 형편인데 천황을 어떻게 죽인단 말이오' 그러면서 모두가 이 청년을 혹시 일본 밀정이 아닌가 의심하였다. 그러나 김구는 이 청년을 유심히 보고 쓸 만한 인물임을 간파하였다. 이 청년이 다름 아닌 이봉창 의사였다. 이 의사는 말했다.

> "제 나이가 서른 한 살입니다. 앞으로 서른 한 살 더 살아 봤댔자 지금까지보다 더 나은 재미를 볼 것 같지 않습니다. 늙으니까요. 인생의 목적이 만일 쾌락에 있다면, 지난 31년 동안에 인생의 쾌락이란 것은 어지간히 맛본 셈입니다. 이제부터는 영원한 쾌락을 위해서 독립운동에 몸을 바칠까 합니다."

김구는 이 의사에게 1년 안에 폭탄과 자금을 마련해 주겠다고 약속하였다. 1년이 지난 어느 날 약속대로 김구는 수류탄과 3백 원을 이 의사에게 건네주었다. 3백 원이라면 당시 적지 않은 거금이다. 아무 조건도 없이 김구가 거금을 주는 데 대하여 이 의사는 눈물겨웠다. 그가 도쿄를 향해 떠나던 날 김구에게 이렇게 말했다.

"일전에 선생께서 내게 돈뭉치를 주실 때 나는 눈물을 흘렸습니다. 나를 어떤 놈으로 믿으시고 이렇게 큰 돈을 주시나 해서 말입니다. 내가 이 돈을 떼어 먹기로서니 조계 밖으로는 한 발짝도 못 나가시는 선생님이 나를 어찌 하시겠습니까. 나는 평생에 이처럼 신임信任을 받아 본 일이 없습니다. 이것은 처음이요 마지막일 것입니다. 과연 선생님이 하시는 일은 영웅의 도량이십니다."

이 의사는 떠났다. 그리고 1933년 1월 8일 적도敵都에서 천황에게 폭탄을 던졌다. 그의 의거는 대륙침략에 나선 일제에게 민족정신을 보여준 무서운 선언서나 다름없었다. 우리는 조금도 너희에게 동화되지 않았다는 증거를 이 의사가 널리 세계를 향해 보여 주었던 것이다.

이 의사를 처음 본 임시정부 요원들은 모두 그를 의심했었다. 그러나 김구 한 사람은 그의 애국심을 꿰뚫어보았다. 김구가 이 의사의 진의를 간파할 수 있었던 것은 그의 눈빛을 읽었기 때문이다. 눈은 마음의 거울이라 했는데 바로 이 의사의 마음이 그 눈빛에 나타나 있었던 것이다.

김구는 눈빛을 보고 마음을 읽는 독심술讀心術을 상해로 오기 전 국내 옥살이에서 우연히 배웠다. 같은 감방에 수감된 김 진사라는 활빈당活貧黨 두목을 만났다. 김 진사라고는 했지만 그가 진짜 진사였는지 아닌지 의심스럽다. 아무튼 김 진사는 김구를 도둑질하다가 잡혀온 죄인으로 알고 물었다.

'노형은 강도 15년이라 하셨는데 도대체 어느 계통이요, 추설이요 목 단설이요, 아니면 복대요? 또 행락은 얼마동안이나 하셨소?'

김구는 도시 김 진사가 무슨 소리를 하고 있는지 알지 못해 어안이 병 벙했다. 추설, 목단설, 복대, 행락 따위의 용어는 모두 당시의 의적들이 쓰던 말이었으므로 김구가 알 턱이 없었다. 어떻든 김 진사는 엉터리 강 도가 아닌 찰 강도였다. 김구는 그래서 그로부터 활빈당의 조직과 훈련 그리고 의리를 배울 수 있었다.

윤봉길尹奉吉

1932년 1월 8일 이봉창 의사는 천황 히로히토裕仁의 행렬을 도쿄 궁성 의 앵전문 앞에서 기다리다가 수류탄을 던졌다. 천황이 탄 마차는 기울 어지고 먼지가 하늘을 덮었다. 그러나 이날 오후 상해 거리에 뿌려진 호 외에는 '한인韓人 이봉창 저격일황狙擊日皇 부중不中'이라고 났다. 적중하 지 않고 안 맞았다는 것이다. 국민당 기관지 국민일보는 '한인 이봉창 저 격일황 불행부중'이라 보도하였다가 일본군의 습격을 받기도 하였다. '불행히 맞지 않았다'는 것이었다.

이처럼 이 의사의 의거는 불행히 실패하였으나 그 충격은 컸다. 특히 일제의 대륙침략이 시작된 때여서 중국인들의 놀라움과 기쁨은 대단했 다. 그러나 그보다 몇 갑절이나 충격적인 의열투쟁이 같은 해 4월 29일 상해 홍구공원虹口公園에서 벌어졌다.

윤봉길尹奉吉 의사의 눈빛은 누가 보아도 믿음직하다. 충남 예산禮山 출신인 그는 23세에 망명하기까지 국내에서 농촌계몽 운동을 했다.

4월 29일은 일제의 천장절天長節이었고 상해전투에서 이긴 전승기념이 되는 날이기도 하였다. 그날 아침 김구는 윤 의사와 최후의 식탁을 같이하였다.

'밥을 먹으며 가만히 윤군의 기색을 살펴보니 그 태연 작약함이 마치 농부가 일터에 나가려고 넉넉히 밥을 먹는 모양과 같았다.'

김구의 그날 소감이었다.

식사를 마친 윤 의사는 김구에게 '이 시계는 어제 6원을 주고 산 것인데 선생님 시계는 2원 짜리이니 바꿉시다. 제 시계는 앞으로 한 시간밖에는 쓸 데가 없으니까요.'

윤 의사의 제의대로 김구는 기념으로 시계를 바꾸었다.

떠나는 윤 의사의 차를 향하여 김구는 목 메인 소리로 말했다.

'다음에 지하에서 만납시다.'

윤 의사는 차창 밖으로 머리를 내밀고 인사했다. 그의 차는 떠났고 얼마 뒤 홍구공원에는 윤 의사의 폭탄이 터져 시라카와 대장白川大將을 비롯한 침략 괴수들이 쓰러졌다. 뒷날 일본의 항복문서에 날인하게 될 외부대신 시게미쯔重光가 한쪽 다리를 잃은 것도 바로 이때였다. (시게미쯔는 1945년 일본천황을 대신하여 미주리함상에서 맥아더 장군에게 항복문서에 서명하였다. 그러나 그때 시게미쯔는 윤봉길 의사가 던진 폭탄으로 절룩거리며 나타났다.)

윤 의사가 거사 직후 일본군에 잡혀가는 사진이 얼마 전에 발표되었는데 그 무서운 얼굴을 잊을 수 없다. 일제는 우리 독립투사들에게 모진 고문을 가한 뒤 기진맥진한 모습을 사진에 찍었다. 윤 의사에게도 잔인무도한 고문이 가해졌으나 끝까지 그 배후를 밝히지 못했다. 윤 의사는 일본 오오사카(大阪) 육군형무소에서 총살당하기 직전 '남아로서 당연히할 일을 다 했으니 만족하게 느낄 따름이다. 아무 미련도 없다'고 마지막 말을 남기고 어린 아들에게는 '너도 한국을 위해 용감한 투사가 되어라. 태극 깃발을 높이 휘날리며 나의 빈 무덤 앞에 한 잔 술을 부어라'라고 유언 하였다.

이듬해에도 백정기白貞基 의사의 거사가 있었다.

8·15해방으로 백범 김구는 고국 땅을 밟았다. 그는 누구보다도 나라를 위해 아까운 청춘을 바친 이봉창, 윤봉길, 백정기 세 의사가 이 날의 감격을 같이하지 못한 것을 슬퍼했으며, 이 세 의사의 장례식을 다시 국민들 앞에서 거행하는 것이 자신의 의무라 믿었다. 그는 먼저 세 의사의 유골을 일본으로부터 모셔오게 하였다. 유골이 부산에 도착하자 그는 부산으로 내려가 특별열차로 서울까지 모셔왔다. 그는 세 의사의 유택幽宅을 친히 효창공원에다 잡아 두고 성대한 장례식을 거행하였다. 김구는 이날의 소감을 '장례행렬의 선두에는 애도하는 비곡을 연주하며 가는 음악대가 서고 다음에는 화환대와 만장대가 따르고 세 분 의사의 영여靈與는 여학생대가 모시니 옛날 임금의 인산因山보다 더 성대한 장례식이었다'라고 하였다.

김구 선생의 감회는 그 누구보다도 깊었을 것이다. 그는 윤 의사와 이 의사의 눈빛을 생각하며 일찍이 그에게 독심술을 가르쳐 주었던 활빈당 두목 김 진사에게 감사하였을 것이다. 그는 무상한 인생을 생각하며 옛날 그 옛날 방황하던 시절 공주 마곡사麻谷寺의 중이 되었던 자신을 회상하였다.

그때 그 대웅전에 이런 글귀가 걸려 있었는데 지금도 걸려 있다.

'물러나와 일생을 돌아보니 꿈속 일만 같구나(去來觀世間猶如夢中事).'

김구도 세 의사와 같이 지금 효창공원에 잠들어 있다.

윤봉길 의사가 던진 폭탄에 맞아 병신이 된 시게미쯔가 천황을 대신하여 우리 한국에 항복했으나 이 사실을 아직도 우리가 모르고 있으니 참으로 한심한 일이다.

광복군光復軍과 8·15

총사령부의 창설

광복군은 1940년 중국의 임시수도 중경重慶에 창설된 임시정부의 독립군이다. 임시정부는 이미 초기에 군사조직법을 제정하였으나 실제로 군대를 조직한 일은 없었고, 주로 독립외교와 독립 선전 업무에 주력하여 왔으나 1931년 만주사변이 일어나 일제의 대륙침략이 시작된 뒤에는 만주에서 독립군으로 활약하던 인사들이 대거 중국으로 망명하여 왔고, 틈틈이 중국 사관학교에 입교시켜 양성한 2백 50명 가량의 장교가 있었으므로 독립군 창설의 여건은 충분히 성숙되었다.

1937년 중·일전쟁이 일어나기 직전에 광복군 창설이 계획되었다. 이때의 임정 정무보고에 보면 '우리의 광복을 완성하는 데는 적과 최후의 일전을 결하는 길밖에 없다'고 주장하고 군사시설을 가지기 위해 군사 인재의 양성과 군사통수기관의 설치 및 특무 공작의 실시를 구상하고 있었다.

주석 김구는 먼저 '광복군선언문'을 발표, '광복군은 한·중 두 나라의 독립을 회복하고자 공동의 적인 일본 제국주의자들을 타도하여 연합군의 일원으로 항전한다'고 주장했다.

이어 1940년 9월 17일 중경의 가릉빈관嘉陵賓館에서는 한국 광복군 총사령부 성립전례가 거행되었다. 그러나 총사령부 장교는 기껏해야 12명에 지나지 않았다.

이렇게 12명으로 시작된 광복군 총사령부는 먼저 부대편성에 착수하였다. 그러나 응모 인원이 적어서 임시로 3개 지대支隊를 편성, 지대는 3개 구대區隊로 편성하고 구대는 다시 3개 분대分隊로 편성하는 편법을 쓰기로 낙착되었다. 임시편제에 따라 제1지대장 이준식, 제2지대장 김학규, 제3지대장에 공진원, 제5지대장 나월환이 임명되었다.

그러나 광복군은 총사령부 창설 후 1년 동안 3백 명 가량의 병사를 모집하는 데 지나지 않았다. 당초 12명으로 시작한 광복군이었기 때문에 이 숫자만으로도 큰 성과라 하지 않을 수 없었다. 그래서 1941년 10월 임정이 의정원에 보고한 내용을 보면 고무적이었다.

> "만일 경제에 여유가 있어서 예정한 계획대로 활동한다면 금년 말 안에 현재 인원의 배 이상을 징모할 수 있다고 자신하는 바이요, 징모된 인원을 훈련하여 무장을 정비하여 전선에서 활동하게 하면 실로 위세가 크게 펼치리라 인정된다."

이렇게 처음 1년 동안의 광복군은 징모에 실패하여 부진하였고, 이러한 상태는 1년 더 계속되었다. 광복군의 발전을 저해한 또 하나의 요인은 재정문제였다. 사람도 없고 돈도 없는 실정이었다.

당시 임시정부가 의지할 수 있었던 재원은 중국 민간인단체가 제공하는 근소한 독립금밖에 없었다. 그래서 1941년 1월에 중국정부와 원조한국광복군판법援助韓國光復軍辦法을 체결하여 비로소 군사원조를 받게 되었다.

통수권統帥權 이양의 문제

이로써 광복군은 재정적 곤경을 벗어나게 되었다.

그러나 이 원조에는 한국광복군韓國光復軍 행동준승行動準繩 9개항 個項이라는 조건이 붙어 있었다. 이 준승에 따르면 광복군은 중국군 참모총장의 명령과 지휘를 받아야 하며, 임시정부는 단지 명의상으로만 통수권을 가진다는 것으로 되어 있었다.(제1, 2항)

또한 광복군은 한국이나 한국 변경의 접근한 지역에서만 활동하는 것을 목적으로 하되, 반드시 중국군과 연합해서 행동하여야 하며, 이를 위해 광복군이 중국내에서 훈련하는 데 있어서는 해당지역 중국군 사령관의 통제를 받아야 했다.(제3항)

가장 문제가 되었던 조항은 제8항과 9항이었다. 즉 제8항에 보면 중·일 전쟁 종결 전에는 설혹 광복군이 한국 국내로 진격하더라도 별도의 협정이 체결되기까지는 중국군사위원회의 명령과 지휘를 받아야 한다고 규정하였고, 제9항에는 중·일 전쟁이 끝난 뒤 광복군이 한국 국내로 들어가지 못하고 중국 안에 있을 것 같으면 광복군에 대한 통수권은 여전히 중국군과 위원회의 명령에 따른다고 되어 있었다.

이처럼 중국정부가 임시정부와 광복군을 원조하는 대가로 요구한 조건은 그 일부가 주권침해라고 생각될 정도로 지나친 것이었다.

특히 전쟁이 끝난 뒤에도 여전히 광복군이 중국군의 통제를 받아야 한다는 조항은 아직도 미국과 소련이 일본에 대하여 선전포고하기 전의 일이어서 중국으로는 매우 야심적인 조건이라 할 수 있었으나, 임시정부로서는 만일 중국이 전쟁에 이길 경우 전후의 건국과정에 중국의 영향력이 크게 작용할 것이라는 우려를 자아내게 하였다.

OSS (Office of Strategic Services)

미국은 끝까지 임시정부를 승인하지 않았으나, 중국에 파견된 미국전략 사무국(Office of Strategic Services·OSS)에서는 광복군에 대한 비밀훈련을 실시하기 시작하였다.

미군이 광복군에 관심을 두게 된 것은 일본군에 끌려간 한국인 학병들이 대거 탈출하여 중국군 측으로 넘어왔기 때문이다.

일제가 소위 조선인 학도 육군지원병제도를 실시한 것은 1943년 10월의 일이었다. 이 때문에 4천 3백 85명에 이르는 한국인 학도병이 일본군에 편입되어 남태평양과 중국전선에 배치되었다. 중국전선에 얼마나 많은 학도병이 배치되었는지 정확한 수효는 알 길이 없으나, 그 일부는 중국군 쪽으로 탈출하였다. 위의 사람들은 모두 광복군에 수용되어 뜻하지 않은 증원이 이루어졌다.

이렇게 학도병의 탈출로 광복군을 중시하게 된 재중국在中國 미국전략 사무국은 서안西安의 광복군 제2지대에 서전트 박사를, 부양의 제3지대에는 윔스 중위를 보내 학도병에게 비밀훈련을 실시하였고, 3개월간의 단기훈련을 마치면 국내에 투입되어 탐정과 파괴공작을 벌이도록 계획하였다.

3개월에 걸친 훈련이 끝나 서안에서 먼저 졸업식이 거행되었다. 식에는 임시정부 주석 김구가 참석하였다.

그러나 바로 다음날 뜻하지 않게 해방의 소식이 들려왔다. 김구는 조금도 기쁘지 않았다.

'아! 왜적이 항복했다!' '이것은 내게는 기쁜 소식이었다기 보다 하늘이 무너지는 듯한 일이었다'고 김구는 그날의 심정을 회상하고 있다. 만일 해방의 날이 조금 더 늦어서 광복군이 본토 침공 작전을 수행하였더라면 해방 후 임정의 지위는 달라졌을 것이고 김구의 정치적 위치도 분명히 달라졌을 것이다.

해방의 환희와 비애

해방이 되고 이승만과 김구가 고국에 돌아왔다. 이승만의 주장에 따라 대한민국의 수립을 위한 총선거가 실시되었다. 이승만은 1948년 3·1절 기념담화에서 다음과 같이 말하였다.

> "이번 총선거로써 세우게 될 정부는 기미년 한성에서 세운 임시정부의 계승으로 국권을 회복하는 것이다."

이 한마디로 알 수 있듯이 이승만 대통령은 대한민국의 법통을 상해 임시정부로 보지 않고, 자기를 집정관 총재로 추대한 '종이정부-한성정부'에서 찾았던 것이다.

돌이켜보면, 상해 임시정부의 역사는 우리나라 항일 독립 운동사를 그대로 투영한 파란만장의 이야기였다고 할 수 있다. 그것은 실수와 성공, 희망과 실망, 전진과 후퇴의 온갖 이야기들을 담은 영욕의 역사라고 해도 과언이 아니다.

그러나 비록 일사불란한 항일 독립전쟁의 이야기는 아닐지라도, 1919년으로부터 1945년까지 26년간이나 꾸준히 명맥을 유지한 망명임시정부는 세계에서 달리 그 유례를 찾아볼 수 없는 우리의 자랑이었다 할 것이다.

임시정부의 승인문제承認問題

영국외무성英國外務省 문서文書

1945년 8월 15일의 감격은 65년이 지난 오늘에도 기억에 생생하다. 그러나 이 감격의 눈물도 채 마르기 전에 38선이란 슬픈 소식이 들려왔고, 미·소 공동위원회의 결렬, 신탁통치안, 대한민국의 성립, 6·25동란 등등 처절한 새 역사가 전개되었다.

지금 생각하면 이러한 불운의 연속이 모두 승전국인 미·소·영·중 등 연합국에 확고한 대한정책對韓政策이 없어 우왕좌왕하였기 때문에 빚어진 결과였다. 왜 그들은 전후 한국의 자주독립에 대한 확실한 언약을 기피했던 것인가. 지금까지 학자들의 연구 성과를 종합하면 모두 이 점에 초점을 집중하고 있는 것 같다.

그러나 '왜 연합국이 한국의 자주독립을 확고하게 지지하지 않았는가' 하는 질문보다 '왜 대한민국 임시정부의 승인요구를 연합국이 기피했는가' 하는 질문이 훨씬 흥미 있고 정단한 주제 설정이라 할 수 있다. 이 문제를 따져 들어가기 위해서는 1941년부터 1945년까지의 짧은 시기에 일어난 여러 가지 사건들을 분석·검토하는 일만으론 부족하고, 멀리 1895년까지, 아니 16세기 말 임진왜란까지 소급하여 문제의 역사성을 종합하여야 할 것이다.

또 1945년을 전후한 짧은 시기의 사건들을 검토한다고 하더라도 이들에 관한 연합국 외교당국의 극비문서가 솔직히 공개되어 있지 않은 상황에서는 단지 추리할 수 있는 자유밖에 없다. 그런 뜻에서 여기서 소개하는 1975년 해방 30년 만에 공개된 영국 외무성 문서도 문제의 전모를 밝혀주는 것이 아니며 극히 제한된 부분만 드러내주는 데 지나지 않는다.

미·영·소·중 네 나라 가운데 한국의 자주독립 문제에 가장 소극적인 입장을 고수한 것으로 알려진 영국 외무성이 남긴 이 분야에 관한 기록은 매우 단편적이다. 그러나 그럼에도 불구하고 이 문서는 대한민국 임시정부에 대한 영국의 기본입장이 무엇이며 미국이나 소련, 그리고 중국의 기본태도가 무엇인가를 뚜렷하게 밝혀주고 있는 것이다. 한마디로 말해서 4국 모두 한국독립을 원하지 않았던 것이다.

당분간 보류

1941년 12월 8일 진주만 공격으로 미·일 전쟁이 발발하였으나 그보다 4개월 앞서 미국과 영국은 대서양 헌장을 선언함으로써 피압박 약소민족의 해방을 약속하였다.

그러나 이러한 약속에도 불구하고 당시 중국의 임시수도 중경重慶에 있던 대한민국 임시정부를 승인하는 데 어떤 확실한 행동도 취하지 않는다는 게 미 국무성의 공식적 태도였다. 가령 1942년 임시정부가 미 국무장관에게 보낸 한국 임시정부 국가청원서國家請願書에 보면 이런 구절이 보인다.

"우리가 일본의 압박을 받는 한국인에게 대서양 헌장을 적용하여 달라고 국무성에 요구하였으나 국무성에서는 설명도 없고 행동을 취하는 것도 없었습니다……. 한국 임시정부를 승인하는 것은 문구뿐 아니요

행사로 대서양 헌장을 실현하는 것을 세계만방에 표시하기를 바랍니다. 한국을 승인하는 것은 합중국에 매우 중요한 사건이올시다.”

임시정부의 이 같은 승인요구에 대하여 재빨리 동조한 나라는 물론 중국이었다. 그래서 1942년 4월 중국 정부는 미국에 대해 임시정부를 '즉각 승인할 것'을 제의하였다. 그러나 미국은 어떤 하나의 한국인 단체만을 승인하는 데 동의하지 않는다는 입장을 고수하며 다음과 같은 이유를 들었다.

  1) 한국인 단체들 간의 통일성 결여
  2) 해외의 기존 단체들이 본국의 대중들과 거의 관련을 맺지 못하고 있을 가능성.

이상과 같은 두 가지 이유를 들어 미국이 한국 임시정부의 승인을 거절하자 중국 정부도 승인을 철회하고 말았다.

1942년에 있었던 이같이 불행한 결말은 이듬해 12월 1일에 공포된 카이로 선언에 의해 다시 반전되었다. 루즈벨트, 처칠, 그리고 장개석 세 거두가 모인 자리에서 '한국인의 노예상태에 유의하여 적당한 시기에 한국을 자유 독립시키기로 결의하였다'고 선언하였기 때문이다.

'적당한 시기에'라는 모호한 단서가 붙어있기는 하였으나 매우 고무적인 이 선언에 자극받은 임시정부는 미국 대통령 앞으로 다시 승인요구를 하게 되었다. 영국 외무성 문서는 이 사실에 대하여 다음과 같이 기록하고 있다.

"1944년 9월 임시정부 주석 김구, 외무총장 조소앙 명의로 미국 대통령 및 국무장관 앞으로 독립승인을 요구하는 공식서한을 보내다."

그러나 이 서한은 어떻게 된 일인지 영국 외무성 문서의 다음 기록에 보면 미국 정부 당국에 전달되지 않았다고 되어 있고, 그 대신 이승만이 한국위원회 위원장 명의로 보낸 서한만 전달되었다고 보고하고 있다. 그런데 주목할 것은 이 이승만의 임시정부 승인 요구 서한에는 소련이 블라디보스토크에다 '한국해방위원회(Korean Liberation Committee)'를 설치 하게 하여 이 기구를 이용하여 장차 소련이 조종 가능한 한국 정부를 세울 지 모른다, 그러니 미국도 하루속히 한국 임시정부를 승인하라는 놀라운 새 정보가 들어 있었다.

또한 이승만은 한국 위원회 위원장 명의로 다음과 같은 편지를 미 국무성 앞으로 보냈다. 편지의 요지는,

1) 미국이 승인하면 중국도 승인하겠다는 것이므로 미국이 먼저 승인 하여야 한다.
2) 소련이 블라디보스토크에 있는 한국해방위원회를 해방 후 소련이 조종 가능한 한국정부로 삼을지 모르니 조속히 승인하라.

이 놀라운 보고에 접한 영국 외무성은 소련이 과연 블라디보스토크에 다가 그런 기구를 두어 해방 후 한국에다 괴뢰정부를 수립하려 하고 있 는가를 조속히 조사하라고 훈령하고 있다. 이 훈령에 따라 각 공관에서 는 이 정보의 진실여부를 조사 보고하였는데, 결국 허위라는 결론에 도 달하고 있다.

즉, '블라디보스토크의 한국 해방위원회에 관한 첫 발설자는 미국의 칼럼니스트 콘스탄틴 브라운(Constantine Brown)이란 사람'이라는 것이며, 그는 단지 '만일 소련이 경쟁적인 한국 정부를 갖게 된다면 중국은 이와 맞서 영국과 미국의 공식적인 임시정부 승인을 얻어 놓으려 할지 모른 다'고 했을 뿐이라는 것이며, 이승만은 이 추측기사를 읽고 사실을 과장했다는 것이었다.

어떻든 이승만의 편지로 인하여 제기된 문제는 1945년 2월 5일 미 국무성 관리와 중국의 장개석 총통 상급서기관 Shao-Yu-lin간에 합의된 사항으로 일단락 짓게 된다. 그 합의사항이란 '한국 임시정부 승인문제 는 당분간 보류한다'는 것이었다.

이 박사의 이 편지에서 제기된 문제는 1945년 2월 5일 미 국무성 관리 와 장개석 총통 상급서기관 간에 협의되어 한국 임시정부 승인은 당분 간 보류하기로 결정되었다.

정확한 정보망으로 이름난 영국 외무성 보고는 이와 같이 안도의 숨 을 쉬고 있는 것이다.

하늘이 무너진다

1945년 2월 5일이라면 바로 그 전날 미·소·영 거두가 얄타에서 회담 을 열었던 날이다. 이 회담의 목적은 다 알다시피 미국이 소련의 극동참 전을 권유하는 데 있었다. 스탈린은 이때 소련의 대일전對日戰 참전을 조 건으로 한국을 제외한 극동지역에 대하여 소련의 이권 확보를 강력히 요구하여 나왔고, 미국과 영국에 의해 즉각 수락되었다.

이런 상황이었으므로 중국에 있는 한국 임시정부의 승인문제는 '당분 간 보류'될 수밖에 없었고, 루즈벨트는 소련의 대일전 참전에 대한 대가로 만주에 대한 소련의 기존 이권을 회복해 주기로 약속하였다. 한국은 일본이 완전히 항복하기 전이든 후이든 간에, 또 한국이 어느 군대에 의해 해방되든 간에 즉각 미·영·중·소의 신탁 통치하에 두도록 생각하고 있었다. 그는 또 해방 후 한국에 세워질 임시정부 선정에 대해서는 4대 신탁 통치국이 정권을 쥔다는 점에 확고한 방침으로 굳혀가고 있었다.

그러나 이러한 추세에 대한 중국 측의 비공식 불만표시는 중국의 언론을 통해 간헐적으로 누출되었다. 영국 외무성 문서는 이점에 대한 보고도 게을리 하지 않고 있는데, 가령 다음과 같은 것이 그 좋은 예이다.

> "중국 언론은 최근 한국의 장래문제에 대하여 신경질적 반응을 보이고 있다. 가령 가톨릭계〈Yishin Pao〉(1945년 2월 21일자)는 동아시아에 나타날 Lublin 형의 소련 지원하의 해방 위원회 조직 가능성을 경고하고 있다.
> 〈Kuo Ming Kung Pao〉(3월 1일자)지도 한국이 샌프란시스코 회의에 참석할 수 있도록 4월 25일 전에 중경의 한국 임시정부의 수립승인을 연합국에 촉구하였다.
> 같은 일자日字의 『Ta Kung Pao』는 중국·미국·소련에 의한 한국 독립의 공동보장을 제시하였다."

소련이 한국에다 괴뢰 정부를 수립한다는 사실은 중국의 대한반도 정책에 큰 위협을 주는 일이었다. 그러나 미국군 수뇌부로서는 소련의 참전이 일본의 항복에 결정적 요인으로 인식되었기 때문에 한국의 장래 문제는 그토록 중요한 문제로 평가되지 않았던 것 같다.

중경의 한국 임시정부와 미국의 이승만은 미국의 승인만이 중국을 비롯한 연합국의 승인을 얻어내는 열쇠가 된다고 믿었으나, 냉엄한 현실 앞에 그 노력은 무산되고 말았다. 한때 프랑스의 드골 망명정부가 한국 임시정부를 승인하였다는 미확인 보도가 유포되자 영국 외무성은 긴장하였고, 사실무근임을 안 뒤에 안도의 숨을 쉬었다.

영국 외무성 문서에 나타난 이 문제에 관한 정보 가운데 놀라운 사실은 아마도 한국 임시정부와 이승만을 반대하는 인사로 추측되는 재미 한국인이 미 국무성에 보고한 한국 독립운동의 현황 조사서라 믿어진다. 장문의 이 조사서는 한국 독립운동의 역사와 현황을 상세히 기술하였을 뿐만 아니라 각파간의 갈등을 강조함으로써 해방된 조국에서 정권을 담당할 유일한 통합단체의 존재를 부정하였다.

8.15 일제의 패망 소식은 임시정부로서는 기쁜 소식이었다기보다 슬픈 소식이었다. 김구의 『백범일지白凡逸志』에는 이날의 슬픈 소식이 이렇게 적혀 있다.

"아! 왜적이 항복!

이것은 내게는 기쁜 소식이라기보다는 하늘이 무너지는 듯한 일이었다. 우리 광복군을 잠수함에 태워 본국에 들여보내어 국내의 요소를 혹은 파괴하고, 혹은 점령한 후 비행기로 무기를 운반할 계획까지도 다 되어 있었는데, 이것을 한 번도 해보지 못하고 왜적이 항복하였으니 진실로 전공이 가석하거니와 그 보다도 걱정되는 것은 우리가 이번 전쟁에 한 일이 없기 때문에 장래 국제간에 발언권이 약하리라는 것이다."

결국 임시정부 요인들은 개인자격으로 환국하였다. 국민의 열렬한 환영에도 불구하고 그들의 마음속은 아쉬움과 슬픔으로 가득 차 있었을 것이다.

이처럼 임시정부는 국제승인을 받기 위한 노력에 있어 최선을 다하였다. 그러나 연합국이 이를 받아들이지 않은 깊은 사연은 지금까지도 일종의 수수께끼로 남아있다. 온갖 어려움 속에서 27년이란 세월을 이겨온 임시정부인데 중국까지도 이를 승인하지 않은 이유는 무엇인가?

만일 이때 연합국이 임시정부를 승인했더라면 어떻게 되었을까? 물론 가정이지만 광복 39년의 역사가 크게 바뀌었을 것이 분명하다.

ㄱ